河南省社会科学院

哲学社会科学创新工程试点项目

中原学术文库·文集

李绍连学术文集

李绍连 著

中原出版传媒集团
中原传媒股份公司

大象出版社
·郑州·

图书在版编目(CIP)数据

李绍连学术文集 / 李绍连著. — 郑州：大象出版社, 2021.9
（中原学术文库. 文集）
ISBN 978-7-5711-1181-6

Ⅰ.①李… Ⅱ.①李… Ⅲ.①社会科学-文集 Ⅳ.①C53

中国版本图书馆 CIP 数据核字(2021)第 175258 号

中原学术文库·文集

李绍连学术文集
LI SHAOLIAN XUESHU WENJI

李绍连　著

出 版 人	汪林中
责任编辑	李建平
责任校对	安德华
装帧设计	王晶晶

出版发行	大象出版社(郑州市郑东新区祥盛街27号　邮政编码450016)
	发行科　0371-63863551　总编室　0371-65597936
网　　址	www.daxiang.cn
印　　刷	河南新华印刷集团有限公司
经　　销	各地新华书店经销
开　　本	720 mm×1020 mm　1/16
印　　张	25.5
字　　数	414 千字
版　　次	2021年9月第1版　2021年9月第1次印刷
定　　价	120.00 元

若发现印、装质量问题，影响阅读，请与承印厂联系调换。
印厂地址　郑州市经五路12号
邮政编码　450002　　电话　0371-65957865

自 序

　　1959年我考入北京大学历史系考古专业，师从考古学家苏秉琦教授和严文明教授。毕业后分配到河南省文物工作队（今河南省文物考古研究院）。刚到文物队时，因身体不太好，领导安排在图书室整理图书资料，其间自学了图书的"珍本""善本""孤本"划分及图书管理工作。在"文化大革命"期间各地常常出现破坏文物的事件，文物队常常派人去处理，被戏称"跑单帮"，其人或被称为"消防队员"（危急时刻抢救文物）。我曾被抽去"跑单帮"，这其中使我学到不少专业知识，意外成就了"硕果"。写了《宋苏适墓志及其他》，发表于《文物》1973年第7期，这是我100余篇学术论文中的处女作。1972年春，我和曹桂岑等同志到淅川发掘下王岗遗址，是我正式参加工作后的考古处女作。

　　《淅川下王岗》一书由多位同志执笔，1976年初稿写出后，由我合成一稿。后又经几次修改，1988年曹桂岑和我在北京将此书定稿，1989年由文物出版社出版发行。

　　在文物队工作了16年，1982年河南省文物管理局刚成立，调我至局文物处工作。1984年初，河南省社会科学院又将我调去筹建考古研究所。几年后又转调历史研究所主管科研，专攻河南先秦考古与历史。

　　回顾自己30多年在学术方面潜心研究中国新石器时代文化、先秦史、炎黄文化，取得了一定成就，出版了《华夏文明之源》《淅川下王岗》《永不失落的文明——中原古代文化研究》《河南通史》等8部专著、合著，在全国和省级学术刊物上发表学术论文100余篇，其中多篇被《新华文摘》全文转载或在国际学术会议上宣讲。1993年被评为国家有突出贡献的专家，并从当年起享受国务院政府特殊津贴。1987年在《中州学刊》第一期发表论文《中国文明起源的考古线索及其启示》,提出"中国文明起源境内多元论",打破黄河文明一元论,已为学术界所认同。1992年出版的《华夏文明之源》是中国第一部专门研究文明起源的学术著作,全面地阐发文明起源多元论,并论断中国国家始建于五千多年前的黄帝时代。1989年10月25日在《光明日报》史学栏上发表的《炎黄二帝与中华民族文化》和同年《中州学刊》第5期发表的《炎帝和黄帝探论》两篇论文中,提出了炎帝和黄帝真有其人的观点,对中国古代传说人物研究取得了重要突破。

在已发表的论著中,已有20余项荣获社会科学优秀成果奖,其中《淅川下王岗》(合著)获1991年河南省社会科学优秀成果一等奖;《永不失落的文明——中原古代文化研究》获2001年河南省社会科学优秀成果二等奖;《河南通史》(合著)获2005年河南省社会科学优秀成果一等奖;《中原文化通史》(合著)获2019年河南省社会科学优秀成果一等奖。

我从中选了40篇论文,分为考古篇、历史篇、中华文明起源与早期发展三部分,编辑成书。

目 录

考古篇

002 河南考古小史

010 关于磁山·裴李岗文化的几个问题
　　——从莪沟北岗遗址谈起

022 "仰韶"社会进化论

034 仰韶文化社会形态初探

054 河南新石器时代考古概述

064 试论中原和江汉两地区新石器时代文化的关系

075 淮阳"龙山城"与登封"小城堡"

083 新石器考古与文明起源研究
　　——论文明产生的社会历史条件

093 试从淅川下王岗文化遗存考察文明起源的历史过程

102 郑州商城与偃师商城双为"亳"

110 人殉人祭与商周奴隶制

118 宋苏适墓志及其他

历史篇

130 炎帝和黄帝探论

140　涿鹿之战与华夏集团

146　略论炎黄二帝及其历史业绩

155　嫘祖人神论

160　黄帝部族活动的北线地域

166　黄帝与中原早期姓氏文化

173　追寻中华民族的祖先

177　关于中华民族起源、发展和演变的几个问题

199　中华56个民族的形成和发展

225　试论中原古代文化的特性

235　夏文化研究的轨迹
　　　　——兼评《夏文化论文选集》

243　夏是中国历史上第一个统一的奴隶制大国

256　建国以来商史研究述论

269　殷的"上帝"与周的"天"

279　试论中国古代都城性质的演变

287　关于商王国的政体问题
　　　　——王国疆域的考古佐证

300　试论西周实行分封制的前因后果

310　楚文化起源的几个问题

318　道教与中华古代文化

中华文明起源与早期发展

326　中国文明起源的考古线索及其启示

340　何谓"文明要素"？

346　"文明"源于"野蛮"
　　　　——论中国文明的起源

356　中岳嵩山与中国文明核心发祥地

361　伊洛系文化是中国早期文明的主源

369　炎黄文化与炎黄子孙

376 颛顼的宗教改革与中原文明
380 甲骨文与中华文明史
　　——为纪念甲骨文发现100周年而作
388 "龙"是中华民族的一种传统文化

附录

393 作者论著目录

后记

考古篇

河南考古小史

河南省地处中原，几十万年前就有人类在此劳动、生息；进入阶级社会以后，又是全国主要的政治、经济、军事和文化中心之一，保存在地上地下的文物遗迹十分丰富。如果我们把河南境内各朝各代的文物排列起来，就是一部能反映中国历史发展的物质通史，故在某种意义上说，河南的文物是中国历史的缩影。如此丰富的历史资料，既可补充史籍的不足，又可纠正史籍的伪妄，这对于中国历史的研究和进行爱国主义教育具有重要意义。因此，从汉代以来，就有人对河南的文物遗迹进行研究，嗣后各代都有文人学士醉心于考古。对河南悠久的考古学史追昔抚今，对于发展河南的考古事业，建设社会主义精神文明，不无意义。下面，笔者将就管见所及，探索河南考古学的发展历程。

一、古代的河南考古学

河南考古学始于何时？限于资料很难断定。从现有资料看，可能始于汉代。蔡邕的《熹平石经》，就是对六经文字提出质疑，纠正谬误，这不能不说是一种有意义的考古工作。不过，这只是一种对古籍的考证，考古色彩比较淡薄。河南真正的考古工作应该说始于南北朝时代。郦道元的《水经注》有不少关于河南地区城址、陵墓等古迹的调查和考订的记载。尔后，杨衒之的《洛阳伽蓝记》，可称为河南考古学的第一部专著。这部书以洛阳39座佛寺的记述为纲，对北魏都城的宫城、宗庙、市坊等遗迹加以考证，使人对于洛阳北魏都城有一个大概的了解。

隋唐时期，李吉甫的《元和郡县图志》中，也有关于河南考古的资料。它所记述的东周王城在唐东都(洛阳)之内，汉魏洛阳城在东都以东18里，从我们今天所掌握的资料看,这都是比较正确的。

到了宋代,因为京城在汴梁(开封),文人学士麇集,所以对河南考古的研究有了新的发展。欧阳修、刘敞、李公麟、黄伯恩、吕大临和赵明诚等人都有文物收藏和著作。其中,吕大临的《考古图》、王黼的《宣和博古图》和赵明诚的《金石录》等是当时的主要著录。这些著作或多或少都收录了河南的文物。如在《考古图》中就记录了河南的新郑、荥阳、洛阳、长垣等地出土的器物。乐史的《太平寰宇记》中,有对开封故城和古吹台等文物古迹的记载。在宋代,对河南考古方面较重要的著作则是孟元老的《东京梦华录》。它对北宋都城汴梁的城郭、大内宫城、御街、坊市和寺院等有详细的记载,而对当时的社会生活和风俗描述得更是生动有趣,这是一部对古城考古有价值的著作。

元、明两代,全国有不少考古书籍,也收录了河南不少考古文物资料,却无专门的河南考古著作。值得提及的是元代至正年间乃贤的《河朔访古记》。在这部书中,作者把他对洛阳邙山上的汉代陵墓的调查作了记述,同时记述了93通金石铭刻内容,这对于了解洛阳地区的考古资料有一定的参考价值。

到了清代,我国考古学在宋代金石学的基础上又有了新的发展,各种考古著录纷纷问世。其中,对河南的文物考古方面亦有一些专门的著述。如姚晏的《中州金石目》是一部汇集河南省有关金石的志目。毕沅的《中州金石记》是收集河南碑石的记录。黄易的《嵩洛访碑日记》是记录作者在郑州、荥阳、登封、洛阳等地调查文物古迹,尤其是古碑时的见闻,登封的崇福宫早已不存了,但我们可从此书中了解到梗概。徐松的《唐两京城坊考》,对唐代西安、洛阳两处都城的城坊布局作了考证,为我们研究唐代的城市建设和进行城址考古提供了重要的参考材料。

从上面一些考古史资料看,在清代以前的所谓考古学,虽然取得很大成绩,也有相关城址、陵墓、古碑的调查和考证,但就考古的方式方法而言是陈旧的,尚未脱出我国传统的经籍考据学、金石学的范畴。

二、近现代河南的考古学

自1840年以来,帝国主义势力不断侵略中国。中国考古学逐渐受到西方资产阶级考古学的影响，传统的考据学、金石学虽还存在，但开始采用较先进的田野发掘的方法进行考古。近代中国考古学最大的成就之一，是对河南省安阳殷墟甲骨文的发现和研究。1898年，在安阳小屯村一带发现大批甲骨文片。1903年，刘鹗把收集到的1000多片甲骨文拓片集印成《铁云藏龟》一书。次年，出版了孙诒让对甲骨文最早的研究著作《契文举例》。接着，研究甲骨文的著作不断问世，不过，对甲骨文片收集和印刊最多的当推罗振玉。罗氏的著作有《殷虚书契》《殷虚书契后编》《殷虚书契菁华》《殷周贞卜文字考》和《殷虚书契考释》等。郭沫若先生的《卜辞通纂》一书，则把近代甲骨文的研究推向了一个新的水平。

诚然，考古学从古老的考据学和金石学脱颖出来，发展成一种独立的、具有现代意义的学科，还是本世纪20年代以后的事。

1921年，瑞典人安特生等在我省渑池仰韶村发现并发掘古文化遗址，因出土很多彩绘陶片，故称之为"彩陶文化"，以后中国考古学者按考古惯例命名为"仰韶文化"。如今这类文化遗址已发现数千处，广布于河南、陕西、山西、湖北、甘肃等省。

1924年，北京历史博物馆在我省信阳县的王坟洼和擂鼓台地区发掘了一批汉代墓葬。

1927年，河南省博物馆成立，当时主要收集一些河南铜器、玉器等。

1928年，中央研究院历史语言研究所成立后，立即组织人员于当年10月开始在安阳殷墟进行第一次考古发掘。这是当时我省也是全国进行较大规模的考古发掘。这次发掘由董作宾主持，河南政府派教育厅代表郭宝钧参加。是年12月，历史语言研究所成立考古组，此后从1929年至1937年，先后由李济、郭宝钧、梁思永等人主持，又连续对安阳殷墟进行了十四次发掘。通过这十五次发掘，对殷代的历史和社会性质有了进一步的了解。

1932—1933年，郭宝钧在浚县辛村发掘了几十座西周和春秋墓。1937年又由郭宝钧主持，河南派李景聃参加，在辉县琉璃阁发掘几十座战国墓。后来出版了《浚县辛村》和《山彪镇与琉璃阁》两本考古报告。

1939年冬，河南省古迹委员会李景聃在永城对造律台、黑孤堆和曹桥等三个遗址进行了发掘，发现龙山文化的鬲、鼎、罐和鬶等陶器。这是由我省文物考古机构独立进行的第一次考古发掘，为我省今后的考古发掘和研究奠定了基础。

三、建国以后的河南考古

建国以后的河南考古进入到一个以马列主义为指导思想的现代考古学的发展新阶段，无论从考古机构的设置和考古技术队伍的壮大来说，或者从考古发掘的工作和研究成果来说，都有很大的发展。

1950年，河南省成立了文物管理委员会。平原省与河南省合并以后，又在省文化局成立文物科，专司全省文物保护管理之职。1953年成立河南省文化局文物工作队，专门从事田野考古发掘和地上文物的保护工作。1956年又在洛阳市成立河南省第二个文物工作队。1958年，两个文物工作队合二为一。是年省文化局又设文物处。自党的十一届三中全会以后，更加重视文物工作，省政府又成立河南省文物事业管理局，大大加强了对我省日益发展的考古事业的领导。1980年成立了河南省考古学会。1981年，为了适应我省考古事业发展的新形势，又分别成立了河南省文物研究所、河南省古代建筑保护研究所和河南省石刻艺术馆。迄今，我省已拥有文物管理和工作机构40多个，从事文物考古的人数已近千人，基本上健全了文物保护管理和研究机构。如此宏大的文物考古队伍是前所未有的。从某种意义上可以说，今天的河南考古事业已呈现初步繁荣的局面。

建国以来，河南的文物考古工作和学术研究的成就，是任何时代都不能比拟的。在一个短小的篇幅要对此作出一个总结是不可能的，现在只能摘其要者略述一二。

（1）在原始社会考古方面，最重要的是1979年在南召县云阳镇杏花山发现的距今约50万年前的猿人牙齿化石，以及50年代在豫西三门峡一带发现的距今约60万年前的旧石器遗存，从而填补了我省旧石器考古学方面的空白。尔后，在许昌灵井发现了一万年前的中石器时代文化（石器）。新郑裴李岗类型文化的发现，又填补了我国仰韶文化以前的新石器时代考古文化的空白。目前，裴李岗类型文化的遗址在我省已发现三十多处。20年代发现的仰韶文化，经过考古工作者多年的调查、发掘和研究，对它的内涵和性质已有深刻的认识。根据大量的考古资料，证明仰韶文化分布甚广，遗迹、遗物丰富，并可以划分为半坡、庙底沟、秦王寨、后冈、大司空村等类型。这里应该提及的是，1972年在郑州大河村遗址发现一排房基，墙壁残高1米以上，还可以清楚地看出它的建筑结构。这处遗址出土不少仰韶文化精美的彩陶，上面彩绘多种星星的图案，表明原始人对宇宙已经注意。对龙山文化的考古发掘和研究也取得很大的成就。50年代在河南三门峡的庙底沟遗址发现"庙底沟第二期文化"类型，从洛阳王湾等处层位证明，它属于龙山文化的早期，在安阳后冈发现"后冈第二期文化"类型，根据王湾遗址发现的层位关系，这个类型晚于"庙底沟第二期文化"类型。后冈第二期文化后来被称为"河南龙山文化"。从现在掌握的考古资料分析，各地的龙山文化遗存有差异，可以划分为安阳后冈、陕县三里桥、临汝煤山（一期）、永城黑孤堆、淅川下王岗等类型，每个类型文化中尚有早晚不同时期的遗存。1976年在汤阴白营发现四十余座排列整齐的房基，为我们研究龙山时期的村落布局提供了重要资料。在安阳后冈和偃师灰咀等遗址，发现了仰韶文化、龙山文化、商代文化三层叠压关系，证明龙山文化是承继仰韶文化发展而来的。在洛阳王湾、陕县庙底沟和淅川下王岗等遗址，保存着由仰韶文化向龙山文化过渡的文化层。这里应特别说一下70年代初发掘的淅川下王岗遗址。这个遗址有仰韶文化、屈家岭文化、龙山文化、先商文化、商代文化、西周文化等六个时期九层堆积，发现为数众多的房基、窖穴、墓葬，出土数千件遗物。这个遗址的考古资料十分重要，它不仅可以证明仰韶、龙山、夏、商、周的中原文化发展序列，而且可以为研究黄河流域和江汉流域文化的密切关系提供可靠的证据。尤其是它的房基和墓葬资料，对于研究仰韶文化和龙山文化的社会性质具有重要价值。这个遗址的考古资料已汇集在《淅川下王岗》一书中。总之，新中国成立以来，河南原始社会考古学取得很大成就，为我国今后的历史和考古的研究开拓了前所未有的广阔领域。在学术研究方面，论著颇多，硕果累累。许顺湛同志所著的《中原远古文化》一书，则是我国原始社会考古方面的重要专著，也是学术研究的最新成果。

(2)关于夏文化，过去仅仅是传说。徐旭生先生在豫西进行考古调查以后也只是提出了一些看法。中国社会科学院考古研究所和河南省文物工作队在偃师二里头遗址进行了大规模的发掘，发现了前后相承的四期文化，其中一、二期文化接近龙山文化而又别于龙山文化，三、四期为早商文化，从而为研究夏文化提供了重要线索。从此，所谓夏文化的考古和研究才提到日程上来。同时，在郑州洛达庙、巩县稍柴、陕县七里铺、偃师灰咀等遗址进行了考古发掘。1977年在登封告成王城岗遗址发现两个并列的小城堡的夯土墙基,其年代距今约四千年,即相当于或稍早于夏的开国年代。这一发现,为探索夏文化增添了新的重要实物资料。

(3)对商文化的考古,也取得了突出的成绩。建国初期对郑州二里岗的发掘,发现了所谓二里岗两期文化,属于早商文化范畴,出版了考古报告《郑州二里岗》。同时,又发现郑州商代遗址,核心地带是一座商代前期的城址,城墙周长近7000米,并在城址的近郊发现铸铜、烧陶、制骨等作坊遗址。这是继安阳殷墟之后,对商代考古又一重要发现。1974年,在郑州商代城西发现两件大型方鼎(高近1米);1982年,又在郑州商城东南城角外发现一批重要铜器,这两次发现对弄清该城址的性质提供了重要依据。此外,对安阳殷墟的考古,也有新的发现和收获。1950年,在武官村发现殉葬79个奴隶的大型墓葬;1979年,清理了近两百座屠杀奴隶的祭祀坑;同年,还发掘了妇好墓,出土大批精美的青铜器和玉器。这些发现和研究表明,商代已处于我国古代奴隶制的繁荣阶段。

(4)周代的考古,过去比较薄弱,现在也有很大的进展。建国初在洛阳发现了东周的王城以后,1956—1957年,在三门峡上村岭北虢国墓地,发现了西周末至春秋早期的墓葬234座和3座车马坑,特别是"虢太子元徒戈"和"虢季氏子段鬲"的发现,证实了北虢国在此地。1963年在洛阳庞家沟墓地发掘了三百多座西周墓,出土一批铜器和原始瓷器。近年来,在洛阳东站附近发现西周前期的铸铜作坊遗址,面积约28万平方米,出土大量的爵、鼎、簋、罍、卣、觚、尊、斧、戈、镞等铜器的铸范和制范工具。此外,在辉县琉璃阁、洛阳中州路和郑州二里岗等地发掘了大批周代墓葬。因此,周代的文化遗址的分布和特征已经基本弄清。这个时期的考古专著有《洛阳中州路》等。

(5)汉代至宋代的考古,亦有不少新的发现。1958年对巩县铁生沟汉代冶铁遗址进行了发掘,发现了反射炉和低温炒钢炉等18座炼炉。低温炒钢炉的发现是在冶炼生铁和可锻铸铁之后在冶金技术方面的杰出贡献。1974年在温县招贤镇发现一处面积达一万平方米的东汉作坊遗址,在清理的一座烘范窑中出土大量的铸范,表明我国劳动人民早在东汉时期就掌握了比较先进的叠铸和热范浇铸技术,一次可以铸出几件到几十件小型铸件。1975年在郑州古荥镇汉代冶铁遗址发现大型高炉。巩县铁生沟出土的铁镢和渑池县出土的铁斧,经鉴定有球墨铸铁,更是新的重要发现(球墨铸铁在西方于本世纪40年代才冶炼成功),这说明我国不仅在青铜器铸造方面有很高水平,而且在冶金方面也曾居世界领先地位。1974年在汉魏洛阳城南郊发现我国目前已知的一座最早的天文观测遗址,东汉著名的科学家张衡曾在此进行天象观测科学实验。汉代画像石和画像砖墓在南阳等地又有很多发现,迄今仅南阳汉画馆收藏汉代画像石(砖)已近千件。1965年在洛阳发现北魏的元邵墓。1974年洛阳王元义墓墓顶发现有一幅天象图,画有三百多颗星辰,银河居中纵贯南北,是我国天文学史方面的重要资料。隋唐时期考古的重要发现,是在隋唐洛阳宫城内发现含嘉仓城,并发现数以百计的仓窖。这种地下粮仓具有防火、防盗、防鼠雀和防潮的优点,是迄今仍可借鉴的一种储粮方法。从仓城出土的砖铭,可证实隋唐粮食依赖江淮。解放以来,发掘了很多隋唐时期的墓葬,其中安阳的张盛墓出土了一批精美隋代瓷器和一批文、武瓷俑,还有一套仆侍俑、伎乐俑和以牛车为中心的仪仗俑。宋代考古,主要成就是调查和发掘许多瓷窑遗址,其中重点发掘了鹤壁窑和禹县钧台窑,初步弄清这些瓷窑的结构和生产过程,并从大量的宋瓷中进一步认识它的技艺特色。1960年,在鹤壁矿区发现了宋代煤矿遗迹,包括竖井、巷道、木制辘轳和小瓷灯盏等。这个发现对于我国古代采矿业的了解将有助益。如此丰富的考古资料,促进了学术研究,特别是对汉代冶金和铸造工艺的研究,开拓了科技考古的新领域,为给考古学赋予现代科学的特色迈出了可喜的第一步。这方面的专著有华觉民和汤文兴同志所著的《汉代叠铸》。此外还有《巩县铁生沟》和《洛阳烧沟汉墓》等考古发掘报告集。

(6)关于古代城址的考古,解放以来有新的重大发现。迄今已发现古代城址数十座,光先秦城址便有30座左右。其中,比较重要的有淮阳平粮台龙山文化城址、登封王城岗小城堡遗址、郑州商代城、洛阳东周王城、新郑郑韩故城、登封告成阳城遗址、信阳楚王城和汉魏洛阳城等。1979年发现的淮阳平粮台龙山文化晚期城址,面积达5万平方米。古城址的遗迹很多,有城墙、城门、门卫房、排水管道、房基、陶窑和墓葬等。据碳14年代测定,距今四千多年,这是我国迄今发现年代最早的城址,也是世界上最早的古城址之一。对郑韩故城,已初步勘查了外郭、内城和宫殿区,并试掘了它的冶铁遗址和制骨遗址。白庙范村出土的大量战国时期的铜兵器,是研究当时铸铜和兵器、军事编制方面的重要物质史料。汉魏洛阳故城是我国目前保存最完整的一座古城址,比郑韩故城具有更大的学术价值。通过大量的考古勘查和试掘工作,业已摸清了它的城垣、门阙、宫城、街道以及西北隅金墉城的布局和范围,同时对永宁寺塔基和灵台遗址进行了考古发掘,取得了珍贵的考古资料。此外,从1981年开始,有计划地对北宋汴梁城和开封明代周王府遗址进行勘查、发掘工作。可以预料,古城址的考古今后将有更大的发展。

(7)对我省众多的古代建筑广泛地开展调查和研究,是解放后的事。古代建筑和石窟艺术方面都有不少新的重要发现,其中最重要的新发现是安阳县唐代修定寺塔。它是在1973年文物普查中发现的。此塔由塔基、塔身、塔顶三部分组成,惜塔顶已毁。塔采用砖结构,塔身四外所有雕砖与内壁砖采用榫卯相套和犬牙交错的方法,使整个塔身浑然一体,非常坚固。雕砖表现了金刚力士、伎乐、"胡人"的生动形象,以及一些龙、狮、象、虎和蛇等动物栩栩如生的姿态。因此,无论从建筑结构还是雕塑艺术来说,此塔都有很高的研究价值。

(8)楚文化考古,是我省解放后特别是近几年开辟的考古新领域。50年代在信阳长台关发掘了两座大型楚墓,并出版了图录。1978—1979年,在淅川下寺发掘了一批大型楚墓,出土了精美的青铜礼器和铜编钟等重要遗物。1982年发掘了淮阳平粮台马鞍冢的两座大型楚墓和车马坑,以及1983年在光山县宝相寺发掘的黄君孟墓,又是一个重要的考古发现,为研究楚文化提供了新的实物资料。为加强楚文化的研究,在我省考古学会内又组织了"河南楚文化研究会",举办了两次学术讨论会,并出版了论文集。

总之,河南的考古新发现和学术成就很多,难于一一罗列,在此只好借助于几个数字以概括之。据不完全统计,三十多年来,河南省共发掘古文化遗址一百多处,发掘墓葬一万余座,出土文物几十万件,所发掘的考古简报、报告和学术论文上千篇,考古专著多部。如上面所述,河南考古学经历了一个长期的发展过程,从古代的考据学、金石学发展到现代的考古学;从古代封建士大夫和文人的金石学,发展到人民大众的考古学;从资产阶级考古学发展为马列主义考古学。今天,河南的考古学和考古工作已成为社会主义建设事业的一个组成部分。1982年,党的十二大的胜利召开,以及《中华人民共和国文物保护法》的公布,为我国文物事业开拓了广阔的美好前景。可以满怀信心地说,不久的将来,一个现代考古学更加繁荣的局面就会呈现在我们的面前。

(原载《中原文物》1984年第1期)

关于磁山·裴李岗文化的几个问题
——从莪沟北岗遗址谈起

在黄河流域,早于仰韶文化的新石器时代早期文化遗址,迄今已发现近三十处。其中,只有磁山、裴李岗和莪沟北岗三个遗址,先后正式进行了发掘并发表了考古资料。莪沟北岗遗址虽然发掘较晚,却是这种早期文化目前唯一全部发掘完毕的遗址,而且它的遗迹和遗物比较丰富,对它进行剖析,无疑对认识这种早期文化的内涵、性质及其同仰韶文化的关系是有裨益的。考古学界根据发表的资料,对这种文化的命名、内涵、性质以及它同仰韶文化的关系等问题,提出了不同的看法[1]。本文在论述莪沟北岗遗址文化特征,以及它同磁山·裴李岗遗址的关系的同时,顺便也对上述有分歧的问题,谈谈自己粗浅的看法。

一、莪沟北岗遗址

这是典型的早期文化遗址之一,它的地理位置、文化堆积、文化内涵诸方面都具有特色:

1. 遗址的地理特点

遗址位于河南密县城南约 8 公里的莪沟村北的土岗上。它的地理环境有三个特点:

(1)临河。它坐落在双洎河的绥、洧两支流汇合的三角地带,南距洧水不足

---

[1] 见严文明:《黄河流域新石器时代早期文化的新发现》,《考古》1979 年第 1 期;安志敏:《裴李岗、磁山和仰韶——试论中原新石器文化的渊源及发展》,《考古》1979 年第 4 期;等等。

1000米,距今河床高约70米①。新石器时代遗址,一般都在河边的台地上,这显然同饮水、渔业和农业有关。但这类早期文化遗址的地势,往往高些。裴李岗遗址高出双洎河河床约25米②,磁山遗址高出南铭河床25米以上③。为什么这类早期遗址的地势要比仰韶文化一般遗址高？这可能由于原始人从山岭地带生活向平原移居,也有一个过程,或者当时的水位较高。莪沟原称鳄沟,洧水流经这条山沟,被两座小山阻隔,积水成潭,有鳄鱼出没,因而得名。"鳄""噩"同音,人们认为不吉利,故改称莪沟。这说明当时的水位比现在高,原始居民饮水是很方便的。

（2）遗址周围有大片可供农耕的土地。莪沟北岗是一条延伸十几里的山岗,地面比较平坦,又近河,是农稼的好地方。裴李岗和磁山等遗址也都拥有大片可耕地。

（3）处于群山环抱之中。遗址的四周,山岭连绵,它的南面10余里有嵩山山脉,群峰竞拔,林木丛生。磁山遗址周围亦是山地,东面是太行山脉的鼓山。这时期的农业尽管有了发展,但渔猎仍是不可缺少的食物来源。裴李岗遗址周围,现在没有高山和森林,但是8000年前的植被情况怎样,是否有成群野兽生活的森林,还有待考证。

2. 遗址的文化堆积及村落布局特点

莪沟遗址文化堆积仅有一层,厚度0.35米。裴李岗遗址有两层堆积,1米多厚。磁山遗址有两层堆积,厚度尚不足1米④。而仰韶文化的文化堆积则比较厚,往往有多层。

莪沟文化堆积土色黄褐,有一些红烧土细粒,含炭灰及其他杂质很少;裴李岗遗址有一层红色,稍灰,另一层黄褐;磁山遗址的堆积土色亦呈黄灰、黄褐。

---

① 河南省博物馆、密县文化馆:《河南密县莪沟北岗新石器时代遗址发掘简报》,《文物》1979年第5期。

② 开封地区文管会、新郑县文管会:《河南新郑裴李岗新石器时代遗址》,《考古》1978年第2期。

③ 安志敏:《裴李岗、磁山和仰韶——试论中原新石器文化的渊源及发展》,《考古》1979年第4期。

④ 邯郸市文物保管所、邯郸地区磁山考古队短训班:《河北磁山新石器遗址试掘》,《考古》1977年第6期。

这三个遗址的土色是近似的。这同仰韶文化那种具有浅灰、深灰和黑灰多层堆积,并含大量的石块、兽骨、鱼刺等杂物的堆积,有着明显的差别。

莪沟文化堆积厚薄均匀,里面包含的陶片很少。在仰韶文化遗址中,无论早期或晚期,文化堆积虽因遗址而异,但多数不甚均衡,特别是包含大量的陶片,这一点是不同于早期文化的。

早期文化堆积之所以有着这些特点,显然是因为当时人口稀少,劳动生产力有限,遇上居住地气候恶化或地力衰竭,便不得不转他处。居住时间较短,用火不多,草灰炭灰少,堆积较薄,土色就浅,文化遗迹也就不多了。

莪沟北岗遗址的文化遗迹分布也是有规则的。所发现的6座房基,集中在遗址的中部,在房基的周围及附近,分布着几十个窖穴及一座烧陶窑残迹;居住区的北部(偏西)是氏族公共墓地[1]。这样的布局,在以后的仰韶文化遗址中,是屡见不鲜的。为什么新石器时代的村寨,通常都是这样的布局?村寨是居住为主,房屋理所当然居中。窖穴贮藏粮食及其他用品,设在房子周围,既存取方便,又便于管理。先民相信人有灵魂,人死了,不忍其暴尸露野,并被鸟啄狗啃,于是加以掩埋。又不忍让死去的亲人远离,须埋在房屋的附近,思念时可随时去看看。这样的布局是符合当时人们的思想观念的,所以长时期被沿用。

3. 文化遗迹的特点

莪沟北岗文化遗迹的特点,可分窖穴、房基和墓葬三个方面来谈。

窖穴共发现44座,其中,除几座形状不规则外,基本上是圆形或椭圆形,口稍大于底,坑壁弧弓,壁面平整,圜底。个别(如H12)灰坑有半圆形台阶。一般窖穴的口径0.6—2.24、底径0.92—2.18、深0.22—1.28米。坑的形制规整,用石铲来挖掘,可算得精心制作的了。它们当是贮藏粮食和用品的。在磁山遗址和裴李岗遗址都可见到圆形或椭圆形的窖穴,只是磁山遗址的长方形深坑窖穴另具特色,有些坑里还有腐朽的粮食[2]。

房基共6座,其中只有1座长方形房基,其余均近圆形。这些房基具有下列特点:(1)全为半地穴式小型房子,面积均在12平方米以下;(2)房门朝南,均有斜

---

[1] 河南省博物馆、密县文化馆:《河南密县莪沟北岗新石器时代遗址发掘报告》,《河南文博通讯》1979年第3期。本文有关莪沟北岗遗址的考古资料,未经注明出处者均见此文。

[2] 邯郸市文物保管所、邯郸地区磁山考古队短训班:《河北磁山新石器遗址试掘》,《考古》1977年第6期。

坡式或台阶式门道;(3)墙壁内侧或墙壁上遗留有大小不同的柱洞;(4)房基中央或偏一隅均有用火遗迹,如F3房基有一个用草拌泥筑成的灶膛;(5)房内居住面平整硬实,有些房基(如F2、F3)有一层厚2—6厘米的白胶泥垫土。

裴李岗遗址未发现房基。磁山遗址发现了(如H28)有内向台阶的房基,同莪沟遗址的房基相似。类似的半地穴式圆形房子,在仰韶文化遗址,如西安半坡①和下王岗遗址②的早期遗存中,每每可以看到。

莪沟北岗遗址发现一处氏族公共墓地,清理了68座墓。墓葬分布密集,排列基本有序,并具有下列特点:(1)墓坑均为长方形竖穴;(2)除一座双人合葬外,全部为单人仰身直肢葬,人骨已腐朽;(3)墓向一律朝西南,方向190°—225°;(4)大多数墓有随葬品,多寡不悬殊;(5)9座墓有放置随葬品的壁龛。随葬品的位置一般在人架左腰或左腿旁,少数在人架右侧相同部位。

随葬品最少1件,最多14件,一般在2至8件之间。随葬品的组合可分3类11组:

甲、单纯随葬陶器的组合

罐+钵形三足器+壶(或碗或勺)	8座
罐+钵	3座
钵形三足器+壶	3座

甲类随葬品陶器器形基本是罐、钵形三足器、壶3种。除上面3组外,其他组合都是孤例。

乙、石器和陶器混合随葬品的组合

石铲(或石斧、石镰)+钵形三足器+钵(罐)+壶	7座
石铲+钵+壶	6座
石铲(或加石镰)+钵形三足器(钵)	6座
石铲+罐+壶(或钵)	2座
石铲+石斧(或加石镰)+钵形三足器+壶	6座

乙类5组随葬品无陶勺。

丙、石磨盘、石磨棒加陶器的随葬品组合,因陶器组合不同而分为3组

---

① 中国科学院考古研究所、陕西西安半坡博物馆:《西安半坡》,文物出版社1963年版。
② 河南省博物馆在淅川下王岗遗址发掘资料。

罐+钵形三足器+钵+壶	3座
罐+钵形三足器+钵+壶+勺	2座
罐+钵形三足器(或碗)+壶+勺	3座

丙类随葬品中,陶勺占重要地位。

在仰韶文化早期遗址中,氏族公共墓地的墓葬随葬品,一般是单纯的陶器组合,或者陶器和石铲、石斧之类的石器混合,即与莪沟北岗墓葬的甲、乙两类组合类似,但迄今还没有发现仰韶文化墓葬随葬石磨盘和石磨棒的。因此,丙类随葬品的组合便成为这个文化的特色。

4. 文化遗物的特征

莪沟北岗遗址出土的遗物,有生产工具和日常生活用的陶器。这些遗物与仰韶文化同类遗物比较,显然具有浓厚的特色。

生产工具　由于这个遗址的土质酸性很大,任何骨质工具都无法遗存,所以只发现石器,共60件。其中,绝大多数又是用于农业生产的石铲、石斧、石镰,粮食脱壳加工工具——石磨盘和石磨棒,以及少量打猎用的石弹丸和用于磨制工具的砺石。

石铲30件。其特色是薄平体,两端弧刃,这是仰韶文化以后的诸文化所不见的。在裴李岗①和磁山遗址②也屡见不鲜。另一种形式是有肩石铲,7件,磨制甚精。

石镰5件。其特点是锯齿状刃,后部上下两侧有磨损的缺口,显然是绑上木柄使用的。裴李岗遗址出土的石镰③,形制与此相似。但磁山出土的石镰则不同,它是拱背平刃④。锯齿状刃的石镰,在河南下王岗、淅川下集等仰韶文化早期遗存中亦偶见。

石磨盘和石磨棒,共10套。石磨盘基本形制,平面为长椭圆形,底部有柱状琢制短足。个别石磨盘平面为尖头,底部平面无足。石磨棒只有一种形式:长圆柱体,

---

① 开封地区文管会、新郑县文管会:《河南新郑裴李岗新石器时代遗址》,《考古》1978年第2期。
② 邯郸市文物保管所、邯郸地区磁山考古队短训班:《河北磁山新石器遗址试掘》,《考古》1977年第6期。
③ 开封地区文管会、新郑县文管会:《河南新郑裴李岗新石器时代遗址》,《考古》1978年第2期。
④ 邯郸市文物保管所、邯郸地区磁山考古队短训班:《河北磁山新石器遗址试掘》,《考古》1977年第6期。

两端细削。裴李岗遗址出土的石磨盘、石磨棒与之雷同①。磁山遗址出土的石磨盘,同后一种形式接近,不过其底部多有乳状三足或四足②。在仰韶文化中,石磨盘仍然存在,但形制不同且无足。因此,这类石器仍是早期文化的特色之一。

陶器　莪沟北岗遗址出土陶器计200多件。其中,泥质红陶占七成,夹砂红褐陶占二成以上,只有个别是泥质灰陶。主要器型有钵、钵形三足器、壶、罐、碗、杯、勺等。器表多素面,纹饰有压印点状纹、篦纹、划纹、锥刺纹、乳钉纹等。陶器全部手制,器壁厚薄不均,凹凸不平,烧制质量很差,陶质松脆,容易粉碎。

在陶器中,钵形三足器、小口双耳壶、罐和勺四种器型最富特色。

钵形三足器,72件。器体作敞口圆底钵形,下附三条圆锥足。从质地和器形看,当是饮食器。

小口双耳壶,45件。其中,有圈底、平底和三足三种。形制特点是小口、球腹或椭圆形腹、肩部有新月形对称两耳。揣其用途,当是背水的水器。

罐,34件。一般特点是大口、卷沿、筒腹、平底。夹砂红褐陶,从个别外表有烟痕看,当是炊器。

勺,7件。勺体呈椭圆形,浅腹,柄作圆锥状。

除上面四种别具特色的器形外,还有圜底钵、平底钵、敞口圈足碗等。莪沟北岗遗址的陶器群,同裴李岗遗址的基本相似③;而其中的钵形三足器、平底钵、小口双耳壶、圈足碗、罐等部分器型,亦见于磁山遗址④。

5. 关于莪沟北岗遗址陶器的分期

这个遗址的上部曾经平整,据说削低了1米以上。现文化堆积一层,但从遗址的差不多全部窖穴和房基都打破现存文化层的情况看,它的上面至少还有一层堆积。遗址中的氏族公共墓地墓葬的坑口,均在这一文化层的底部。从窖穴、房基和墓葬的不同层位看,窖穴和房基相对晚于墓葬。但是,它们之间究竟有没有明显的差异,能不能进行分期呢?

---

① 开封地区文管会、新郑县文管会:《河南新郑裴李岗新石器时代遗址》,《考古》1978年第2期。
② 邯郸市文物保管所、邯郸地区磁山考古队短训班:《河北磁山新石器遗址试掘》,《考古》1977年第6期。
③ 开封地区文物管理委员会等:《裴李岗遗址一九七八年发掘简报》,《考古》1979年第3期。
④ 邯郸市文物保管所、邯郸地区磁山考古队短训班:《河北磁山新石器遗址试掘》,《考古》1977年第6期。

首先，让我们看看H41(窖穴)和M68(墓)这一组直接叠压打破关系。

H41出土的陶器中，罐全为大口、深腹、平底，腹饰刺点纹；壶皆小口、高领、斜肩、椭圆形腹，半月形耳高且薄；钵多大口，口沿有圆棱，平底；陶杯呈筒形；此外还有一种筒形平底器①。

M68随葬陶器有罐3、壶1、碗2、勺1，共7件，部分器皿残破。其中罐多侈沿、筒腹、平底；壶为低领、折肩、球腹、带状耳；碗为敞口假圈足；勺呈椭圆形，有圆锥形柄②。

比较这两个单位的器物，可见罐、壶两种器物的形制有明显的不同，而圈足碗仅见于墓葬(详见图一)。鉴于H41打破M68，可以认为两者分属于不同时期，前者比后者要晚。

其次，我们将窖穴出土的器物同墓葬出土的作对比③，除石器没有多大的差异外，大多数陶器有明显的差别(详见图一)。

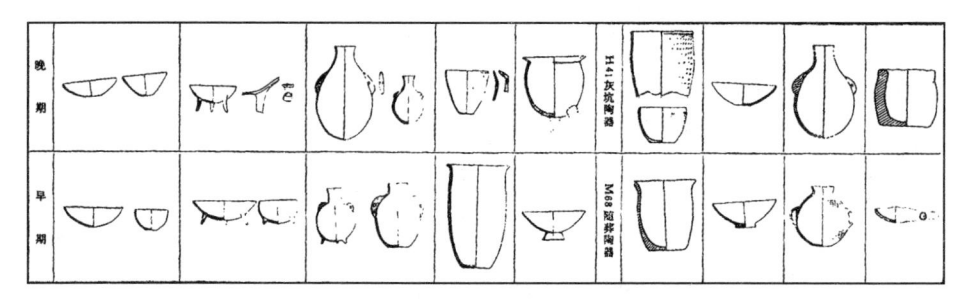

图一　莪沟北岗遗址陶器分期图

罐：墓葬出土的罐，多数是卷沿、深腹、平底，均素面。窖穴出土的罐，口沿上翘，器型变大，同时还出现大口平底罐，器表饰有刺点纹；陶片中还可见有折沿罐片。

壶：墓葬的陶壶，有三足壶、平底壶和圈底壶三类，一般形制是小口、低领、折肩、球形或椭圆形腹，肩部有半月形或带形两耳。窖穴中不见三足壶，而且壶的形制仅见长颈斜肩一式。

钵形三足器：墓葬的三足器多为浅腹短足者，而窖穴的三足器，却多为深腹长足者。

---

① 关于H41和M68的陶器存河南省博物馆。
② 关于H41和M68的陶器存河南省博物馆。
③ 莪沟北岗遗址全部窖穴和墓葬资料，文字见河南省博物馆、密县文化馆：《河南密县莪沟北岗新石器时代遗址发掘报告》，陶器现存于河南省博物馆。

碗：仅见于墓葬，有圈足和假圈足两类。

勺：墓葬和窖穴均见，差异不大。

钵：墓葬多见圆底钵，窖穴多出平底钵。

鼎：仅见于窖穴，罐形体、折沿、圆腹、圜底，下附三条柱形足。

根据上面的对比，可以看到，墓葬和窖穴所见到的罐、壶、钵形三足器等主要器物的形制有明显的变化，而碗仅见于墓葬，鼎、甑形器和器座（都是残片）不见于墓葬。鉴于窖穴和墓葬属于不同层位，窖穴又有直接叠压和打破墓葬的关系，因此，它们的陶器群之间的不同和形制的变化，不是偶然的，而是由于时间早晚所导致。墓葬和窖穴分属于这个遗址的早晚两期。

这种分期，还可以在裴李岗类型遗址的陶器中观察出来。限于篇幅，不能作出详细对比。

6. 莪沟北岗遗址的文化性质

莪沟遗址的年代经碳14测定为距今7240±80年，同裴李岗和磁山遗址大抵相近。

遗址所出土的石器，基本上是用于农业生产和谷物加工的工具。磨制精致，多有使用痕迹，可以想见，当时的农业已有一定的发展。骨箭头因酸性土壤腐蚀，早已不存，但从出土22件石弹丸和石球来看，打猎肯定是当时人们必不可少的生产活动之一。没有发现网坠和鱼叉、鱼钩之类的捕鱼工具，不过遗址靠河，在食物缺乏的情况下，估计不会不捕食河鱼，只是捕捉方式可能不用网和鱼叉罢了。此外，遗址还发现一些炭化的橡子、枣核等，表明先民在野果成熟的季节，还从事采集活动。总而言之，莪沟北岗遗址的社会经济是以农业为主，渔猎和采集仍是重要的辅助生产。

遗址的墓葬排列有序，葬式划一，随葬品均衡，同仰韶文化早期（如西安半坡和淅川下王岗）遗址的墓葬状况类似，说明当时的社会处于母系氏族社会的繁荣期或发展期。

二、莪沟、裴李岗和磁山遗址的关系

早于仰韶文化的新石器时代前期文化，迄今经过发掘并发表考古资料的只有这三个遗址。因此,对它们的资料进行分析对比①,将有助于认识这类文化的内涵和性质。

这三个遗址的共同点是：

(1)同处于河边台地;文化堆积比较单纯;土色多呈黄褐,内含杂物和陶片很少。

(2)同是以农业为主、渔猎和采集为辅的社会经济为基础。

(3)文化遗物。石器方面,都有薄平体两端弧刃的石铲,有肩石铲、扁圆体弧刃石斧、石镰,有石磨盘和石磨棒。陶器方面,多为质地松脆的泥质红陶和夹砂红陶,形制相似的钵形三足器、小口双耳壶、圆底钵、平底钵、圈足碗、侈沿筒腹罐;纹饰都有篦纹、划纹、压印点状纹和乳钉纹;同为手制,表面粗糙,器型不甚规整。

(4)据碳14测定的数据,这三个遗址的年代均在七八千年之间,年代相近。

鉴于这三个遗址年代相近,同处于一个社会经济形态阶段,有共同的(或毗连的)分布地域,具有共同的器物群(详见图二),我们认为它们应属于一个文化。

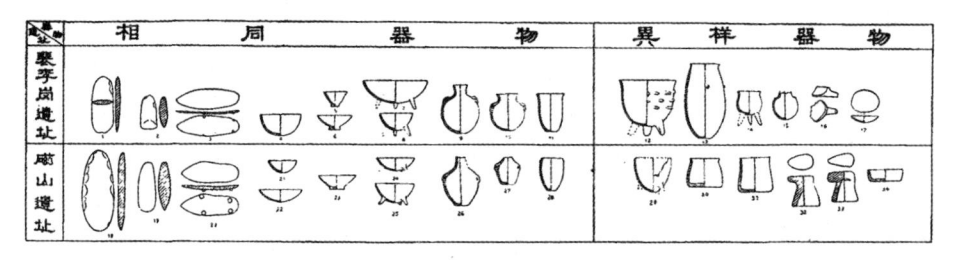

裴李岗遗址器物　1.石铲(M5:9)　2.石斧(M23)　3.石磨盘(中牟业王遗址)　4.陶钵(M23)　5、6.陶碗　7、8.钵形三足器(M7:3、M27)　9.陶壶(M6:1)　10.陶壶(M8:2)　11.陶罐(M18)　12.陶鼎(M5:4)　13.陶罐(M2)　14.陶鼎(M14)　15.小口罐(T2:9)　16.陶勺(T2)　17.陶盘(A区M17)

磁山遗址出土器　18.石铲(T25②:429)　19.石斧(T25②:419)　20.石磨盘(H58:402)　21、22.陶钵(H22:142、H63:335)　23.陶碗(H73:504)　24、25.钵形三足器(T27②:474、H90:571)　26、27.陶壶(T14②:301、T23②:349)　28.陶罐(T23②:461)　29.陶鼎(T25②:456)　30、31.陶盂(H1:18、T8②:144)　32、33.陶支架(T6②:71、H12:73)　34.陶盘(T20②:326)

图二　裴李岗和磁山遗址主要器物比较图表

---

①　莪沟北岗、裴李岗、磁山三遗址已发表的考古资料,见于《河南密县莪沟北岗新石器时代遗址发掘简报》《河南密县莪沟北岗新石器时代遗址发掘报告》《河南新郑裴李岗新石器时代遗址》《裴李岗遗址一九七八年发掘简报》《河北磁山新石器遗址试掘》。

在这三个遗址中,莪沟北岗和裴李岗两个遗址,从窖穴的形制、墓葬的葬式和随葬品到石器和陶器的器物群,基本上是相同的,差异甚微,因而,这两个遗址按考古学上的分类,应该属于一个类型。因为裴李岗遗址先行发掘且较典型,这个类型的文化似称裴李岗类型为宜。

但是,裴李岗和磁山遗址之间,在某些方面则有明显的差别:(1)磁山遗址有一种长方形深坑窖穴,不见于裴李岗类型遗址。(2)裴李岗的石镰是锯齿状刃,而磁山遗址石镰则为平刃;裴李岗的石磨盘平面多呈椭圆形,而磁山遗址的全为尖头窄体,差异很大。但裴李岗类型遗址,如中牟县业王遗址①、郑州南阳寨遗址②,都发现磁山遗址那种典型的尖头石磨盘。(3)磁山遗址为数众多的陶盂和陶支架等器型绝不见于裴李岗类型的遗址。磁山遗址还独有不少绳纹陶和一些彩绘陶片。上述三方面的差异虽很明显,但是局部的,同前面提到的共性相比,只占次要的地位。因此,我们认为它们仍属于一个文化,只是地区不同文化类型不同而已。

有的同志将磁山与裴李岗遗址之间陶器方面的差异,作为区分不同文化的依据③,我们认为是值得商榷的。区分不同考古文化,必须观察考古文化共同体,观察整个陶器群的情况,一两种或几种器物的差异,似不能作为区分不同考古文化的标准。如果单从陶器方面来看,仰韶文化的半坡遗址同庙底沟遗址的差异,恐怕不会比磁山和裴李岗遗址之间的差异小,但是,它们的共同因素是主要的,因而,公认它们同属于一个文化。如果因为几种陶器不同就视为不同文化,那么,考古文化就将多得使人眼花缭乱,混乱不堪了。

有的同志把裴李岗和磁山两类遗址分布的地域不同亦作为两种文化划分的依据之一④,我认为也是不妥当的。首先,我们目前的调查工作,做得还很少,现在断言没有共同的地域(即犬牙交错分布)还为时过早。其次,作为考古文化

---

① 开封地区文物管理委员会:《河南开封地区新石器时代遗址调查简报》,《考古》1979 年第 3 期。

② 安志敏:《裴李岗、磁山和仰韶——试论中原新石器文化的渊源及发展》,《考古》1979 年第 4 期。

③ 安志敏:《裴李岗、磁山和仰韶——试论中原新石器文化的渊源及发展》,《考古》1979 年第 4 期。

④ 安志敏:《略论三十年来我国的新石器时代考古》,《考古》1979 年第 5 期。

不同类型的地域特点,固然有交错的现象,也有独自占据的地域,就像仰韶文化的半坡、庙底沟、秦王寨、后冈类型都有一定的地域一样。迄今河南安阳地区已发现这类早期遗址,同磁山遗址相距不远,也就是说分布地域毗连,并不是毫不相干的。况且,在裴李岗类型的莪沟北岗、中牟业王、郑州南阳寨遗址中,发现了被视为磁山遗址独有的尖头石磨盘等因素,说明不同类型间的相互影响。可见,两类遗址是有关联的,不能视为不同文化的证据。

有鉴于此,我们认为莪沟、裴李岗、磁山三个遗址同属于一个文化,而前两者属裴李岗文化类型,磁山遗址称为磁山文化类型。

三、磁山·裴李岗文化与仰韶文化的关系

根据碳14测定的年代,仰韶文化比磁山·裴李岗文化要晚得多。然而,迄今的考古材料证明,它们中间没有别的文化。目前有一些遗址(例如长葛县石固遗址)已发现仰韶文化早期文化层叠压着裴李岗类型的文化层。这种情况说明仰韶文化确实是继磁山·裴李岗文化发展起来的文化。问题是它们之间有没有亲缘的关系,也就是发展和继承关系。关于这些已有文章论述。

我们认为,磁山·裴李岗文化同仰韶文化早期有下列共同的因素:(1)遗址位于河边台地;(2)有半地穴式的圆形房子,其中部分带有斜坡式或阶梯式门道;(3)有排列整齐的仰身直肢葬的氏族公共墓地;(4)以农业为主,渔猎、采集为辅;(5)生产工具中,有薄体弧刃石铲、扁体弧刃石斧、锯齿刃石镰;(6)陶器中,以泥质红陶和夹砂红陶为主,灰陶较少。器型都有圈底钵、平底钵、钵形三足器、卷沿筒腹平底罐、小口细颈壶、罐形圆锥形足陶鼎等。纹饰都有划纹、乳钉纹、指甲纹等。

以上六个方面的共同因素(或称近似的因素),说明两者有比较密切的关系,或者说,仰韶文化是继承前者而来的。但是,应该指出,目前发现的磁山·裴李岗文化遗存,可能不是后期的,而是属于早中期的。根据有三:

(1)据碳14测定的年代,仰韶文化早期距今不到7000年,而磁山·裴李岗文化目前发现的遗存均在距今七八千年之间,如果这两个文化有直接发展和继承关系的话,尚有近千年的空白。

（2）从文化堆积和出土遗物看,仰韶文化早期已拥有为数众多的多种多样的石斧、石铲、石锛和石刀,以及大量的骨镞、石镞和渔网坠,同时还发现了不少的猪、狗、羊、牛等家畜的骨骼,这些都反映了农业、渔猎的发展。而比较起来,磁山·裴李岗文化的农业、渔猎各生产部门要落后得多。在原始社会,经济的发展是极其缓慢的,要实现上述的经济发展,短时间是办不到的,这就间接反映出它们尚缺乏某些环节。

（3）磁山·裴李岗文化和仰韶文化早期共有的某些同类陶器,器型变化甚大,难于衔接。例如,前者有大量的钵形三足器,后者却罕见;后者陶鼎众多,前者却稀少;前者富有特色的小口双耳壶,后者不见,却有小口细颈胖腹小壶;前者只有一两种卷沿筒腹罐,而后者却有多种形式的罐,就是卷沿筒腹罐,其腹变胖,器表往往有划纹或锥刺纹;前者有圈足碗,后者却未见;特别是前者(如磁山遗址)仅有几片彩绘陶片,后者却有丰富的彩陶。

上述三个方面,特别是陶器,既反映出它们有一定的联系,可又没有多少可衔接的递变规律,也就是说它们缺乏必要的中间环节。这个中间环节是什么呢? 既然仰韶文化已有早期遗存,那么,缺乏的当是磁山·裴李岗文化的晚期遗存。

有人把老官台文化遗存当作仰韶文化遗存,我认为这是不妥的。因为这里出土的器物,如圈底钵、卷沿筒腹罐、钵形三足器、高圈足碗等,同磁山·裴李岗文化十分相似,只是钵的口沿有彩带,钵形三足器外饰绳纹,碗外有锥刺纹。老官台这类文化遗存,并不是孤立的,它在华县元君庙、宝鸡北首岭遗址处于仰韶文化早期文化层之下[①]。这种地层关系说明,老官台文化遗存早于仰韶文化。鉴于它同裴李岗文化类型有密切的关系,应隶属于磁山·裴李岗文化,在年代上可能稍晚于目前发现的裴李岗遗址文化遗存。

综上所述,莪沟北岗、裴李岗和磁山三个遗址的文化遗存有许多共同的因素,应属于同一文化;而前两个遗址文化面貌几乎一致,是裴李岗文化类型,后者在某些方面有特色,应自称磁山文化类型。这种新石器时代早期文化应暂称磁山·裴李岗文化为宜。它同仰韶文化有着亲缘的关系,但中间是否有缺节,尚须研究。

（原载《文物》1980 年第 5 期）

---

① 苏秉琦:《关于仰韶文化的若干问题》,《考古学报》1965 年第 1 期。

"仰韶"社会进化论

仰韶文化是黄河流域新石器时代晚期的一支重要的考古文化。它分布地区广袤，东到冀中、豫中一带，南达鄂西北之汉水中上游，西及甘、青的洮、湟两水流域，北抵内蒙古及晋、冀北部长城沿线，而它的中心在陕西的关中、山西的南部及河南的三门峡一带。仰韶文化的年代，从迄今已公布的碳14测定的年代数据来看，早的文化遗存距今为7100±145年（ZK519，宝鸡北首岭遗址下层）、7020±165年（BK76019，河南双庙沟遗址）；较晚的文化遗存，距今4910±200年（ZK115，华阴西关堡遗址），4010±110年（BK75020，永登蒋家坪）[1]。可见，仰韶文化距今约7000年前至4000年前，总共延续了两千余年，个别地区延续3000年之久。在如此广阔的地域和如此漫长的岁月里，仰韶文化的社会绝对不会是一成不变的，必定经历了一个比较复杂的发展变化过程。人们可以从大量的考古资料中，看到不同地区的仰韶文化有明显的差异，而且同一地区同一文化类型的文化遗存也有很大的差别。我们认为，仰韶时期社会处于变革阶段，农业和手工业有发展，男女的社会地位有变动，婚姻关系有更替，社会意识有变化，使社会从母系氏族阶段逐渐进化到父系氏族阶段。由于这种发展变化不是急风骤雨式的革命或飞跃，而是经过长期的缓慢的渐进积累所致，所以为区别于阶级社会那样比较迅速的发展和改朝换代式的急剧的变革，在这里我们不妨借用生物学上的"进化"一词。实际上原始社会的发展又是和婚姻关系中的群婚—对偶婚—个体婚（以一夫一妻制为特征）的变化相一致的，而婚姻关系的这种变化多少包含物种选择和优生的生物学因素。本文试图从下面几个方面论述仰韶时期社会的进化，不当之处请专家学者指教。

---

[1] 中国社会科学院考古研究所：《中国考古学中碳十四年代数据集（1965—1981）》，文物出版社1983年版。

一、农业和手工业的发展

农业的发明,可能是中石器时代晚期的事。在磁山·裴李岗文化时期,农业作为人类社会赖以生存的最早最重要的一种生产形式,已有了一定的基础。到了仰韶时期,农业生产仍然属于"刀耕火种"类型的"锄耕"阶段,却已有较大的发展。当然,不可能有什么具体的数字来表达,我们只能根据与当时农业有关的遗迹遗物去分析和推断。仰韶文化遗址往往出土大量的石铲、石斧、石刀和石镰等农业生产工具。生产工具多且磨制较利,间接反映种植面积的扩大和单位面积产量可能提高。仰韶农业的发展明显有一个过程。例如,淅川下王岗遗址仰韶文化早期,出土的农业生产工具以打制石器为主,磨制的石斧、石铲、石刀较少,同时出土为数较多的石网坠、骨镞等渔猎工具。在墓葬中还发现几座像M112那样既随葬石铲,又随葬猎狗、龟的墓①。随葬猎狗和龟,象征着主人生前从事渔猎,反映出当时的农业部落尚依赖渔猎来弥补粮食生产之不足。下王岗仰韶中期以后,打制石器大大减少,磨制的石斧、石铲、石刀数量和型式大大增加,随葬狗、龟的现象也没有了,渔猎的色彩淡薄了,这就从一侧面反映了农业生产的发展。淅川下王岗仰韶农业这种发展趋势,并不是孤例。在宝鸡北首岭遗址仰韶早中期墓葬中,随葬石斧、石磨盘及其他与农业有关的工具寥寥无几,而随葬骨镞、骨鱼叉以及蚌壳、獐牙、野猪牙者较多。其中77M4和77M20两座男性墓随葬骨镞均在80枚以上。到了北首岭仰韶晚期墓葬,除了M284随葬5枚骨镞外,其余墓均没有渔猎工具随葬;相反,有一些墓,如M228随葬石斧、碾谷盘等②。由此可见,在仰韶早期,个别地区到仰韶中期,渔猎仍是重要的,甚至可以说是必不可少的辅助性生产活动,只是到了仰韶中晚期,农业有较大的发展,渔猎的作用大大降低了。

关于仰韶文化中晚期农业获得较大发展的直接证据不多,但是旁证却是多

---

① 河南省博物馆、长江流域规划办公室文物考古队河南分队:《河南淅川下王岗遗址的试掘》,《文物》1972年第10期。

② 中国社会科学院考古研究所:《宝鸡北首岭》,文物出版社1983年版。本文所用有关资料未注明者,均出此处,下同。

方面的。在半坡、元君庙、大张、姜寨和泉护村等遗址中都发现了当时主要的粮食作物粟的壳灰。在半坡遗址,还发现了几处储存粮食的遗迹。如 H115 窖穴,口径 1.15、底径 1.68、深 0.52 米,坑壁涂抹一层厚约 1 厘米的细腻黄泥以防潮,窖内底部还残存厚达 18 厘米的粟粒,估计有数斗①。要挖窖储粮,并像 M152 那样有二钵粟随葬,说明粮食产量已达到一定水平。其次,在北首岭、下王岗、半坡、姜寨、庙底沟和三里桥等遗址,发现了一些猪、狗骨骼;在半坡、北首岭和下王岗等遗址发现了黄牛和鸡骨;在半坡和姜寨遗址还发现了饲养家畜的圈栏。除了牛吃野草外,其他几种家畜家禽都需要农业提供饲料,因此,家畜家禽饲养的增加,也直接反映了农业的发展。

仰韶中晚期农业较大的发展,又促进原始纺织和制陶等手工业的发展。

纺织手工业,可能始于磁山·裴李岗时代,因此密县莪沟北岗遗址发现了用陶片磨制的纺轮。尽管在宝鸡北首岭和淅川下王岗等遗址仰韶早期遗存中没有发现陶纺轮,但我们也相信当时有纺织活动存在。不过,肯定仍很原始,可能未作为一种具有普遍意义的手工业存在,以致没有遗留任何遗物。任何事物都是发展的。淅川下王岗遗址仰韶中期出土陶、石纺轮 18 件,北首岭遗址中上层出土 22 件,半坡遗址出土陶、石纺轮 52 件,庙底沟遗址出土陶纺轮更多,达 85 件②。纺轮是原始纺线必不可少的工具,纺轮出土越来越多,反映了纺织业的发展。同时,不少遗址发现磨制精巧的带孔骨针,仅半坡遗址就发现 270 件。这种穿孔引线以缝制布衣的工具越来越多,也是纺织业发展的旁证。

制陶手工业是仰韶社会发展较快的手工业。它也有一个明显的发展过程。下王岗遗址早期陶器只有罐、钵、鼎、小口细颈瓶、壶、杯等几种器型,均为手制。其中鼎、罐捏制粗糙,器身圆扁无纹,器表凹凸不平,仅在钵、瓶、壶个别器表上有带状和曲折线等简单的彩绘。北首岭遗址的下层陶器情况也近似,陶器种类少,纹饰简单,彩绘也刚刚出现,说明仰韶早期制陶水平还低。到了下王岗仰韶中期,陶器不仅原有的器型型式大大增加,而且出现了豆、甑、圈足碗、瓮和器座等新器型。陶器尽管仍以手制为主,但从其陶器器型规整、器表平整光滑以及残留陶轮加工的痕迹看,已采用了轮制,至少也采用了慢轮修整,这是制陶技术

---

① 中国科学院考古研究所、陕西省西安半坡博物馆:《西安半坡》,文物出版社 1963 年版。
② 中国科学院考古研究所:《庙底沟与三里桥》,科学出版社 1959 年版。

上的飞跃。尤其是彩绘陶器数量剧增,在钵、碗、盆、瓮、杯和器座上大都有精美的彩绘装饰。彩绘图案几乎都是以短线、直边三角纹或弧边三角纹等母题派生的几何图案[1]。北首岭遗址中层也发现了大量的彩陶。此外,半坡、姜寨、庙底沟、三里桥、大河村等遗址,尽管文化类型不同,但其中晚期都有众多的绚丽多姿的彩陶发现。我们从半坡、庙底沟、秦王寨等类型各种精美而复杂的彩绘图案推测可能有专门的制陶手工业者存在,不然很难想象能制造出如此精美的陶器。还应该指出,有些仰韶遗址如淅川下王岗仰韶晚期遗存已不见彩陶,其原因是多方面的,或许是彩绘兴味淡薄了,但决不是制陶手工业的衰落或技术上的倒退。仰韶晚期陶器往往变得规范化和大型化,这也是制陶技艺提高的一种反映。

如上所述,仰韶中晚期的农业和手工业,比早期有较大的发展。诚然,无论农业或手工业,都是在氏族公有制的前提下,集体进行劳动。正是通过氏族社会全体成员的努力,原始社会生产才得以发展,而生产的发展又是促进整个社会进化的物质基础和动力。

二、男女在生产中的作用及其社会地位的变动

仰韶时期生产资料是公有制,氏族全体男女成员都必须在氏族统一组织下参加农业手工业生产的活动。这样,男女社会地位的高低是与其在社会生产中的作用密切相关的。要确定男女在原始社会中的地位,特别是要确定其世系是以母系计算或是按父系计算,都不能不确认男女在社会生产中起何种作用。

恩格斯曾指出,在氏族社会里,"分工是纯粹自然发生的;它只存在于两性之间。男子作战、打猎、捕鱼,获取食物的原料,并制作为此所必需的工具。妇女管家,制备衣服和食物——做饭、纺织、缝纫。男女分别是自己活动领域的主人;男子是森林中的主人,妇女是家里的主人。男女分别是自己所制造的和所

---

[1] 河南省博物馆、长江流域规划办公室文物考古队河南分队:《河南淅川下王岗遗址的试掘》,《文物》1972年第10期。

使用的工具的所有者:男子是武器、渔猎用具的所有者,妇女是家庭用具的所有者"①。这里是指游猎部落而言,没有论及农业部落。但是道理应是一样的。农业是在采集业的基础上发明的。农业的发明者和经营者是妇女。一些学者考察西非尚处于原始状态的踢索族后认为,农耕原为女性的工作,只是自经济作物棉花引进后,男人才积极参加农耕。西非玻利族的男人仅参加伐树开垦耕地,而播种、除草、收割都是妇女的工作②。因为男子主要精力用于打猎和捕鱼,所以种植、制陶、纺织和管理家务等种种繁重的工作都由妇女承担,只有个别部族的男子参加制陶工作。至于仰韶时期男女的社会分工及其作用如何,还需要从考古资料中进行研究。

人们生前制造、使用的工具,往往死后随葬墓中,所以,从随葬的工具便可知他们生前在生产中担当的角色。我们在前面已提及,淅川下王岗遗址仰韶墓葬中,发现了个别男性墓随葬石铲,同时也随葬狗、龟。这说明男子在狩猎、捕鱼之余也兼做农活。不过,在仰韶文化早中期的男性墓中随葬石铲之类的农业生产工具实为罕见,相反,随葬渔猎工具则比较多。北首岭遗址下层墓葬(早期),无论男女都没有随葬农业工具。中层墓葬(中期)有2座男性墓随葬石斧,却有7座男性墓随葬骨镞,其数量不等,其中2座分别随葬80和86枚,说明男子狩猎活动要比其从事农业生产的色彩浓得多。在北首岭墓葬中,妇女随葬生产工具罕少,主要随葬陶器和装饰品,只有4座女性墓分别随葬石研磨盘、骨锥、石器、石球各一件。在元君庙墓地,发现男性墓随葬骨镞,女性墓(如M429)随葬蚌刀、纺轮和骨针③,大河村遗址女性墓也有随葬纺轮和骨针的现象④。这些零碎资料,很难正确反映男女的社会分工和作用,但我们已可从中得知,男女共同兼营农业。不过,可能像前面提及的西非玻利族一样,男子主要负责伐树和垦荒,所以随葬有石斧、石铲。播种、管理和收割主要是妇女的事,妇女同时制陶、纺织,所以随葬蚌刀、陶锉、纺轮和骨针等。一些迹象表明,在仰韶早期妇女仍在农业生产中起主要作用,只是到了仰韶中晚期,男子才减少渔猎活动更

---

① 《马克思恩格斯选集》第四卷,第155页。
② 日本学习研究社:《世界民族大观》第6集,台湾自然科学文化事业公司1980年版。
③ 北京大学历史系考古教研室:《元君庙仰韶墓地》,文物出版社1983年版。
④ 郑州市博物馆:《郑州大河村遗址发掘报告》,《考古学报》1979年第3期。

多地参加农业生产,此时妇女相应地减少农业工作而更多地去经营制陶、纺织和家务。这样,从仰韶中期开始,妇女在农业生产中的地位降低,而男子的地位则相应提高了。

关于男女在生产中的作用及其地位的变动,还可通过男女墓中随葬品的状况来分析。属于半坡类型早期的姜寨遗址33座墓葬中,6座无随葬品,男占5座,女仅有1座;27座有随葬品的墓,虽然男女随葬品相差不多,却有一座女性墓(M7)拥有较多的随葬品,计有陶器、生产工具、装饰品22件,还有骨珠8577件,共8599件①。这种女性厚葬的现象,说明母系氏族社会中女性在生产组织中作用较大,赢得人们的尊敬,获得较好的待遇,并不是已出现财产不平等。在半坡遗址保存完好的118座墓中,有随葬品者71座,共出土随葬品308件,平均每座仅4件,单人墓随葬品少者1件,多者10件,一般有五六件,可见差别不大。可也有M152女孩墓独显其优,此墓独享木板作"棺",拥有陶器、石球、石珠、耳坠等69件,并独有两钵粟随葬,此三项便使女性的地位十分突出。这批墓与姜寨那批墓时代相当,反映了仰韶中期以前女性仍享有较高的社会地位。

但是,到了仰韶中期,男性的随葬品逐渐增多,部分男性墓已比女性墓随葬丰厚了。例如,宝鸡北首岭早期墓葬中,77M9女性墓拥有陶器、石球和装饰品等15件,稍多于同期的男性墓;而它的中期,却有几座男性墓,如77M4随葬品97件,77M9随葬品231件,77M20随葬品85件,比同期任何女性墓都多。淅川下王岗仰韶中期几百座墓中,也有个别男性墓的随葬品比较丰富,如M663便拥有石器、骨器、陶器45件随葬品,不仅是此墓地随葬品最多的单人墓,而且其中的石铲和彩陶之精美,也是任何女性墓不能媲美的。此外,在男女多人合葬墓中,亦已见到男子占有比较突出的地位。例如M198是一座16个男女老少的二次合葬墓,墓中一位老年男性(经专家鉴定)独居首位并拥有较多的随葬品,而其他15个年纪较轻的男女则屈居其下排列成行,分属的随葬品也比较少②。元君庙墓地的年代约相当于仰韶文化中期,它有一座墓(M458),墓主为老年男性,随葬品为6件陶器,不算多,却拥有全墓地唯一用砾石砌成的"石棺",显示

---

① 西安半坡博物馆、临潼县文化馆:《1972年春临潼姜寨遗址发掘简报》,《考古》1973年第3期。

② M663和M198两墓的资料,详见《淅川下王岗》一书。

了男性的"厚葬"。不过，同一墓地还有一座二女孩合葬墓，拥有红烧土围成的"红烧土棺"，它虽比不上"石棺"，但墓主除了6件陶器随葬外，还有1枚骨针及多达735颗的骨珠，亦可谓厚葬。这些现象说明，仰韶中期，男子在农业生产中的作用大大增强了，男子的社会地位有了明显的提高，社会此时已由母系氏族阶段向父系氏族阶段过渡了，不过父系的确立，似乎是仰韶晚期的事。

三、婚姻关系的变化与世系的变更

男女在家庭和社会中的地位，当时不仅取决于男女在生产中的作用，还取决于婚姻关系。因为在实行对偶婚的情况下，婚姻关系不稳定，不仅女有主夫次夫，男有主妻次妻，还可以随时离异，孩子"知母不知父"，世系要以母系计算，从生产到生活统归女性主管。只要这个婚姻关系不改变，男子就不能不受女性支配。不仅古代是这样，就是近现代也是这样。解放前，云南纳西族住在泸沽湖畔的一支实行类似原始对偶婚的"阿注婚"，男子到女家偶居，由于男女都有若干"阿注"，孩子知母不知父，归女方抚养，世系按母系计算，家庭生活和生产统归妇女安排①。可见，婚姻关系对世系有决定性的影响。只有实行一夫一妻制的个体婚，建立小家庭，才能生出能确认的子女，世系才能改为以父系计算。当然，婚姻关系的变化同男子在农业生产中作用增强有密切的关系。那么，仰韶时期的婚姻关系与世系如何演变呢？

在迄今发表的大量资料中，尤其是西安半坡、宝鸡北首岭、华县元君庙、华阴横阵村、渭南史家②、洛阳王湾③和淅川下王岗等较大的仰韶墓地，均没有发现一座成年男女或称夫妻的一次合葬墓，就是一对成年男女二次合葬墓也没有发现。相反，男与男、女与女的一次合葬墓却屡见不鲜。例如半坡遗址有2座合葬墓，其中M39是两个男子一次合葬，随葬8件陶器，M38是四女一次合葬，随葬品17件。淅川下王岗遗址仰韶中期也有2人和3人一次合葬墓各一座，皆

---

① 李绍连：《古今中外婚姻漫话》，河南人民出版社1985年版，第110—112页。
② 西安半坡博物馆、渭南文化馆：《陕西渭南史家新石器时代遗址》，《考古》1978年第1期。
③ 北京大学考古实习队：《洛阳王湾遗址发掘简报》，《考古》1961年第4期。

男性。宝鸡北首岭遗址的M128为二男一次合葬,77M12为二男二次合葬。元君庙墓地中有男性合葬墓、女性合葬墓和母子合葬墓,就是没有一座一对男女一次合葬或二次合葬墓。这些埋葬现象是与实行对偶婚密切相关的。在实行对偶婚的社会里,夫与妻是不同氏族的人,是不能合葬在一起的,不然就违背氏族制度。此外,在亲兄弟与亲姊妹之间既不能婚配,俩兄妹或姐弟死后也不能合葬在一起,这可能是当时的血亲对性的忌讳,所以不会出现一对成年男女一次或二次合葬的现象。相反,兄与弟、姐与妹、母与年幼子女的合葬却是符合母系氏族原则的,所以常有发现。正如摩尔根谈到塔斯卡洛斯部落时说过:"有一个这个部落的公共墓地,不过,凡属同一氏族——海狸、熊、灰色狼等等——的成员都埋在单独的行列里。夫与妻分别埋在不同的墓列里,父与子也是如此;但是母亲和子女、兄弟和姊妹,埋葬在同一墓列里。"[1]这些不仅是母系氏族时期实行对偶婚情况下埋葬的原则,也是其埋葬的特点。至于父母兄弟姊妹死后迁葬在一起,也就是男女老少多人二次合葬墓,则反映母系血亲生死与共,是符合氏族信念的,这种合葬便是另一回事了。

仰韶时期的对偶婚何时过渡到一夫一妻为特征的个体婚阶段?我们从各种迹象来看,可能是在仰韶文化的晚期,在个别文化类型的个别地区可能早一些。因为埋葬习俗属于思想意识的范畴,其改变比较困难,可能有埋葬习俗不能迅速反映社会变化即婚姻关系变化的情况,所以我并不排除个别文化类型的个别地区在仰韶中期进入个体婚阶段。近几年在郑州荥阳青台遗址属于秦王寨类型的墓葬中,就已发现3座一对成年男女一次合葬墓(经过河南医科大学杜伯廉教授鉴定)[2]。这种男女合葬墓显然是夫妻合葬。前面已说过,在对偶婚前提下,不可能有夫妻合葬,也不可能有兄妹或姐弟合葬。只有实行以一夫一妻为特征的个体婚时,才有夫妻合葬。在个体婚的前提下,夫与妻虽然属于不同氏族,但因夫妻关系已具有排他性和稳固性,而且丈夫把妻子视为己物,妻子属丈夫家庭成员的一员,从前的观念不适用了,也就是说,夫妻合葬合乎父系氏族社会的原则。青台遗址夫妻合葬的发现,反映了秦王寨类型中晚期已进入父系氏族阶段。

---

[1] 马克思:《摩尔根〈古代社会〉一书摘要》,人民出版社1978年版。
[2] 杨育彬:《河南考古》附录二《建国以来河南考古纪事》,中州古籍出版社1985年版。

当然,判断仰韶晚期普遍进入父系,并不仅仅根据二三座夫妻合葬墓,主要还是根据前面所论的男子在仰韶中期开始在农业生产中的作用增大使其社会地位提高,以及其他一些重要迹象。

例如,仰韶文化无论哪一个类型,只要是相当于早中期的墓葬,埋葬时注意墓坑排列有序,头向和葬式也比较一致。但是到了仰韶晚期氏族公共墓地很少了,墓葬排列不整齐了。同时,自仰韶中期出现的"灰坑乱葬"明显增多了。庙底沟遗址有4座灰坑发现人骨,其中25号灰坑有2具人骨。更值得注意的是,陕西华阴横阵村遗址H103灰坑中竟埋8具人骨,并分上下两层,上层6人,下层2人。这些人骨没有一定头向和姿势,一片狼藉,更有缺臂少腿者①。从这些迹象看,这些人都是非正常死亡亦非正常埋葬。氏族成员死亡一般埋葬在墓地里。根据近代仍处于原始状态的一些民族的民族志资料得知,凡是摔死、溺死或被野兽咬死等凶死者,因怕凶死者给氏族带来灾难,往往将他们水葬、火葬,若实行土葬则在氏族公共墓地外采取俯身葬、屈肢葬等姿势。零星的俯身葬或屈肢葬,在仰韶早中期亦偶有发现,像这样的"灰坑乱葬"在仰韶早期没有发现,即使在仰韶中期也罕见,这种现象不能不令人深思。像横阵遗址H103灰坑这样一次埋8人,当不是对凶死者的处置方式吧。比较合理的解释,这些人可能触犯了氏族规则而受到惩罚,或者这些死者受到某些人的暴力致死。联系到其他迹象,我认为这些"灰坑乱葬"的死者受到了非氏族成员的待遇,氏族成员间某些不平等倾向已经出现。关于这些死者的身份,按目前的考古资料和理论水平,尚不能确定,但这种解释当不悖于史实,也就是说,"灰坑乱葬"的增多,当是母系衰落父系兴起的一种反映。

此外,仰韶晚期出现一些带火灶和套间的住房,也是值得注意的现象。无论半坡还是下王岗遗址,它们的早期都发现了半地穴式的圆形建筑。到了中期以后,半地穴式的房子没有了,都变成了地木架建筑。仰韶晚期还出现像大河村遗址、青台遗址和下王岗遗址所发现的新型建筑,它挖有墙基沟,有木架抹泥厚墙,有经过火烘烤的居住面。这种房子不仅能防潮保暖,反映建筑技术的进步,而且因其带有火灶和套间,使每间房子成为一个生活单元。例如大河村遗

---

① 中国社会科学院考古研究所陕西工作队:《陕西华阴横阵遗址发掘报告》,《考古学集刊》1984年第4期。

址发现一排四间带有火灶台的住房,其中F1房内还用矮墙隔成一内间,内外间均有烧火灶台;F2没有套间却有3个烧火灶台,其中东北角那个灶台还有一罐炭化的粮食和一块长约50厘米的木炭;F3是利用F2东墙筑成的,也有一个火灶台①。这些住房,为什么不同于早中期那样小房围着大房,或若干小房聚集在一处,而是一字排列并每间带有火灶呢?我们查阅了一些民族资料,火灶台(或火塘)不仅为取暖而设置,主要还是为做饭所必需。它象征着一个小家庭的生活。例如,解放前的独龙族已处于父权氏族社会阶段,它的住房分为木结构和竹木结构两种,"两种房间内都设置两个以上的火塘。火塘有设在房内两边对称排列的,也有设于房内四角的。家庭长者的火塘设于上方。由于设一个火塘就象征着一个小家庭,故子女结婚后,就要在房内新设火塘。已婚子女只围着自己的火塘而睡,并不分家。如再有子女结婚,原来房子不够住时,子女才可另盖新房,但新房必须与父房紧连"②。由此可以推测,像大河村遗址仰韶晚期住房,每间带火灶的房子象征一个家庭的生活单元。由于当时生产力尚低,盖这样一间房子要花费巨大的劳动量,所以一间房也可能不止住一对夫妻,恐怕也像独龙族那样,一对夫妻占用一个火塘,特别是像F1那间带套间的房子更符合一个家庭儿子结婚后与父母隔开住的情况。在仰韶晚期这种带火灶的住房或带火灶的套间住房还有几处发现。淅川下王岗遗址就发现带火灶的住房达32间之多,而且还出现一间或二间带火灶的住房外面横列一小间"前厅",使之成为一间或双间套房,构成一个独立的生活单元。这种住房在仰韶的早中期是没有发现的,它在晚期出现并不是偶然的,它和男子自仰韶中期开始出现"厚葬"和晚期出现的"夫妻合葬墓"是有关联的,根据民族学资料以及各种考古资料综合分析,可以说这种住房反映了父系个体小家庭的出现,也就是反映对偶婚已完全过渡到一夫一妻制的个体婚阶段,世系从母系变更为父系,也就是父系已经确立。

四、关于仰韶时期社会性质的几种观点

本文题为《"仰韶"社会进化论》,其重心实则在于研究仰韶时期的社会性

---

① 郑州市博物馆:《郑州大河村仰韶文化的房基遗址》,《考古》1973年第6期。
② 见《思想战线》编辑部:《西南少数民族风俗志》,中国民间文艺出版社1981年版。

质。上面所论,无非是从几个侧面去论证仰韶社会如何从母系氏族社会阶段逐渐过渡到父系氏族社会阶段。在仰韶文化众多的学术课题中,关于仰韶社会性质至为重要,也是争议最多的问题。自从1960年许顺湛同志提出"仰韶时期中原地区已进入父系氏族社会"的观点以后①,掀起了一股学术争论的热潮。迄今,对于这一问题的分歧仍然很大。其中,有代表性的意见有三:(1)许顺湛同志认为半坡氏族的社会性质,绝对不会处于繁荣的母系氏族阶段,仰韶时期已进入父系氏族社会②;(2)杨建芳、周庆基等大多数同志认为,说仰韶时期是父系氏族社会,缺乏必要的证据,因此它应是母系氏族社会③;(3)苏秉琦先生认为,仰韶文化早晚两期应加以区别,它的晚期还是母系氏族制,不过它的胞胎内已孕育着新的萌芽④。其中,第二种意见即"母系说"在六七十年代被当作"公认的"或"传统的"学术观点。不过,"父系说"的提出,犹如在平静的湖面投进一块石头,虽掀不起大浪,亦使湖水受震动而泛起涟漪,使这一课题的研究逐渐深化。遗憾的是,尽管"母系说"或"父系说"争论双方都罗列了很多"论据",洋洋数万言,却哪一说也不足以使人心悦诚服。因为这些同志都忽略了仰韶文化分布甚广和延续时间长达3000年这个重要的历史事实,也就是忽略了事物都在不断发展变化这个唯物主义的客观真理,把仰韶社会当作静止的东西加以论证,其结果不免具有片面性或者说是不科学的。在这种情况下,无论哪一说都可以轻易找到反驳对方的"论据",而哪一说却又很难驳倒对方。不参加论争者,无论谁也很难用"是"或"非"来判断,也就不敢苟同。苏秉琦先生在1965年发表的《关于仰韶文化的若干问题》一文中,注意到这种倾向。他指出:"仰韶文化的(前后)两期,在社会文化面貌上具有明显的差异,表现在社会生活的一切方面。"本文前面所论也证明了这一点。他进一步指出:"我们似乎不能认为仰韶文化的两期是属于可以不加区别的一个社会发展阶段。看来,它的前期还在原始社会氏族制的盛期——上升阶段,而它的后期则已经越过了这个发展阶

---

① 许顺湛:《关于中原新石器时代文化的几个问题》,《文物》1960年第5期。
② 许顺湛:《中原远古文化》附录《再论仰韶文化的社会性质》,河南人民出版社1983年版。
③ 杨建芳:《仰韶时期已进入父系氏族社会了吗?》;周庆基:《对〈"仰韶"时期已进入父系氏族社会〉一文的意见》,两文载《考古》1962年第11期。
④ 苏秉琦:《关于仰韶文化的若干问题》,《苏秉琦考古学论述选集》,文物出版社1984年版,第76页。

段。""它的后期还是母系氏族制,但是在它的胞胎内孕育着新的萌芽;而更大的变化则是在它的后期结束以后的文化阶段。"①这种以发展的观点去分析仰韶文化的社会性质是正确的、科学的方法,对于解决这个重大的学术课题是一个很好的启迪。苏秉琦先生是我的老师,对于他的"仰韶后期母系氏族制的胞胎内孕育着新的萌芽"之说,学生却有不同的见解,因为正是利用老师这种唯物主义的发展的观点去探讨仰韶社会法,分析了一些较新的考古资料后得出了不同的结论。不当之处,请老师及其他专家学者教正。

根据前面三个方面的分析研究,笔者认为,上述关于仰韶社会性质的三种代表性的观点,若放在一个特定的时间范围内,即"母系说"若放在仰韶早期,"母系制胞胎内孕育着新的萌芽说"若放在仰韶中期,"父系说"若放在仰韶晚期,那么我以为哪一种观点都可以成立。因为除了"仰韶后期母系氏族制的胞胎内孕育着新的萌芽"这一观点有明确的时间范围,其余"母系说"和"父系说"只限于"仰韶时期",所以才作这种假设。观察一切事物,切不可把它当作静止的不变的东西,时间观念更不可无。任何一个学术问题的解决,往往需要一个由此及彼、由表及里不断深化的过程。这些同志尽管持不同观点,甚至对立的观点,却是从不同角度对同一问题作深入探讨,在这个意义上说,上述三种不同观点对于学术研究都有贡献。学术研究受到资料的限制,如果在60年代有今天这么丰富的资料,分歧可能会小一些。从某种角度来说,今天的仰韶文化考古资料仍然不足。笔者在本文中提出的观点,即仰韶早期仍是母系制;仰韶中期在母系氏族社会的胞胎内已孕育着父系的萌芽或者说已由母系向父系过渡,个别文化类型的个别地区可能已跨入父系氏族社会阶段;仰韶晚期父系已经确立的观点,随着考古资料的日益丰富和研究的深化,也可能被证明它欠妥或者错误。不过,在目前我坚信这种观点。

(原载《史学月刊》1986年第3期)

---

① 苏秉琦:《关于仰韶文化的若干问题》,《苏秉琦考古学论述选集》,文物出版社1984年版,第180页。

仰韶文化社会形态初探

仰韶文化是新石器时代的一支考古文化。它自1921年在河南省渑池县仰韶村遗址首次发现以来，陆续在河南、陕西、山西、河北和湖北等广大地区发现了上千处遗址。它的内涵丰富，包罗了历时两千余年的各种遗迹遗物。由于它正处于从母系氏族社会阶段过渡到父系氏族社会阶段，也就是由"野蛮"中级阶段逐渐向"野蛮"高级阶段过渡的历史时期，使它在史前史的研究中占有重要的地位。多年来，对仰韶文化的研究，主要集中于文化特征、文化类型以及与其他文化的关系等问题；对于仰韶文化的社会性质，在60年代也曾有过热烈的讨论。目前，仰韶文化已经积累了大量的资料，已经有可能对仰韶文化的社会形态这个重大课题进行探讨了。笔者试图就这个问题发表一些粗浅的见解，抛砖引玉，以期研究之深化。不当之处，请专家学者教正。

下面拟从经济基础、社会组织结构以及社会意识形态三个方面对仰韶文化社会形态进行初步的探讨。

一、仰韶文化的社会经济基础是什么？

我们知道，"生产和生产之后的生产产品的交换，是一切社会制度的基础"①。要考察仰韶文化的社会形态，首先要了解它的社会生产什么，怎样生产，生产后的产品分配和交换状况，换句话说就是生产力和生产关系如何。

仰韶文化是一个从事于农业的部族创造出来的文化，迄今在它的全部遗址中未发现牧畜部族所具有的任何迹象。仰韶时期的农业，还属于"刀耕火种"类

---

① 恩格斯：《反杜林论》，人民出版社1961年版。

型的所谓"锄耕"农业。当时用于农耕的工具,主要是石斧、石锛、石铲、骨铲、石刀、陶刀和石镰等。其中石斧、石锛用于砍伐树木垦荒,石铲、骨铲用于翻地播种,石刀和石镰用于收获。这些工具在所有仰韶文化遗址中都有发现,出土数量颇多,居各种生产工具之首。如宝鸡北首岭遗址出土的农业生产工具248件,而渔猎工具仅87件[1]。仰韶文化遗址几乎都近山临河,从事渔猎有优越的自然条件,然而绝大多数遗址出土的农业生产工具都比渔猎工具要多,表明当时农业已占重要地位。这种农业,当然仍以土地等生产资料氏族公有制为基础,氏族全体成员共同劳动、平均分配。

  由于延续时间很长,仰韶农业也必定有一个发展过程。在淅川下王岗遗址仰韶一期文化遗存中,生产工具以打制石器为主,磨制石斧、石铲和石刀较少,同时还出土不少石网坠、骨镞等渔猎工具。有趣的是,有些墓除随葬陶器和石铲外,像M112那样还随葬狗和龟;而在仰韶二期以后就不见随葬狗、龟的现象了[2]。在宝鸡北首岭遗址早中期仰韶墓葬中也发现了渔猎色彩浓厚的随葬品,那里随葬石斧、石磨盘等与农业有关的工具之墓甚少,而不少墓里随葬骨镞、骨鱼叉、蚌壳、獐牙和野猪牙,其中骨镞数量较多,如77M4和77M20两座男性墓所随葬的骨镞均在80枚以上。到了晚期,除M284随葬5枚骨镞外,其余墓葬均没有渔猎工具随葬;相反,M228随葬石斧、碾谷盘[3]。这些资料说明,仰韶时期虽以农业为主,可是在早期,个别地方到中期,渔猎生产活动仍占重要地位,以致在墓葬的随葬品中也有浓厚的渔猎色彩;只是到了晚期,农业才普遍获得较快的发展,渔猎的作用大大降低了。

  关于仰韶时期的粮食作物,迄今的考古资料表明,主要是粟(或称小米)。在半坡、元君庙、大张、姜寨和泉护村等遗址中都发现炭化的粟粒,尤其是半坡遗址,除发现埋在地下的小罐和M152的两钵中都盛满了粟外,还发现几处储存粮食的痕迹。其中115号窖穴口径1.15、底径1.68、深0.52米,坑壁涂抹厚约1厘米的细腻黄土,窖内底部还残存厚达18厘米的灰白色粟粒,估计有数斗[4]。

---

[1] 中国社会科学院考古研究所:《宝鸡北首岭》,文物出版社1983年版。
[2] 河南省博物馆、长江流域规划办公室文物考古队河南分队:《河南淅川下王岗遗址的试掘》,《文物》1972年第10期。
[3] 中国社会科学院考古研究所:《宝鸡北首岭》,文物出版社1983年版。
[4] 中国科学院考古研究所、陕西省西安半坡博物馆:《西安半坡》,文物出版社1963年版。

这些迹象表明粟的产量已达到一定的水平，不然用不着挖窖储存，也舍不得埋于墓葬之中。《史记·五帝本纪》曾云：黄帝"艺五种"，郑玄注："五种：黍、稷、菽、麦、稻也。"稷，就是粟。仰韶时期晚于黄帝时代，其粮食作物当不止于粟一种。淅川下王岗仰韶文化晚期的草拌泥红烧土块中有稻粒和稻秆的痕迹，表明在一定地区亦种植水稻。除粮食外，当时还种植蔬菜。半坡遗址38号房址的一个陶罐中，盛有炭化了的菜籽，据鉴定是芥菜或白菜一类的种子。有粮有菜，生活就有了基本保障。

由于定居和农业的发展，仰韶居民便开始饲养家畜家禽，如猪、狗、牛和鸡等。在半坡、北首岭、庙底沟、三里桥、姜寨、下王岗等遗址中发现了一些家猪、狗的骨骼；在北首岭、半坡和下王岗发现了牛骨和鸡骨。这些骨骼和野生者不同，被认为是家养者。半坡和姜寨遗址还发现饲养家畜的圈栏①。当然，家禽家畜的饲养应是农业部落的一种副业而已，它所占的地位可能是微乎其微的。因为任何仰韶文化遗址，都有一定数量的渔猎工具出土，各种野兽骨骼也比家畜骨骼多得多，这就表明渔猎比家畜家禽的饲养是更重要的肉食来源。

原始农业是氏族社会的重要支柱。农业的发展又促进制陶、工具加工和纺织等手工业的发展。在这些手工业中，制陶是发展较快、工艺水平较高的一项。仰韶陶器器型甚多，主要有鼎、罐、钵、碗、盆、盂、瓮、缸、甑、釜、灶、豆、盘、杯、小口细颈瓶、小口尖底瓶、壶、器座和器盖等数十种器型，每种器型还有不同型式。虽然大多数陶器仍系手制，由于技术娴熟和使用慢轮修整，使不少陶器，特别是钵、碗、盆等，胎壁厚薄均匀，表面打磨光滑，口、腹、底溜圆，器型美观。尤其是仰韶文化的各式彩陶，在整个原始社会的陶器中，是精美绝伦的。那一幅幅鱼、鹿、蛙和人面鱼纹等美丽的象生彩绘和几何图案，无不使人赞不绝口。像彩陶这样的陶器，没有专门的制陶者和很高的技艺是不可想象的，所以我认为仰韶时期可能有脱离于农业的相对独立的制陶手工业和制陶者。当然这种制陶手工业仍然属于氏族所有。

从一些考古资料看，仰韶的制陶手工业也有一个发展过程。北首岭遗址早期陶器种类少，纹饰简单；彩陶刚出现，纹样单调，仅在碗或钵的口沿外表绘一道鲜红的彩带。到了中期器型种类增加，陶器纹饰亦趋复杂，尤其是彩陶大增，

---

① 中国科学院考古研究所、陕西省西安半坡博物馆：《西安半坡》，文物出版社1963年版。

彩陶上彩绘鱼纹、人面鱼纹、波折纹、等腰三角纹和直角纹等①。下王岗遗址仰韶一期陶器只有罐、鼎、钵、小口细颈瓶、壶和杯等几种器型，均为手制，其中罐、鼎等很粗糙，器表面凹凸不平，圆扁无谱，彩绘极少，仅见带状和曲线彩绘。仰韶二期不仅增加了豆、甑、圈足碗和器座等，原有的器型型式也增多了；彩陶剧增，在钵、碗、盆、瓮、杯和器座上都有彩绘，而且多系以短线、直边三角纹和弧边三角纹等为母题构成的几何图案②。几何图案的出现，反映了彩绘技术向纯粹装饰图案发展，技艺更趋成熟。当然，在所有仰韶文化遗址中，除马家窑文化外，数半坡遗址和庙底沟遗址的彩陶丰富多彩。半坡、庙底沟的彩陶应比北首岭早期和下王岗仰韶一期晚。半坡遗址据《西安半坡》报告也分早晚两期，就陶器器型而言，晚期比早期新增加了带流罐、圈足盆、盂等器型，并流行厚重的大型容器如厚沿大瓮等；就彩绘花纹而言，早期多人面鱼纹、单体鱼纹、宽带纹，晚期则多复体鱼纹、圆点钩叶纹、白衣彩纹，几何形图案则更比早期成倍增加，复体鱼纹，以及分别以各种三角纹或圆点钩叶纹为基本母题组成的几何图案更加抽象和复杂，需要高超的技巧，也更为美观。庙底沟仰韶遗存又比半坡晚些，它的彩陶多施以红色或白色陶衣，彩绘图案复杂而富于变化，系由条纹、涡纹、三角涡纹、圆点和方格纹等母题派生的，图案精美，闪烁着仰韶人智慧的光芒。我们从仰韶彩陶的烧制工艺水平推断，至迟在仰韶的中晚期已有专门制陶手工业的存在。只有制陶专业化，才能达到如此之高的水平。

　　石器、骨器的制造和使用要比制陶的历史久远得多，而且无论农业、渔猎、制陶和纺织等生产和生活，都离不开工具的制造。在仰韶文化遗址中发现大量的各种生产和生活工具用具，仅在半坡遗址就发现了5275件。这些工具分别经过打、磨或切、割、钻等工序，需要一定的技术。用于工具加工的工具主要是石锛、石锤、石凿、骨凿、骨锥、磨石等。此类工具各遗址几乎都有发现，只有数量多寡之别。有些工具消耗量很大，如用作狩猎工具或武器的箭头，即骨镞和石镞纯属消耗品，但各遗址仍有不少遗留。半坡遗址出土288件；庙底沟出土71件；北首岭出土80件，它的墓葬随葬骨镞更多，仅77M4就有骨镞86枚，由此

---

① 中国社会科学院考古研究所：《宝鸡北首岭》，文物出版社1983年版。
② 河南省博物馆、长江流域规划办公室文物考古队河南分队：《河南淅川下王岗遗址的试掘》，《文物》1972年第10期。

可见其制造量是很大的。这么多的工具和武器,若没有专门的制造作坊是难以想象的。不过,迄今仍未发现此类作坊遗址。关于石器、骨器以及其他工具加工是否已从农业中分离出来而成为一种专门的手工业,这个问题由于资料匮乏,无法判断。然而作为氏族内部的工具加工作坊可能是存在的。

仰韶时期的纺织手工业,其存在的迹象是明显的。除了陕县庙底沟、华县泉护村和南召二郎岗等陶器片印有布纹外,不少仰韶文化遗址出土的用于捻线的纺轮和用于缝制衣服的穿孔小针便是有力的证据。在密县莪沟北岗遗址发现了磁山·裴李岗文化时期用陶片磨制的纺轮。作为这个文化的继承者,仰韶文化早期虽未发现纺轮,纺织也当存在。纺织业在仰韶文化时期发展较快。例如,淅川下王岗遗址仰韶一期没有纺轮出土,可到了仰韶二期却出土了陶纺轮18件之多。宝鸡北首岭仰韶文化遗址下层也没有发现纺轮,而它的中上层却出土22件;半坡遗址出土石纺轮2件,陶纺轮50件;晚于半坡类型的庙底沟仰韶文化遗存,有纺轮85件,数量是最多的。半坡遗址还发现许多磨制精巧的骨针。带孔骨针270件,无孔骨针11件,共281件。这些针体形纤细(有孔),如P·10704、P·12562、P·12725、P·12726、P·12309等,只能缝制布衣服,不可缝制皮衣。至于仰韶时期的布是什么纤维织成,没有资料可供判断。《淮南子·氾论训》云:"伯余之初作衣也,緂麻索缕,手经指挂,其成犹网罗。"这里说明原始纺织没有织机,将麻纤维搓成细线,用手指织编而成,犹如织网。而从前面提到的仰韶布纹印痕很粗,每平方厘米只有经纬各十根来看,仰韶的纺织物用的主要是麻纤维。无论如何,从仰韶中晚期出土纺轮和骨针较多来看,纺织手工业是发展起来了。关于纺织手工业是附属于农业或是独立的手工业部门却无明显证据。从中国古代纺织长期是家庭手工业这一历史现象来反证,仰韶时期的纺织业不管其发展水平如何,仍当是母系家族农闲时所从事的一种副业。

如上所述,仰韶文化的经济基础是有比较发达的原始农业,并辅之以渔猎业,同时又拥有比较发达的原始制陶、工具制造和纺织等手工业。无论农业和各种手工业,晚期都比早期有较大的发展。特别是制陶手工业,中晚期比较发达,仰韶时期所有生产和生活活动,都是建立在生产资料氏族公有制的基础之上,氏族全体成员集体进行协作生产,平均分配。

二、仰韶时期的社会组织结构和性质

仰韶时期的社会组织和社会制度是建立在它的氏族公有制的经济基础之上，它的社会性质也取决于这个基础。当时组织人们进行生产和生活的社会基本单位是氏族公社，较大的社会组织有胞族、部落。在母系氏族社会阶段，起着重要作用的是母系氏族公社和两个互相通婚的氏族构成的婚姻集团——胞族。部落和部落联盟这类社会组织发挥重大作用则是在父系氏族社会阶段的事。现在要着重探讨的问题是，仰韶时期究竟是处于母系氏族的繁荣期或是已进入了父系氏族社会阶段？关于这个问题，目前考古学界有三种意见：(1)认为仰韶时期中原地区已进入父系氏族社会①；(2)认为仰韶时期是父系氏族社会缺乏必要的证据，它仍应是母系氏族社会②；(3)认为仰韶文化早晚两期应加以区别，它的后期还是母系氏族制，但是在它的胞胎内孕育着新的萌芽③。笔者认为，仰韶文化纵横分布几个省，有着几个不同的文化类型，它又跨越历史二千余年，不仅不同文化类型间有一定差异，而且每个文化类型亦当有早晚之别。对待这样一个复杂的问题，不能简单地说仰韶文化属于哪一个社会阶段，或者简单地回答哪种观点的"是"或"非"，而应该从历史发展的角度去分析。同时，要判断父系是否取代了母系这样有关社会变革的问题，切忌片面论证，需从社会经济基础、社会组织、婚姻制度和社会意识形态等几个方面进行综合研究，方能得出比较符合历史实际的结论。

前面已谈到了仰韶时期的经济基础，现在要探讨的是男女在社会生产中的作用。因为这是同男女在社会中所处的地位和占有的物质利益息息相关的，也就是确定社会是母系还是父系的关键问题之一。恩格斯曾指出，在氏族社会

---

① 许顺湛：《关于中原新石器时代文化的几个问题》，《文物》1960年第5期；《"仰韶"时期已进入父系氏族社会》，《考古》1962年第5期；《再论仰韶时期的社会性质》，《中原远古文化》，河南人民出版社1983年版。

② 杨建芳：《仰韶时期已进入父系氏族社会了吗？》；周庆基：《对〈"仰韶"时期已进入父系氏族社会〉一文的意见》，均见《考古》1962年第11期。

③ 苏秉琦：《关于仰韶文化的若干问题》，《苏秉琦考古学论述选集》，文物出版社1984年版。

里,"分工是纯粹天然发生的;它仅存在于两性之间,男子外出作战、打猎、捞鱼、获取食料,并制备为此所必要的工具;妇女在家中工作,制作衣服及食物——烹调、纺织、缝纫。他们各为自己活动领域主人:男子是森林的主人,妇女是家内的主人。每个都是自己制造及自己使的工具的所有人:男子是武器、渔猎工具的所有者;妇女是家具的所有者。家庭经济是由数个家庭,往往好多家庭,以共产制的基础来经营的。凡共同制作及使用的东西,都是公共财产:如房屋、庭园、木舟"①。尽管这主要是指游猎部落,而没有涉及农业部落的生产问题,但道理是一样的。男女有一定的分工和活动领域,自己制造和使用的工具为自己所有。这样我们根据男女随葬的工具便可判明他的社会分工和作用。

人们一般认为,原始农业是妇女发明的,最初经营农业者是妇女。农业是氏族公社的支柱,所以妇女在经济中占有重要作用。我们不能准确知道男子何时参加对农业的经营,以及他们的作用如何。河南密县莪沟北岗遗址的裴李岗文化类型的男性墓葬(如 M31)中发现了石斧、石铲②,表明了在仰韶文化之前男子就可能在渔猎之余也参加了农业生产。我们在前面提到的淅川下王岗仰韶一期墓葬中也发现男性墓随葬石铲,但同时也随葬狗、龟,说明仰韶初期男子也兼营农业。不过,事物发展总是不平衡的。在仰韶文化的早中期男性墓随葬农具者,实为罕见;相反,男性随葬与渔猎有关的工具却随处可见。北首岭遗址早期无论男女墓都没有发现随葬农具者;中期在 4 座随葬石斧的墓中有 77M4、77M1 这两座男性墓,但它们同时又分别随葬骨镞 86 和 28 枚,此外,还有 5 座男性墓随葬骨镞,其中 77M20 竟多达 80 枚,这种现象说明,当时男子从事狩猎的色彩要比从事农业浓得多。在北首岭的墓地中,妇女墓随葬生产工具者甚少,他们主要随葬陶器和装饰品,只有 4 座女性墓分别随葬石磨盘、骨锥、石器、石球各一件。男性墓(77M17)也随葬有一件石磨盘,所以也不能说只有妇女从事于粮食加工③。此外,在姜寨遗址中,男性墓 M24 随葬石斧,M32 随葬陶器和陶锉、纺轮、蚌器;女性墓 M7、M2、M33 三座墓的随葬品分别有陶锉或骨镞和陶锉

---

① 恩格斯:《家庭、私有制和国家的起源》,人民出版社 1961 年版。
② 河南省博物馆、密县文化馆:《河南密县莪沟北岗新石器时代遗址发掘报告》,《河南文博通讯》1979 年第 3 期。
③ 中国社会科学院考古研究所:《宝鸡北首岭》,文物出版社 1983 年版。

等生产工具①。在元君庙墓地,发现男性墓有的随葬骨镞,女性墓(如 M429)随葬蚌刀、纺轮和骨针②。大河村遗址的女性墓中也有随葬纺轮和骨针的现象③。这些零碎的有关男女社会分工的考古资料说明男女的社会分工已不是那么绝对了,男女可能都兼营农业。男子主要砍树垦荒和翻地,由于男子平时主要从事捕鱼和打猎,经营农业的主要责任仍在女子,她们进行点种、管理和收获。同时,妇女还兼营制陶、纺织、缝纫。尽管男子参与农业经营,他们的作用比以前增大了,但妇女仍然占据着主导地位,至少在仰韶中期以前是这样。

关于这一点,我们亦可以从墓葬中得到证明。在已发掘并发表的墓葬中,随葬品较丰富的墓往往属于女性。如半坡遗址的 M152 女孩墓、姜寨遗址的 M7 女青年墓④,都是全墓地随葬丰厚的墓,这是同墓地任何一座男子墓所不及的。当然,这两个墓地随葬品状况表明,一般只有几件或十几件陶器,还没有出现多寡悬殊的情况。这两座女性墓之所以突出,是因为用了木板作棺并随葬了 69 颗石珠,M7 拥有 8577 颗骨珠。除了这些装饰品,至于其他随葬品也是一般化的。所以,墓葬情况反映了氏族成员仍是平等的,生产品分配仍是均等的,女性墓稍为丰厚,只是母系氏族社会对妇女特别尊敬的一种反映。

诚然,仰韶中晚期墓葬中也出现了一些值得注意的现象:如北首岭遗址的早期墓中,男女的随葬品差不多,只有 77M9 女性中年墓随葬 9 件陶器和石球、装饰品等共 15 件,比男性墓稍多;到了中期,男性墓 77M4 随葬陶、石、骨器共 97 件,77M9 随葬品 231 件,77M20 随葬品 85 件等几座墓,比同期任何女性墓都多。联系到元君庙墓地中 M458 男性墓享受着全墓地唯一用砾石围砌而成的"石棺"这种特殊待遇的现象,我们不能不说男子的社会地位明显提高了。

正是男子在生产中作用增大和社会地位的提高,使母系氏族社会发生某些微妙的变化,进而导致它的衰落,也就是被父系取而代之。

恩格斯说过:"一定历史时代及一定地区内的人们生活于其下的社会制度,

---

① 西安半坡博物馆、临潼县文化馆:《1973 年春临潼姜寨遗址发掘简报》,《考古》1972 年第 3 期。
② 北京大学历史系考古教研室:《元君庙仰韶墓地》,文物出版社 1983 年版。
③ 郑州市博物馆:《郑州大河村遗址发掘报告》,《考古学报》1979 年第 3 期。
④ 西安半坡博物馆、临潼县文化馆:《1973 年春临潼姜寨遗址发掘简报》,《考古》1972 年第 3 期。

是两种生产所制约的：即一方面是劳动的发展阶段，另一方面是家庭的发展阶段。"①我们前面已从物质生产和男女的社会分工、生产品的分配等方面进行了一些分析研究，但要判断仰韶时期是母系还是父系阶段的问题，还必须从家庭或者从婚姻关系方面去探讨。因为母系和对偶婚共存，父系是与以一夫一妻制为特征的个体婚一起伴生的。在这里还要说明的是，母系氏族社会实行的对偶婚制是外族婚，夫妻不属于一个氏族，死后不能合葬；而且对偶婚中女在若干丈夫中有一个主夫，男在若干妻子中有一个主妻，男子到女方氏族偶居，不过夫妻关系不稳定，也没有独立的小家庭经济，所以夫妻死后也不会埋在一起。相反，父系氏族社会的个体婚，女嫁到男家，夫妻关系比较稳固，男子排他性地占有妻子，又有独立的小家庭经济，所以夫妻可以合葬。这样，我们考察墓葬情况后就比较容易作出判断。

迄今，在发表的考古资料中，尤其是比较大的墓地，如西安半坡、宝鸡北首岭、华县元君庙、华阴横阵村、渭南史家②、洛阳王湾③和淅川下王岗等仰韶时期的墓地，均没有发现一座一对成年男女或夫妻一次合葬墓。仰韶时期大多数墓葬是男、女单人一次葬，少数一次合葬墓，也是男与男、女与女合葬，或男女多人合葬，二次葬的情况也类似。例如，在宝鸡北首岭墓地451座墓中，有14座合葬墓。经过人骨鉴定，早期有77M12为二男二次葬；中期M128为二男一次葬，77M6为三男一、二次混合葬。半坡葬地174座成人墓中，只有两座墓葬即38号墓为4个年轻女人合葬，39号墓为两男性合葬墓。元君庙墓地57座墓中，有10座合葬墓、女性合葬墓、男女多人二次合葬墓、女孩合墓葬和母子合葬墓，就是没有一座男女一次墓葬。不仅这几处墓地，就是中原地区发现的几乎所有仰韶时期的墓葬中，迄今也未发现成年男女或称夫妻一次合葬墓。这种埋葬情况与对偶婚制度是相吻合的。正如摩尔根在谈到塔斯卡洛斯人的埋葬情况时说："有一个这个部落的公共墓地。不过，凡属同一氏族——海狸、熊、灰色狼等等——的成员都埋在单独的行列里。夫与妻分别埋在不同的墓列中，父与子也

---

① 恩格斯：《家庭、私有制和国家的起源》，人民出版社1961年版。
② 西安半坡博物馆、渭南文化馆：《陕西渭南史家新石器时代遗址》，《考古》1978年第1期。
③ 北京大学考古实习队：《洛阳王湾遗址发掘简报》，《考古》1961年第4期。

是如此；但是母亲和子女、兄弟和姊妹，埋葬在同一墓列里。"①这是母系氏族社会阶段埋葬的特点。

基于这一理论，对华阴横阵村墓地发现的三个大集体埋葬坑②就不难理解了。关于这处埋葬坑，考古学界有几种不同的意见③。笔者认为，由于不同氏族的人不能埋在一起，这是氏族埋葬制度的一条规则。就是近代民族志资料中还有不同姓氏分别埋葬者。如佤族人的"公共墓地按寨姓氏划分开来。每一姓的人埋葬在一个区域内"④。所以埋在一个大坑内的全部小坑墓都必定是同一氏族。每个大坑内的所有小坑排列整齐，人骨头向一致，葬式相同，但第Ⅰ号大坑与第Ⅱ号大坑稍有不同。第Ⅰ号坑内每个墓坑都比较大，除Ⅰ2小坑外，人骨都分两排放置，而且Ⅰ1、Ⅰ4、Ⅰ5三个小坑都有仿一次葬仰身直肢葬式；而第Ⅱ号大坑内小坑较小，人骨成一排放置，一般是人骨二层叠压，还有三层叠压者。至于第Ⅲ号坑已遭到破坏，仅存的三个小坑中，Ⅲ1小坑人骨一排5人全仿仰身直肢一次葬，Ⅲ3小坑三人中也有二人仿仰身直肢一次葬。在随葬品方面，第Ⅱ号坑与第Ⅰ、Ⅲ号坑不同，它不仅随葬素面尖底瓶，有些墓还随葬石斧和陶锉等生产工具。这些埋葬方面的差异值得注意。加上这三个大坑埋葬人数近百，按照希腊氏族平均120人⑤计算，差不多是与全氏族人数相等，即便按三代人的死亡数也不过此数。实际上不可能把祖宗三代所有死亡的人一次都迁葬在一起。鉴于以上两个因素，我们认为三个大坑应分属于不同氏族，每个小坑内的男女老少合葬者应是氏族内一个母系家族的血亲。

同横阵村遗址的大坑集体葬一样，宝鸡北首岭的所谓"男女分片埋葬"的问题，曾十分引人注目。《宝鸡北首岭》报告出版时，发掘者纠正了这些说法⑥。不过，在1953—1960年发掘的Ⅵ区55具骨架中，有40具为男性，15具为女性，

---

① 马克思：《摩尔根〈古代社会〉一书摘要》，人民出版社1965年版。
② 中国社会科学院考古研究所陕西工作队：《陕西华阴横阵遗址发掘报告》，《考古学集刊》1984年第4期。
③ 吴汝祚：《从墓葬发掘来看仰韶文化的社会性质》，《考古》1961年第12期；张忠培：《关于根据半坡类型的埋葬制度探讨仰韶文化社会制度问题的商榷》，《考古》1962年第7期；邵望平：《横阵仰韶文化墓地的性质与葬俗》，《考古》1976年第3期。
④ 李仰松：《佤族的葬俗对研究我国远古人类葬俗的一些启发》，《考古》1961年第7期。
⑤ 马克思：《摩尔根〈古代社会〉一书摘要》，人民出版社1965年版。
⑥ 中国社会科学院考古研究所：《宝鸡北首岭》，文物出版社1983年版。

可以说是以男性为主的埋葬区。实际上即使是男女分区埋葬的现象也不奇怪。因为这与实行对偶婚有关。我国锡伯族近代还有男女分葬的现象，在同一墓地里，男埋在西边，女埋在东边①。

仰韶墓葬中一个突出的现象是普遍存在着二次葬。而比它早的磁山·裴李岗文化不见，比它晚的龙山文化时期也很少发现二次葬，这是一个值得研究的现象。这种现象既与氏族的埋葬习俗有关，也与实行对偶婚有关。理由很简单，对偶婚夫妻因不是同一个氏族不能埋葬在一起。根据氏族习俗，出嫁到女方的男子死后要归葬本氏族墓地与自己的兄弟姐妹合葬。但归葬不一定立即进行，可能将尸体厝于一个地方，待肉体腐烂后，再将骨骼二次埋葬。本族兄弟姐妹不可能同时死，只有这样经过尸体处理方可能实行合葬。这是考古资料看到的对偶婚现象。在我国历史文献中也有一些记载。如《尔雅·释亲》云："男子谓姊妹之子为'出'。女子谓晜弟之子为'侄'；谓出之子为'离孙'，谓侄之子为'归孙'。"②这就是说，姊妹之子必须嫁到另一氏族，故称"出"，"出"在另一氏族所生之子对姊妹来说是孙辈，故称"离孙"。"侄"是兄弟与对方氏族女子所生之子，他嫁回本氏族所生之子，故称"归孙"。这些有关文献反映了对偶婚中男子出嫁对方氏族的情况，从而也证明出嫁者归葬的必要性。到了个体婚阶段，女子出嫁到男方家庭时，原有的氏族制度遭到破坏，女子嫁夫随夫，就不必归葬本氏族，可以和丈夫合葬了。这就是我们在龙山文化时期看到的现象：二次葬几乎不见了，相反出现了一些夫妻合葬墓。如在横阵村墓地就发现一座龙山时期的夫妻合葬墓，为一次葬，葬式头朝西，仰身直肢，随葬陶器6件。此外，和龙山文化同时的齐家文化也发现夫妻合葬墓，如甘肃武威皇娘娘台M24和临夏秦魏家M95③。这些迹象反映了龙山文化和齐家文化时期已是父系社会了。如果仅仅从两种埋葬制度和现象相比较，我们有理由认为仰韶晚期基本上仍属于母系社会范畴。然而，考虑到社会意识形态往往落后于客观现实，埋葬制度和习俗多少受到传统习惯意识的支配而趋于守旧，不能迅速反映变革了的社会制度的可能性，联系到仰韶中期开始出现的男子社会地位提高的迹象，可以推

---

① 温银山：《吉林省锡伯族调查报告》，《锡伯族文学历史论文集》，1981年。
② 阮元校刻：《十三经注疏》，中华书局1982年版。
③ 甘肃省博物馆：《甘肃武威皇娘娘台遗址发掘报告》，《考古学报》1960年第2期。黄河水库考古队甘肃分队：《临夏大何庄、秦魏家两处齐家文化遗址发掘简报》，《考古》1960年第3期。

断,仰韶中期在母系的胞胎里正孕育着父系的因素,到晚期已经成熟并分娩了。事实上近几年在郑州青台遗址就发现了3座夫妻合葬墓①,便是旁证。

我们在作出这样的推断时,还考虑到仰韶中晚期出现如下三种"异常"现象:

1. 男子在仰韶时期出现"厚葬"的现象

前面提及的元君庙墓地 M458 是老年男性墓。这座墓随葬品不多,只有常见的尖底瓶、钵、罐、盂等 6 件陶器,只因为他拥有砾石砌成的"石棺"享受了其他墓主所不能享受的待遇而引人注目。我们认为,砾石砌成的"石棺",不是什么财富,说其"厚"仅取其待遇之优。同一墓有一座二女孩合葬墓(M429)用红烧土块铺砌成一副"红烧土棺",除随葬 6 件陶器外,还有一枚骨针和 785 颗骨珠,随葬品还比 M458 多。此外,西安半坡的 M152 女孩墓、华县太平庄一座成年女子墓、临潼姜寨的 M7 女孩墓等,其随葬品都要比 M458 丰厚得多,可谓"厚葬"。也就是说,仰韶时期女性"厚葬"现象较多。但是无论如何,M458 男性墓的出现,说明他生前有一定社会地位并受到氏族成员的尊敬方能独享"石棺"。一叶落而知秋,男子享有前所未有的优厚待遇,反映了氏族内部出现了某些微妙的变化。

2. 仰韶后期出现异常的"灰坑葬"

在仰韶后期的文化遗存中,发现了它的前期所绝对不见的异常的"灰坑葬",也就是在灰坑的堆积中发现非正式埋葬的人骨。例如,在陕西华阴横阵村遗址中,H103 灰坑里埋葬 8 具人骨。这些人骨分上、下两层,上层 6 具,下层 2 具。这些人骨架没有一定的头向和姿势,特别是上层人骨相互枕压,狼藉不堪,更有缺臂少腿的②。从这些迹象看,这些人死于非命,亦非正常埋葬。在庙底沟遗址的四个仰韶文化灰坑中,也发现人骨。其中 25 号灰坑有 2 具。这些人骨也是姿势不一、残缺不全的,显然也非正常死亡和埋葬③。氏族是有公共墓地的,氏族成员死亡一般埋葬在墓地内。根据一些民族志资料,凡是摔死、溺死或被野兽咬死等凶死者,因人们怕给氏族带来灾难,不能埋在墓地内,而将他们水

---

① 杨育彬:《河南考古》附录二,中州古籍出版社 1985 年版。
② 中国社会科学院考古研究所陕西工作队:《陕西华阴横阵遗址发掘报告》,《考古学集刊》1984 年第 4 期。
③ 中国科学院考古研究所:《庙底沟与三里桥》,科学出版社 1959 年版。

葬、火葬,土葬时采取俯身葬、屈肢葬等姿势。像上面提到的两处灰坑葬,显然不合凶死者的埋葬惯例。因为仰韶前期和更早的磁山·裴李岗文化那么长的一段历史时期内,为什么不见一例是采用"灰坑葬"的形式？而且在 H103 这样的灰坑内一次或两次埋入 8 具人骨,难道有那么多人同时被摔死、溺死、咬死？所以应该说这些死者不一定是凶死,也不是氏族制度稳定时期对待凶死者所应采取的处置方式。联系到仰韶晚期氏族公共墓地发现很少,以及龙山文化时期几乎没有大的公共墓地,相反,"灰坑葬"增多了的现象,使我们不得不作深入的思考:母系氏族制度下的埋葬习俗已遭破坏,联系仰韶中期开始出现男子"厚葬"的现象,我们认为这是父系取代母系的迹象。

3. 仰韶晚期出现了前所未有的"套间"排房

半坡、姜寨等仰韶遗址,每每发现小房子围绕着大房子,小房子的门向着广场或大房。这是仰韶早中期常见的氏族村落布局,大房子是公共活动场所,每座小房子是氏族内对偶夫妻的住所。可是,到了仰韶晚期却出现像大河村所发现的成排套间住房。这排房基共四间,以一字形东西横排。其中 F1 较大,房内还用矮墙隔成一套间,内外均有烧土台,似是火塘所在。F2 没有套间却有三个烧土台,其中东北角一个烧土台还有一罐炭化粮食和一块长约 50 厘米的木炭。F3 是利用 F2 东墙另筑的,也有一个烧土台。F4 似是后筑,因其窄小并有烟熏痕迹和灰烬堆积,不是住房。除 F2 门向南,其余均向北[①]。从有关迹象看,F1、F2、F3 分别属于三个生活单元。类似的套间排房在淅川下王岗遗址也有发现,而且有 32 间之多,由于资料未发表,无从论列。此类房子的结构及布局,是仰韶文化早中期所不见的。这种住房,正如我们在独龙族、傈僳族及苦聪人等民族住房中所见到的那样,一个火塘象征一个家庭。解放前尚处于父系氏族公社解体阶段的独龙族尤其典型:"由于设一个火塘就象征着一个小家庭,故子女结婚后,就要在房内新设火塘,已婚子女只围着自己的火塘而睡,并不分家。如再有子女结婚,原来房子不够住时,子女才可另盖新房,但新房必须与父房紧连。"[②]由此,我们便可解释大河村和下王岗遗址所发现的一间房有两个以上火塘和增建房子的现象,也就是说,这些住房的出现当是父系个体小家庭存在的表征。

---

① 郑州博物馆:《郑州大河村仰韶文化的房基遗址》,《考古》1973 年第 6 期。
② 《思想战线》编辑部:《西南少数民族风俗志》,中国民间文艺出版社 1981 年版。

三、仰韶时期的社会意识形态

仰韶时期，人们在氏族公社里共同劳动，平均分配；人们一律平等，没有高低贵贱之分，由于社会生产力低下，每个人都离不开氏族，也不会离开氏族。这样，在人们的意识观念中，氏族就是一切。阶级社会中那种自私自利、尔虞我诈、钩心斗角、人压迫人、人剥削人的现象还没有发生。这就是人们称誉的"原始共产主义"社会。

但是，在人们的头脑中，因为没有科学文化知识以及个人软弱无能，对大自然的风、雨、雷电、水旱灾害、农作物收获的丰歉等现象不可理解，于是便产生了"万物有灵"的社会意识，使人们对风、雨、雷电以及山、川、树、石，乃至不少动植物产生畏惧或崇拜的心理。由于人们对人的生、老、病、死和种种梦境的现象不可理解，便产生"灵魂不死"的意识观念。"万物有灵"和"灵魂不死"的意识观念，大约产生于旧石器时代的晚期，即相当于山顶洞人时期。到了仰韶时期，有不少迹象表明，这些社会意识浓厚存在着，形成了原始宗教的意识。原始宗教的意识表现在仰韶人对天、地、日、月、星辰的崇拜，以及对动植物图腾的崇拜。

1. 仰韶人有"灵魂不死"的意识观念

关于这种意识观念的产生，恩格斯已在《路德维希·费尔巴哈和德国古典哲学的终结》一文中作了精彩的说明①。所谓"灵魂不死"，就是说人的灵魂可以离开肉体而继续活着。仰韶人受到这种意识支配，有几种表现：(1)在西安半坡、郑州秦王寨、临汝大张等遗址中发现的仰韶瓮棺葬的顶盖或瓮棺的上部，有意识地钻一个孔。这样的小孔没有任何用处，只有一个解释，那就是让死者的灵魂通过小孔进入幽冥的世界中去。(2)在仰韶时期的绝大多数墓葬中，往往都有死者生前使用过的工具、用品和装饰品等随葬。为什么要将这些物品随葬呢？就是认为人死后灵魂还活着，随葬这些生活用品，让他（她）在幽冥的世界中继续使用。仰韶人设置公共墓地，让氏族成员死后埋在同一墓地里，并且头向、葬式往往一致。为什么要这样做？那是因为人们认为，氏族成员生前都是

---

① 《马克思恩格斯选集》第四卷，人民出版社1972年版，第219—220页。

兄弟姊妹,集体劳动,共同生活,死后也应让他们的灵魂在一起生活。由于人们不是同时死亡的,为了使同一母系家族的人的灵魂像生前那样生活在一起,便采取迁葬的手段使不同时期的死亡者合葬于一坑中。所以我们在仰韶墓地中见到不少男女老少同坑的二次葬墓和母子合葬墓。为了使出嫁到女方氏族实行对偶婚的男子归于本氏族,以便和自己的兄弟姊妹合葬,也采取了二次葬的办法。这也是仰韶时期二次葬很多的原因之一。我们前面提及的华阴横阵村那种大坑套小坑的二次合葬,应该说是这种思想意识指导下的典型的埋葬方式。

2. 仰韶时期的"万物有灵"意识和图腾崇拜

所谓"万物有灵"的意识观念,就是人们对一般的自然现象、日月星辰、山岭河流,以及动植物的盲目崇拜,以为它们也有"灵感",能根据人对它们的好恶而降祸佑福。和"万物有灵"不同,图腾崇拜是人们认为某种动物或数种特定的动物与自己的祖先有特殊关系,或者作为自己的祖先加以崇拜。"万物有灵"和图腾崇拜在仰韶文化的遗存中都是有迹可寻的。

在半坡遗址的众多精美的彩陶上,绘着鱼纹、人面鱼纹、鹿纹及其他鸟兽草木。其中鹿纹仅3例,其他鸟兽草木纹甚少,数量最多的是鱼纹。鱼纹中,又有单体鱼纹、复体鱼纹和演化了的鱼纹。可见,半坡仰韶人是崇拜鱼的。但是,我们认为鱼纹种类太多,纹样没有定式,不大可能是图腾的徽号。作为图腾,可以刻画在自己使用的工具和器物上,"加拿大的不列颠、哥伦比亚的海达—印第安人,就常把图腾刻绘在自己工具或器物之上"[①]。问题是作为图腾的徽号或称纹章,应是有一定样式的。半坡彩陶上的人面鱼纹,上下左右均附饰有鱼纹,含有以鱼为美、以鱼为尊贵和人离不开鱼的意味,表现了人对鱼的崇拜。况且人面鱼纹所发现的全部7例,从内容到构图大同小异,基本上是一个模式,所以我认为人面鱼纹是仰韶半坡氏族的图腾。

人们可能会问:从半坡遗址出土鱼叉、钓钩和网坠看,半坡仰韶人是吃鱼的,怎么人面鱼纹是图腾?其实图腾崇拜有两种:一种作为自己祖先的动物图腾崇拜者,这种动物不能捕杀也不能吃;另一种仅作为与自己祖先有特殊关系的偶像而不是祖先的图腾崇拜,如鱼、熊等,还是可捕杀来吃的,只是有一种敬

---

① 汪宁生:《从原始记事到文字发明》,《考古学报》1981年第1期。

畏的心理和举行一定的仪式。鄂伦春人在解放前仍处于原始社会末期的状态，他们把熊比作图腾崇拜，忌直呼其名，称之为"阿玛吃"（舅父）或"雅亚"（祖父），可是他们仍然捕杀来吃，只是要举行仪式将熊头和骨骼埋葬①。我们认为鱼作为图腾崇拜也是属于这一类。查阅文献资料，《山海经·大荒西经》记载："有互人之国。（郭璞注：人面鱼身。）炎帝之孙。""人面鱼身"当是传说的炎帝之孙氏族的图腾徽号，像《山海经》中所提及的"人面马身""人面虎身""羊身人面""鸟身人面"都应是一种图腾徽号。因此，人面鱼纹是半坡仰韶氏族图腾徽号的观点，应不是谬论。

在庙底沟遗址的仰韶遗存中，发现了三个蛙形彩绘图形、三块壁虎堆塑陶片和三个鸮头形器耳。蛙、壁虎和鸮三者有可能被庙底沟仰韶氏族当作"有灵"之物而加以崇拜，不过，作为氏族图腾就值得研究了。庙底沟遗址中最富特色的彩绘，是由圆点、"涡纹"（有人也称为钩叶纹）组成的彩绘图案。"涡纹"不是水涡纹而应是一种花瓣演化而来的。苏秉琦先生根据华县泉护村庙底沟类型的类似图案分析，分别命名为"菊科图案"和"蔷薇科图案"。这就是说，这些图案可能是由菊花和蔷薇花演化而来。他认为："仰韶文化的庙底沟类型可能就是形成华族核心的人们的遗存；庙底沟类型的主要特征之一的花卉彩陶可能就是华族得名的由来；华山则是可能由华族最初所居之地而得名。"②我认为苏先生的推断是可信的。庙底沟仰韶氏族的图腾可能是蛙，而更大的可能是某种花卉。不过，可作为图腾徽号者还没有发现。

在河南临汝县阎村遗址的仰韶瓮棺葬中，有一件作为葬具的陶缸上，绘有一幅妙趣横生的图画：左边为鹳鱼，右边为带柄直立石斧③。人们对这幅画有不同的见解。我认为画中的石斧象征原始农业，鹳鱼寓意渔猎，整幅画生动地反映了原始社会的经济生活。值得注意的是，整幅画的主宰应是鹳。在民族资料中，有以鸟为图腾的。例如在陈巴尔虎旗的鄂温克人，每个氏族都以一种鸟为图腾，如天鹅、水鸭等④。我同郑杰祥同志的观点是一致的，图画中有鹳，使这幅

---

① 《少数民族民俗资料》，转引自《内蒙古社会科学》1981年第5期。
② 苏秉琦：《关于仰韶文化的若干问题》，《苏秉琦考古学论述选集》，文物出版社1984年版。
③ 临汝县文化馆：《临汝阎村新石器时代遗址调查》，《中原文物》1981年第1期。
④ 国家民委民族问题五种丛书编辑委员会《中国少数民族》编写组：《中国少数民族》，人民出版社1981年版。

图含有作器者对氏族图腾崇拜的意义①。不过,我要指出的是,图中画是图腾崇拜的对象,却不一定是图腾的徽号。

在郑州大河村遗址,出土了许多仰韶时期的彩陶片,其中有一定数量的"天文图象"彩绘,如太阳纹、月亮纹、日晕纹、星座纹等。其中引人注目的是,有一些曲腹钵的口沿外面绘有十二个太阳纹,可能象征十二个月;再加上日晕纹这类往往不被人注意的天文现象,反映了大河村仰韶人对星空的注意和观察力。但是,我认为这些彩绘图案,绝不是一种天文观察记录,或者是他们在研究天文了,应该说,这是人们崇拜太阳、月亮、星辰的一种思想意识的反映。太阳能给人带来光明和温暖,而月亮和星星却可以在可怖的黑夜中给人带来难得的银辉,这样在原始人的朦胧的意识中便引发了崇拜的意识。崇拜日、月、星辰,是全世界许多原始氏族普存的宗教意识。我国的汉族和羌族、鄂伦春族、白族、布朗族等都曾敬畏天,一些少数民族把天当"天神""天鬼"来祭。例如,鄂伦春族每年正月初一要祭拜"德乐查"(太阳神),正月十五夜要拜"别滇"(月亮神),腊月三十或正月初一晚每家要以七根香拜"奥伦"(北斗星神)等②。他们崇拜的目的在于祈求日、月、星神除祸降福。因此,我认为,与其说大河村仰韶彩陶上的日、月、星纹是天文图象,不如说是一种崇拜日、月、星诸神的印记,是一种原始宗教意识的反映。

在华县太平庄一座女性墓的随葬品中,有一件大型黑陶鸮鼎高约36厘米③。这不是一般的器物,你看它那个头,勾嘴紧闭,双眼圆睁,显得威严神气;它那腹部厚实,双腿粗壮有力,似乎是力量的化身。从艺术观点而论,它是仰韶时期杰出的陶塑艺术品。然而,由于遗址中没有发现过同类器物,它又如此出类拔萃,我认为,它不仅说明墓主生前占有崇高的社会地位,而且可以认为她的氏族崇拜鸮。这件黑陶鸮鼎应与图腾崇拜有密切关联。南美洲阿兹忒克部落的军事首领梦提组马在住宅上放置鹫的纹章(即图腾)④。太平庄的仰韶女人也可以将鸮作为图腾摆于住所内,死后将它随葬。

---

① 郑杰祥:《〈鹳鱼石斧图〉新论》,《中原文物》1982年第2期。
② 《少数民族民俗资料》,转引自《内蒙古社会科学》1981年第5期。
③ 苏秉琦:《关于仰韶文化的若干问题》,《苏秉琦考古学论述选集》,文物出版社1984年版。
④ 马克思:《摩尔根〈古代社会〉一书摘要》,人民出版社1965年版。

以上是仰韶时期一些与"灵魂不死""万物有灵"和图腾崇拜有关的重要迹象。这些社会意识及其引发的社会行为,导致原始宗教的产生。正如恩格斯所指出的那样,"一切宗教,不是别的,正是在人们日常生活中支配着人们那种外界力量在人们头脑中的幻想的反映,在这种反映中,人间的力量,采取了非人间力量的形式"①。

3. 仰韶时期的"审美"意识和艺术

"爱美之心人皆有之",这句俗语很有道理。人们的原始审美意识是产生于由猿人演变为人的最后阶段即新人阶段。我们在距今万余年的山顶洞人那里看到用兽牙钻孔制成的项饰。到了仰韶时期,人们爱美的意识就得到了比较广泛的反映。几乎全部的仰韶文化遗址,特别是墓葬,往往会发现各种陶环、发笄、耳坠和项链(用石珠或骨珠串连而成)等,特别是作为佩戴的装饰品的陶环,数量很多。大河村遗址发现的一个"盛笄器",反映了当时人们讲究用各式骨笄盘束自己的头发。在仰韶墓葬中的用石、骨、蚌、兽牙等各种质料的装饰品是不少的。临潼姜寨7号女性墓除其他物品外竟随葬了8577件骨珠。在没有金属工具的情况下,要加工如此众多的大小一样的骨珠,该要花费多少劳动。应该指出,佩戴耳坠和骨珠的人,不限于女性,男人也佩戴各种装饰品。如宝鸡北首岭的墓葬中,已鉴定为男性的墓就有7座随葬牙饰或石饰,尤其是M305男墓随葬陶壶1件和82颗骨珠,77M8男墓除其他物品外随葬了176颗骨珠。这些迹象反映了当时不少男女都爱装饰,可见爱美的意识很强了。

爱美的意识还反映在生活的其他方面。日常生活中经常使用的饮食器皿,没有装饰图案也一样用。可是,在半坡、庙底沟、泉护村、大河村等许多仰韶文化遗址中出土了众多精美的彩绘图案,这些图案包括人、动物、植物和各种几何图纹,数以千计。人们花费那么多心血来装饰陶器,除了少数作为图腾崇拜外,主要目的是使陶器更加美观。陶器彩绘是原始美学意识的体现,彩绘的图像和图案属于绘画艺术的范畴。

此外,作为真正的绘画和雕塑作品也已出现。绘画作品,除了前面提及的《鹳鱼石斧图》外,还有宝鸡北首岭遗址出土的一件陶壶M52:(1)肩上绘的水

---

① 恩格斯:《反杜林论》,人民出版社1961年版。

鸟衔鱼图①。此画笔法粗犷,所表现的水鸟衔鱼时鱼作挣扎的情景颇为生动。在青海上孙家寨出土彩陶盆上的"舞蹈图"②,表现5个人手拉手跳集体舞的情景。这幅画也反映了舞蹈作为表现人们生活的艺术形式,至迟在仰韶晚期已经出现。同时,塑造人或动物形象的雕塑作品,在半坡、庙底沟、北首岭等遗址中也有一些发现。其中艺术性较高的是华县太平庄那件鸮形鼎,其次就是宝鸡北首岭遗址出土的陶塑人头像③,头像脸部丰腴,粗眉大眼,鼻梁挺直,圆张的口上绘有胡须,双耳穿孔兼作器耳,是一个男性形象的艺术作品,从有两耳孔看,可能悬挂某处或随身携带。另外在陕西扶风绛帐姜西村采集到的仰韶时期半浮雕人面陶片,五官皆备,左眼斜视,鼻稍歪,嘴角上挑,表情幽默滑稽,也是一件有趣的陶塑品④。以现在的眼光看,这些作品的艺术性也许不怎么样,但它们创作于四五千年以前,也应说是珍品了。

在此还应提及的是,在仰韶时期的陶器(或陶片)中,间或看到一些横、竖、斜、叉、钩等各种刻画和彩画的符号,其中以西安半坡遗址发现最多,计22种。这些符号当不是随意画的,因为同一种符号重复出现,如两竖画者4个,倒钩者6个,"十"字形者3个,"Z"形者多至10个。值得注意的是,在龙山文化陶器片上也有类似的符号。有鉴于此,尽管它们的含义不清楚,我认为《西安半坡》报告对这些符号的分析是正确的:这些符号是当时人们对某种事物在意识形态上的反映,从我国历史文化具体的发展过程来说,与我国的文字有密切关系,很可能是我国古代文字的原始形态之一。

综上所述,仰韶时期处于由母系氏族社会过渡到父系氏族社会的阶段。它的社会经济基础是氏族公有制的原始农业和手工业,这些农业和手工业晚期比早期有较大的发展。它的社会组织以氏族公社为基础,通过它去组织全体成员进行社会生产和生活。在早期,由于妇女在生产中的主导作用和实行对偶婚,世系仍以母系计算,社会处于母系氏族阶段。到了中期,由于男子在社会生产

---

① 中国社会科学院考古研究所:《宝鸡北首岭》,文物出版社1983年版。
② 青海省文物管理处考古队:《青海大通县上孙家寨出土的舞蹈纹彩陶盆》,《文物》1978年第3期。
③ 中国社会科学院考古研究所:《宝鸡北首岭》,文物出版社1983年版。
④ 中国科学院考古研究所渭水调查发掘队:《陕西渭水流域调查简报》,《考古》1959年第11期。

中的作用增大,社会地位提高,母系氏族社会发生了某些微妙的变化,有明显迹象表明,已逐渐向父系氏族社会过渡了。到了晚期,父系当已确立。它的社会意识形态仍属原始共产主义的范畴。在人们头脑中,存在着"万物有灵"和"灵魂不死"的意识,导致对氏族图腾的崇拜和原始宗教的产生。仰韶人在劳动的过程中创造了绘画、雕塑和舞蹈等艺术,它的刻画符号促进我国文字的发明。总而言之,仰韶社会处于变革时期,它的文化是我国原始社会的一颗明珠。

(原载《论仰韶文化》,《中原文物》1986年特刊)

河南新石器时代考古概述

新石器时代考古在河南，田野发掘量大，投入人力物力也多，历年来不断有重要的遗迹遗物发现。特别是近十几年来，获得了令人瞩目的巨大成绩。循着它的发展轨迹，我们作以总结性的回顾。

一、起步（1949—1959 年）

河南新石器时代考古，始于 1921 年对渑池仰韶村遗址的发掘。1931 年，我国考古学家梁思永在安阳后冈发现了小屯、龙山、仰韶三种文化叠层关系，从而弄清了仰韶文化、龙山文化、小屯（殷商）文化的早晚序列。这一年代序列的发现，是解放前新石器时代考古方面最大的学术成就。尔后对浚县大赉店、永城造律台、黑孤堆和曹桥等遗址的发掘，又为认识河南境内的龙山文化提供了较多的资料。

新中国成立初期，考古工作者主要从事于文物调查和保护。据笔者统计，1959 年以前，调查发现的新石器时代文化遗址 80 余处，加上黄河水库考古队在三门峡地区发现的 93 处，合计 170 多处。其中，郑州林山寨、旭旮王、牛寨，偃师灰嘴，临汝大张，唐河寨茨岗等遗址曾进行发掘。而对陕县庙底沟和三里桥两遗址大规模的发掘，是由中国科学院考古研究所进行的。经过这一阶段的考古调查和发掘，获得了丰富的文物考古资料。较重要的有：《郑州西郊仰韶文化遗址发掘简报》①、《郑州牛砦龙山文化遗址发掘报告》②、《郑州旭旮王村遗址发

---

① 河南省文化局文物工作队：《郑州西郊仰韶文化遗址发掘简报》，《考古通讯》1958 年第 2 期。
② 河南省文化局文物工作队：《郑州牛砦龙山文化遗址发掘报告》，《考古学报》1958 年第 4 期。

掘简报》①、《河南偃师灰嘴遗址发掘简报》②等，使人们对仰韶文化、龙山文化的内涵特征有了较多的认识。

1959年以前，因为没有专门从事于新石器时代考古的队伍，考古发掘时还没有注意到类型及分期方面的问题。只是到了50年代末，陕县庙底沟与三里桥遗址的大规模发掘，并系统整理撰写出《庙底沟与三里桥》发掘报告③之后，考古工作者才认识到仰韶文化可区分为半坡类型和庙底沟类型。龙山文化也是由于庙底沟遗址和王湾遗址④的发掘，才由"后冈二期文化"即河南龙山文化中晚期遗存，进而认识"庙底沟二期文化""王湾二期文化"即河南龙山文化早期遗存。后面二期文化的发现，使人们初步认识仰韶文化与龙山文化之间有传承的密切关系。这可能是这一阶段新石器时代考古的最重要的学术成果。但是，由于种种客观原因，河南考古工作者在这一阶段只注重田野调查和发掘，未适当注意搞一些与之同步的学术研究。

二、发展（1960—1976年）

1960年以后，河南新石器时代考古进入了一个稳步发展的阶段。在此期间，又发现了一批新石器时代文化遗址，使遗址总数达400余处；同时对淅川下王岗、黄楝树、下集，郑州大河村，禹县谷水河，临汝煤山和洛阳矬李等重要遗址进行发掘。在发掘中，考古工作者比较注重田野发掘的科学性，严格按照田野发掘操作规程进行。而且在淅川下王岗遗址和郑州大河村遗址等发掘过程中，首次邀请有关专家对人和动物骨骼、粮食颗粒、树木果核等进行鉴定，并采集木炭标本以测定文化遗存的绝对年代，开创了多学科协作的先河。这标志着我省田野考古技术水平又有新的提高。

在这个阶段，有一些重要考古发现值得提及。例如，1971—1974年在淅川

---

① 河南省文化局文物工作队一队：《郑州旭旮王村遗址发掘简报》，《考古学报》1958年第3期。
② 河南省文物工作队：《河南偃师灰嘴遗址发掘简报》，《文物》1959年第12期。
③ 中国科学院考古研究所：《庙底沟与三里桥》，科学出版社1959年版。
④ 北京大学考古实习队：《洛阳王湾遗址发掘简报》，《考古》1961年第4期。

下王岗遗址发掘的2000多平方米内,发现了仰韶、屈家岭、龙山、二里头、商代、西周等6个文化的9层堆积①,通过这种直接的上下叠压关系,为中原地区除屈家岭文化外的5个前后衔接的文化关系提供了新的重要证据。而且它的仰韶文化早、中、晚三期遗存直接叠压的关系,以及29间连间排房和50余座墓葬,是河南其他遗址所罕见的,在全国新石器时代文化中也是凤毛麟角。再如1972—1975年对郑州大河村遗址的发掘②,发现了仰韶、龙山、商代三个文化堆积,其中仰韶文化有庙底沟类型和秦王寨类型各两期堆积。此外,被发现的四连间排房保存良好,墙壁残高逾米,是研究仰韶文化建筑技术的珍贵实物资料,对于父系小家庭生活的研究也有参考价值。又如1970年对临汝煤山遗址的试掘,发现了很有特色的龙山文化晚期遗存,以及它与二里头文化早、中期堆积的直接叠压关系③。1975年在洛阳市南郊矬李遗址的发掘中,又发现类同临汝煤山遗址的文化层叠压关系,其底部还多发现一层仰韶文化堆积④。通过此类层位关系及陶器递变规律,可以证明二里头文化(即夏文化)是由河南龙山文化(至少是煤山、矬李所属类型文化)发展而来的。

还应该提及的是,在这一阶段还打破了前十年只注重发掘而忽视对发掘资料及时进行整理、研究的倾向。据笔者粗略统计,这一阶段发表有关资料性的文章40余篇,其中较重要的有《河南淅川下王岗遗址的试掘》⑤、《河南临汝煤山遗址调查与试掘》⑥等,学术性文章30余篇。其中,涉及一个关于仰韶文化社会性质的重要学术课题。许顺湛先生曾先后在《关于中原新石器时代文化的几个问题》和《"仰韶"时期已进入父系氏族社会》等文章中,提出仰韶文化时期已进入父系氏族社会阶段的学术观点⑦。当时,一些学者群起反对,认为仰韶文

---

① 河南省文物研究所、长江流域规划办公室考古队河南分队:《淅川下王岗》,文物出版社1989年版。
② 郑州市博物馆:《郑州大河村遗址发掘报告》,《考古学报》1979年第3期。
③ 洛阳博物馆:《河南临汝煤山遗址调查与试掘》,《考古》1975年第5期。
④ 洛阳博物馆:《洛阳矬李遗址试掘简报》,《考古》1978年第1期。
⑤ 河南省博物馆等:《河南淅川下王岗遗址的试掘》,《文物》1972年第10期。
⑥ 洛阳博物馆:《河南临汝煤山遗址调查与试掘》,《考古》1975年第5期。
⑦ 许顺湛:《关于中原新石器时代文化的几个问题》,《文物》1960年第5期;《"仰韶"时期已进入父系氏族社会》,《考古》1962年第5期。

化时期仍是母系,"仰韶父系说"缺乏必要的论据①。然而,在"仰韶母系说"的一潭死水里,"仰韶父系说"一石激起千层浪,活跃了学术空气,促进了研究的深化,无疑是件有意义的事。

三、初呈繁荣(1977—1989年)

自1977年以后,我省又多次进行文化遗址的普查工作。同时,选择一些重要遗址,以前所未有的规模进行考古发掘。例如对新郑裴李岗、密县莪沟、长葛石固、舞阳贾湖、濮阳西水坡、登封王城岗、淮阳平粮台等遗址进行较大规模的发掘,并有更多的重要新发现。其中主要有:(1)在新郑裴李岗遗址发现了距今七八千年的裴李岗类型文化。它的发现,为仰韶文化找到了渊源,从而使仰韶文化"西来说"彻底破产。在舞阳贾湖遗址出土的龟甲、骨器和石器上有我国年代较早的一些契刻符号②,这些"新发现的龟骨符号,可能同后来商代的甲骨文有某种联系"③。(2)淮阳平粮台和登封王城岗遗址发现河南龙山文化中晚期城址④,特别是淮阳平粮台龙山文化城址的城墙、城门保存良好,城内已发现10余座房基、3座陶窑、16座墓葬和一些灰坑等,这些重要的遗迹遗物,将有利于我国早期城市建筑布局和结构的研究。(3)汤阴白营发现了河南龙山文化大型的聚落遗址,其堆积较厚,可分为早、中、晚三期。清理出早期房基9座、中期房基7座、晚期房基6座,以及一批灰坑和水井等⑤。这是河南龙山文化遗存最丰富的一处遗址,将有助于我们了解当时的村落布局和社会组织状况。(4)濮阳西水坡遗址发现仰韶文化时期三组有龙、虎等形象的蚌壳摆塑图⑥,是研究仰韶

---

① 杨建芳:《仰韶时期已进入父系氏族社会了吗?》;周庆基:《对〈"仰韶"时期已进入父系氏族社会〉一文的意见》,《考古》1962年第11期。
② 河南省文物研究所:《河南舞阳贾湖新石器时代遗址第二至第六次发掘简报》,《文物》1989年第1期。
③ 李学勤:《文物研究与历史研究》,《中国文物报》1988年3月11日。
④ 河南省文物研究所等:《河南淮阳平粮台龙山文化城址试掘简报》;河南省文物研究所等:《登封王城岗遗址的发掘》,《文物》1983年第3期。
⑤ 安阳地区文物管理委员会:《河南汤阴白营龙山文化遗址》,《考古》1980年第3期。
⑥ 濮阳市文物管理委员会等:《濮阳西水坡遗址试掘简报》,《中原文物》1988年第1期。

文化时期部落内巫觋的祭祀活动和图腾崇拜意识的重要资料,这无疑也是我省80年代重要的考古新发现。

在这个阶段,整理和发表的考古资料较多,计有113篇(部)。其中较重要的有:《淅川下王岗》(专集)①、《河南密县莪沟北岗新石器时代遗址》②、《长葛石固遗址发掘报告》③、《郑州大河村遗址发掘报告》④、《汤阴白营河南龙山文化村落遗址发掘报告》⑤、《河南淮阳平粮台龙山文化城址试掘简报》和《登封王城岗遗址的发掘》⑥等。与此同时,所发表的60余篇专题研究性文章,无论从理论素养还是研究广度和深度来说,都具有较高的水平。这批研究文章,从不同角度探讨了新石器时代考古文化有关的问题。其中主要有下列七个重要课题:

1. 关于磁山·裴李岗文化

磁山·裴李岗文化是1976年以后进行发掘和认识的,据碳14测定的年代,距今约7800—7200年之间,迄今是中原地区所发现的较早的新石器时代前期文化之一。对此类文化的内涵特征和文化性质,认识尚不一致。首先表现在文化的命名上。严文明先生认为:"鉴于裴李岗的文化面貌和磁山基本相同……应该划为一个考古学文化,我们建议称为磁山文化。"⑦不久,安志敏先生著文主张"暂时分别命名为裴李岗文化和磁山文化以资区别"⑧。李友谋和陈旭同志认为裴李岗类型的文化遗存广泛分布于河南并集中于它的中部,可命

---

① 河南省文物研究所、长江流域规划办公室考古队河南分队:《淅川下王岗》,文物出版社1989年版。

② 河南省博物馆等:《河南密县莪沟北岗新石器时代遗址》,《考古学集刊》第1集,1981年版。

③ 河南省文物研究所:《长葛石固遗址发掘报告》,《华夏考古》1987年第1期。

④ 郑州市博物馆:《郑州大河村遗址发掘报告》,《考古学报》1979年第3期。

⑤ 安阳地区文物管理委员会:《汤阴白营河南龙山文化村落遗址发掘报告》,《考古学集刊》1983年第3期。

⑥ 河南省文物研究所等:《河南淮阳平粮台龙山文化城址试掘简报》,《登封王城岗遗址的发掘》,《文物》1983年第3期。

⑦ 严文明:《黄河流域新石器时代早期文化的新发现》,《考古》1979年第1期。

⑧ 安志敏:《裴李岗、磁山和仰韶——试论中原新石器时代文化的渊源及发展》,《考古》1979年第4期。

名为"裴李岗文化"①。笔者认为,裴李岗与磁山两类遗址的文化遗存,其共性大于个性,应属于同一文化,宜命名为"磁山·裴李岗文化",而裴李岗与磁山两类遗址的文化特征又有自身的一些特色,又可区分为裴李岗类型和磁山类型②。

关于磁山·裴李岗文化的社会性质,学术界没有大的分歧,一般认为它处于母系氏族社会阶段。只是有的学者认为裴李岗文化的"氏族内部财产私有已经出现","我国氏族社会的私有财产,其起源应该追溯到裴李岗文化时期"③。

2. 关于磁山·裴李岗文化与仰韶文化的关系

磁山·裴李岗文化与仰韶文化的关系,现在已明朗化。在长葛石固和新郑沙窝李等遗址发现了仰韶文化遗存叠压在裴李岗类型之上。同时,我们看到,仰韶文化早期遗存和磁山·裴李岗文化之间有不少共同因素。对这个问题,已有一些文章论述④。其中陈旭同志在《仰韶文化渊源探索》一文中作了比较详细的探讨,认为仰韶文化可能发源于裴李岗文化⑤。目前,对这个问题,学术界意见没有大的分歧。不过,笔者曾明确指出,仰韶文化距今一般不足 7000 年,而磁山·裴李岗文化晚期的遗存至少也在距今 7200 年前,可见它们之间尚有一段空白,而且从陶器形制特征看,两者衔接并不那么紧密。因此,它们"中间是否有缺节,尚须研究"⑥。

3. 关于仰韶文化

仰韶文化是于 1921 年在河南省渑池县仰韶村遗址首先发现的。经过几十年的努力,考古学界对它的分布、内涵、性质、类型、分期等一系列学术问题已有了一个基本的认识。1985 年 11 月,为纪念仰韶文化发现 65 周年,举行首次的全国性仰韶文化学术讨论会,这是对仰韶文化研究成果的一次检阅,会上所收

---

① 李友谋、陈旭:《试论裴李岗文化》,《考古》1979 年第 4 期。
② 李绍连:《关于磁山·裴李岗文化的几个问题——从莪沟北岗遗址谈起》,《文物》1980 年第 5 期。
③ 李友谋:《中原新石器时代早期文化问题探讨》,《郑州大学学报(哲学社会科学版)》1981 年第 1 期。
④ 许顺湛:《论裴李岗文化》,《河南文博通讯》1980 年第 1 期。
⑤ 陈旭:《仰韶文化渊源探索》,《郑州大学学报(哲学社会科学版)》1978 年第 4 期。
⑥ 李绍连:《关于磁山·裴李岗文化的几个问题——从莪沟北岗遗址谈起》,《文物》1980 年第 5 期。

的50余篇论文选编成《论仰韶文化》论文集①，反映出研究的最新成果。

对仰韶文化研究的重点在文化类型和社会性质两个方面。关于仰韶文化的区域性问题，苏秉琦先生在近年提出三个主要区系(支)，即以半坡遗址为核心，陕西宝鸡至河南陕县之间为中心区系；其东以郑州大河村—洛阳王湾为代表的东支；其西以甘肃大地湾为代表的西支。至于山西仰韶文化不属于上述三个主要支系，应自成一区②。这个区系理论的提出，对仰韶文化的进一步研究具有重要的学术意义。目前河南境内的仰韶文化还可细分为庙底沟、半坡、秦王寨、后冈和大司空五个类型，其中主要是前三个类型。根据陶器形制的演变、地层叠压关系以及碳14测定的年代，这五个文化类型的年代顺序可能是半坡—后冈—庙底沟—大司空—秦王寨。不过，它们之间是否有传承关系，现在的资料仍不足以明断。

关于仰韶文化的社会性质的讨论始于60年代，前面已提及了。现在考古学界一般倾向于仰韶文化晚期已进入了父系氏族社会。笔者曾两次撰文谈论这个问题，认为"仰韶早期仍是母系制；仰韶中期在母系氏族社会的胞胎内已孕育着父系的萌芽或者说已由母系向父系过渡，个别文化类型的个别地区可能已跨入父系氏族社会阶段；仰韶晚期父系已经确立"③。当然，还有其他不同的观点，如黄崇岳同志认为仰韶文化早期的半坡类型已进入父系氏族社会阶段④。可见，这一问题仍需深入研究。

4. 关于河南龙山文化

河南龙山文化的遗存是1931年在安阳后冈发现的，原称为"后冈二期文化"。70年代后，随着山东大汶口文化的发现，人们已认识到河南和山东地区所发现的龙山文化不是属于一个文化系统，山东龙山文化来源于大汶口文化，而河南龙山文化来源于仰韶文化。为了区别，遂将"后冈二期文化"之类文化遗存改称为"河南龙山文化"。应该指出，河南龙山文化的分布范围超出了河南边

---

① 《论仰韶文化》，《中原文物》特刊1986年版。
② 苏秉琦：《纪念仰韶村遗址发现65周年》，载于《论仰韶文化》一书。
③ 李绍连：《"仰韶"社会进化论》，《史学月刊》1986年第3期；《仰韶文化社会形态初探》，载于《论仰韶文化》一书。
④ 黄崇岳：《从少数民族的火塘分居制看仰韶文化早期半坡类型的社会性质》，《中原文物》1983年第4期。

境,抵达晋南、冀北等广大地区。它的时代,根据碳 14 测定,最早为公元前 2780±145 年(庙底沟 ZK111),最晚为公元前 1865 年左右(汤阴白营 ZK442),即处于距今约 4700—3800 年之间。

在河南龙山文化的研究中,类型问题已成争论的焦点之一。李仰松先生将它划分为王湾类型、大寒类型和王油坊类型,并认为所谓三里桥类型和煤山类型应包括在王湾类型之中①。郑杰祥同志认为,河南龙山文化应分为豫南类型和豫北类型②。根据目前的资料,笔者认为河南龙山文化应划分为后冈、王湾、三里桥和造律台四个类型。至于淅川下王岗遗址所发现的龙山文化遗存,同它的仰韶文化一样自有特色,可否独立为一个类型应进一步研究。

关于河南龙山文化的分期问题,根据洛阳王湾、煋李和汤阴白营等遗址的地层关系和陶器形制的变化,我们可以将它分为早、中、晚三期,早期可以庙底沟二期、王湾二期为代表,晚期可以王湾三期、煋李三期和煤山一期为代表。白营的早、中、晚三期也可供参考。

5. 关于河南龙山文化与夏文化的关系

一些学者认为,龙山文化与夏文化有着十分密切的关系,后者是在前者的基础上发展起来的③。目前仍有一些不同意见。李仰松先生认为:"河南龙山文化的三个类型,实为两个不同系统的族属,即王湾类型为夏族系统,大寒类型、王油坊类型为先商系统。"④安金槐先生也认为:"以嵩山为中心的豫中、豫西地区的龙山文化遗址应属于先夏或夏文化遗存",而"豫东和豫北地区的龙山文化遗址,可能是商族的文化遗存,亦即相当于夏代时期的先商文化遗存"。⑤陈旭同志更认为"王湾、煤山类型文化是先夏文化"⑥。李伯谦先生则认为王油

---

① 李仰松:《从河南龙山文化的几个类型谈夏文化的若干问题》,《中国考古学会第一次年会论文集》,文物出版社 1979 年版。
② 郑杰祥:《河南龙山文化分析》,《开封师院学报(社会科学版)》1979 年第 4 期。
③ 安志敏:《略论三十年来我国的新石器时代考古》,《考古》1979 年第 5 期。
④ 李仰松:《从河南龙山文化的几个类型谈夏文化的若干问题》,《中国考古学会第一次年会论文集》,文物出版社 1979 年版。
⑤ 安金槐:《试论河南"龙山文化"与夏商文化的关系》,《中国考古学会第二次年会论文集》,文物出版社 1982 年版。
⑥ 陈旭:《关于夏文化问题的一点认识》,《郑州大学学报(社会科学版)》1980 年第 3 期。

坊类型"可能就是传说中的有虞氏文化"①。可见,分歧很大,研究必须深化。

6. 关于中原与江汉新石器时代文化关系

前面已谈及,60年代中期以来,在我省的西南部至豫中黄河南岸狭长地带发现了不少屈家岭文化遗存,而在长江中游的江汉地区发现仰韶、屈家岭、龙山文化遗存,尤其是在湖北的大寺、青龙泉朱家台和乱石滩等遗址发现了这三种文化的直接叠压现象,说明这两个地区的文化有一定的关系。究竟它们有何种关系,值得研究。郑杰祥同志指出:"屈家岭文化至少是它的豫西南、鄂西北的一个地区类型,很有可能是从中原地区的仰韶文化母体中脱胎而来,以后发展到江汉地区融合了周围其他类型文化。"而且这支文化是由原是中原地区颛顼高阳、祝融氏族后裔的分支——苗蛮部族(先楚部族)创造的文化遗存②。

那么两地整个新石器时代文化关系怎样?目前研究工作做得很少。笔者对这个问题做过初步研究,认为中原仰韶文化向江汉扩展并影响大溪文化,江汉屈家岭文化向中原南部扩展,"湖北龙山文化"与河南龙山文化有一些共同因素,但差别较大,可能各有来源,因此,两地新石器时代文化各有发展序列。不过,彼此互有交流和影响又使它们有某些共同因素,这些共同因素也可以认为是中国南北文化交流的开端,或是中国统一文化的起步③。

7. 关于中国文明起源的研究

几十年来,河南和全国各地积累了丰富的新石器时代文化资料,为研究中国文明的产生提供了良好的条件。实际上,这个课题已引起考古学和史学界的共同兴趣。1987年9月,曾在河南大学举办过一次小型的"黄河文明学术座谈会"。在会上,有的学者说"夏商周三代是黄河文明的源头",有的认为"文明兴起于夏代",还有的认为"中原仰韶文化已看到中华文明的曙光",等等。④ 由于对"文明"一词概念理解不同,其观点彼此大相径庭。

笔者认为,"中国文明虽然是土生土长的,但说它起源于一时一地是不符合历史实际的,它应该是中国境内各地文化发展的结果"。但各地原始文化发展

---

① 李伯谦:《论造律台类型》,《文物》1983年第4期。
② 郑杰祥:《屈家岭文化渊源试探》,《楚文化研究论文集》,中州书画社1983年版。
③ 李绍连:《试论中原与江汉两地新石器时代文化的关系》,《考古学集刊》第4集,1984年版。
④ 史慧敏:《黄河文明学术讨论会综述》,《中原文物》1987年第4期。

不平衡,进入文明的时间不是一刀切那么整齐划一,中原地区则是我国最先步入文明的主要发祥地①。而且中国文明绝不是自商代始,其源头应从相当于野蛮阶段的新石器时代中去探究,"探索文明起源的实质就是探明文明诸因素孕育于野蛮时代的状况及其分娩的时机"②。当然,人们都很清楚,关于中国文明起源的研究仅仅是开始,目前无论是理论知识还是历史考古资料都十分有限,距离研究的终点还十分遥远,需要同人共同付出艰巨的劳动。

(原载《中原文物》1989年第3期)

---

① 李绍连:《中国文明起源的考古线索及其启示》,《中州学刊》1987年第1期。
② 李绍连:《"文明"源于"野蛮"——论中国文明的起源》,《中州学刊》1988年第2期。

试论中原和江汉两地区新石器时代文化的关系

中原和江汉地区是中国原始文化发达较早的重要地区。前者处于黄河中下游,后者位居长江中游,地缘毗连,文化关联。从很古的时候起,就有人类在此劳动、生息和繁衍。中原地区发现了距今约 60 万年的南召猿人[①]和一批旧石器;发现了旧石器时代晚期的安阳小南海洞穴堆积和相当于中石器时代早期的许昌灵井石器;还发现了裴李岗类型文化、仰韶文化和河南龙山文化等一系列有承袭关系的新石器时代文化。这些考古资料证明,中原地区的原始文化源远流长,并有自己的发展序列。江汉地区在郧县和郧西发现了年代相当于蓝田猿人的牙齿化石;在大冶发现了一批远古人类的石器;在长阳县发现了属于古人阶段的长阳人化石;并发现几百处在年代上相互衔接的大溪文化、屈家岭文化和湖北龙山文化遗址。可见这个地区的原始文化源流也是久远的,亦有它自身的发展序列。当然,考古资料又表明,这两个地区的文化是有联系的,正是这种联系,促进了后来中华民族文化的融合和统一。研究它们之间的联系,对于探讨整个黄河流域和长江流域的原始文化的关系,乃至探讨中国古代南北文化的融合过程都有一定的意义。

本文试图通过中原和江汉两地新石器时代文化遗存的分析研究,对两地的文化关系作初步的探讨。鉴于裴李岗类型文化仅存于中原,而大溪文化则独见于江汉,这两种文化拟不在论列。下面我们将着重就两地都有发现的仰韶文化、屈家岭文化和龙山文化等三个文化遗存,按其年代的顺序进行论述。

---

① 见《人民日报》1979 年 2 月 6 日第四版。

一、关于两地仰韶文化的关系

仰韶文化是继磁山·裴李岗文化之后发展起来的新石器时代晚期文化，它以豫西为中心，分布很广，它经历了两千多年，内涵丰富。近二十几年来，在汉水流域的新石器时代遗址中，亦发现丰富的仰韶文化遗存。其中，在大寺、青龙泉、朱家台和乱石滩等遗址，还发现了仰韶、屈家岭和龙山三个文化的叠压关系①。这种文化叠压关系，在中原西南地区亦有发现。问题是：两地的仰韶文化的内涵和性质是否一样？下面我们主要从分析江汉地区仰韶文化的特点入手，研究它们的异同：

（1）江汉地区的仰韶文化（包括其他文化）遗址，分布在汉水两岸的缓坡地上，这与中原仰韶文化遗址多在河边台地是一致的。不过，这里的遗址一般较小，较大的青龙泉遗址只有4万平方米；而中原的仰韶文化遗址则比较大，一般有几万平方米，像仰韶村遗址竟达30万平方米，江汉仰韶文化堆积厚一般在2米以下，只有一两个层次，内涵也比较简单。而中原仰韶文化堆积厚，具有多层次，文化内涵往往也比较丰富。

（2）江汉地区仰韶文化的房屋遗迹发现不多，如青龙泉和朱家台遗址所见，均为圆形或方形的地上建筑②。青龙泉遗址四号房子居住直径2.4米，它的围墙下有一道宽0.34—0.6、深0.32—0.44米的沟槽，由沟槽内立木柱筑墙。朱家台遗址二号房子是一座双间式大方房，也是有墙基沟槽的。它的居住面上除了像上面四号房子那样用细泥铺垫外，还用火烧烤，坚固防潮。值得注意的是，上面还有1米宽的竹编印痕，这可能是睡觉的铺席压印的。这样的房子建筑方式和惯例，在中原地区并不罕见，不仅与之邻近的淅川下王岗存在，就是在郑州大河村遗址的仰韶晚期排房中亦存在③。在这里要指出的是，中原地区仰韶遗

---

① 长江文物考古直属队：《一九五八年至一九六一年湖北郧县和均县发掘简报》，《考古》1961年第10期。

② 长江文物考古直属队：《一九五八年至一九六一年湖北郧县和均县发掘简报》，《考古》1961年第10期。

③ 郑州市博物馆：《郑州大河村遗址发掘报告》，《考古学报》1979年第3期。

址早期那种带梯级和斜坡式门道的半地穴房子,这里没有发现。

(3)江汉地区的仰韶文化,它的窖穴同中原一样,一般呈圆形或椭圆形,也有方形和形制不规则的。

(4)江汉地区仰韶文化墓葬的特点,如在朱家台遗址所见①,为单人仰身直肢葬,人架头向东南,随葬陶钵和陶罐,置于头部或足部。在大寺遗址所见②,也是仰身直肢葬,随葬器除陶罐外,还有陶环、石弹丸等。至于二次葬,有一座3人合葬墓,每人都只有头骨和下肢骨,肢骨堆置在一起,构成一个方块,随葬器有石斧和罐、钵等。这里的埋葬方式和随葬器的组合状况与中原地区大抵相同,尤其同淅川下王岗遗址的埋葬方式一致③,只是后者有大的氏族公共墓地而已。

(5)江汉地区仰韶文化的生产工具,尤其是石器,无论型式或数量都比中原少得多,但其形制大多近似。如石斧呈长方形扁体,石铲体平薄而有圆穿孔,方形单面磨刃石锛,长叶状石镞,圆锥体和三棱形骨镞,以及圆饼状中穿孔陶纺轮等,均与中原同类器物雷同,只是江汉有一些有段石凿和石锛,显本地方特色。

(6)江汉地区仰韶文化的陶器,同中原一样,以泥质和夹砂红陶为主,有一定数量的夹砂或泥质灰陶。全为手制。主要器形有鼎、罐、钵、碗、杯、盆等。陶器以素面居多,有少量的附加堆纹、乳钉纹、绳纹及彩绘。彩陶如在大寺和青龙泉遗址所见④,主要是施于钵、盆。在彩绘中,又以红地黑彩为主,白衣黑彩少见。彩绘的基本母题是宽带、弧边三角纹、平行纹等。

这是江汉地区仰韶陶器群的基本特点,与中原地区比较,在陶质、陶色、器形、纹饰和制法方面,显然有不少共同点。江汉的直口、敞口、敛口诸式彩陶钵(如大寺遗址所见)同中原所出的形制一致,而且以宽带、圆点、弧边三角纹为内

---

① 长江文物考古直属队:《一九五八年至一九六一年湖北郧县和均县发掘简报》,《考古》1961年第10期。

② 长江文物考古直属队:《一九五八年至一九六一年湖北郧县和均县发掘简报》,《考古》1961年第10期。

③ 河南省博物馆、长江流域规划办公室文物考古队河南分队:《河南淅川下王岗遗址的试掘》,《文物》1972年第10期。

④ 长江文物考古直属队:《一九五八年至一九六一年湖北郧县和均县发掘简报》,《考古》1961年第10期。

容的彩绘图案亦并行不悖。螺蛳山遗址出土的彩陶①,虽然图案不一样,但形制和彩绘技法是一致的。青龙泉遗址出土的罐形鼎、盆形鼎、折沿球腹罐、小口高领罐、凹腰器座等,均与中原出土的雷同(图一)。螺蛳山一号墓出土的彩陶罐,与庙底沟彩陶罐②形制和彩绘图案都相近。从陶器群看,江汉仰韶文化基本上属于半坡类型,而同时含有一些庙底沟类型的因素。

在这里,我们也应该看到两地文化也有若干差异:其一,江汉地区的仰韶文化内涵单调,不仅基本是半坡类型的东西,而且从陶器群看,没有早期遗存,迄今发现的都属中晚期遗存,这可能是仰韶文化由中原往这里扩展时经历了一段时间所致。其二,它与半坡类型比较,显然缺少中原地区常见的小口细颈大腹壶、葫芦形器、大口小底瓮(尽管邻近的下王岗遗址亦有出土)、八卷唇圈底盆等。大寺遗址和宜都红花套虽然发现尖底瓶残片③,仍较少,特别是江汉地区的彩绘陶器,不仅比例很小,而且没有象生性(人、动物和植物)图像,就是以圆点、弧边三角纹、直边三角纹、垂帐纹和短线为母题派生的图案,缺乏半坡类型或庙底沟类型那样几何性的对称,显得紊乱无规。前面提到的螺蛳山彩绘的图案,其样式又多少具有地方特色。

上述种种表明,江汉地区的仰韶文化显然是中原仰韶文化的扩展,属于半坡类型而含有一些庙底沟类型的因素。同时,由于地理因素及当地原始文化的影响,又使江汉地区的仰韶文化染上一些地方色彩,但远不能构成一个地区的文化类型。应该指出,像黄冈螺蛳山遗址的仰韶文化遗存,不是单纯的,包含有其他文化的因素,况且这种情况少见,可视为仰韶文化的重大影响的结果,不应以一般仰韶文化遗存视之。

二、关于两地的屈家岭文化的关系

在江汉地区叠压在仰韶文化层之上的是屈家岭文化,在没有仰韶文化的

---

① 中国科学院考古研究所湖北发掘队:《湖北黄冈螺蛳山遗址的探掘》,《考古》1962年第7期。
② 中国科学院考古研究所:《庙底沟与三里桥》,科学出版社1959年版。
③ 安志敏:《略论三十年来我国的新石器时代考古》,《考古》1979年第5期。

地方,屈家岭文化则叠压在大溪文化之上。李文杰同志根据这个文化层的叠压关系,以及两个文化的异同,认为屈家岭文化可能是由大溪文化发展而来的①。这个问题不在本文的范围,只是顺便提及,以作为江汉文化发展的线索而已。

屈家岭文化,主要分布在长江以北的江汉地区,重要的有湖北省京山屈家岭、天门石家河、郧县大寺和青龙泉、鄂城和宜昌李家河等。这个文化的分布还深入中原地区,如南阳黄山、唐河茨岗、淅川黄楝树和下王岗等地,甚至远离江汉的禹县谷水河和郑州大河村遗址,亦有它的文化遗存,可见它对中原文化的影响也是深远的。

屈家岭文化有一个富于特色的陶器群。它以泥质黑陶和夹砂灰陶为主,有少量的棕红色陶。早期器壁薄如蛋壳的彩陶和朱绘黑陶最富特色。在陶器群中,有长颈圈足壶、高足直腹杯、镂孔高足折腹豆、折腹圈足碗、折沿深腹罐、瓦足盆形鼎、薄胎瘦颈鬶、平底盘和彩陶纺轮,等等②。

这类文化遗存,在河南南阳地区是多见的,其中淅川下王岗和黄楝树遗址比较丰富。从下王岗遗址发表的简报材料看③,它的中期文化遗存相当于京山屈家岭文化的晚期。这里的陶器以夹砂灰陶和泥质黑陶为主,陶胎中羼有蚌粉或稻谷壳灰,手制,可能部分器物经慢轮修整。这里出土的陶器同屈家岭文化晚期同类器物形制雷同。如长颈高圈足陶壶(T8:1)与屈家岭晚期Ⅲ式陶壶[T95:4(36)],高圈足杯(T8:79)与屈家岭的T102:3A(6)杯相似。如瓦状足鼎、高镂孔柄豆(T8:62)、折沿罐(M40:1)等分别与青龙泉遗址屈家岭同类器物形同。可见,下王岗遗址(虽因发表的资料有限,不能作详细对比)的屈家岭文化遗存同江汉地区基本一致。黄楝树遗址也有丰富的屈家岭文化,因资料未发表,无从论述。

---

① 李文杰:《试论大溪文化与屈家岭文化、仰韶文化的关系》,《考古》1972年第2期。
② 中国科学院考古研究所:《京山屈家岭》,科学出版社1965年版。
③ 河南省博物馆、长江流域规划办公室文物考古队河南分队:《河南淅川下王岗遗址的试掘》,《文物》1972年第10期。

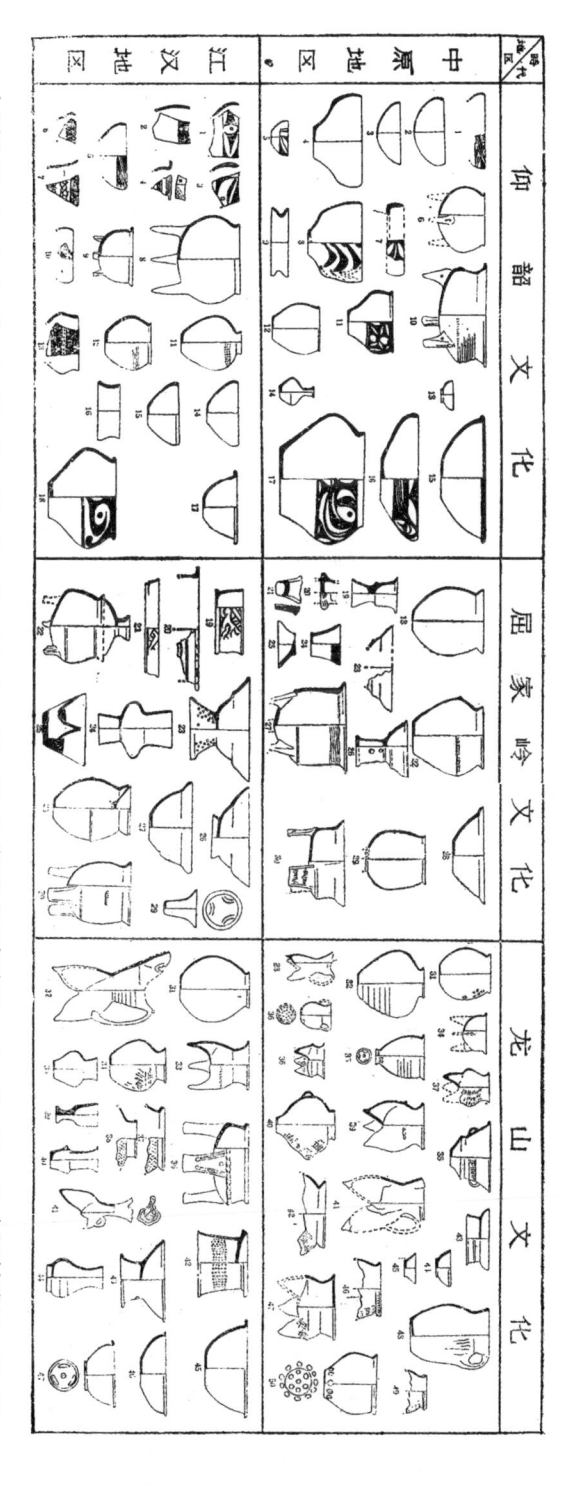

中原地区：1、2、3、5、6、12、13、14、18、19、20、21、26、31-34.浙川下王冈遗址 10、28、29、30.大河村遗址 22-25、27.谷水河遗址 35、38、39、40、43.后冈遗址 41、48.三里桥遗址 42、44、45、46、47、49、50.洛阳矬李遗址 36.偃师灰嘴遗址。

江汉地区：1-5、32.大寺遗址 6、7、10、13、18.螺蛳山遗址 8、9、11、14、17、24、25、27-31、33、36、41、45、47.青龙泉遗址 12、15、16.朱家台遗址 34、35、37-41、43、44、46.松滋桂花树遗址。

图一　中原和江汉地区陶器比较图

屈家岭文化在河南中部的禹县谷水河遗址和郑州大河村遗址的文化遗存，亦多有共同的因素。谷水河遗址发现的鸭嘴形足陶鼎（Ⅲ式136）、折腹豆（残，38）、陶杯（Ⅰ式48）、罐（Ⅱ式17）和器盖（Ⅱ式61a）①，分别与京山屈家岭的鼎Ⅰ［H22:3A(b)］、豆［T177:2F(15)］、杯［T173:2(47)］、器盖［T113:4(10)］等近似。谷水河遗址的瓦状足盆形鼎（T1:28）显然有屈家岭文化的色彩。大河村遗址没有独立的屈家岭文化遗存，但在仰韶文化向龙山文化过渡的过程中（第四期文化）有它的因素存在②。如侈沿陶盆（Ⅰ式H16:50）、盆形瓦足鼎（Ⅴ式H65:4）、高足杯（Ⅳ式T1③:11）和（Ⅰ式T4④:43）分别与青龙泉遗址同类的陶盆、瓦状足、陶杯等类似。

由此可见，中原的屈家岭文化与江汉的屈家岭文化的关系十分密切，可以说是江汉屈家岭文化往中原的扩展，而不是一般的影响。因为如果是一般影响的话，地方特色将是十分浓厚的，而事实却不是这样。应指出的是，江汉地区的屈家岭文化同中原地区亦多少有些差异，如中原地区尚未发现屈家岭文化中那样以蛋壳彩陶和朱绘黑陶为特色的早期遗存，以及某些形式的鼎、罐、碗不同等。但是，这种差异是小的，同共性比较，显然是小巫见大巫不足称道的。

三、关于两地发现的龙山文化的关系

在江汉地区，叠压在屈家岭文化之上的是龙山文化遗存。而这种遗存，对于与河南西南部毗连的郧县青龙泉遗址、大寺遗址、朱家台等遗址来说，是比较接近河南龙山文化的，而在稍远的江南岸地区如松滋县桂花树遗址（距江岸约30公里）发现的龙山文化遗存③则差别很大，湖北的同志称之为"湖北龙山文化"。

中原地区的所谓龙山文化，是承袭庙底沟二期文化发展而来的，其代表性的遗存是后冈二期文化。这种龙山文化遗存的特征是，以夹砂灰陶和泥质黑陶

---

① 中国社会科学院考古研究所洛阳队：《1975年豫西考古调查》，《考古》1978年第1期。
② 郑州市博物馆：《郑州大河村遗址发掘报告》，《考古学报》1979年第3期。
③ 湖北省荆州地区博物馆：《湖北松滋县桂花树新石器时代遗址》，《考古》1976年第3期。

为主，其他颜色的陶器较少。大多采用轮制。主要器形有鬲、斝、罐、豆、瓮、碗、甑、盆、鬹、杯、盉等。它同多型龙山文化（山东）比较，就器形而言，显得鬲、斝多，鬹、鼎少。除磨光外，主要的器表纹饰有绳纹、方格纹、篮纹、附加堆纹、弦纹、划纹和镂孔等。我们根据这些特点，再与江汉地区比较。

江汉地区的龙山文化，青龙泉是一个重要遗址①。这个遗址的龙山文化层堆积平均厚1.5米，直接叠压在屈家岭文化之上。出土的石器主要有斧、锛、刀、凿、镞和盘形器。石斧有长方形扁体和梯形方体两类，大抵同中原龙山文化遗址出土的近似；石刀以穿孔长方形较多，但不见半月形石刀，中原龙山文化常见的蚌镰，这里也很少。至于石镞、骨镞的三棱形，同中原所出亦无不协调。

青龙泉龙山墓葬除瓮棺葬外，有24座成人墓葬，其中部分有长方形墓圹。葬式以仰身直肢最多，单人仰身屈肢葬和侧身屈肢葬只有2墓。随葬器物有陶罐、陶钵、陶盆、石环、方柱形玉饰、陶纺轮、石镞和猪骨（只有4墓，其中27号墓有14副猪颚骨）。乱石滩遗址均有整齐的墓圹，其中有2座墓除随葬陶器外，还随葬猪颚骨3—4个。这些墓葬方面的葬俗，与中原龙山文化比较，大同小异。

总的说来，江汉和中原地区的龙山文化有这样一些共同点：(1) 社会经济基础是原始农业，狩猎、捕鱼和家畜饲养是必不可少的经济辅助部门。它们在年代上都晚于仰韶文化和屈家岭文化。在两地交界地区，龙山文化的早期和屈家岭文化晚期相当。(2) 文化遗迹方面，窖穴都有圆筒形或袋形坑；墓葬方面都出现紊乱的现象，有仰身直肢葬、屈肢葬，也有非正式的埋葬即乱葬，部分墓葬也随葬有猪骨。(3) 在陶器方面，从陶系来说，均以夹砂灰陶和泥质黑陶为主，红黄陶或彩陶很少。器形方面，相同的器形有罐、碗、杯、斝、鬹、盉、壶和器盖等。纹饰方面均有绳纹、篮纹、方格纹、附加堆纹、弦纹等。在相同的器形中，部分器物的形制也是近似的。如青龙泉的陶斝与庙底沟的陶斝(H558:52)、青龙泉的陶罐与下王岗的折沿罐(T5:135)、松滋桂花树的小口低领罐和后冈的同类罐、青龙泉的大柄镂孔豆与后冈的陶豆亦多相同，特别是大寺的陶盉同下王岗的陶盉(T6:80)如出一模。

---

① 长江文物考古直属队：《一九五八年至一九六一年湖北郧县和均县发掘简报》，《考古》1961年第10期。

应该指出,这些共同因素的存在,尽管在毗连地区,亦说明两地的龙山文化是有一定联系的,这种联系就是相互交流和彼此对对方的影响。但是,这两地的龙山文化存在值得注意的明显差异,这种差异随着距离的增大而增加。例如江汉的松滋桂花树遗址和洛阳矬李遗址①龙山文化遗存就差别很大。

这种差别主要表现在器物的器形和形制方面:(1)中原地区的龙山文化鬲多鬶少,江淮地区的龙山文化有鬶无鬲;中原有甑,江汉则无;中原的双耳或单耳罐、单耳杯,江汉似乎不见等。(2)器物的形制差别就更大:中原多罐形扁足鼎,足上部多有指捺窝;江汉不见这种鼎,多见盆形鼎,且多瓦状足,有屈家岭文化的遗风;中原的斝,多是上腹和足界线分明,而江汉的斝,腹和空心足在外观没有界线,形近鬲;中原的鬶多灰陶,上腹粗短,江汉的鬶多棕黄陶,上腹瘦长;中原的甑多罐形,箅孔多圆形,而江汉不见这种甑,多盆形甑,箅孔多橄榄形;中原的单耳筒形杯,江汉不见;相反,江汉的高足杯,中原也不见(见图一)。

陶器群对于考古文化是十分重要的,是区别不同文化的标志。从上面的对比看,就陶器而言,除两地毗邻的地区外,差别是很大的,以至于我们有理由认为这种差异不是地域因素造成的,很可能是由于各有来源的缘故。

四、中原和江汉地区新石器时代文化的关系

通过对中原和江汉两地区的仰韶文化、屈家岭文化和龙山文化内涵的分析对比,我们对两地的新石器时代文化的关系,有以下几点认识:

(1)江汉地区,特别是汉水流域的仰韶文化遗存,如大寺和青龙泉等遗址所见,基本上属于半坡类型的中晚期,没有发现它的早期遗存。虽然它与中原仰韶文化有小的差异,但它们的共性很多,关系密切,以致我们可以认为它是中原地区仰韶文化的扩展,换句话说是属于它的范畴。在这里应该指出,江汉的仰韶文化遗存,或多或少受到同时代的大溪文化②的影响,如鼎、碗、豆等器形,显

---

① 洛阳博物馆:《洛阳矬李遗址试掘简报》,《考古》1978年第1期。
② 四川长江流域文物保护委员会文物考古队:《四川巫山大溪新石器时代遗址发掘记略》,《文物》1961年第11期。

然有它的色彩,尤其是螺蛳山的仰韶彩陶的图案同大溪文化宜昌杨家湾彩陶近似①。就是河南淅川下王岗遗址出土的筒形瓶和与之相似的筒形器座、豆和碗等也与大溪文化相近。反过来,在大溪文化中亦可找到仰韶文化的某些因素,如半坡类型的直口杯形器纽的器盖,在大溪文化中常见,特别是上面已提到的红花套大溪文化中发现仰韶文化特有的小口尖底瓶残片,又说明大溪文化受到仰韶文化的某种影响。这种彼此交流和影响,缩小了不同文化间的差距。

(2)如果说江汉地区受到中原的仰韶文化的扩展和影响的话,那么,中原则受到江汉的屈家岭文化的扩展和影响。上面已谈到屈家岭文化是以汉水为中心的,但不仅在中原与之邻近的西南部也发现这种文化遗存,甚至在中原的心脏地区郑州附近亦有它的踪迹,而且这里的屈家岭文化遗存并没有多少地方色彩,说明它对中原的影响是很深远的。

(3)龙山文化遗存同仰韶文化和屈家岭文化比较起来,情况就比较复杂。在豫西南和鄂西北相邻的地区,如前面提及的淅川下王岗遗址和郧县青龙泉遗址,彼此关系很密切。不过,这种关系很难说谁是主导的或主要的一面,即谁影响谁。因为这两个地区毗连,又都不是这种文化的典型代表,如下王岗的龙山文化遗存不是河南龙山文化的代表,青龙泉也不是湖北龙山文化的代表。只有在各自的中心区,脱离对方影响的遗址,如前面提到的洛阳矬李和松滋桂花树遗存,在某种意义上具有一定的代表性。恰恰是这样两个具有一定代表性的遗存,彼此差别很大,以致我们认为不是一个文化中的地区性差异,很可能是由于不同文化来源的结果。

(4)目前,考古学界已公认河南龙山文化是由仰韶文化发展而来。至于江汉的"湖北龙山文化",与其说是同仰韶文化接近,不如说它同屈家岭文化有更密切的关系。因为它们之间不但陶质、陶色比较接近,就是器形方面也有不少共同的因素,如湖北龙山文化的瓦状足陶鼎、高柄折沿豆、翘沿陶罐、敞口凹底陶杯、圈足碗等(见图一)。同时,湖北龙山文化又叠压在屈家岭文化之上,这种叠压的地层关系又表明这两个文化的先后关系和可能的承袭性(当然,关于这个问题,目前资料尚十分有限)。如果这种推断可以成立,那么,从大溪文化开

---

① 中国科学院考古研究所长江队三峡工作组:《长江西陵峡考古调查与试掘》,《考古》1961年第5期。

始,经过屈家岭文化到湖北龙山文化,这可能构成江汉地区新石器时代文化发展的序列。这个序列同中原从磁山·裴李岗文化开始,经过仰韶文化到龙山文化的发展序列一样,是源远流长的。

(5)中原和江汉两地新石器时代文化的关系是密切的,两地相同的文化遗存如仰韶文化和屈家岭文化,应看作是原始文化的扩展,而其他文化如大溪文化、龙山文化等,两地彼此存在的共性,则应看作彼此交流或影响的结果,作用是双方的,并没有主从的关系。从仰韶文化开始(也许从更早的时候开始),到龙山文化这段长时期内,中原和江汉两地原始文化的彼此影响而产生的共性,应看作是中国境内南北文化交流的开始,或者看作是中华民族文化融合的一个开端,是中国统一文化的原始的起步。

(原载《考古学集刊》1984 年第 4 期)

淮阳"龙山城"与登封"小城堡"

1977年,河南省博物馆文物队和中国历史博物馆考古部在登封县告成镇附近的王城岗遗址,发现一处龙山文化时期的城墙基址(以下简称登封"小城堡")①。两年后,河南文物研究所在淮阳县平粮台又发现一座龙山文化城址(以下简称淮阳"龙山城")②。这是近几年来河南考古工作的重大收获之一。其中,由于登封"小城堡"有人认为可能与"禹都阳城"有关系,在社会上引起了轰动。为了弄清这座城址的性质,曾于当年11月举行发掘现场讨论会。当时,绝大多数与会者,尤其是夏鼐等老一辈专家认为,"小城堡"是否属夏文化,考古证据不足,还不能作出结论③。发掘者早先的评价也只是说:"这给今后在登封告成镇附近探寻夏代都城遗址带来了希望"④,尚不敢断言是"禹都阳城"。但是,后来在没有新的考古证据的情况下,于1983年初,作出比较肯定的结论:王城岗城址可能是"夏代初期的重要城址"⑤,而在对新闻界的谈话中则进一步强调王城岗城址是"夏代阳城的可能性极大"⑥。既然"可能性极大"了,人们自然信以为真。有一部《中国古代史》就引述这个资料说:"禹在确立王权后,就在嵩

---

① 河南省文物研究所、中国历史博物馆考古部:《登封王城岗遗址的发掘》,《文物》1983年第3期。

② 河南文物研究所、周口地区文化局文化科:《河南淮阳平粮台龙山文化城址试掘简报》,《文物》1983年第3期。

③ 夏鼐:《谈谈探讨夏文化的几个问题——在〈登封告成遗址发掘现场会〉闭幕式上的讲话》,《河南文博通讯》1973年第1期。

④ 安金槐:《试论河南"龙山文化"与夏商文化的关系》,《中国考古学会第二次年会论文集》,文物出版社1980年版。

⑤ 安金槐:《近年来河南夏商文化考古的新收获——为中国考古学会第四次年会而作》,《文物》1983年第3期。

⑥ 见《河南日报》1983年4月7日头版。

山之阳建立阳城(河南登封县告成镇),作为都城。最近在颍水北岸五渡河畔王城岗发现了古阳城遗址,有东西相连的两城。"①这不是史学工作者的疏忽,而是发掘者有关言论影响所致。把正在探索的"可能性"夸大为"历史存在"是不科学的,后果是恶劣的。同时,对比登封"小城堡"时代更早、规模更大的淮阳"龙山城",因为某些人怕它与"小城堡"夺冠或"平分秋色"而被故意贬低并打入"冷宫"。因此,有必要对这两处城址的性质开展学术讨论,以澄清是非。本文拟就这两处龙山文化城址的特点、年代和性质等问题,发表个人一些粗浅的见解,错误之处,请同志们指正。

一、关于两座城址的布局和特点

淮阳"龙山城",平面呈正方形,长、宽各 185 米,城内面积 34000 多平方米②。现存城墙(保存在今地面下)宽大,顶宽约 8—10 米,下部宽约 13 米,残高 3 米多。城墙的建筑方法是用小版筑堆,先筑内墙,后夯筑护坡。夯具是用四根木棍绑成的集束夯。在南、北城墙的中段均发现一个缺口和路土,应为北门和南门。值得注意的是,在南城门两边,各发现一座与城墙同期的房址,用土坯垒砌,房门开向城门,两房相对,显然是警戒和守卫城门而设置的。迄今在所发现的上古城址中这是唯一有守卫房的城门。还应提及的是南城门道路上下,发现一段残长 5 米的沟渠,沟底并铺两条并列的陶水管道。4000 年前就注意从地下排出城内积水,不能不说是一件了不起的事。因为尚在发掘过程中,城内的布局目前不完全了解,但从发表的资料看,已在城内发现与城墙大抵同期的房址、烧陶窑和墓葬。所发现的房基,多为长方形的排房。这是我国迄今发现的最早的土坯垒砌的建筑遗存。它的垒砌方法有平铺和竖砌两式,这无疑是古代建筑史上一个重大的进步。因为使用土坯,土到处皆有,用泥掺水揉成黏土,成型晒干即可。在缺乏木材的平原地区,这种建材更有特别的意义。它为后代

---

① 朱绍侯主编:《中国古代史》,福建人民出版社 1982 年版,第 45 页。
② 河南文物研究所、周口地区文化局文化科:《河南淮阳平粮台龙山文化城址试掘简报》,《文物》1983 年第 3 期。

的砖、石建筑开创了先例,直到现在还有不少地方使用干土坯建房。在四号房基以南的灰坑 H15 底部发现一块铜炼渣,反映了当时城内有冶铜手工业。在城东一号房基北部、城西南角和城东北角三处各发现一座烧陶窑。这些迹象表明手工业分布于城内四周。我相信,随着考古发掘工作的深入,将在城内发现更多的重要遗迹。那时,我们对淮阳"龙山城"的布局和特点将有更多的了解。

作为时代相近的古城址,无论从其规模或建筑技术来说,登封"小城堡"都是相形见绌的。"小城堡"城址分东西两部分,发掘者称之为东西并列两城。所谓东城,仅存西南一角,形式不可名状。只有所谓西城城墙基保存较好。西墙长约 92 米,南墙长 82.4 米,加上约 10 米长的缺口长度,恰好与西墙等长。又从西南角与西北角几成直角来看,西城呈正方形。只发现一个缺口,没有发现城门,城内没有发现房屋建筑、手工业作坊、烧陶窑,甚至没有发现与城墙同期的墓葬。所以,登封"小城堡"只不过是保存在地面下的夯土城墙墙圈而已,所谓城内布局和特点,则无从谈起。值得一提的是它两城并列的罕见配置格局。至于它的城墙建筑方法也没有什么特色,乃是先按城墙的走向挖开基础沟槽。据探沟 T23 内保存较好的一段,槽口宽 4.4、底宽 2.54、深 2.04 米。按这个数据"小城堡"的城墙比淮阳"龙山城"矮小得多,尚不及它的三分之一。而且城墙的夯筑,使用的是就地拾来的河卵石作夯具,亦比较原始。

经过对比,我们可以看到淮阳"龙山城"的面积虽不及山东城子崖龙山文化时期的城址大,却是迄今所发现的早期城址中,保存较好、建筑方法较先进的一座,而登封"小城堡"则是规模最小、建筑方法原始的一座早期城址。

二、关于两座城址的年代

有人说:"平粮台龙山文化灰坑 H53 出土木炭的碳 14 测定年代为距今 3780±80 年,树轮校正为距今 4130±10 年。这个数据较登封王城岗二期的碳 14 测定年代略偏早而相差不远,大体也是相当于文献记载的夏代初期。"[①]翻阅该

---

① 安金槐:《近年来河南夏商文化考古的新收获——为中国考古学会第四次年会而作》,《文物》1983 年第 3 期。

城址的发掘简报，人们便知灰坑 H53 是叠压在第一文化层的平粮台四期灰坑，不与城墙同期，不能代表该城址的建筑年代。幸而发掘者提供了灰坑 H15 出土木炭的碳 14 测定年代，并强调"平粮台古城的建造年代当早于灰坑 H15 的年代，即距今 4355±175 年以前"①。我们注意到淮阳龙山城址建立在大汶口文化晚期遗存之上，并叠压在属于平粮台二期的灰沟 H61 之上的证据。由于该城墙在平粮台三期文化层的叠压之下，古城的年代不会晚于平粮台三期，城墙又叠压灰沟 H61 之上，古城年代当晚于平粮台二期。灰坑 H15 属于平粮台三期，所以，古城的年代当早于灰坑 H15 碳 14 测定的距今 4355±175 年前的年代。

至于登封"小城堡"的年代，有人认为"王城岗城堡遗址属于王城岗龙山文化二期……经碳 14 测定的年代为距今 4000±65 年，约当公元前 2050 年（zk-581）"②，并拿比淮阳"龙山城"晚的树轮校正距今 4130±10 年代相比较。我们认为，碳 14 测定的年代已有一定的误差，不经树轮校正的数据误差更大。因此，拿王城岗未经树轮校正的年代数据与淮阳偏晚的校正数据来作对比，是不合适的。正如夏鼐先生所说："我们不能为了把碳十四测定数据来凑合传说中夏朝开始于公元前 2000 年的说法而在一处采用未作年轮校正的数据，另一处又采用校正过的数据。要知道二者之间达四百来年，而夏朝享国，据传说一共只有四百年左右。"③所以，这个年代数据不可信。根据"小城堡"城墙基础槽打破和叠压在王城岗一期之上，而王城岗一期"早于临汝煤山一期，大致相当于登封一带的龙山文化中期"④。从王城岗二期叠压在王城岗一期之上，其出土陶器又与煤山一期相类，可知王城岗"小城堡"的年代也和煤山一期接近。煤山一期文化的年代，根据临汝煤山遗址的地层叠压关系，介于王湾三期文化与二里头一期文化之间，即比王湾三期晚，而比二里头一期早⑤。实际上，"王城岗五

---

① 河南文物研究所、周口地区文化局文化科：《河南淮阳平粮台龙山文化城址试掘简报》，《文物》1983 年第 3 期。

② 安金槐：《近年来河南夏商文化考古的新收获——为中国考古学会第四次年会而作》，《文物》1983 年第 3 期。

③ 夏鼐：《中国考古学会第四届年会开幕词（提要）》，《中国考古学会通讯》1983 年 5 月。

④ 河南省文物研究所、中国历史博物馆考古部：《登封王城岗遗址的发掘》，《文物》1983 年第 3 期。

⑤ 洛阳博物馆：《河南临汝煤山遗址调查与试掘》，《考古》1975 年第 5 期。

期的部分陶器与二里头文化一期的同类器物是非常接近的"①,所以,王城岗"小城堡"肯定要比二里头一期文化早得多。二里头一期的年代约为公元前1620±95年,王湾三期距今3965±95年(即公元前2000±95年)②,王城岗城址的年代当在这两个年代之间而接近前者。即使按距今4000±65年计,也远比淮阳"龙山城"为晚。也就是说,淮阳"龙山城"的年代不是比登封"小城堡""略偏早而相差不远",而是要早得多,以致它根本不在一般推算的夏代纪年公元前22世纪至公元前17世纪之内。

三、关于这两座城址的性质及其发现的意义

前面已提及,有人认为登封"小城堡"是"夏代阳城的可能性极大"。我们认为,涉及禹都阳城的地点有多处,除"嵩山"外,还有"唐城"(山西)、"大梁"(今开封)、"泽城"(今山西晋城县)诸说。除阳城外,禹都还有"平阳"、"晋阳"和"安邑"几种说法。如《水经注·涑水》云:"安邑,禹都也,禹娶涂山女,思恋本国,筑台以望之,今城南门,台基犹存。"这些历史文献记载和传说,众说纷纭,孰是孰非,必须慎重研究,切不可武断。同时,先秦文献中没有提及"禹都阳城"的地望,有关阳城的地望的记载都是距禹近两千年的后人记述的,不一定那么准确。如《括地志》中所谓"阳城县在箕山北十三里"的"阳城",应指春秋战国出现的"阳城",因为"禹都阳城"在此之前并无地望,而且文中明明写着"阳城县"三个字。《水经注》中提及"颍水又东,五渡水注之……其水东南迳阳城西"的阳城地望,也只提"阳城"。《水经》成书于汉,后北魏郦道元作注,《水经注》成书时,战国至汉的"阳城"尚存,近年在此地还找到它的遗址,所以亦不能贸然把此"阳城"当作"禹都"。即使不谈文献的是非,就是拿这个"小城堡"如此狭小以及没有发现宫殿之类的建筑遗存来看,也不大可能是"禹都阳城"。如果历

---

① 河南省文物研究所、中国历史博物馆考古部:《登封王城岗遗址的发掘》,《文物》1983年第3期。
② 中国社会科学院考古研究所实验室:《放射性碳素测定年代报告(二)》,《考古》1972年第5期。

史上真有"禹都阳城"的话,尚有待于考古发现。

有人还认为,"王城岗城堡遗址是目前发现时代最早的城址之一。它标志着豫西龙山文化类型的中晚期,社会已经进入奴隶制时代了"①。这种说法也缺乏根据。他所提的论据中,只有一条带有"奴隶制"的味道,就是"小城堡"内有一些"奠基坑","坑内死者的身份是奴隶"。在龙山文化中,如河北涧沟和陕县三里桥等遗址就发现灰坑内有多具人骨,状如活埋。此所谓"奠基坑",与这些乱葬坑唯一不同之处是人骨上面压着夯土。要是奠基坑,上面必定有建筑遗迹;若它上面未发现任何建筑,何用"奠基"？至于死者的身份,按民族志资料,可能是触犯氏族习惯法处死的或凶死不能入氏族墓地的埋葬者,也可能是氏族部落战争中的俘虏被胜利者当作祭祀祖先的牺牲。在没有其他证据的情况下,又怎么能够证明死者是奴隶呢？此外,有人把这类城堡都看成是"奴隶主阶级统治和防御奴隶反抗的设施"②,同样缺乏根据。人们知道,如果按照这样的逻辑,即把登封"小城堡"看作是"奴隶主阶级统治和防御奴隶反抗的设施",那么,淮阳"龙山城"就是先商"奴隶主阶级统治和防御奴隶反抗的设施"了;而山东城子崖和豫北后冈所发现的龙山文化城址又该是哪一个"奴隶主阶级统治和防御奴隶反抗的设施"呢？况且像淮阳"龙山城"这样大的城址内已发现冶铜、制陶手工业遗迹,如果把它处于奴隶时代,这些手工业都是奴隶所为,他们都在城内劳动,这座城怎能成为"统治和防御奴隶反抗的设施"呢？显然,将此类早期城址抹上"奴隶制"的色彩是不可取的。

那么,淮阳"龙山城"又该是什么性质？在谈这个问题之前,顺便谈谈与此地有关的文献记载和传说。淮阳这块地方,古称"宛丘",春秋时为陈国都城,故又称为"陈"。《竹书纪年》说,太昊"都宛丘"。在《诗经·陈风·东门之枌》中有"东门之枌,宛丘之栩"之句。《竹书纪年》又云:"炎帝……居陈,迁曲阜。"炎帝生于今陕西岐山东边的姜水(渭河支流),从渭河流域到黄河中下游是古代姜人即炎帝部族活动的地方,自然也会涉及淮阳地区。比炎帝稍晚的太昊(皞),号伏羲氏,风姓,可能是《后汉书·东夷传》提及的"九夷"中的"风夷"首领,也

---

① 安金槐:《近年来河南夏商文化考古的新收获——为中国考古学会第四次年会而作》,《文物》1983年第3期。

② 安金槐:《近年来河南夏商文化考古的新收获——为中国考古学会第四次年会而作》,《文物》1983年第3期。

可能是"九夷"的祖先,活动于淮河流域。尽管《左传》中有"陈,太皞(昊)之虚"的记载以及其他传说,我们并不因此而认为淮阳"龙山城"是炎帝或太昊之都,因为该城址的年代要比炎帝和太昊活动的年代晚得多。那时尚没有筑城的传说,也没有发现年代相当的城址。《吴越春秋》云:"鲧筑城以卫君,造郭以守民,此城郭之始也。"如果把禹当作夏代立国之君,那么城郭即在夏代前夕出现。淮阳"龙山城"属于龙山文化中晚期,约相当于尧禹时代。如果把淮阳"龙山城"牵强附会说成是炎帝或太昊的都城,无疑是错误的。

有人认为淮阳"龙山城"址"有可能是相当于夏代的先商文化城垣遗址",可是,又没有提供考古学的证据,仅仅是因为"在豫东和豫北地区有许多关于商族先公活动的文献记载,还涉及商族先公活动的一些中心点的地望"[①]。查阅像《史记·殷本纪》之类的文献记载,商族先公的活动地区,主要在"商邱"及豫东北地区,未有明确的记载涉及淮河流域。淮河流域是东夷活动的地带。即使商族先公到了淮阳一带,也不能因此推断淮阳"龙山城"是"先商文化城垣遗址"。如果说淮阳"龙山城"是"先商文化的城垣遗址",起码要在该城址堆积层出土的陶器中找到早商文化的某些因素。目前最有代表性的属于早商文化范畴的二里头三、四期和二里岗下层文化,很难在此找到渊源。二里头三、四期与淮阳"龙山城"各期比较,除了三足盘和扁足罐形鼎有某些类似因素外,前者富有特色的器物群,如鬲、斝、大口尊、卷沿圜底盆、簋、小口直领瓮等,却与后者没有任何共同之处。郑州二里岗下层与淮阳"龙山城"陶器比较,除了袋足甗有些近似外,前者的卷沿绳纹鬲、敞口有鋬斝、爵、粗柄浅盘豆、深腹盆、大口深腹簋、大口尊、小口高领瓮等有代表性的器物群,在后者也找不到它的渊源。在淮阳北面的商邱地区,也只在"坞墙发现一层不太厚的二里头文化层,出土一些二里头文化的陶片,在其他地点没有发现二里头文化遗存,也没有发现从龙山文化发展到殷商文化之间的别的文化遗存"[②]。同样在淮阳一带迄今尚未发现从龙山文化发展到商文化的中间环节。因此,我们认为,即使从考古角度来说,把淮阳龙山文化城址说成"先商文化的城垣遗址"也缺乏考古证据,是不可信的。

---

① 安金槐:《近年来河南夏商文化考古的新收获——为中国考古学会第四次年会而作》,《文物》1983年第3期。
② 赵芝荃:《二里头考古队探索夏文化的回顾与展望——在〈登封告成遗址发掘现场会〉上的发言》,《河南文博通讯》1978年第3期。

经过上面的分析和论证,关于登封"小城堡"和淮阳"龙山城"的性质,已排除了几种观点,那么,它们到底是什么性质的城址呢?从考古材料并结合文献看,大抵从仰韶文化中晚期开始到龙山文化晚期,是父系氏族社会逐步确立到进入军事民主制时代。这个时代以掠夺他人财富为主要目的的战争非常频繁。在我国古代文献记载中,大抵从黄帝战蚩尤开始大规模的部落联盟之间的战争,经过颛顼与共工之战,直到"益干启位,启杀之",在这样一个相当长的时期内,各部落联盟之间、各部落之间的战争十分频繁和剧烈。所有这些战争显然不是奴隶主之间的战争,而是军事民主制首长之间的权力之争,目的在于夺地掠财。为了防御外部落或部落联盟的掠夺战争,往往在部落联盟或部落的聚居中心,设置栅栏、沟渠等防御设施,后来又发展到使用石垒、土筑的方法筑成围绕聚落的城墙。正如恩格斯所说:"用石墙、城楼、雉堞围绕着石造或砖造房屋的城市,已经成为部落或部落联盟的中心;这是建筑艺术上的巨大进步,同时也是危险增加和防卫需要增加的标志。"①无论登封"小城堡"或是淮阳"龙山城",从有关资料看,它们所处的时代是军事民主制晚期,战争频仍,以土城墙作为防卫设施是必要的和可能的。因此,这两座城址的性质,当是部落联盟中心的防御性城堡。

总而言之,登封"小城堡"不是"禹都阳城",淮阳"龙山城"也不是"先商文化城垣遗址",它们也不是"奴隶主阶级统治和防御奴隶反抗的设施",而应当是龙山文化时期部落联盟中心的防御性城堡。这两座城址的发现,对于研究我国城市的起源和房屋建筑史具有重要意义。

(原载《中州学刊》1984年第4期)

---

① 恩格斯:《家庭、私有制和国家的起源》,人民出版社1972年版,第160页。

新石器考古与文明起源研究
——论文明产生的社会历史条件

西方对"文明"一词的涵义尚没有统一的认识,但在我国学术界已有明显的倾向,那就是认为"文明"是继原始社会的"蒙昧""野蛮"两个社会发展阶段之后的一个比较高级的社会发展阶段。从历史发展观之,文明作为原始社会的一个后继社会阶段早已为马克思主义作家所认可[1]。

由于史前没有真实可信的文献资料,有的只是传说,所以研究文明起源问题不得不依赖新石器时代的考古资料。在这里应该指出,我国学术界在对待文明起源问题上存在着两种倾向:一种认为现有资料不足,望而却步;另一种倾向则相反,认为文明起源问题很简单,只要文字、金属器和城市文明三要素具备,即可判断文明已经产生,甚至有的看到夯土建筑基址,或在墓葬中发现了璧、琮、钺等玉质礼器,或看到个别原始文字,或把传说的"河图洛书"等一些不能反映文明本质的物化现象当作文明产生的标志去下结论。这是对文明一词的误解。其实文明的产生,有着一定的物质基础和复杂的社会背景。我国不少学者早已注意和研究这方面问题。笔者亦已对文明涵义、文明要素诸问题发表过论著[2],现在仅就文明产生的社会历史条件发表一些意见,就教于同人。

我个人认为,文明的产生必须具备下列四个方面的社会条件。

---

[1] 马克思:《摩尔根〈古代社会〉一书摘要》,人民出版社 1978 年版;恩格斯:《家庭、私有制和国家的起源》,人民出版社 1972 年版。

[2] 李绍连:《华夏文明之源》,河南人民出版社 1992 年版;《"文明"源于"野蛮"——论中国文明的起源》,《中州学刊》1988 年第 2 期;《何谓文明要素》,《河南社会科学》1993 年第 3 期。

一、社会生产力必须发展到一定水平

人类社会的任何进步和发展，其原动力和物质基础都是社会生产力的发展。人类原始社会发展到文明社会阶段，社会生产力的发展乃是一个决定性的因素。原始社会丰富的考古资料证明，人类最初处于"蒙昧"状态，不仅因为刚由猿人进化到智人，完成从猿人到人的过渡，人脑尚不发达，缺乏现代人的智慧，也因为他们只会打制简单的石器，诸如尖器、刮削器和砍砸器之类，严格来说还不是生产工具，而是极其简陋的生活用具，用于挖割植物的根块，剥兽皮，削兽肉，砸开硬壳果等，其生存完全依赖大自然的恩赐，食不果腹，无衣可蔽体，无房可避风雨。这就是距今50多万年前的北京人、南召人到距今1万多年的周口店山顶洞人和安阳小南海旧石器时代人们的生活史实。当然，人们在这个蒙昧社会阶段为生存而同大自然斗争，战胜了猛兽毒虫和恶劣的自然环境，学会了用火，熟食促进大脑的发达，增长了智慧；同时人们不断改进工具，提高了同大自然作斗争的能力；特别是在蒙昧晚期发明了弓箭，使狩猎发生了革命，对于原始人的生活有重要意义。

在距今约万余年前，人类社会进入"野蛮"阶段。社会的进步，首先表现为生产力的发展。我们在裴李岗类型文化中，可以看到这个社会阶段，人们抛弃了前一阶段简陋的工具，创制了新型的有较高效率的工具，如用于伐树垦荒的石斧、石锛、翻土种粮的石铲，收割粮食作物的石刀、石镰，制作工具的工具如石凿、骨凿等。由于发明了这些生产工具，人们能够种粮，又能用粮食作物的副产品去驯养狗、鸡、羊、牛等家畜，结果人们可以依靠自己的双手生产粮、菜、肉来养活自己，摆脱了对大自然的依赖，初次取得自然环境的支配权。在这种生产力发展水平阶段，人们还学会用木和泥构筑房屋；学会了烧制陶器，解决了日常生活的炊、饮、食用器皿；学会了用麻类纤维和蚕丝等天然纤维织布制衣，甩掉了御寒的茅草、树叶和兽皮，穿上了柔软适体的衣服。起码温饱之后，还有歌舞娱乐活动。由此可见，原始人在这野蛮阶段才创立人类社会的基业——农业和手工业，解决了人们生存必需的衣、食、住等基本问题。也只有在解决人们生活基本问题之后，才有时间和精力去解决社会组织、社会秩序及其相关一系列问题。不过，直到距今 6000 年左右的仰韶文化前期，人们改进了生产工具的制作方法，制造出多种多样锋利的石、骨、蚌器，提高了生产效率。但综合考察当时的社会生产水平，个人离开集体（氏族大家庭）仍然不能独立谋生，所以人们不能不在氏族制度下集体生产、平均分配，过着原始共产主义式的生活。这种社会生产力状况，可为人类社会向文明阶段发展奠定物质基础，却不能产生文明。

文明的基础必须是建立在更高一级的社会生产力水平上。至于什么样的社会生产力水平才会导致文明的产生，迄今尚没有学者做过论证，也就是没有具体的标准。这就需要我们从文明涵义、文明要素及文明产生的其他条件做综合考察，方可提出一些比较科学的标准。对此，限于篇幅，笔者不能做详细论证，仅提出三条衡量产生社会文明的生产力水平标准：第一，能够制造出生产（包括农业和手工业）等所必需的各种各样的工具，尤其能够冶铸和使用金属新工具，能运用实践经验提高生产效率。第二，农业和手工业的发展，特别是制陶和冶铸等手工业技术越来越复杂，人们已有明确的社会分工，各司其职，生产水平进一步提高。第三，每个人所掌握的工具和生产技术，足以使个人生产所得超过维持个人生存需要外还有一定的剩余，这样使社会财产积累和使人剥削人有了可能。三条中前两条是社会生产力发展的两种表现，而第三条则是总的尺度。只要生产者个人能够创造剩余价值，这种社会生产力水平便有可能产生文明。依现有的考古资料综合考察，只有仰韶文化晚期以后出现金属器；农业和手工业分途，生产者间（如农业和制陶业）已有明确分工；粮食生产已有剩余，生产者有创造剩余价值的可能，也就是说此时社会生产力水平已有产生社会文明的基础。

这里，笔者所要阐述的，无非是社会生产力发展水平是文明产生的首要条件。当然，不少学者都强调过生产和社会发展的关系。早在百余年前，路易斯·亨利·摩尔根在《古代社会》一书中，对人类社会的蒙昧、野蛮两个社会阶段的初、中、高级的划分，以及文明社会阶段的开始，都是以社会生产状况为依据的①。尽管他关于高级野蛮阶段始于铁器的制造等观点有很大局限性（因为在中国和东亚一些地区在青铜时代便已进入了文明时代），但其依据社会生产状况来划分社会阶段的原则，无疑是正确的。马克思主义的经典作家一向肯定社会物质生产是决定一切社会活动和进步的物质基础。恩格斯对原始社会文

---

① 摩尔根：《古代社会》，商务印书馆 1987 年版，第 9—12 页。

明产生前后的社会生产做过这样的分析:"在先前的一切社会发展阶段上(指原始社会——引者注)生产在本质上是共同的生产,同样,消费也归结为产品在较大或较小的共产制公社内部的直接分配。"至于"文明时代是社会发展的一个阶段,在这个阶段上,分工,由分工而产生的个人交换,以及把这两个过程结合起来的商品生产,得到了充分的发展,完全改变了整体社会"①。笔者认为这个观点符合社会发展的实际,是正确的。现代著名的美籍华人学者张光直先生也同样认为生产发展对文明产生的必要性。他说:"文明只有在社会拥有大量剩余财富的情况下才能发生。"②至于我们在研究中,如何去衡量创造剩余财富的社会生产水平则又另当别论了。鉴于迄今尚没有一个国家的文明史始于石器时代,以及中国夏商史已证明中国文明存在于使用青铜工具的青铜时代,那么,产生文明的社会生产力的一个标志至少是青铜工具的冶铸和使用。而在古埃及、古巴比伦等一些地区则在铁器时代方进入文明。可见,生产力发展水平不仅是生产工具,还由多种社会因素决定。

二、作为社会细胞的父系个体小家庭的出现,也是文明产生的重要条件

只要研究中国新石器时代的考古资料,我们还可看到,同原始生产力发展同步的还有原始家庭婚姻形态。从仰韶文化众多遗址,特别是半坡、姜寨、下王岗等房屋基址所反映出的当时的居住状况,以及半坡、姜寨、北首岭、下王岗等氏族公共墓地所反映出氏族成员的关系等多方面资料来看,在仰韶文化时代的早期处于实行对偶婚的氏族大家庭阶段;而仰韶文化晚期由于生产力的发展,发明了冶金术,少数人可以单独进行生产和生活,同时人们已认识到对偶婚不能生出可确认父亲的子女之缺陷,一夫一妻制的个体婚便取代对偶婚,并产生父系个体小家庭③。

---

① 恩格斯:《家庭、私有制和国家的起源》,人民出版社1972年版,第171—172页。
② 张光直:《古代世界的商文明》,《中原文物》1994年第4期,陈星灿的译文。
③ 李绍连:《"仰韶"社会进化论》,《史学月刊》1986年第3期。

个体小家庭的出现对文明的产生有如下几点作用：

（1）原始社会的氏族制度，是以母权为中心的氏族大家庭为基础的。而这种氏族大家庭又是与生产力低下和实行对偶婚相适应的。由于子女知母不知父，以母姓为世系，全体家庭成员受母权支配，集体劳动，平均分配，财产归大家所有。而个体家庭则是与较高的社会生产水平和以一夫一妻制个体婚相适应的，个体家庭独立进行生产和生活，财产归个体家庭所有并由父亲支配。这两种家庭显然有着本质的不同，后者的出现，瓦解了氏族制度存在的社会基础。

（2）在母权氏族大家庭里，没有私人财产；即使是成员个人的生活物品，死后除少数陪葬外，多数归氏族所有，子女和亲属都不得继承。而在父系个体家庭里，由于单独进行生产和生活，并占有全部劳动成果，成为归父亲支配的个人财产，父母死后其子女可继承遗产。这一点对构成文明物质基础的私有制产生，具有关键意义。事情很清楚，没有父系个体家庭，便没有私人财产存在，私有制也不可能发生、存在和发展。

（3）在当时社会条件之下，个体家庭进行生产，劳动所得归私人所有，更能够刺激个人的生产积极性，发挥个人的聪明才智，从而创造出更多社会物质财富和精神财富。科学技术和文化艺术等诸方面的发展，既靠生产劳动的实践，更赖个人的智慧和创造。在这个意义上说，个体家庭的出现，无疑为个人的发明创造提供了优越的条件。

恩格斯对一夫一妻制的个体婚和个体家庭有很高的评价。他说："个体婚制是文明社会的细胞形态，而个体家庭，它的最后胜利乃是文明时代开始的标志之一。"①笔者则把它看作"文明要素"，也作为文明产生的必要社会条件之一，具有两重意义。

三、私有制和阶级的出现，也是文明产生的重要社会条件

私有制是在氏族公社公有制的废墟上建立起来的，进入文明社会阶段后，则是通行的普遍的社会经济制度。私有制的涵义很广，但它的基本涵义是私人

---

① 恩格斯：《家庭、私有制和国家的起源》，人民出版社1972年版，第63、58页。

占有一切生产资料和生活资料,包括土地、园林、矿山、工厂企业、房屋、粮食、金银、珠宝等,私人占有是合法的,受法律保护,不准他人侵犯。但是,私有制本身也有一个发生、发展和完善的历史过程。早期的私有制,内涵简单,多限于私人对其房屋、工具、粮食、家畜等财产的占有,而且仅仅是人为的占有和享用而已,尚无成文法律依据。根据一些民族志资料,处于原始状态下的民族,维护社会秩序靠的是社会舆论和"习惯法"。在这种情况下,对私有制的产生,不必也不可能究其法律依据。在这里还要指出的是,上古是农业社会,土地是最重要的不动产,本为众人共同开垦,被私人占有而成为私有财产,则往往是较晚的事。在中国,土地私有并拥有自由买卖权则是周代发生的事,在此以前一直保留着"公有"或"王土"的名义存在,却都不妨碍个体家庭占有和使用,劳动所得归私人所有,其所需纳贡赋与私有土地向官府缴租税并无大差异。故不要因中国古代土地所有权上曾存在过这种特殊形式的所有制而否定夏商时代存在过私有制,也不要否定私有制产生于原始社会后期。根据我们分析,仰韶文化晚期与河南龙山文化早期之间,有私人占有财产的种种迹象,当已产生了私有制。

私有制是以社会财富私人占有为基础的。随着生产力的发展,社会财富越来越多,少数人仗着剥削等巧取豪夺的手段积聚的财富也越来越多,而广大劳动者却相对日益贫穷,这样就导致贫富的阶级和对立。生产力的发展和对立阶级间的斗争成为社会发展的两大动力。城市和国家的出现,无非是社会生产和阶级对立的一种特殊产物。我也注意到张光直先生的这个观点:"我认为,在考古学上,文明是下面三对社会对立关系的文化表现:阶级和阶级,城市和非城市,国家和国家。换句话说,经济分层、城市化和国与国之间的关系是文明形成的三种社会决定因素。"[1]尽管张先生的观点笔者不敢完全苟同,但阶级对立的出现对于文明的产生是决定因素之一,这一点无疑是正确的。当然,阶级的产生,阶级与阶级的斗争,以及阶级斗争导致国家的产生,此类观点早已在恩格斯的《家庭、私有制和国家的起源》一书进行过精辟的论证。他特别强调"文明时代的基础是一个阶级对另一个阶级的剥削"[2]。不仅是古代社会如此,近现代社会也是如此。社会主义革命的胜利开辟了一个崭新的时代,与现代资本主义

---

[1] 张光直:《古代世界的商文明》,《中原文物》1994 年第 4 期,陈星灿的译文。
[2] 恩格斯:《家庭、私有制和国家的起源》,人民出版社 1972 年版,第 175 页。

及一切封建制的、奴隶制的文明时代有着本质不同。社会主义建立了公有制，在政治法律上完全消灭了人剥削人、人压迫人的制度，可以说，社会主义时代的文明在人类文明发展史上有了质的飞跃。不过，我们亦应指出，社会主义初级阶段仍存在多种所有制，私有制仍局部存在，还不能完全消灭剥削，阶段斗争仍在一定范围内存在，这是因为社会主义既脱胎于资本主义文明也就不可避免地保留了旧时代某些残余成分。因此，可以说，迄今一切文明社会内部无例外地存在着私有制和阶级。至于将来人类社会没有了私有制（指社会生产资料方面）和阶级之后是否仍叫文明社会和文明时代，又另当别论了。

四、从"天下为公"到"天下为家"的思想意识的质变，是文明产生的社会精神条件

人们的思想意识是社会现实的反映，但它既可促进又可迟滞社会向某个方向发展。据民族志资料和民族学理论来看，低下的社会生产力，促使人们必须依靠集体劳动才能生存，人们在这种社会背景下，其思想意识自然是集体（原始群、氏族、部落），没有或很少想到个人，没有人想独占什么财产。实际上在原始社会的旧石器时代直到新石器时代早期（如中原地区的磁山·裴李岗文化、老官台文化等），人们除了简陋的石器、骨器之类的生产工具、生活用品和集体营建的住房之外，几乎没有任何财产。此时人们唯一想做的事情就是吃饱穿暖。《礼记·礼运》所描述的上古社会"大同世界"就是"大道之行，天下为公"。这种所谓大同世界应存在。近代我国东北鄂温克人的社会状况可作旁证。直到解放前夕，鄂温克人和毗邻的鄂伦春人一样，其社会发展缓慢，仍处于原始社会末期阶段，他们仍保持着集体劳动平均分配的习俗。例如，在鄂温克人中，"如果一个乌力楞（氏族组织单位——引者注）有六户，共同出猎中有一个猎人打着一只犴，那么就要将犴肉均分为六份，每户一份。剩余还有可食部分，也按平均分配的原则分配给每一户"，甚至打一只野鸭也要如此均分[①]。在原始社会，如裴李岗文化和仰韶文化早期的氏族公共墓地中各墓随葬品比较均衡，无多寡悬

---

① 秋浦等：《鄂温克人的原始社会形态》，中华书局1962年版，第24—25页。

殊现象,也反映了集体劳动平均分配的社会状况。摩尔根曾说美洲印第安人"财产占有欲在他们心目中尚未形成,因为财产本身几不存在"①。

但是,原始人的社会状况又反映了一旦个人劳动所得超过维持个人生存外尚有剩余后,社会积聚了一定数量财产并日益增加时,财产占有欲便萌生,甚至引起了少数人的贪欲,恨不得把社会上一切财富据为己有。于是在贪欲的刺激下一些人便通过掠夺、剥削、欺骗等各种各样的卑鄙手段,敛聚财产。此时,人们像被魔鬼摄去了灵魂一样,整个意识形态都变了,如《礼记·礼运》所言:"今大道既隐,天下为家。各亲其亲,各子其子,货力为己。……故谋用是作,而兵由此起。"这种由"天下为公"变为"天下为家"的社会意识质变,约始于仰韶文化晚期到河南龙山文化早期之间。我们在仰韶文化和河南龙山文化中,发现一些墓葬随葬猪头骨、猪下颌骨和牛头骨,这些家畜是当时社会最重要的财富,生前人们以占有它们为荣,死后亦要把它们作为财富的象征随葬墓中,在冥府间继续享用。由此可见,当时已有较浓厚的私有思想观念和财产私人占有的史实。

原始社会人们这种由"天下为公"到"天下为家"的思想意识的变革,具有客观必然性,而且正是这种变革,促进文明各种社会必要条件的创造,可以把它看作是古代社会发展的动力之一。笔者认为源于这种思想意识的个人贪欲在文明史中有重要的历史作用,否则许多社会问题和历史现象就无法解释。个人自私的贪欲永远同私有制、剥削、奢侈、腐化联结在一起。由于卑鄙的贪欲驱使少数人不择手段侵占他人的钱财,尤其是侵占劳动者用血汗创造出的各种财富,而劳动者却一贫如洗,身无长物。这样,在劳动者为生存而拼命地生产或为富人当奴仆来换取少得可怜的报酬时,富人却挥金如土,荒淫无耻,于是宏伟的建筑、豪华的宫殿、权贵和富人聚居的城市应运而生,为富人取乐的歌舞、戏剧、音乐、绘画等文化艺术得以发展。当然,这些社会财富和文化艺术是劳动者及其他贫贱者所创造的,他们既为生计而献技,同时,他们在饱受劳役之苦,承受着巨大的贫困生活压力之下,亦要放松一下,或抒发自己愤懑的感情,渴求娱乐,这也是社会上文化艺术发展的又一动因。

关于人们的自私意识和个人贪欲在文明史中的重要作用,恩格斯就已有精

---

① 摩尔根:《古代社会》,商务印书馆 1987 年版,第 622 页。

辟的论断:"卑劣的贪欲是文明时代从它存在的第一日起直至今日的动力;财富,财富,第三还是财富,——不是社会的财富,而是这个微不足道的单个的个人的财富,这就是文明时代唯一的、具有决定意义的目的。"①笔者完全赞同这一观点,并把私有意识观念作为文明产生的必备社会条件之一。

除社会条件之外,不应该忽略外部条件的影响。文明的产生,其决定因素是生产力的发展引起原始社会结构和社会意识的变革,但为何这里是文明发祥地,而彼处不是呢?稍作思考就会把文明与地理环境等外部条件联系起来。因此,考察文明起源时,还要注意纠正两种不良倾向:一是无视地理环境等外部条件的作用,二是把地理环境等外部条件作为文明的决定因素。

人们可注意到,世界四大文明古国的发祥地中心地带都处于地球北纬25°—35°之间,尤其是北纬30°附近,而且都在大河流域内,如古埃及文明与尼罗河、古巴比伦文明与底格里斯河和幼发拉底河、古印度文明与恒河和印度河、中国文明与黄河和长江。这是因为这些大河流域有着肥沃的土地和温暖的气候,特别适于发展农耕与人类的生存和繁衍。人类早期的文明是农业型的文明,优越的地理环境和气候在几千年前的原始社会起着决定性的作用,因为人们抗拒自然的压力和利用自然条件的能力与人的生产力和智力成正比;而人对自然的依赖性同社会发展则成反比。几千年前原始人极其脆弱的生存能力,当然只能适应特别优越的地理环境和温暖的气候,在这样的环境中,人类才得以以较快的速度繁衍和发展。相反,原始人若在恶劣的地理环境中,种不好庄稼,饲养不了家畜,受尽酷热或冰寒气候的折磨,人类生存已是极其艰难,何谈社会生产和各种科技文化的发展?没有社会生产力和科技文化的发展,又怎么会有文明?这不是环境决定论,而是重视地理环境在古代文明中的特殊作用这个历史事实。不然,谁能解释世界文明最早起源于这四个地方而不是别的什么地方?当然,话又说回来,不重视地理环境等外部条件对文明起源的重要影响不对,相反,把地理环境这个外部条件当作文明起源的唯一条件或决定性因素也是不对的。除上面的四个地域之外,就没有优越的地理环境和气候条件了吗?稍晚的美洲玛雅文明、印加文明,以及更晚的希腊文明和罗马文明,也同样在较优越的地理环境和气候中得以成长。为什么世界各地人类文明的产生有先有

---

① 恩格斯:《家庭、私有制和国家的起源》,人民出版社1972年版,第174页。

后，文明发展的速度有快有慢，文明程度有高有低，显然还有许多复杂的内因。其中有人们如何开发自己的智力，对待自然的态度，以及如何利用自然条件发展社会生产、科技、文化诸方面的差别。哪个地方的人们能够较好地发挥主观能动性，充分利用自然条件，改造环境，使社会生产力和科技文化得到较快的发展，那里就较早产生文明，文明发展程度就更高。希腊文明和罗马文明后来居上并超过古埃及和古巴比伦文明（后两者的文明中断湮没），而中国文明则绵延几千年并不断发展等历史趋向，都不是外部因素而是由社会内部因素决定的。对待文明起源这类历史问题，重要的已不是理论研究，而是对它的发生、发展规律进行实事求是的揭示。

笔者在以上四个方面阐述了文明产生的社会条件，并强调它们的重要历史作用。目前较为流行的所谓文明三要素即文字、金属器、城市等都是原始社会生产力和社会发展的产物，是三个互不相干的物化形象，至多只能反映社会某个方面的发展水平，既不能全面反映社会生产力的发展水平，也不能反映社会结构、社会制度和人们思想意识的变化，更不能反映文明的本质。只有社会生产力的发展，特别是父系个体家庭、私有制和阶级在原始社会内部的产生、发展，才是直接瓦解氏族社会制度的社会内部因素；而且在文明社会在氏族社会废墟上建立起来之后，个体家庭、私有制和阶级仍是文明社会必不可少的因素，继续发挥作用。因此，个体家庭、私有制、阶级才是文明的要素和文明社会存在的必要条件，具有双重性质。研究文明起源问题，离开此三者的研究，是不可能了解文明起源的过程，也不可能科学地判断文明产生的年代的。当然，这是个人见解，不一定完全正确。况且对这样重大的理论问题，不是本文几千字所能够论述清楚的，愿与同人继续深入探讨。

（原载《河南文物考古论集》，河南人民出版社1996年版）

试从淅川下王岗文化遗存考察文明起源的历史过程

淅川下王岗遗址,坐落在河南淅川境内的丹江河畔。遗址中有着仰韶文化、屈家岭文化、河南龙山文化、二里头文化、西周文化等6个时期9个文化发展阶段的遗存,即从近7000年前的新石器时代到3000多年前的周初,其间除商文化外,几乎包罗了这段历史时期的中原各个文化,可以说是中原地区从原始发展到文明过程的缩影。况且该遗址的遗迹遗物十分丰富,发现和清理了房基47座、陶窑5座、灰坑(窖穴)348座、墓葬689座,出土各个时期遗物7254件[①]。这是一批很有学术价值的考古文化实物资料,尤其是它的各个时期文化遗存,上下叠压,关系清楚,从仰韶文化早期到二里头文化早中期文化,具有比较清晰的传承性和连续性。这个特点,使文明起源过程的考察具有较多的真实性和可信性成分,与其他同类遗址相比,有无可媲美的优越性。通过对它的深入研究,或许可以找到中国文明起源的某些线索。

一、原始社会生产力发展过程的考察

淅川下王岗遗址仰韶文化一期,从陶器群特征看,应属仰韶文化早期遗存。它比该遗址仰韶文化二期早得多。根据二期的碳14测定的树轮校正年代距今6355±190年,那么一期的年代当在距今6500年以前,很可能接近7000年。一期的生产力尚很低,出土的33件生产工具均为石质、骨质、陶质,其中农业生产工具则以石器为主。打制石器和自然石具96件,占石器总数的53%以上,磨制

[①] 河南省文物研究所、长江流域规划办公室考古队河南分队:《淅川下王岗》,文物出版社1989年版。本文所引有关下王岗遗址考古文化资料,全部依据此书,不另注。

的石器不足半数。从出土石斧、石铲、石耜、石刀、石镰等73件农业工具看,农业已占有重要地位。但众多的石网坠和骨镞等工具同时出土,以及一期墓葬中有9座随葬猎狗、龟或骨镞,仍表现出很浓厚的渔猎生活的色彩。由于生产工具粗劣和生产经验不足,不仅农业和制陶手工业尚没有明确分工的迹象,而且从男女墓中都随葬农业生产工具石铲或耜,可见男女都从事农业生产;有一座女性墓随葬龟,表明女性也从事渔猎活动。

到了该遗址仰韶文化二期,磨制石器增多了,已占石器总数的五成以上。农业、制陶、纺织和渔猎等各种用途工具,种类多,型式也多样化,更加趋向实用。农业已占主导地位,渔猎已退居辅助地位。从出土的动物骨骼鉴定中,得知人们已饲养了猪、狗等家畜。一些有贮粮功能的大窖穴和较大贮粮容器如陶瓮、缸、罐等的发现,表明粮食产量有较大的增加。特别值得重视的是,农业的发展,促进了制陶、纺织等原始手工业发展。此时的制陶业已很发达,除继续生产罐、鼎、钵、碗、盆、杯、尖底瓶等器形外,还创制了豆、盂、壶、甑、瓮、盘和器座等多种新器皿。陶器型式多样,器皿大型化,数量倍增。陶器仍为手制,不过从某些陶器上已发现有慢轮修整的痕迹看,已开始应用陶轮。应用陶轮制作陶器是制陶技术上的一个飞跃。二期陶器烧制水平很高,还表现在一批精美的彩陶上。在钵、盆、器座和碗等多种器物上,彩绘着由三角纹、叶纹、圆点纹、花瓣纹、菱形纹、斜线纹、平行线和波折纹等母题演化组成的各种精美图案。烧制众多的精美陶器,没有很高的专门技术是不成的。由此推知,二期的制陶手工业很可能已从农业中分离出来成为专门的手工业。二期墓葬中有大量陶冥器随葬,亦是制陶手工业专门化的另一种迹象。此外,二期发现21件专门烧制的陶纺轮和41件骨针等纺织制衣工具,纺织业亦已成为家庭的一种重要手工业。

从下王岗遗址的仰韶文化三期到龙山文化这个时期内,磨制的工具越来越多,而工具的种类、型式和功能等方面却没有明显的变化。不过,确有一些迹象表明社会生产持续发展。例如,下王岗遗址仰韶文化三期的房基墙壁草拌泥块中,专家鉴定有稻的残留,表明当时居民已学会种植产量较高的稻谷;还发现较多的陶纺轮,在一些陶器上有布纹,反映纺织手工业的发展。该遗址屈家岭一期的陶器几乎全部用陶轮制作,这是制陶手工业的巨大技术进步,实现了从手制到轮制的质的飞跃。屈家岭文化二期出现了结构复杂的鬶、盉等陶器,制陶技术又有新的进步。该遗址的河南龙山文化时期发现的118座灰坑中,有一些大型坑呈袋形,口有遮盖,内壁抹有黏土并经火烧烤可以防潮贮粮;出土有较多可贮百斤粮的大型陶瓮、陶缸,有利用水汽蒸煮干食的陶甑,有陶鬶、盉等酒器,反映了有较多剩余粮食用于贮存和酿酒。农业和手工业较大的发展为人剥削人创造了社会条件,也就是为社会从氏族制度变革为奴隶制奠定了物质基础。

二、文明产生的各种社会条件之考察

文明的产生,首要条件固然是社会生产力水平发展到使生产者创造出剩余产品。此外,还应有以下几条:(1)父系个体家庭从氏族大家庭中分裂出来,成为社会生产和生活的基本单位。(2)私人占有财产。(3)社会上人群分裂为穷富两大对立的集团——阶级。(4)上述社会变革的主宰和动力是人们思想观念的根本变化,私有观念的产生是文明产生的重要社会因素和条件(关于这方面笔者另有专论)。

(一)关于父系个体家庭的产生

下王岗仰韶文化一期,人们生前聚居一处,有一座面积50.38平方米的大房子(F28)作为公共活动中心,死后埋在本氏族的公共墓地里。一期的氏族公共墓地,121座墓皆为竖穴土坑单人葬,排列有序,葬式一律为仰身直肢葬,头向西北,随葬品一般都是一两件陶器,如罐、钵、细颈瓶和鼎等,随葬品最多只有5件,反映了氏族集体生产平均分配的社会状况。一期仅发现1座一次合葬墓(M705),为两个中年男性合葬。同性合葬,即兄弟或姐妹合葬是原始对偶婚阶段流行的葬俗。这种现象反映了以母系为中心的氏族大家庭的存在。其他地区仰韶文化早期遗存也有类似葬俗。

该遗址仰韶文化二期,随着生产力的发展,男性占据主导地位,氏族大家庭出现了变革。该期发现四处氏族或部落公共墓地,其中东北部墓地最大,有墓葬335座;其他如中部、西部、西北部三处墓地分别有墓葬67座、13座、28座;还有零星分布的墓葬8座,共451座墓葬。此外还有21座瓮棺葬。从四处墓地的葬式和随葬品没有明显区别,以及墓葬年代相同这一现象分析,可以推知该聚落可能是一个部落的中心驻地,不同墓地分属于不同的氏族。尤其是在东北部大墓地中,中间的M530、M583、M539三墓填土上有三处竖石,恰构成一条直线把墓地中分为东西两部分,这种现象可能是一个部落两个胞族墓葬的区分标志。

通过对仰韶文化二期墓葬资料的分析,我们还可看到几个突出的现象:第一,这期墓地经历了很长的年代,笔者在《淅川下王岗》一书中曾将其墓葬分为早、中、晚三期,三个不同年代的墓葬有明显的差别。第二,仰韶文化二期的451座墓中,二次葬已有289座,占墓总数的64.08%,是墓地的主要葬式,同仰韶一期全是一次葬有很大的差别。其中,几个人以上的二次合葬墓,一般包括男女老少的合葬,骨骼排列有序,有的墓每个人骨旁置随葬品。这类多人合葬墓,当是一个大或小家庭成员的合葬。第三,墓地仍有一定的墓向和葬式,而墓葬排列已不像一期墓葬那样整齐,男女在埋葬中的地位与随葬品开始出现明显差异。无随葬品的墓128座,占近30%;有随葬品的323座墓中,一般只有一二件或十来件随葬品,大都是陶器,也有少数墓随葬石器、骨器和装饰品。值得注意的是,已有少数男性墓葬拥有较多的随葬品。如M63墓主是老年男性,他拥有彩陶钵、碗、鼎、器座、石铲、骨镞、骨针、骨装饰品等45件,这是全部单人二次葬中随葬品最多的一座。M239是一座两个男子一次合葬墓,拥有其他墓中见不到的玉石铲、绿松石坠饰、彩绘陶器和成束骨镞等17件随葬品。这两座墓男子随葬品的特殊现象反映了他们生前享有较高的地位,或许是小酋长之类的人物。同时,我们还可看到,在一些大型二次合葬墓中,男性已占据了主要地位。如M198是位于东北部大墓地中央的16个男女二次合葬墓,人骨大体分三横列,头一列仅一老年男性并有8件随葬品,其余15个男女老少的人骨分两行横列其下,每个只有两三件随葬品。此男性老人在这个家庭中的地位显然很高。M30、M177、M605等大中型二次合葬墓中也有男性比女性地位显要的现象。埋葬习俗是人们社会意识的一种反映,男性在墓中居主位并拥有较多随葬品的现象,表明男子已取代女子在生产中的主导地位。

特别值得注意的是,此期在东北部大墓地中还有一种新现象。M89合葬一对壮年男女,有石斧、陶罐、陶杯等5件随葬品。M170墓中合葬一个男子和一个小孩,有4件陶器随葬。M97合葬1老男、2中年女性、1男青和1小孩,随葬7件陶器。这些现象说明什么?出现成年男女异性合葬的现象,只有产生于实行一夫一妻制为基础的个体婚阶段。同时,也只有在实行一夫一妻制个体婚情况下,男子才有可能有确认的子女,才有父与子合葬的现象。实行了一夫一妻制个体婚,便有以一夫一妻制为基础的独立进行生产和生活的个体小家庭。M97 这座男女老少五口合葬墓可能是个体家庭出现的一种反映。此类墓在墓地中并不是孤例,可确认有男女老少合葬的小型合葬墓,还有 M168、M328、M360、M666 等,也都应是个体小家庭成员合葬。这些墓葬人骨都经专家鉴定。由于人骨腐朽,部分墓葬无法鉴定,所以无法准确计算这类墓的数量。当然,仰韶二期也有部分小型合葬墓是同性合葬,反映出对偶婚时期葬俗的残余。由此,我们可以判断在下王岗仰韶文化二期,一夫一妻的个体婚取代了对偶婚,并同时出现了父系个体小家庭。

该遗址仰韶文化三期,没有墓葬资料可供研究,但发现了前所没有的东西横列的套间排房,共 32 间,另还有一间单独的圆形房基。其中有 29 间是成东西横列的连间排房,实际上是一座长屋,另有 3 间以同样的建筑结构连间紧靠长屋东端平列横置,实际上也是长屋的组成部分。这列长屋内由隔墙分为双间套房和单间加上前面廊房构成 20 个单元,有 20 个门各自出入。长屋中有三分之一房间内残存灶址,有的 1 间 1 灶,有的 1 间 2 灶,最多的是 1 间(如 F13、F32)6 灶。这些灶设在房间中部或稍偏一侧的居住面上,一般呈长方形,也有呈椭圆形和瓢形,灶底和壁相当坚硬,有的已烧成蓝灰色,可见这些灶是长期做饭用的,不是仅为冬天烤火取暖而设。这类带火灶的套间排房都是仰韶文化晚期才出现的,以前未见。郑州大河村遗址和邓州市八里岗遗址同期仰韶文化遗存中有所发现[1]。这类带火灶的套间房出现说明什么?参考独龙族等民族志资料[2],我认为下王岗仰韶文化三期及其他遗址的同类套间房,是适应氏族大家庭分裂成若干以一夫一妻制为基础的小家庭而建筑的。在二期过渡状态的基础上,三期已在社会上确立了父系个体小家庭的地位。下王岗河南龙山文化遗存中已发现象征男性生殖器的陶祖 3 件,更是父系个体小家庭确立后对男性崇拜的象征。

---

[1] 郑州市博物馆:《郑州大河村仰韶文化的房基遗址》,《考古》1973 年第 6 期;《八里岗史前聚落发掘再获重要成果》,《中国文物报》1994 年 12 月 25 日。

[2] 中国科学院民族研究所云南民族调查组、云南省历史研究所民族研究室编:《云南省怒江独龙族社会调查》(七),1964 年版;中国科学院民族研究所云南少数民族社会历史调查组编:《独龙族简史简志合编》,1963 年版,第 25 页。

（二）关于私有制出现的某些迹象

既然下王岗仰韶文化二期和三期已出现了个体小家庭，那么是否同时出现私有制呢？

关于交换的资料，下王岗遗址只发现一些零星的迹象。仰韶文化二期墓葬中出土的玉石铲、玉石凿、绿松石耳坠、项饰等石料是当地没有的，这种石料产于几十里外的山区或更远的南阳等地，长途奔袭去抢夺这些东西是不太可能的，较合理的判断是交换而来。该遗址的屈家岭文化二期的蛋壳黑陶杯，河南龙山文化的黄色网纹硬陶瓮，二里头文化一期的印纹硬陶罐，火候高，质地硬，拍印叶脉纹具有东南沿海几何印纹硬陶风格等。这几件不同时期的陶器，与本遗址同期陶器群没有任何共同之处，陶质、火候、型式和纹饰等方面都与其他陶器格格不入，显然不是本地生产而是交换来的。当然，我们对于当时的交换情况尚了解不多，依据近代一些仍处于原始社会阶段的民族进行的以物易物的贸易来看，用"交换"一词来称谓这种以物易物的贸易是很合适的。除上述个别物品外，可能还有其他物品是交换来的，根据这个时期的生产水平和社会分工的发展状况，交换肯定处于相应的发展状态。生产品出现在市场上就是商品了。商品交换促进私有制的产生。列宁曾经说过："遗产制以私有制为前提，而私有制则是随着交换的出现而产生的。已经处于萌芽状态的社会劳动专业化和产品在市场上的出卖是私有制的基础。"[1]私人占有财产的现象，在下王岗遗址仰韶文化遗存中很少见到。在二期墓葬中，少数人在墓中随葬较多的陶器、石器、骨器和各种装饰品，说明人群中已有财物占有量多寡的差别了。在距下王岗遗址不太远的邓州八里岗遗址仰韶文化墓地中，发现有的合葬墓除陶器、石器外，还随葬较多的猪下颌骨；同时，在同一墓地还发现一些圆形坑葬有多至数十件猪下颌骨和少量猪头骨，有的还同时出土数件陶罐、器盖等冥器[2]。由于猪骨同陶质冥器埋在一起，这种圆坑可能不是祭祀品坑而是随葬品坑。稍晚的下王岗龙山文化，发现一座男性瓮棺葬（W490）旁另坑陪葬一个完整水牛头骨。这种现象说明什么？本世纪初，我国独龙族、佤族等头人和有钱人往往把祭鬼宗教

---

[1] 列宁：《什么是"人民之友"以及他们如何攻击社会民主主义者？》，《列宁全集》第一卷，人民出版社1991年版，第133页。

[2] 《八里岗史前聚落发掘再获重要成果》，《中国文物报》1994年12月25日。

仪式上"剽牛"的牛头骨挂在"牛角叉"和屋檐上,或挂在屋内,作为财富的象征显示富有①。佤族在死者的坟上插上一根木棍捆上小酒筒或挂个牛头骨和猪头骨②。猪、牛、羊等是原始社会人们最重要的动产,早期私有制表现为对这些动产的占有。马克思指出:"无论在古代或现代民族中,真正的私有制只是随着动产的出现才出现的。"③认为只有土地、矿山等不动产私有才是真正的私有制则是一种误解。特别是在中国,土地等私人占有是很晚的事情,在此以前私有制形式主要表现为动产的私人占有。因此,上述随葬猪、牛骨的埋葬习俗反映了人们私人占有财产的思想观念,证明私有制已经存在。

(三)关于阶级和阶级斗争的某些迹象

该遗址仰韶文化二期出现个体小家庭和私人占有财产现象的同时,作为氏族制度表现之一的氏族公共墓地就不像仰韶文化一期墓葬那样整齐划一了,到仰韶文化三期仅发现1座墓,不见氏族公共墓地了。屈家岭文化一期所发现的3座墓,竟然各有各的葬式:一座为仰身直肢葬,一座为截肢葬,一座(M704)竟是4人尸骨交叉叠压,头向不一,姿态各异,显系非正式埋葬,倒像乱葬坑。屈家岭文化二期H5灰坑东南隅发现一具老年女性尸骨,俯首,头枕坑壁,伸臂曲腿,姿态不像正常埋葬。河南龙山文化层,虽然发现有53座墓之多,却没有墓地,各墓散布各处,且葬式和墓向不一,表明氏族公共墓地不存在了。特别值得注意的是,有一座编号为M159的一次葬墓,椭圆形土坑中埋葬两个身首异处的女性,无随葬品,显系被杀害后肢解者。此期墓葬还有M494、M551、M222等3座单人一次葬,身躯骨骼保存完好却无头,死者显系被砍了头,身首异处。此期灰坑中,在H98埋一狗,H144埋一母猪,同时还有H8、H338、H339、H131、H287等5个灰坑中发现6个人骨架,除1个为壮年女性外,其他均为少年男女,其中H39坑内埋的是一对少年男女。有的是被活埋的。例如,H131埋一少女,人骨作跪式举手状,若死后埋葬是摆不出这种姿态的。H8坑内所埋的壮年女性,作跪式祈求状,双臂交于脸前,两腿曲跪,手脚似用绳捆绑状。类似现象在该遗址二里头文化一期也有发现。H41灰坑中发现一具老年女性骨架,头倒置坑中,

---

① 据中山大学历史系1964年对云南西部少数民族调查资料。
② 据北京大学历史系考古教研室于本世纪50年代的民族调查资料。
③ 马克思、恩格斯:《德意志意识形态》,人民出版社1961年版,第27页。

头向西北,双手交于腹部,两腿并列而微曲,脚趾架在坑口,并有大石块压住小腿,这种现象表明死者是被捆绑活埋的。同期灰坑中,H91 灰坑埋一只无头的猪。人与猪狗一样被丢弃在灰坑中,特别是被杀害或活埋的尸骨,此类现象在仰韶文化三期(相当于其他遗址的仰韶晚期)以前是罕见的,但从仰韶文化三期开始,到河南龙山文化和二里头文化时期内,却常常可以见到这种现象,这些被残害的死者,决不是氏族大家庭或个体大家庭的成员,因为他们对死亡的成员都会妥善加以埋葬,更不会活埋任何人。这些死者都是女性或少年儿童,也不可能是战俘。这种现象同父系个体小家庭和私有制已出现的社会背景联系起来,就自然地判断这些被同猪狗一样对待的死者是家庭奴隶。这些奴隶因反抗或触怒主人被杀害,或像 H41 灰坑里的老年女性因年迈无用被活埋。这种惨无人道的行为,是古代奴隶主阶级迫害被奴役的奴隶的一种方式。因此,上述的现象反映了从仰韶文化三期到二里头文化这个历史时期内存在着阶级和阶级斗争。

(四)私有观念产生的迹象

上述几个方面的社会变化,包括由母系氏族大家庭变为父系个体小家庭,由氏族公有制变为私有制,由一律平等的氏族成员分裂为两个贫富对立的集团——阶级,这种变化的物质基础是社会生产的发展,但人们的行动是受思想意识支配的,这种思想意识就是私有观念。私有观念就成为氏族制度瓦解和古代奴隶制度产生的动因。下王岗遗址仰韶文化一、二期墓葬随葬品由基本均衡到有明显的差别,就是人们私有观念萌发的一种表现。前面提到从仰韶文化到河南龙山文化一些墓葬随葬猪、牛头和下颌骨,根据民族志资料,这种埋葬习俗是人们私人占有财产观念的一种反映。这种观念同财产的积聚成正比,占有财产越多,私有观念越强烈。这种观念对于某些人来说,变成了蛇吞象的贪欲,唆使人们不择手段去剥削或抢夺他人的财产。恩格斯对这种私人欲望早就有精彩的论断:"卑劣的贪欲是文明时代从它存在的第一日起直至今日的动力;财富,财富,第三还是财富,——不是社会的财富,而是这个微不足道的单个的个人的财富,这就是文明时代的唯一的、具有决定意义的目的。"①

综上所述,淅川下王岗文化遗存,由于社会生产力的发展,在仰韶文化二期

---

① 恩格斯:《家庭、私有制和国家的起源》,人民出版社 1972 年版,第 171—172 页,第 174 页。

到河南龙山文化这段长达 2000 余年的历史时期内,逐渐出现了父系个体小家庭、私有制、阶级和阶级斗争的种种迹象。这些既是文明产生的社会条件又是文明必备的要素,它的产生和发展,必导致氏族社会制度的瓦解和文明社会——奴隶制的产生。在中原广大地区的原始文化中,从仰韶文化到河南龙山文化的文化遗存亦发现同类处于同一社会发展阶段①,可知下王岗遗址各种文化发展过程具有代表性,反映出相应的社会发展规律性。又因下王岗遗址位于黄河与长江两大流域之间,它既以黄河流域文化为主体,又受到长江流域文化的影响而具有长江文化的某些因素,因此,下王岗文化遗存所反映出的文明产生过程,对研究两河流域文明的起源,具有重要价值。

最后,还应指出,一些文明研究者以所谓文明三要素(即金属器、文字、城市)为标准去衡量文明起源的时限,这是有很大局限性的。最早产生文明的国度里,无文字者有之,无城市者有之,只有金属器是所有早期文明国家皆备。不过,金属器,特别是金属工具的应用仅仅是社会生产力发展的一种因素,可反映社会生产力发展的一种物化标准,在文明起源中确有重要作用。但是,金属器的使用只是原始生产力发展中的一种因素,生产力还有另外一些重要因素如生产资料、生产者的体能和技术经验等,无法得到体现。况且金属器即使能标测生产力水平,也只是文明的物质基础,不能反映文明的本质,不能当作文明要素。这也是本文不以此所谓文明三要素去考察文明起源过程的原因。

(原载《中原文物》1995 年第 2 期)

---

① 李绍连:《华夏文明之源》,河南人民出版社 1992 年版。

郑州商城与偃师商城双为"亳"

郑州商城和偃师商城是我国商代考古的重大发现，并有助于商史研究获得突破。近10年来，不少考古学家和历史学家对这两座城址做了深入研究，发表了许多论文，取得了很大成果。但是，在此两城的始建年代及为何王所居等关键问题上，却歧见多端，以致无一公认和定论者。究其原因，并不是研究者有意标新立异，而是由于种种条件限制对城址不能全面发掘，甚至宫殿遗址如此重要的遗迹也不可能全部揭露，这样城址的兴废年代和使用过程必然会存在疑问。又因为历史文献不足，商初的亳都又有不同的地望等，无论何种观点，都找不出确凿无疑的证据。所以，迄今所有有关此两城的观点均出现言之有据却证据不足的僵局。在此，笔者本着对具体问题做具体分析的态度，就两商城的性质问题谈谈个人的见解。

一、关于偃师商城"西亳说"

偃师商城是在70年代末发现和80年代多次进行发掘的一座早期都城。发掘者经过认真研究后提出偃师商城即汤都"西亳说"[1]，引起学术界不小的反响。笔者赞同这一观点。后来邹衡先生又提出偃师商城是伊尹流放太甲的"桐宫"，故有"桐宫说"[2]。根据文献如《史记·殷本纪》正义引《晋太康地理记》云："尸乡南有亳阪，东有城，太甲所放处也。"亳都和桐宫同地而异处，以偃师商

---

[1] 见《偃师尸乡沟发现商代早期都城遗址》《偃师商城的初步勘探和发掘》，分别载于《考古》1984年第4、6期；赵芝荃、徐殿魁：《河南偃师商城西亳说》，载《全国商史学术讨论会论文集》，《殷都学刊》，1985年增刊。

[2] 邹衡：《偃师商城即太甲桐宫说》，《北京大学学报（哲学社会科学版）》1984年第4期。

城的规模、布局和年代是西亳的可能性更大,故以"西亳"论之。

笔者虽赞同偃师商城"西亳说",但仔细分析发掘资料和历史文献,也并不是无懈可击,相反,还存在一些疑问和不足。第一个问题,已有学者指出,有关"西亳说"的地望记载都是汉以后出现的,年代较晚,很难看作信史,其可靠性比先秦文献差一些。即使在同样的文献中,也有不相符合的地方。如该城址下没有先商文化层,最早的只有二里头四期的遗物,城墙的始建年代最早不会早于二里头四期,有的学者认为它不早于二里岗下层[1],都在早商范围之内,这就与《括地志》所云"河南偃师为西亳,帝喾及汤所都,盘庚亦徙都之"的记载不甚相符,因为无帝喾时代遗物。由于该城"废弃的年代,约相当于二里岗上层晚期或更迟一些",按商的六百积年算,盘庚已属后期,对于商前期已废的西亳,盘庚又都之,也不相符。该城于二里岗上层时期曾作修补可能为商代前期某王所为。

第二个问题,偃师商城是汤都"西亳",那么根据今本《竹书纪年》和《孟子·万章》等有关文献,汤之继承者,外丙、仲壬、太甲、沃丁、太庚、小甲、雍己、大戊等诸王均未迁都,即以"亳"为都,历时约158年。直到仲丁迁隞以前,该城墙可以修补或增建,而不会废弃。但是发掘资料证明,"此城门(指西城墙X2门,即其三门中的中门)在使用一段时间之后被废弃不用,两端用夯土封堵"。西城墙X2门内侧与"马道"相连有大道,"在大道拐折处……发现有两座小墓打破大道的路土层。墓葬编号为83YSⅢM1、2,年代属于二里岗期上层"。又"城门的封堵墙被压在第二层下,而又被4A、4B层(即二里岗期下层)叠压或打破。封堵墙自身又压在城门的路土上"。在此城门附近分别发现有二里岗期下层13座墓葬,上层10座墓葬[2]。在该城的东城墙二门也发现类似情况。这说明此城建后不久便废弃。我们还注意到城内三组大的夯土台基建筑群之一的最大建筑群(编号为YSJI),其已发掘的JID4是一处有正殿,东、西、南三面有庑室,南有门道的自成一体的规模宏大的宫殿建筑,其年代早于二里岗上层。由此推知此城至少曾两次使用,其废弃主要在二里岗期下层这段时间。既有荒弃的现象,说明这一段时间这里不为都,那么这段时间必然有另建的都城,这一都

---

[1] 陈旭:《关于偃师商城和郑州商城的年代问题》,《郑州大学学报》1985年第4期。
[2] 中国社会科学院考古研究所河南第二工作队:《1983年秋季河南偃师商城发掘简报》,《考古》1984年第10期。

城的存在年代必然在二里岗期下层这个历史之内。若说此城为汤为都后直到仲丁迁隞前一直都之,显然说不通。

第三个问题,汤所居的亳,应是灭夏前所居,如《逸周书·殷祝解》云:"汤放桀而复薄。"《史记·殷本纪》云:"既绌夏命,还亳。"既然灭夏放逐桀以后还亳,此亳当然是汤灭夏前的居地和灭夏前发兵的出发地。问题是,伊洛地区是夏族的基地和桀都斟鄩所在地。《国语·周语上》云:"昔伊洛竭而夏亡。"《括地志》云:"故鄩城在洛州巩县西南五十八里,盖桀所居也。"据此,有的学者认为今二里头遗址是桀都斟鄩所在地①。如是,偃师商城与二里头遗址仅隔五六公里,这样近的距离即在桀的眼皮下汤要发展自己的势力,特别是招兵买马扩充军力为灭夏做准备是不可能的。由此推知,灭夏前汤从先王居可能在他处。因为汤被桀囚释之后,修德政发展武装准备灭夏又不为桀所觉察,这样的地方,必然远离伊洛地区。况且从汤伐桀是先伐韦、顾和昆吾,后灭夏这样的作战线路看,灭夏前汤所居的亳应在远离伊洛地区的东北方向某地。

第四个问题,若是汤都西亳,作为早期都城,当然应是政治中心,会设重兵拱卫。但与同期的郑州商城相比,偃师商城城内发现一排排排列有序恰似兵营的建筑基址,宫殿外面又筑有城,形成城中有城,防卫多么森严;手工业作坊又设在城内,加强城内自给能力以利长期固守。而郑州商城则无类似兵营建筑基址,无宫城围墙,手工业均在城外。两城相比,不能不说,偃师商城军事色彩很浓,有的学者早已指出这一点。这种迹象隐约反映了汤王面临夏都遗民的强大威胁,即使层层设防,想必亦惶惶不可终日。在这个意义上说,在灭夏以后的一段时间内偃师商城作为监视和镇压夏遗民反抗的军事城堡比作为王都更合适一些。当然也不否定汤灭夏后曾计划在此建都,只是此城建成后觉得不安全才不得不另择宝地建新都。所以,该城在二里岗下层偏早的时间内有堵城门毁路的荒废现象。

根据偃师商城存在以上问题,可判断它不是汤从先王居的亳地,而是为汤灭夏后所建,短时间为都城,可按文献称之为"西亳"。由于汤觉得不安全或别的原因另地建新都。此城后一段时间又降为陪都和监视夏遗民的军事城堡。再从城内的宫殿建筑基址的现有资料看,约在二里岗上层前后又在城内建筑大

---

① 黄石林:《关于偃师商城的几个问题》,《中原文物》1985年第3期。

规模的宫殿,当有某王(即仲丁以前的某王)在商统治强固之后把它作陪都或西都来使用。偃师商城无疑是汤始建而具有都城性质的城址。

二、关于郑州商城的"隞都说"

郑州商城比偃师商城发现要早得多,只是此城址今已为城市建筑所叠压,非配合基建不能勘查和发掘,考古工作困难重重,尽管如此,近十几年来也取得重大进展,初步揭开其面纱。关于该城的性质,安金槐先生首先提出它是商王仲丁迁隞的"隞都"[①]。后来邹衡先生提出"郑亳说",即认为这是汤的亳都[②]。此两说都声称有文献资料作为依据。孰是孰非,目前难以决断。两说中,以"隞都说"提出较早,倾向性较大。因此,我们先看看此说有无疑问。

第一个问题,郑州商城为隞都,其地望不甚相符。关于隞都的文献,主要有这么几条:古本《竹书纪年》云:"仲丁即位,元年,自亳迁于嚣。"又曰:"外壬,居嚣。"《史记·殷本纪》云:"帝仲丁迁于隞。"在先秦文献中,仲丁所迁的嚣(隞)皆无地望,关于其地望均见于汉以后的古籍,迄晋皇甫谧的《帝王世纪》仍未确指。《帝王世纪》云:"丁自亳徙嚣,在河北也。或曰:今河南敖仓是也。二说未知孰是也。"较晚的《水经·济水注》、《括地志》和《通鉴地理通释》等均据《帝王世纪》的"敖仓"说推演隞都在河南荥阳敖山一带。可见关于隞的地望可以说是后世学者的研究成果,可作参考,不可当信史。即使按《括地志》所云"荥阳故城,在郑州荥泽西南十七里,殷时敖地也",因荥阳故城在郑州之西北,不能证明隞都就是今世发现的郑州商城。至于秦汉所置的敖仓城则在今荥阳东北,距郑州近50里,故邹衡先生指出皇甫谧所说的隞都地望显然与郑州商城不是一个地方[③]。况且文献中关于仲丁迁隞的地望除了敖仓、敖山、荥阳故城之外还有他处,如《尚书序》孔颖达疏:李颙(东晋)云:"嚣在陈留浚仪县。"可见,郑州商城隞都说不足征。

---

① 见《郑州商城遗址发掘简报》,《文物参考资料》1957年第1期。
② 邹衡:《郑州商城即汤都亳说》,《文物》1978年第2期;《夏商周考古学论文集》之《论汤都郑亳及其前后迁徙》篇,文物出版社1980年版。
③ 见《郑州商城遗址发掘简报》,《文物参考资料》1957年第1期。

第二个问题,郑州商城的年代与仲丁、外壬的隞都很不相称。按商王世系,仲丁迁嚣,是在汤至大戊九王以后,据今本《竹书纪年》各王在位的时间计算应是158年以后。而仲丁在位仅9年(一说11年),外壬在位10年,外壬之弟河亶甲继位后即迁于相,所以隞都作为商前期偏晚的王都只有短短的20年左右。从郑州商城建筑年代及种种迹象看不太可能是隞都。关于这一点,邹衡先生等已涉及,今再作如下分析:

(1)郑州商城的始建年代早在仲丁之前。郑州商城城墙被二里岗上层的文化层、房基、窖穴、墓葬等遗迹直接或间接所叠压,说明该城最晚亦始建于二里岗期下层年间。发掘者认为"郑州商城的建造时间应是建造于商代二里岗期下层,其使用时间应是从商代二里岗期下层开始,一直使用到二里岗上层"[①]。陈旭同志则认为该城始建于南关外期[②],年代就更早些。城墙的一个碳14测定的年代,经树轮校正为3570±135年(公元前1620年)。这与偃师商城打破四号宫殿基址的H29木碳测定和树轮校正年代为公元前1630年,与二里头四期测定的年代即公元前1625年[③]相近,同为商代早期,因此不可能是仲丁迁隞之所建。后者建都的时间当晚得多。而且,此城的使用经历从二里岗下层到上层的年代,这段时间虽然难于计算其绝对年代,因为从二里岗下层到二里岗上层的器物形制变化如此之大,导致考古学上也明显分为两期,20年时间是绝对不可能的,非百余年不可。所以郑州商城的始建时间和使用时间与仲丁、外壬的隞都十分不相称。

(2)从城内宫殿建筑的兴废情况看,证明此城的使用经历了几个时期。

郑州商城东北部有一块东西长约750米、南北宽约500米的区域内发现:二里岗期的夯土台建筑基址数十处之多,其中面积小的100平方米,大至2000余平方米。从已发掘的三座大型建筑基址看,夯土台上面有众多柱窝或排列整齐的石柱础,这些迹象表明它们应是商代宫殿建筑遗存的一部分,而这商城东北部很有可能是宫殿建筑区。值得注意的是,已发掘的宫殿基址中,其年代不同的,如第9、11、12、13、14号等等,其年代属于二里岗期下层;第10号基址建筑

---

① 《郑州商城遗址发掘报告》,载《文物资料丛书》第1集。
② 陈旭:《关于偃师商城和郑州商城的年代问题》,《郑州大学学报(哲学社会科学版)》1985年第4期。
③ 赵芝荃:《关于汤都西亳的争议》,《中原文物》1991年第1期。

年代属二里岗期上层;而第8号则在二里岗期上、下层之间①。特别是有些宫殿规模很大,如它的第15号宫殿基址东西长超过65米,南北宽13.60米,可能是一座九屋重檐顶带回廊的大型寝殿,台基夯土结构与城墙同,年代属于二里岗期下层。第16号基址也很大,南北长38.4米,东西宽31.2米,也是一座巨大宫殿遗存,其建筑年代处于二里岗期的上、下层之间。由此可见,仅已发掘的宫殿建筑基址就已分为二里岗上层、下层及上下两层中间三个时期,或早、中、晚三期。陈旭同志则把郑州商城宫殿分为三组:第一组始建于南关外期;第二组始建于二里岗下层,最晚在二里岗上层废弃;第三组建于二里岗上层,至二里岗上层偏晚废弃②。陈氏的分期与发掘者的判断小有差异,即陈的第一组年代提早些,但都反映出郑州商城建成后,宫殿建筑不断兴废,然年代衔接,证明它经历几个不间断时期。显然这是仲丁、外壬两王仅20年时间所不能办到的,相反应是有若干商王接连登王位,不断废旧宫建新殿的反映。

第三个问题,郑州商城城墙长达6990米,近7公里,如此大的建筑工程,在缺乏金属工具和机械的情况下,工程是何等艰巨。发掘者已指出,如果按一万人参加筑城,至少需"八年左右的时间",即使按二万人参加筑城也需要"四年之久才能完成"③。这是一个简单的数学计算,实际上,还有为筑城劳力做饭和修理工具等后勤人员未计算在内,这部分人又该是多少? 而且数年如一日地进行艰苦劳动肯定还有因伤病而减员的情况,要以全员均速进行筑城是不可能的,也就是说筑城所耗费的时日实际应比上述计算长些。这样为筑此城就要占了仲丁在位的9年,而其弟外壬使用此城只有10年时间,到外壬之弟河亶甲就已迁相。如此隞都满打满算只有20年左右时间,要完成这么大工程,特别是建设不同时期的众多宫殿几乎是不可能的。

从郑州商城的地望和考古发现来看,与仲丁迁隞的都城均不甚相符,因此它不太可能是隞都。

---

① 《郑州商代城内宫殿遗址区第一次发掘报告》,《文物》1983年第4期。
② 陈旭:《关于偃师商城和郑州商城的年代问题》,《郑州大学学报(哲学社会科学版)》1985年第4期。
③ 《郑州商城遗址发掘报告》,载《文物资料丛书》第1集。

三、偃师商城和郑州商城同为"亳"

若比较两城的考古发现,人们就会发现这两座城有若干相似或相同之处:两城的始建年代相近。如上所言,偃师商城始建于二里头四期,而郑州商城始建于二里岗期下层偏早或郑州南关外期,碳 14 测定的年代分别为公元前 1630 年和公元前 1620 年。值得注意的是偃师商城和郑州商城均为二里岗期上层时废弃,虽然偃师商城在二里岗期废弃前曾修补过一次,也没有迹象表明延长太多时间。一言以蔽之曰:两城几乎同时并存。同时,偃师商城和郑州商城的规模都很大,而且城墙的夯筑方法和宫殿建筑形式相似。如宫殿建筑重檐、庑廊和台阶等,基本上都是沿袭二里头宫殿建筑风格,同属早商时代。

当然,两城也有一些明显的差别。如偃师商城宫殿建筑群中有 3 处有围墙以构成宫殿;手工业作坊在城内。而郑州商城宫殿区没有发现围墙,手工作坊均在城外。两城之所以有此明显差别,很可能由于偃师商城地在夏都附近,面临夏族遗民可能的反叛而采取的防卫措施所致。

既然这两座城址有相似之处,也有差别,那么两者有无关系?倘若按偃师商城为"西亳",郑州商城为"隞都"的说法,那么这两城都是一前一后的王都,其年代应该是衔接的,也就是后者要比前者晚得多,按前面已指出的年代起码晚 150 年左右,但实际上这两座城的始建和使用时间相近,几乎同时并存,那么,郑州商城就不可能是仲丁迁隞的隞都。既不是隞都,也不可能是一般的城堡,而且,它的规模比偃师商城还大,还发现有众多宫殿基址并出土两件商代前期最大的青铜鼎,所以它应是与偃师商城同期的王都。

从文献和城址的考古年代看,偃师商城应是汤灭夏后,从南亳到河洛地区所建的一个都城,而不是从先王居的亳地。孙淼先生也曾指出这一点①。此外,从偃师商城内大道被打破和西城墙 X2 门被封等情况看,它曾在二里岗下层偏早这段时间内被废弃,不久又第二次使用。若不发生迁都情况,不应有封墙城门和大道变墓地的荒芜现象。而这个荒废时间又恰与郑州商城已建成的时间

---

① 孙淼:《夏商史稿》,文物出版社 1987 年版。

巧合,说明此时可能已把郑州作为王都,仍称为"亳"。即使偃师商城的荒废比郑州商城始建稍晚也在情理之中,因为只有另建新都后才迁出旧都,总不能迁到荒野等待建新都吧。至于偃师商城两次使用及二里岗上层曾作修补,说明此城还在断断续续使用,从其建有大规模宫殿群看不似军事堡垒,很可能在郑州商都建成后它仍是西都。郑州商城建成后一直使用,没有中衰荒废的迹象。两相比较,两座亳都当以郑州为主,偃师西亳为辅。也就是说,汤灭夏后在偃师尸乡沟建亳都,此城建成后不久觉得很不安全,便在郑州另建新都亦称亳都,同时仍把前者视为西都。偃师商都只是在某个时期使用,而郑州商都则很可能是仲丁迁都以前汤、外丙、仲壬、太甲、沃丁、太庚、小甲、雍己、大戊等九王的亳都。至于郑州商城应为亳都的其他根据,邹衡先生已经做了详细阐述,在此不再赘复。在此还要申明的是,郑州商城不是隞而是亳,并不是说郑州地区没有隞墟,不过尚不确知在何处而已。何况商王频频迁都,不一定每迁一处都要大规模筑城,像隞都20年只是历史的一瞬,其都城规模很可能不大,目前仍不能否定隞都在敖仓、敖山一带。

(原载《中州学刊》1994年第2期)

人殉人祭与商周奴隶制

用人殉葬和用人作牺牲祭祀祖先或神鬼，同是一种宗教迷信行为。人殉和人祭的现象，可追溯到夏朝初年乃至原始社会末期；它们存在时间较长，在商周以后的封建社会里仍然存在，所以并非商周两代所独有。但是，因为人殉人祭在商周社会特别盛行，或者说是普遍的社会现象，牺牲者又是无辜的奴隶，这就不能不把它们看作一个具有特殊意义的社会现象加以研究。

关于商周两代的人殉和人祭问题，史学界早年已有学者讨论；近年，也有一些学者继续进行探讨，其中胡厚宣先生汇集了大量的考古资料和甲骨卜辞资料进行比较全面的精辟的论述[1]。1977年又发表了安阳殷墟奴隶祭祀坑的发掘资料[2]。这样，商周社会的人殉和人祭情况就比较清楚了。不过，我认为关于人殉人祭由盛到衰的原因及其与奴隶制的关系等问题，以前的讨论涉及甚少，仍有深入讨论的必要。本人才疏学浅，不敢妄议诸家观点之是非，在此仅就这个问题发表个人粗浅的意见，不当之处请专家和同志们指教。

一、商周时代人殉人祭的概况

在我国古代社会，商周时代比较盛行人殉和人祭。而商周两代在不同时期人殉人祭情况又不一样，商代前期比后期盛，周代又比商代衰。商周两代人殉和人祭方面具有不同的特点。

---

[1] 胡厚宣：《中国奴隶社会的人殉和人祭》（上、下篇），《文物》1974年第7、8期。
[2] 安阳亦工亦农文物考古短训班、中国科学院考古研究所安阳发掘队：《安阳殷墟奴隶祭祀坑的发掘》，《考古》1977年第1期。

(一)商代人殉、人祭的特点

1. 人殉是具有普遍性的社会现象。从考古资料看,在河南省的安阳、辉县、郑州、偃师和湖北的黄陂、河北的藁城、山东的益都等地区不少的商代遗址和墓葬里都发现了人殉的现象,不仅见于大中型墓葬,也见于小墓。仅安阳大司空村遗址就有5座小墓分别殉1至3人①。四盘磨村遗址有4座小墓各殉1小孩②。

2. 人殉人祭杀人数量大。根据现有的考古资料统计,商代人殉人祭达3684人以上③。埋在地下没有发现的恐怕更多。一些王侯大墓殉人之多,实在惊人。例如安阳侯家庄HPKM1001墓殉人达225个以上;武官村MKGM1墓内殉人79名,若加上它的人殉人祭坑的人数,共305人。商人特别迷信,在殉人和举行人祭之前总要卜卦,并把占卜的结果刻在甲骨上。据胡先生的统计,从盘庚迁殷到帝辛亡国,人祭用13052人,尚有1145条卜辞未记人数,以一条一人计,全部杀人共有14197人④。有一条甲骨卜辞记□□卜,㱿,贞五百仆用(续补1904),说明人祭用一次多达500个。从有关人祭的甲骨卜辞有1992条来看,人祭活动在商代是十分频繁的。

3. 从考古资料看,商代的人殉方式,少数活埋,大多是集体杀殉,而且往往是人畜同殉。人祭也是集体屠杀,与牲畜同祭。在一些大墓和建筑遗址中还有人殉和人祭同时并行的现象。被殉的人多系家内奴隶,有主人的近臣、亲信、侍卫和养马饲犬者;人祭的牺牲者绝大多数是战争俘虏,只有少数是家奴。

4. 商代已有固定的人祭场所。1969年春在武官村北地发掘了191座祭祀坑,共发现人骨1178具。这些祭祀坑有规则地按东西向或西北向排列。根据坑的形状大小,骨架的姿势和坑的排列状况,这批祭祀坑可分为22组,"一个组就是一次祭祀活动的遗迹"。"从祭祀坑的分布和排列情况分析,它绝非专属附近的某个大墓。因此,我们认为这一祭祀场所应是殷王室祭祀祖先的公共祭祀

---

① 马得志等:《一九五三年安阳大司空村发掘报告》,《考古学报》第9册。
② 郭宝钧:《一九五〇年春殷墟发掘报告》,《中国考古学报》第5册。
③ 胡厚宣:《中国奴隶社会的人殉和人祭》(上、下篇),《文物》1974年第7、8期。
④ 胡厚宣:《中国奴隶社会的人殉和人祭》(上、下篇),《文物》1974年第7、8期。

场所"①。这种推论是合理的。祭祀场所肯定不止此一处,不过,这应该是较大的一处。商代盛行人祭又影响了附近的方国。在江苏省铜山县的丘湾遗址发现祭社葬地。在葬地发现20具人骨、两个人头和12具狗骨,人骨的葬式都是俯身屈膝,多是双手被反绑在背后,显出被迫死状②。从人头骨大多破碎来看,牺牲者不是活埋,而是被反绑跪着被人从背后砸碎头而死的。它的方式,同武官村北地的砍头是有区别的。关于这个遗址的性质,王宇信和陈绍棣同志认为:"丘湾商代祭祀遗址就是大彭(商代方国之一——引者注)的一个祭祀场所。四块'有意识放置的'大石就是石社。"③这处祭祀场所的发现,又反证安阳武官村北地的祭祀场所并非孤例。

(二)周代人殉、人祭的特点

周商代比较,周代的人殉、人祭又具有一些不同的特点。

1.到了周代,尽管尚有一些杀殉的记载,如《史记·秦本纪》云:"武公卒,葬雍平阳,初以人从死,从死者六十六人","缪(穆)公卒,葬雍。从死者百七十七人",而从考古材料看,人殉的现象却大大减少了。早年在浚县辛村发掘的82座西周卫国墓中,就连8座大墓也仅见殉一舆夫和一养犬人;而同一地点发现的3座不大的殷墓中,却各有1至2人殉葬。在汲县的一座大型魏国王侯大墓中殉人也不过4人。在辉县所发掘的19座殷墓中,较大的5座均有殉人;而同一地点发掘的包括8座大墓在内的64座魏墓,却不见一个殉人④。甚至像春秋时期的虢国太子墓,随葬青铜礼器、兵器和装饰品达970件之多,车马坑埋车10辆、马20匹,竟没有殉葬一个人⑤。可见,周代的人殉已不是普遍的社会现象,而且殉人的数量大大减少了,人殉之风已衰。如是,《墨子·节葬》篇中所云:"天子杀殉,众者数百,寡者数十;将军大夫杀殉,众者数十,寡者数人",此话若指商代则其语不谬,若指周代肯定夸大其词。

2.周代人殉,从考古材料看,或同穴殉葬于二层台、椁室边,或葬于车马坑

---

① 安阳亦工亦农文物考古短训班、中国科学院考古研究所安阳发掘队:《安阳殷墟奴隶祭祀坑的发掘》,《考古》1977年第1期。
② 南京博物院:《江苏铜山丘湾古遗址的发掘》,《考古》1973年第2期。
③ 王宇信、陈绍棣:《关于江苏铜山丘湾商代祭祀遗址》,《文物》1973年第12期。
④ 郭沫若:《奴隶制时代》,科学出版社1956年版。
⑤ 中国科学院考古研究所:《上村岭虢国墓地》,科学出版社1959年版。

中。周代殉葬者人架身首完整,多作捆缚挣扎状,当是个别埋殉,不同于商代多作集体杀殉。如浚县辛村发掘的1号和17号两周墓殉人均作绳缚挣扎状①。殉葬者的身份也没有商代那么复杂,从殉葬现场推测,他们多系亲信或舆夫马夫之类家奴。

3. 周代的人祭问题,资料不多,不敢妄议。人祭虽然存在,但其规模肯定大大减小了。文献所记载一些重大祭祀活动,根本没有人祭。《史记·秦本纪》记载:"襄公于是始国(公元前777年),与诸侯通使聘享之礼,乃用骝驹、黄牛、羝羊各三,祠上帝西畤。""德公元年(公元前677年),初居雍城大郑宫。以牺三百牢祠鄜畤。卜居雍。"这两次重大祭祀活动,尚且没有用人,其他祭祀活动会用多少人作牺牲可想而知。

二、人殉人祭由盛到衰的原因

从上面的分析可以看到,人殉人祭在商代最盛,到了周代逐渐衰落了。是什么原因导致这种变化呢?

夏、商、周三代,史学界公认为奴隶社会。"在奴隶制下,生产关系的基础是奴隶主占有生产资料和占有生产工作者,这些生产工作者,就是奴隶主可以把他们当作牲畜来买卖屠杀的奴隶。"②这三个时代的性质没有变,将奴隶杀死或活活给奴隶主殉葬,或将奴隶同猪羊一样当作牺牲以祭祀祖先和神鬼,同样为三代社会所允许,因此,人殉人祭的盛衰同奴隶制度本身(或本质)没有关系。

那么,人殉人祭由盛到衰是否同奴隶来源有关?奴隶绝大多数来源于战争俘虏(包括被征服地区的居民),只有少数是本族内负债和犯罪的人沦为奴隶。这样,奴隶的来源主要看战争俘虏多寡便知。商族主国后,四出征伐,对外战争频繁,往西北"伐鬼方",往南"奋伐荆楚",往东南伐淮夷等等,获得大量俘虏。奴隶剧增,一时不善处置,可能是商代人殉人祭鼎盛的原因之一。但是,决不是根本的唯一的原因。我们知道,周族灭殷,不仅获得大量战俘,而且可以把商族

---

① 郭宝钧:《浚县辛村》,科学出版社1964年版。
② 斯大林:《辩证唯物主义与历史唯物主义》,《斯大林文选》,人民出版社1962年版。

人众全部变为奴隶。而且周朝连续对外战争，成王伐东夷，宣王伐西戎等，战俘亦很多。据《逸周书·世俘解》记载，武王灭掉九十九国，斩获的首级计有十七万七千七百七十九个，俘虏三十一万另二百三十人，这个数字可能不那么准确，不过可以说明周代的奴隶来源绝不少于商代。周代要按照商代的规模进行人殉和人祭是有条件的，然而实际上周代的人殉和人祭的规模同商代相比，却是小巫见大巫。由此可见，人殉的盛衰绝不取决于战俘和奴隶的多寡，肯定另有原因。

有的同志认为，商代盛行人殉人祭是因为"在奴隶社会前期，在社会生产力发展水平较低的情况下，奴隶劳动所提供的剩余产品还很有限，因而奴隶主剥削奴隶剩余劳动所获的利益还不很大，奴隶作为使用价值还很低。这时奴隶主大量地把奴隶当作人牲人殉的对象进行屠杀"①。笔者认为这仅仅是商代大量屠杀战俘和奴隶的主要原因之一。我们还应当看到，使用奴隶劳动的物质基础在夏族立国之前就具备了，否则不会产生夏朝奴隶制国家。况且商代也在各方面使用奴隶，通过奴隶们的劳动使社会生产和文化艺术有很大发展，居于当时世界的前列。既然商代已具有奴隶劳动的社会条件，却又大量屠杀战俘和奴隶，只能说明奴隶制发展仍不充分，尚不能纳入大规模的奴隶劳动，不善于把大批战俘转化为奴隶，也不善于使用和管理奴隶劳动。

周武王灭殷后，奴隶制进一步发展。周代统治者已善于把大批战争俘虏和被征服地的居民变为奴隶，善于把奴隶分散转移到各地各个生产部门去，减少杀戮，自然人殉人祭方面杀人也就减少了。从有关资料看，周代有三个重要措施或行动。

其一，武王克殷和灭掉四方诸侯后，没有听从师尚父的意见，把敌人全部杀掉，也没有像召公所主张的那样"有罪者杀，无罪者活"，而是采取了周公对商族在武力监视下进行分化利用的办法。武王封纣王之子禄父（即武庚）为商后，仍留在商都，企图借禄父之手控制商人，同时武王派其弟管叔、蔡叔和霍叔去监督，称为"三监"（见《尚书大传》）。这样就避免了征战后通常的大屠杀。后来禄父和管叔、蔡叔发动叛乱，周公二次东征平叛之后，仍不采取灭族的办法，而只是把"殷顽民"（即殷之贵族）迁往洛邑。从《尚书·多士》和《尚书·多方》来

---

① 杨锡璋、杨宝成：《从商代祭祀坑看商代奴隶社会的人牲》，《考古》1977年第1期。

看,他们不仅不杀"殷顽民",还给他们房屋土地,使他们得以生产和生活。这样逐渐把殷民降服了。同时,对其他被征服的土地,则采取了"封邦建国"的办法,分而治之,派王族去统治。《左传·昭公二十年》:"昔武王克殷,成王靖四方,康王息民,并建母弟,以蕃屏周。"这些措施,使周朝建立起比商朝更为强大的奴隶制政权,也更为广泛地使用奴隶劳动,使奴隶制经济获得高度发展。

其二,将大量战俘化作奴隶,把他们当作物品和牲畜一样买卖。《周礼·地官》云:"质人掌成市之货贿:人民、牛马、兵器、珍异,凡卖儥者,质剂焉。"一般平民尚有人身自由,不在买卖之列,这里的"人民"当指一般奴隶。奴隶可以同牛马一样在市场上出卖,并且设专人管理,可见不是一桩偶然的交易,而是经常的买卖。至于当时一个奴隶的价格,没有文献记载。周孝王时代曶鼎铭文中,有"我既卖汝五父,用匹马束丝","用䘏诞买兹五夫,用百㝬"的记载。䘏是金属货币的名称,㝬是䘏的单位。从五个奴隶才值一匹马加一束丝的价钱看,奴隶是很便宜的。

其三,将奴隶和土地、钱财一起赠送他人。这样,奴隶就从一个奴隶主转到另一个奴隶主的手里。在这方面,有较多的记载。如成王时期的矢令簋铭文中记:"姜赏令贝十朋,臣十家、鬲百人。"臣是有家室的奴隶,鬲为无家室的奴隶,康王时期的大盂鼎铭文载:"锡(赐)汝邦司四伯,人鬲自驭至于庶人六百又五十又九夫。锡夷司王臣十又三伯,人鬲千又五十夫。"[①]周初的叔德簋铭文中记载:"王益叔值臣妾十人,贝十朋,羊百。"[②]臣为男奴,妾为女奴。从上述记载可见,王公贵族馈赠他人的奴隶有男有女,数目不等,最多达千人以上。

由于周代统治者采取分化利用和"封邦建国"的办法对商族和其他被征服的地区进行有效的统治,并且利用设市买卖奴隶和赠送奴隶的措施,把大批战俘和奴隶迅速地分散和转移到各地生产和生活领域去,这样积极的利用代替消极的屠杀。在这种情况下,就不会把大批战俘和奴隶用于人殉和人祭,这恐怕是人殉人祭从商盛到周衰的主要原因。

此外,在春秋时期,似就有人开始反对人殉。《史记·秦本纪》云:"三十九年,缪(穆)公卒,葬雍。从死者百七十七人,秦之良臣子舆氏三人,名曰奄息、仲

[①] 郭沫若:《奴隶制时代》,科学出版社1956年版。
[②] 郭沫若:《文史论集》,人民出版社1961年版,第346页。

行、鍼虎,亦在从死之中。秦人哀之,为作歌黄鸟之诗。"秦人对殉人的行为"哀之",说明当时的社会舆论可能反对殉人了。在此以前并没有这种记载,而且这种舆论同奴隶制是相抵牾的,只能说明奴隶制从顶峰开始走下坡路,而不能当作人殉人祭衰落的社会原因。

三、人殉人祭由盛到衰反映奴隶制的发展

奴隶制的发达程度,不仅要看社会上奴隶数量多寡,更重要的要看对奴隶使用是否广泛和充分。古希腊奴隶制之所以发达,不是大量屠杀奴隶,而是普遍地使用奴隶劳动,一般自耕农有一至三名奴隶,一个普通的手工业作坊有五名至二三十名奴隶。我国商代奴隶制肯定比夏代有很大的发展,奴隶已被使用于各个生产领域和生活领域。不过,从商代大量战俘和奴隶用于殉葬和祭祀来看,奴隶制发展尚不充分,尚没有能力或不善于把大批战俘转化为生产奴隶,尚不善于使用和管理奴隶。到了周代就不同了,由于采取了如上所述的三个重大措施和行动,保留了大量战俘和被征服地居民的性命;同时通过设市买卖和馈赠等手段,就比较迅速地将集中的战俘或奴隶分散转移到各生产和生活领域去。这是化消极因素为积极因素,无疑是一个社会性的进步,也是奴隶制发展已到了成熟程度的标志之一。

这不仅是理论问题,而且也是历史事实。同为奴隶制,周代比商代要发达得多,可以说在西周和春秋早中期这个阶段,奴隶制已经达到鼎盛阶段。

周初,相传周公制礼作乐。"兴正礼乐,度制于是改",使奴隶主国家机构和政治制度进一步完善。镇压奴隶反抗的刑律,在夏商五刑的基础上更加完善了。《史记·周本纪》中记:"墨罚之属千,劓罚之属千,膑罚之属五百,宫罚之属三百,大辟之罚其属二百,五刑之属三千。"公元前18世纪著名的巴比伦《汉谟拉比法典》,总共只有282条,而周的五刑律就有3000条之多,可见当时的法律条文已很详细和严密。

周代奴隶制的宗法等级是严密的,奴隶主阶级划分为天子、诸侯、卿、大夫和士五等,而被剥削的奴隶阶级中,庶人、工、商是一个等级。奴隶中还有皂、舆、隶、僚、仆、台、圉、牧等名称,其身份和地位亦小有差异。在周代,全国土地

名义上属于周王,"溥天之下,莫非王土"。周王把土地分赐诸侯和臣下,他们同大小奴隶主又把土地划分为若干小块分给奴隶耕种。农业奴隶大多有家室,但他及其子女、劳动产品均属奴隶主所有,由奴隶主支配。由于使用青铜工具,后来又使用铁器,使农业生产水平有很大提高。同时,所俘获的商族和其他部族的手工业者,如《尚书·酒诰》所云"毋庸杀之,姑惟教之",所以周代手工业比商代也有很大的发展。周代的青铜器除了承袭商制外,还出现了新的器形:农具中有青铜镰;食具中有簠、盨、敦;水器有匜;乐器有钟、镈;兵器有剑、戟等。这些都说明周代青铜手工业的进步。商代虽已使用锻打的陨铁,但铁的正式冶炼和使用似是周代的事。《国语·齐语》中有"美金以铸剑戟,试诸狗马,恶金以铸锄夷斤斸,试诸壤土"的记载,春秋时期叔夷镈铭文中有"造戜徒四千"一句,"戜"字被认为是铁的初文。既然冶铸铁有徒工4000人,那么冶铁手工业当有相当的发展。铁器容易锈蚀不好保存,所以考古发现不多,仅在江苏六合程桥、湖南长沙和河南洛阳发现6件,但已足以说明当时冶铁业的存在和铁器的使用[1]。此外,周代的瓷器、漆器手工业也在商代的基础上有较大的发展。农业、手工业的发展也促进周代商业的发展。商业不限于贵族间的交易,民间贸易也兴盛起来了。《诗经·卫风·氓》中有"氓之蚩蚩,抱布贸丝"就是生动的写照。总之,由于周代采取各种措施大量使用奴隶劳动,使周代奴隶制经济高度发展。在这个意义上说,人殉人祭由盛到衰,使大批战俘和奴隶由被屠杀到以买卖和馈赠的方式转移到各生产和生活领域中去,是奴隶制发展之必然趋势,也是奴隶制由不发达到发达的一种标志。

奴隶制在历史上出现时,曾有过推动社会发展的进步意义。但是,当社会发展到一定水平,奴隶制就成了反动的腐朽的东西了。因此,周代在人殉人祭方面杀人比商代减少了,并不是周比商仁慈,而是奴隶制发展的需要。奴隶制在西周和春秋中期这个历史阶段,曾达到鼎盛阶段,从春秋晚期开始逐渐走下坡路了,终被战国后期封建制所代替。

(原载《全国商史学术讨论会论文集》,《殷都学刊(增刊)》1985年)

---

[1] 北京大学历史系考古教研室商周组:《商周考古》,文物出版社1979年版,第235页。

宋苏适墓志及其他

北宋苏洵和苏轼、苏辙,是著名的文学家,世称"三苏"。三人中,苏轼的文章和书法,更为人们所推崇。死后有人还为他们修祠立碑,甚至修建衣冠冢,年月久远,对于他们究竟葬于何处,反而真伪莫辨,以致产生了不同的传说和记载。苏适(音括)墓的发现和墓志的出土,帮助我们澄清了这个问题。

苏适字仲南,是苏辙的次子,苏轼的侄儿。苏适夫妇合葬墓位于今河南省郏县茨芭公社"三苏坟"院南门外东南115米处(图一)。苏适《宋史》无传,葬地不明。周亮工《书影》曾载适葬此[①],但未见其冢。1972年6月,当地社员因引水浇地发现此墓后,随即清理。由于此墓早年被盗,殉葬品多散失,仅存墓志两合、铜印一枚和白瓷小碗一件。

图一 郏县"三苏坟"院外景

---

① 转引《宋人轶事汇编》卷一二,第592页,商务印书馆1959年版。按:周亮工《书影》中华书局1958年版第73页,不是"迈、迨、适俱葬此",而是"迈、迨、过俱葬此"。

一、墓的形制及残存器物

苏适墓的方向为南偏西87°。距地表深2.15米,墓道长12、宽1—3.6米。墓室为双门双室砖结构。两墓门朝西,均高1.5、宽1.1米。额砖一伏两券,门楣左右各饰门簪一对。进门则为棺室,两墓室并列,外边墙通砌。两室结构及大小几乎一样。各长3.98、宽1.35米,只是苏适墓室比黄氏墓室高4厘米(即1.74米)(图二、三)。两室顶部皆为三砖立券,厚近1米,墓壁为一纵一横平砖砌造,厚达0.5米。内壁都抹有厚0.4—0.7厘米的白石灰,无彩画。两室的隔墙厚达0.96米,西头有小券门相通。两室均以三层小砖(上下平砖,中侧砖)铺地,砖缝淋以白灰,厚0.3米。

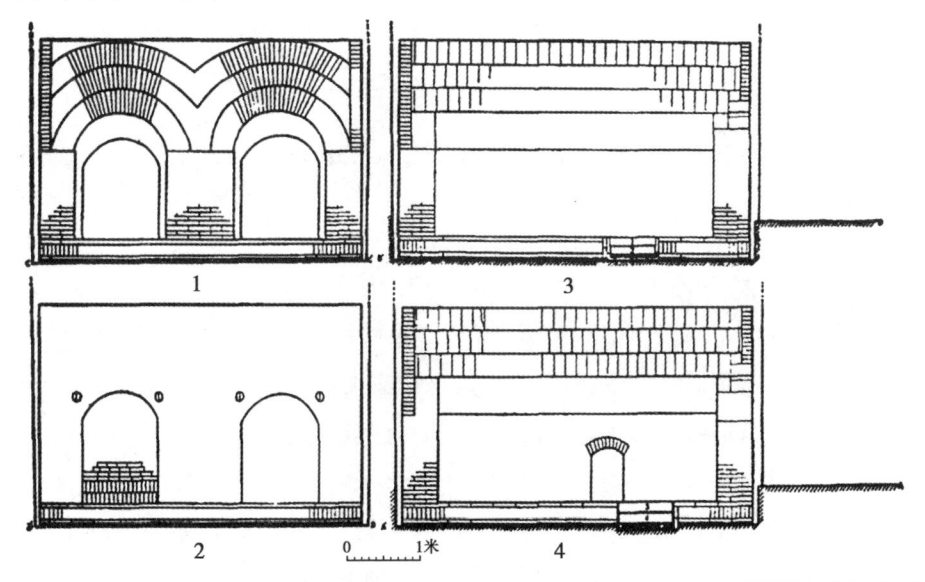

1. 墓门正视图　2. 墓室横剖面图　3. 黄氏墓室纵剖面图　(1. 黄氏墓志盖　2. 黄氏墓志)　4. 苏适墓室纵剖面图　(3. 苏适墓志盖　4. 苏适墓志)

图二　苏适夫妇墓剖面图

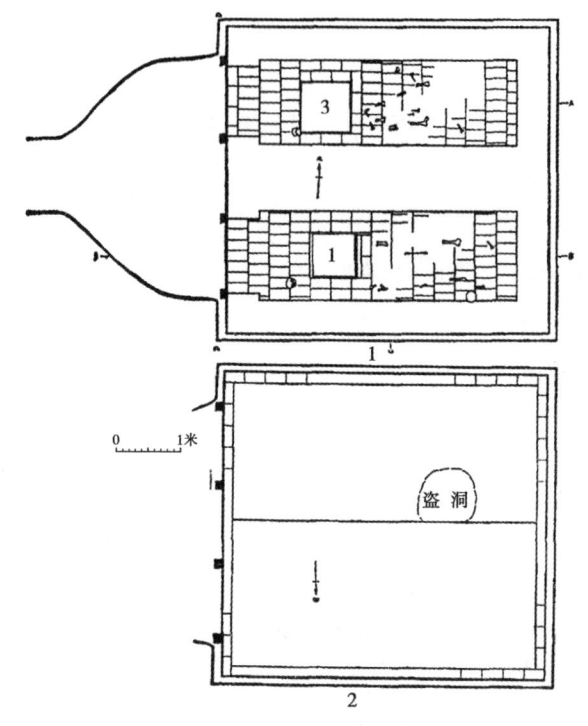

1.苏适夫妇墓墓室平面图 （1.黄氏墓志盖 3.苏适墓志盖） 2.苏适夫妇墓墓顶俯视图

图三 苏适夫妇墓平面图

苏适墓室居北,南为其妻黄氏墓室。两室内皆发现铁棺钉十余枚,大小不一,长钉约13厘米,短钉约10厘米,可见原是有棺木的。死者骨骸多腐朽,并已散乱。苏适墓室淤泥中仅存铜印一枚,黄氏墓室东南隅残留一白瓷小碗。两人各有志、盖一合,分别埋于各自墓室迎门的墓志坑中。

铜印,方形座,方片状钮。印面篆雕阳文"适"字,当是苏适的私章(图四、五)。白瓷小碗,口径16、高4.5厘米(图六),敞口、浅腹、矮圈足,内胎灰白,壁内外均涂乳白色釉。这种白瓷和河南白沙宋墓所出瓷碗相类。

图四 苏适印章　　图五 苏适印章拓本　　图六 黄氏墓里出土白瓷碗

二、墓志铭

(一)苏适墓志铭

苏适墓志铭志盖刻有"宋承议郎眉山苏仲南墓志铭"十二字,为其伯父苏轼季子苏过所题,墓志铭是其兄苏迟撰并书。志、盖尺寸大小一样,长0.78、宽0.78、厚0.14米(图七、八),系用深色石灰石琢磨而成。从苏迟亲书的志铭中,可以看出其笔法圆润,字体介乎真、行之间,显然受其伯父苏轼的影响。

图七 苏适墓志铭志盖

图八 苏适墓志铭

兹将苏适墓志铭抄录于下：

先考栾城公①，晚岁归自南方②。杜门宴寂，谢绝宾客，亲戚故旧，知其不复有意于世也。喜有贤子以绍其后，盖谓吾弟仲南也。先人亦常嘉其有识能断，凡商略古今之事，必与之言焉。伯父东坡公，以为其才类我，尤喜与之论政事。虽仲南亦每自负，若将有为于世者。先人既没，门户恃以为重，而不得永年，天乎可哀也已。先人三子，仲南处中焉，名适，仲南其字也。世眉山人，曾祖讳序，赠太子太傅，妣史氏，嘉国太夫人；祖讳洵，赠司徒，妣程氏，蜀国太夫人；父讳辙，门下侍郎赠少保，妣史氏，嘉国夫人。初以先人郊恩授承奉郎，任郊社局令。猾吏以其年少，易之。仲南擒纵自若，同僚莫不耸然。凡六月改陈州粮料院，郡守知其能，委以民事。有老人与少妾处者，诉其子将不利于己。仲南骤诘之曰：翁年如此，而欲杀壮子乎？一陷吏议，子不得生矣！其人流涕。再谕之曰：必有为画此计者，老而杀子，身将焉托，少妾其可恃耶？其人益大感悟，盖妾不得逞，欲潜去其子也。诲之出财以嫁妾，而后父子复相安矣。先人谪岭表，不能尽室以行，则分寓颍昌，二孀姊在焉。仲南移疾而归，求田问舍，缩衣节口，以备南北养生之具，而往来于其间。尝投宿野人之庐，或告曰：盗方据其处。仲南曰：吾不害贼，贼岂危我困厄之人哉？微服而前，盗问知其姓，知其所诣，相告曰：是家仁人也。嘱野人谨视之，乃长揖而去。逮先人蒙恩而归，则有宅以居，有田以耕，中外各得其所，仲南之力为多矣！复出守太常寺太祝，逾年，又称疾去职。领宫祠者六年，起监西京河南仓，时方买营缮之木，部使者俾仲南预其事。仲南力言，优其直，则事可集，而民不病。伊阳之人，以为有阴德于我。丁先人忧。除丧，授信阳军司录事。狮水大溢，雨霾不止，城中惴栗，太守请告以事付仲南。仲南仓猝不挠，命群司各守其所；令民无得窃出，辟祠庙以居老弱，鸠畚筑以固堤坊。水之所向，以身先之，众皆趋赴，城赖以完。时方废铁币，小民乏食，相率

---

① "栾城公"，指苏辙。苏辙曾居栾城，并著有《栾城集》八四卷，故称"栾城公"或"栾城先生"。

② "晚岁归自南方"。苏辙于宋哲宗绍圣四年（1097）曾降散官安置，制责授化州别驾，雷州安置。次年（即元符元年）辙又移州。元符三年（1100）苏辙受大中大夫提举凤翔府上清宫外州军，后归住颍昌府。化州、雷州、循州宋时属广南东西路，今广东省境内，而颍昌府在今河南一带，因此说是"归自南方"。下文"先人谪岭表"一句也是指苏辙贬化、雷、循州一事，因为其地均在大庾岭等五岭之南。

遮道①。仲南请发义仓以济众。守曰：未白使者，不可。仲南曰：事不可缓也，出粟而被谴，吾任其咎。民赖以安。俄而被旨所在赈济，众始服其先识。丁嘉国夫人忧。除丧，复得请为宫祠。未几，以省员而罢用。中山帅赵公述美荐通判广信军。时契丹衰乱，燕人归附，金壳甲兵之务方兴。仲南昼夜勤瘁，事得以济，而疾亦作矣！加之同僚刚愎忤物，仲南亦不能堪。吏民忧其以病去，祷于塔庙者相继。宣和四年九月八日卒于官舍，享年五十五。官至承议郎。娶黄氏，龙图公寔之女，有贤德孝行，先仲南半年而逝。以五年十月晦日，合葬于汝州郏城上瑞里先茔之东南巽隅。子四人：曰籀，迪功郎；曰筥，早卒；曰范，承务郎；曰筑，未仕。孙男二人，未名。仲南少观先人著书立言，长观其论国事，终观其处患难，预闻其议论也多矣。且好学广记，贯穿图史，能窥前人之深意。手编其可用之言，将以施于行事，而非徒习空文者也。故其为人晚益精审。少时，喜作论事文章，诗词至多，不自贵重，亦不乐为章句之学。盖勇于为义，健于立事，能为人之所难，足以耸动人之耳目。先人尝患不得归省祖茔，仲南代行者再。既至，则造石垣，建精舍，立僧规，益斋粮，为经久之计。又举外祖母之丧而葬之。兄弟之贫者，率于众而周之，皆不旋踵而办。韩公师朴在相位，数与之论事②，尝赞公□怀仁辅义，慰天下心。且曰：子木有祸人之心，武有仁人之心，晋以胜楚，即公所长。曷师此言，他人虽有不善之意，夫何患焉。韩公深然之。右辖范公彝叟③，与其弟龙图公德孺皆平生相知者也。其交天下贤士多至公卿，而仲南独不偶，以至于斯，命也夫。及其没也，亲族咸谓失所依响，朋友以谓失所谘谋，下至闾巷小人，皆咨嗟出涕，识与不识，莫不信其为君子人也。得此以归见先公与先夫人于地下也足矣。哀哉！吾于仲南非惟手足之爱，盖道义之交也。涕泣而志之。铭曰：

　　嗟嗟仲南，刚毅自守。直己而行，
　　不为义疚。有才弗遇，为善罔寿。

---

① "时方废铁币，小民乏食，相率遮道。"宋代货币比较复杂，有铜、铁、纸三种，且宋代年号多，又几乎每更一年号就改铸一种钱，因此，钱币更替频繁，特别是蔡京当权时尤甚。蔡京为相时，铸当时的"崇宁重宝"钱，铁币受到排斥，尔后又铸夹锡钱，通用全国，铁币一度废止。由于货币的更替甚速，新币成色低劣，物价飞涨，严重影响人民的生活。

② "韩公师朴在相位，数与之论事"。韩公是指韩琦之子忠彦，其字师朴，曾任宋宰相。

③ "范公彝叟"。指范纯礼，彝叟是其字。

念其平生,闻道也久。遗书慷慨,
其言可取。生死聚散,如夜复昼。
理之必然,何所归咎。往赍此志,
虽没不朽。

(二)黄氏墓志铭

黄氏墓志铭志盖刻"宋故孺人黄氏墓志铭"九字,亦为苏过所题,墓志铭文则由其长子苏籍撰,苏过长子苏翁书。铭文书法,笔致圆润,颇有特点。

黄氏墓志比苏适墓志稍小,长0.64、宽0.64、厚0.11米。料质亦系石灰石。志文从略。

(三)关于河南郏县"三苏坟"的真伪问题

郏县"三苏坟"院坐落县城西北45里的小峨眉山麓,此地宋时隶汝州郏城县钧台乡上瑞里①。现今坟院中央,三冢隆起,苏洵墓居中,苏轼、苏辙墓袝其左右。墓前还建有大殿。三冢西南有苏洵之曾孙六公子碑及冢。坟院西南300多米处有三苏祠,立"三苏"塑像。祠前还有广庆寺。

苏适父苏辙(1039—1112),政和二年卒于许昌。有人怀疑郏县苏辙墓是"衣冠冢"②,苏适夫妇墓志铭澄清了这个问题。黄氏墓志铭中,其长子苏籍称辙"祖父少保",下又说黄氏"将以宣和五年十月与先人合葬于少保坟东南之隅"。苏适夫妇墓今在坟院东南,据此,知"少保坟"即苏辙之墓。称苏辙为"门下侍郎赠少保",这是有根据的。宋哲宗元祐七年(1092)六月辛酉,苏辙曾受大中大夫守门下侍郎,后来赠少保。其葬地《宋史》本传虽未有记载,但在南宋左奉议郎孙汝听编著的《苏颍滨年表》中有清楚的记载:政和二年(1112)"十月三日辙卒,年七十四"。政和"七年三月二十五日夫人史氏卒,同葬汝州郏城县上瑞里"。铭籍对照,苏辙葬此是毫无疑义的。应该说明,苏辙在别的地方是有衣冠冢的。例如苏辙的长子苏迟守婺州时,因爱其山水胜似家乡,曾在兰溪之灵洞山为辙建衣冠冢③。

苏适伯父苏轼(1036—1101),字子瞻,号东坡,宋礼部尚书、端明殿学士,赠

---

① 《郏县县志》卷一〇,1932年重修本。
② 《宋人轶事汇编》卷一二。
③ 明谈迁《枣林杂俎》中集。

太师。苏轼遇赦自海南归,于宋徽宗建中靖国元年(1101)七月丁亥,因暴病卒于常州昆陵。次年葬于汝州郏城今"三苏坟"院。《宋史·苏轼传》载:"轼卒于常州,过(按:亦有作其长兄迈的)葬轼汝州郏城小峨眉山。"①今郏县"三苏坟"院位于嵩山之南,其地有两个细长小山,东西对峙,苏轼于宋神宗元丰二年(1084)贬授汝州团练副使时②曾赞赏此地美似家乡峨眉山,因爱此山水,嘱其弟在他死后葬此,并为其作铭③。苏轼卒,辙遵嘱作《亡兄子瞻端明墓志铭》。墓志铭中写道:"明年(宋徽宗崇宁元年)闰六月癸酉,葬于汝州郏城县钧台乡上瑞里。"④苏轼葬郏,亦见于《苏颍滨年表》:崇宁元年"闰六月癸酉,葬轼于汝州郏城县小峨眉山,有墓志铭"⑤。可证苏轼葬于郏县。

苏辙,苏适父,生前曾和苏轼一起赴京应试,兄弟两人同举进士。苏辙在《遣适归祭东茔文》中说:"兄轼已没,遣(遗)言葬汝。辙与妇史夙约归祔。常指庚冗,以救诸子。"⑥故苏辙在苏轼死后十一年卒于许昌时,其子亦同他葬此;五年之后,苏辙妻史氏卒,亦同葬于此,以遂凤愿。因此,《郏县志》所谓"郏县苏文忠(轼)、文定(辙)二公墓。文忠卒常州,尝爱郏之山,移葬此。后文定亦葬焉"⑦这种说法,是可信的。

苏适的祖父苏洵(1009—1066),曾任秘书省校书郎、霸州文安县主簿。宋英宗治平三年(1066),逝于京师。关于他的葬地,苏适墓志铭中说:"先人尝患不得归省祖茔,仲南代行者再。既至,则造石垣,建精舍,立僧规,益斋粮,为经久之计。"此"祖"茔,于苏迟的称谓,当指苏洵以上辈,而在同一志文中称郏县苏坟为"先茔",即指其父苏辙之墓。两词有别,非指一地。苏洵墓所谓之"东茔",也不是因为其坟在蜀之东。苏辙在其《东茔老翁井斋僧疏》文中,谈及苏洵"兆自东山躬卜灵宅"。勘卜坟地祠宅为宋人的习俗,苏洵既卜东山,故其茔取东山的"东"字而命之。

---

① 《宋史·苏轼传》。
② 《苏颍滨年表》第8页。
③ 《栾城后集》卷二二《亡兄子瞻端明墓志铭》。同书卷二〇《遣适归祭东茔文》。《郏县县志》卷一一《三苏祠记》。
④ 《栾城后集》卷二〇。
⑤ 《苏颍滨年表》第30页。
⑥ 《栾城后集》卷二〇《遣适归祭东茔文》。
⑦ 明谈迁《枣林杂俎》中集。

《三苏祠记》卷一一中记："至正间，县尹杨允因谒庙而创寺焉。谓两公之学，实出其父老泉先生教也。虽眉汝之茔相望数千里，而其精灵之往来必陟降左右，盖未始相远。且墓必有祠，而两公之宜祀，当推本攸，自遂置老泉衣冠瘗诸两公冢右，而肖三像，各设神主，祠内父中子列侍焉。"可见，迄元代至正间，郏县"三苏坟"院内未有苏洵之坟冢，杨允方置之。

苏洵究竟葬于何地？《宋史·苏洵传》云：洵方成《太常因革礼》百卷而卒，英宗皇帝闻讯，"特赠光禄寺丞，敕有司具舟载其丧归蜀"①。《苏颍滨年表》对此记载较详：英宗治平三年（1066）"四月戊申，父洵卒于京师，年五十八。辙兄弟自汴入淮溯江归。十二月入峡"。治平四年"十月壬申葬父彭山县安镇乡可龙里"②。这里清楚地证明苏洵归葬四川。欧阳修所作《老苏先生墓志铭》中，亦记载苏洵治平三年（1066）卒，"四年十月壬申，葬于彭山之安镇乡可龙里"③。墓志所记是可靠的。

从司马光所作《武阳县君程氏墓志》中，可知苏洵妻程氏早于宋仁宗嘉祐二年（1056）四月终于乡里，"其年十二月庚子，葬彭山县安镇乡可龙里"④。可见，苏洵应与妻合葬于彭山。

综上所述，可以推定苏洵墓在四川家乡，而且据我们了解，四川眉山县柳沟（蟇颐山东老翁泉旁）有苏洵及程氏合葬墓，旁边还有苏轼原配王氏墓。河南郏县"三苏坟"院中的苏洵墓，当是"衣冠冢"，而其中的苏轼、苏辙两墓则为其真茔。

（四）苏适夫妇合葬墓为何在今"三苏坟"院外而不在其内

宋代官修《地理新书》卷一三冢穴吉凶之步地取吉穴条云："凡葬有八法，步地亦有八焉……八曰昭穆，亦名贯鱼，入先茔内葬者，即左昭右穆，如贯鱼之形……惟河南、河北、关中、垅（按：垅为陇之讹）外并用此法。"⑤郏县"三苏坟"院内苏辙墓西南有"六公子"碑冢，"六公子"比苏适幼一辈，其碑冢若属实，则苏适葬院外百米之外，似同"贯鱼"葬法有违。按传统习俗亦当将苏适夫妇葬于

---

① 《宋史·苏洵传》。
② 《苏颍滨年表》第 4 页。
③ 《苏老泉先生全集》附录卷上《老苏先生墓志铭》。
④ 《苏老泉先生全集》附录卷上《武阳县君程氏墓志铭》。
⑤ 宿白：《白沙宋墓》，文物出版社 1957 年版，第 86 页。

院内,这种违反常态的埋葬现象究竟是什么原因?

  首先,现今存留的"三苏坟"院墙垣,据《三苏祠记》记载,是元代至正年间修的①,苏适夫妇葬时,尚未有墙垣,故当时并没有垣内垣外之别。苏坟的茔域在苏适葬时可能很大,若按周亮工《书影》苏坟茔域三十亩之说②,则苏适墓仍在茔域内。而且苏适夫妇墓在苏辙墓之南,同"贯鱼"之葬法亦无不同。

  其次,苏适墓志铭中,有"五年十月晦日合葬于汝州郏城上瑞里先茔之东南巽隅"。同时,在苏适夫妇墓之西面,不足百米处,有其兄苏迟妻梁氏墓,前者据东向西,后者处西望东,两墓相对,并同"三苏坟"构成三角,因此,也可以说苏适夫妇墓葬此,是同堪舆学说和"三苏坟"布局有着密切关系的。

(原载《文物》1973 年第 7 期)

---

 ① 《郏县县志》卷一一《三苏祠记》。
 ② 《宋人轶事汇编》卷一二第 592 页,清周亮工《书影》第 73 页,中华书局 1958 年版。

历史篇

炎帝和黄帝探论

在中国文化史上，最早的和最有影响的人物之一是炎帝和黄帝。现代的中国人，包括港澳台地区同胞、海外华侨、华裔，往往自诩"炎黄子孙"，也就是说，都把炎、黄二帝视为自己的祖先。这是有历史渊源的。对此，我们不能数典忘祖，对炎、黄二帝应进行认真的研究。

长期以来，中国史学界对炎、黄二帝却没有统一的认识，不是把他们看作传说中的神话人物，就是把他们作为真实的历史人物。例如，有些学者对神农氏和炎帝是否为同一人、炎帝与黄帝是否为兄弟等诸如此类的问题，长期争论不休。而对炎、黄二帝在历史上是否真有其人，以及炎、黄二帝对中华文化和历史的深远影响等重要课题却未进行过实质性的探讨。当然，这种状况也事出有因，因为所有记载炎、黄二帝的古籍，都不是也不可能是当时人所记，而是后人所为，尽管都有不同程度的参考价值，但由于不同古籍之间相互抵牾，使人无所适从。笔者认为，欲在研究上有所突破，必须改进传统的研究方法，最重要的是必须跳出从古籍到古籍的旧框框，运用现有的科学知识，即运用现代人类学、民俗学、考古学和史学等多种学科的研究成果以进行综合研究。本人不揣学识浅陋，拟就以下三个问题，进行一次尝试性的探讨，抛砖引玉。

一、炎、黄二帝是什么样的人物？

在许多古籍中，炎、黄二帝是神化了的人物。《帝王世纪》云："有蟜氏之女，名女登，为少典妃，游于华阳，有神龙首，感女登于常羊，生炎帝，人身牛首，长于姜水，因以姓焉。"《春秋元命苞》云："少典妃安登……生神子，人面而龙颜，好耕，是为神农。"一些古籍则直言其为神。如《白虎通》："炎帝者，太阳（神）也。"

至于黄帝也同样被神化了。如《山海经》："轩辕之国……人面蛇身,尾交首上。"《史记·天官书》云:"轩辕,黄龙体。"《春秋合诚图》:"黄帝将亡,则黄龙坠。"又云:"轩辕主雷雨之神。"历史常识告诉我们,神与鬼并不存在于自然界,而纯粹是人杜撰出来的。凡是领袖人物,自有其超凡脱俗的能力,当常人无法理解时,便将其神化。原始部落的首领,被巫师和众人神化是自然的事。后人未识炎、黄二帝的尊颜,更对他们伟大的创举无法理解时,将他们神化也在情理之中。实际上,何止炎、黄二帝,将帝王的出身及形象神化,在中国历史上屡见不鲜。殷始祖契是其母简狄吞"玄鸟"(神鸟)卵而孕生的,周始祖后稷是其母姜原践"巨人迹"而怀孕生育的。神化帝王始祖亦即神化帝王,甚至有文献明确记载的汉高祖刘邦,也是其母刘媪"梦与神遇""蛟龙于其上"而有身孕生下的。这些都在《史记》里有记述。由此推知,古籍对炎、黄二帝的神化与对后世帝王的神化是一致的。又如说炎帝为"人面龙颜",说黄帝为"黄龙体",而刘邦也有"隆准而龙颜",后世皇帝的脸色亦称"龙颜",身体称为"龙体"。炎帝被称为"太阳神",黄帝被称为"主雷雨之神",后世帝王被称为"天子"。可见,"龙"与"神"自古便与帝王结下不解之缘,"龙颜""龙体""天神""天子"都是对帝王神化的颂词。对领袖人物,特别是对帝王神化是封建社会愚民政策的一部分,上述古籍都出自春秋战国以后的封建社会阶段,出现上述现象是不足为奇的,可怕的是因其神化而当神膜拜之。

当然,有些古籍也把炎、黄二帝放在人间,当作历史人物。据《国语·晋语四》云:"昔少典娶于有蟜氏,生黄帝、炎帝。"也就是说,炎、黄二帝是少典氏和有蟜氏夫妇所生。不过无论是少典氏、有蟜氏,还是炎帝神农氏、黄帝轩辕氏,都不是一个具体人的姓氏和名号,而应该是部落首领的称谓。唐代司马贞曾云:"少典者,诸侯国号,非人名也……若少典是其父名,岂黄帝经五百余年而始代炎帝后为天子乎?何其年之长也?"[1]虽然少典氏时代还没有诸侯国,只有氏族和部落名号,然而司马氏在缺乏民族学知识的时代能够判别少典非人名是有重要学术价值的。已故考古学家徐旭生也曾明确指出:"少典生黄帝、炎帝,是说后面这两个氏族由少典氏族分出,不是说这两位帝是少典个人的儿子。"[2]在此

---

[1] 见《史记·五帝本纪》之司马贞《索隐》,中华书局1982年版,第2页。
[2] 徐旭生:《中国古史的传说时代》(增订本),科学出版社1960年版,第40页。

应该指出，从炎、黄二帝活动范围之广、影响之大来看，不是只有一百几十人的氏族，起码也是个部落，后来则是部落联盟，进而构成部族。

同时，还应该看到，从一些古籍来看，炎帝和黄帝这两个部落不是同时产生的，炎帝比黄帝稍早。炎帝，据《国语·晋语四》韦昭注，又称神农氏。《史记·三皇本纪》云："炎帝，神农氏，姜姓。"（司马贞补）《帝王世纪》也有同样的记载。对于炎帝神农氏与黄帝轩辕氏的关系方面，《帝王世纪》云："神农氏……在位一百二十年而崩，纳奔水氏女曰听詙，生帝临魁，次帝……凡八代及轩辕氏也。"（《易·系辞》正义引）可见炎帝神农氏传八代之后乃有黄帝。"八代"之说不一定确切，但先炎后黄应可信。当然，黄帝部落形成之后，炎帝部落仍未消亡，作为两个相邻的强大部落，代代相因，后来长时间并存，反目之后在阪泉大战亦应不悖于史实。因此，由少典部落先后分离出来而后来又毗连共处的炎、黄两部落被视为兄弟也事出有因，只是不要忘了其长幼之序。

炎帝、黄帝应是后人给予他们两部落首领冠上的神圣称号。"帝"者即为王，"王天下之号也"。帝也称皇帝。据《释文》："皇帝，本文作黄帝。"反过来说，"黄帝"即"皇帝"，"皇"与"黄"通假嬗变。当时尚没有国家，本应无"帝"无"皇"之称号，因为炎黄两部落称雄中原，其首领当然是个强有力的杰出人物，将这样的领袖人物和后世一国之君等量齐观，给其戴上"帝"之桂冠，视为王者亦未尝不可。那么，"炎帝"和"黄帝"是否为这两个部落内某个首领的称号呢？前面提及炎帝神农氏在位"一百二十年而崩"，而黄帝也"在位百年而崩，年百一十岁"[①]。从炎、黄二帝的事迹看，他们所处的时代相当于我国考古学新石器时代的早中期（本文在后将论证），约距今8000至6000年前。据考古学对新石器时代人骨的鉴定，当时的老人也不过五六十岁，根本无百岁老人，无论是谁，甚至现代人可活到百岁以上的年代也不见任何铁腕领导人在位百年者。而且，原始部落的首领都是由部落成员选举的，由于寿命短的原因，每位酋长或首领在位再长也不过三四十年，这样百来年时间，至少也要更替了三四代乃至十几代首领。所以，与其说炎帝、黄帝都是某个人的称号，不如说是这两个部落（后来由于战争慑服周围部落而构成有共同地域和语言的部落集团——部族）的首领的沿袭性称号。从民族学的角度上说，氏族或部落首领称号的沿袭性是自然

[①]《史记·五帝本纪》集解引皇甫谧言。

或者普遍的。这是因为氏族和部落酋长或首领是本氏族和部落的代表的象征，是它的灵魂，若一首领死而改称号，全体成员就茫然若失，似乎氏族和部落不存在了。产生这种现象的社会根源，则在于原始人普遍存在着"万物有灵"和"灵魂不灭"的思想意识，认为人死了，灵魂还存在，并可托附于新首领。这就是不少原始部落老首领死了，而继位的新首领仍袭用老首领称号的原因。炎黄时代部落组织情况在历史文献中没有记载，我们不可确知，我们只好借助民族学资料。美洲印第安人是从亚洲华北平原迁徙去的，距今一百多年前仍处于原始社会末期状态，具有完整的氏族、胞族、部落、部落联盟四级组织，可供我们参考。其中，印第安人的一支易洛魁人部落联盟内，"每一个首领职位的名号也就成了充任该职者在任期内的每个人名字，凡继任者即袭用其前任者之名"。即新任首领就职以后，"他原来的名字就'取消'了，换上该首领所用的名号。从此，他就以这个名号见知于人"①。实际上，中国一些少数民族直到近代其首领（或称头人）世代都袭用一个称号；西藏两个宗教领袖历来都称"达赖"和"班禅"，只是有时为了区别才在称号上加上第几世。由此可见，炎帝、黄帝是姜姓和姬姓两个部落首领的世袭称号并不悖于理，而且据《吕氏春秋·慎势》"神农十七世有天下。与天下同"以及《春秋命历序》"黄帝轩辕，传十世，二千五百二十岁"，我们也可以说，炎、黄二帝的称号起码传了十世以上。当然，炎、黄二帝不仅是他们各自部落的首领，从一些古籍看，他们后来还分别是其部落联盟的最高长官和军事首领。所谓黄帝"教熊罴貔貅䝙虎，以与炎帝战于阪泉之野。三战，然后得其志。蚩尤作乱，不用帝命。于是，黄帝乃征师诸侯，与蚩尤战于涿鹿之野，遂禽杀蚩尤"②。这段文字中的熊、罴、貔、貅、䝙虎和"诸侯"均是指黄帝辖下诸部落，既然黄帝能调集和指挥他们为他作战，他自然是最高长官或军事首领。也就是说，炎帝、黄帝是对其各自部落联盟最高长官或军事领袖的称号，其每一代当选就此职者均袭用同一称号，或者说他们均用此称号。

炎、黄二帝既然是对这两个部落联盟（后来扩大为部族）的后代最高长官或军事首领的神圣称号，应是一个个实实在在的历史人物重叠形成的伟大形象，具有历史创造者的品格。从这个角度上说，我们决不能因他们被某些古籍神化

---

① 亨利·摩尔根：《古代社会》，商务印书馆1977年版，第126—127页。
② 见《史记·五帝本纪》。

而将其视为纯粹的神话人物,从而降低他们的历史地位或抹杀他们的伟大历史功绩。相反,我们应当把炎、黄二帝看作那个时代的代表人物(群体),把他们视为中华民族伟大的祖先。

二、炎、黄二帝的历史功绩

作为炎、黄两个部落或部族的首领,其历史功绩是不可抹杀的。当然,这些历史功绩又是其全体成员所创造的,只是由于不知道他们的姓名,更不可能把成千上万人都一一写上,在这种情况下,由其首领作为代表是很自然的事。所以这里谈炎、黄二帝的历史功绩,实则是谈这两个部落或部族全体成员创造的历史功绩。

(一)从古籍来看炎、黄二帝的主要历史功绩

炎帝神农氏主要的历史功绩,古籍记载中有:1.《白虎通》:"制耒耜,教民农作。"创制木质的翻土农具耒、耜,教民垦荒种地。2.《帝王世纪》:"始教天下种谷,故号神农氏。"从前人们只会采集野生植物的果实或根块食用,炎帝时才开始种植粮食作物,发明农业。3.《太平御览》:"神农耕而陶。"(引《周书》佚文)从前没有陶器,炎帝在耕种的同时还创制陶器,以供炊煮和饮用使用。4.《商君书·画策》:"神农之世,男耕而食,妇织而衣。"炎帝时发明了纺织术,使赤身裸体的人们穿上布衣服。5.《淮南子》:"神农……尝百草之滋味,水泉之甘苦……一日而遇七十毒。"尝百草为的是了解百草的药性,品水泉是为了了解水质以配药,从而发明了用汤药治病的医术。

黄帝轩辕氏主要的历史功绩,古籍记载中有:1.《史记·五帝本纪》:"艺五种。"即种植五谷。2.《白虎通》:"黄帝作宫室,以避寒暑。"《史记·五帝本纪》唐张守节正义:"黄帝之前,未有衣服屋宇。及黄帝造屋宇,制衣服,营殡葬,万民故免存亡之难。"3.《史记·封禅书》:"黄帝采首山铜,铸鼎于荆山下。"采铜冶铸,发明冶金术。4.《汉书》:"黄帝作舟车,以济不通。"5.《世本》:"黄帝使羲和占日,常仪占月,臾区占星气,伶伦造律吕,隶首作算数,容成综此六术,而著调历也。"又《史记·历书》:"黄帝考定星历。"即黄帝命其部属制定天文历法。6.《说文序》:"黄帝之史仓颉……仓颉之初作书,盖依类象形,故谓之文;其后形声相益,即谓之字。"即黄帝史官仓颉创制文字。

(二)考古资料所见相当于炎、黄二帝时代的史绩

上面所罗列炎、黄二帝的历史功绩,由于是后人所记,是否符合历史事实,尚需验证。不过,古籍对炎、黄二帝的出生和活动基地记载不一,相互抵牾,再加上古今地名不一,又没有确切的纪年,我们只能依据有限的考古资料作一些尝试性的探讨。

据《国语·晋语四》:"昔少典娶有蟜氏,生黄帝、炎帝。黄帝以姬水成,炎帝以姜水成。"姬水不知在何处。姜水,据《水经注》渭水条下曰:"岐山又东,迳姜氏城南,为姜水。"姜水在今陕西省岐山县城东。可见,炎帝一支早期活动于渭水流域。由于黄帝部落也是由少典部分裂出来的,当亦活动于这一地带。据《帝王世纪》:"神农都于陈,又徙于鲁。"陈,即在今河南淮阳地区,而鲁则在今山东曲阜一带,炎帝后来自西向东迁徙。至于黄帝活动基地和迁徙情况,据《史记·五帝本纪》皇甫谧曰:"有熊,今河南新郑是也。"有熊为黄帝号,说他立"国"于新郑。皇甫谧又曰:"黄帝生于寿丘,长于姬水,因以为姓。"寿丘,在今山东曲阜以北。再《舆地志》:"涿鹿本名彭城,黄帝初都,迁有熊也。"涿鹿,今河北涿鹿县一带。从这些古籍来看,我们可知炎帝最初在陕西渭水流域,后沿着渭水、黄河向东发展到河南、河北中南部和湖北一带;黄帝主要在河南、河北中南部,活动范围还涉及陕东、晋南和鲁西。一言以蔽之,炎、黄二帝主要活动于中原地区,尤其是河南,以及陕东、冀南一带。

在炎、黄二帝活动的地区,我国考古工作者发现了距今8000至7000年的新石器时代前期的磁山·裴李岗文化和老官台文化。磁山·裴李岗文化出土了许多磨制精致的石斧、石铲、石镰等石质农具(耒耜之类的木质农具难于保存下来),还有石磨棒、石磨盘之类的粮食脱壳加工工具。在河北武安磁山遗址的不少窖穴中发现储存的粟(已炭化),说明有粟类粮食作物。在河南的莪沟、石固、贾湖等遗址发现了早期半地穴式的房子,比黄帝始造宫室的记载可能还早。在裴李岗遗址发现了用陶片磨制的最原始纺纱轮子,证明了当时有纺纱织布制造衣服的事实。此外,在裴李岗遗址和莪沟北岗遗址等处发现了我国原始社会氏族公共墓地。此时的氏族组织,应属母系,实行族外对偶婚,因其仍属多偶制,又没有稳固的夫妻关系,所以还很难确认儿女的父亲是谁。这与《庄子·盗跖》篇中所谓"神农之世……民知其母,不知其父"的记载是一致的。可知,上述考古发现,除建房一项外,与古籍提及的炎帝的功绩是完全符合的。虽然种五谷、织衣和建房等项和黄帝亦有关系,但前已说明黄帝比炎帝晚出,似乎应属高一层次者。老官台文化的内涵除陶器特征有明显的地域性特征外,基本上与磁山·裴李岗文化雷同。所以,我们将这两支文化视为炎帝部族所创造的文化。也就是说炎帝的历史功绩是可信的。炎帝在中原地区开创中华民族的农业文化,号称"神农氏"绝不为过。

黄帝在炎帝开创农业文化的基础上,并和炎帝一道又发展了农业文化,仰韶文化继承和发展了磁山·裴李岗文化。在仰韶文化时期,不仅在许多遗址发现粟,还在河南淅川下王岗、渑池仰韶村、陕西华县柳子镇等遗址发现稻壳灰痕,郑州大河村遗址发现高粱,陕西西安半坡遗址发现菜籽,这些资料表明当时农业已由单一作物发展为多种作物,可概括为"五谷"。仰韶文化时期,许多遗址出土陶纺轮(或石纺轮),少的几件,多则几十件,同时还伴出缝制布衣用的孔细骨针,表明人们可以普遍地穿着衣服了。这个时期在各地还发现许多地面建筑的房屋基址,像在河南淅川下王岗和郑州大河村遗址发现用木柱和草拌泥建筑得很好的房子,经用火烧烤,墙和房内地坪坚硬平滑并可防潮,称为"宫室"亦未尝不可。此外,在仰韶文化的早中期,在一些大型遗址,如西安半坡、淅川下王岗、华阴横阵村、华县元君庙和宝鸡北首岭等,都发现了大型氏族或部落公共墓地。近年在郑州的青台遗址已发现仰韶文化晚期的几座夫妻合葬墓,这种墓葬的发现明确无误地表明它已确立了父系。再者,冶金术和文字、考定历法等项功绩,也只是在仰韶文化晚期以后才有一些蛛丝马迹。例如,仰韶文化姜寨遗址曾发现黄铜片,甘肃马家窑文化东乡林家遗址和蒋家坪遗址等曾发现青铜刀和铜渣,证明仰韶文化晚期确实已发明了冶金术,因而虽未发现铜鼎,但所传黄帝在河南灵宝一带"采首山铜,铸鼎于荆山下"并非无稽之谈。至于文字,目前还不能够断定它起源于何时。近年在河南舞阳贾湖遗址发现裴李岗文化类型的龟甲契刻符号类似某个别甲骨文,不过,此类契刻符号较多地发现则在仰韶文化晚期以后。仰韶文化晚期陶器(或残片)上各种刻划符号已达百余种,其中多数在同一遗址或不同遗址重复出现,还有部分流传到龙山文化时期。不同地点和时间出现同一符号说明这种符号具有表达某种思想意识性和流传性,它可能是原始文字的组成部分。尤其是从和仰韶文化大抵同时的大汶口文化已发现几个原始象形文字,我国古文字学家唐兰先生曾认为是我国早期文字①。种种迹象表明,相当于仰韶文化时代的黄帝那代人创造文字是完全可能的。关于所谓黄帝考定天文历法,可能言过其实。当然也应看到,从郑州大河村遗址发现仰韶文化彩绘陶器上有星辰、日晕和十二个太阳的图案看,当时人们已注意到了日月星辰和气象的变幻,可能已有一年有十二个月的概念。换言之,对天文历法可能有了初步的或朦胧的认识。总之,古籍对黄帝历史业绩的记载并不是子虚乌有,从仰韶文化的考古资料看,大部分可找到物证或线索,也就是说有历史根据,因而也是不可抹杀的。

三、炎、黄二帝在中国文化史上的地位

中国是世界四大文明古国之一,早在距今170万年以前就有人类在此劳动、生息和繁衍。但是,只有到了相当于新石器时代早中期的炎、黄时代,原始人在前一社会阶段生活实践经验的基础上,才学会了种粟、稻等粮食作物,驯养狗、羊、猪、鸡等动物为家畜,烧制陶器,建造房屋,利用天然麻类纤维纺纱织布制作衣服,由于炎、黄时代这五项伟大的创举,人们破天荒第一次用自己双手的劳动来解决自己的衣、食、住等生活的根本大事,开创了中国的农业文化。黄帝时代后期又发明了冶金术,并创造原始文字,促进人类社会向文明阶段发展。今天的社会不管如何进步和发达,莫不是社会长期发展和积累的结果。在这个意义上说,炎、黄二帝所代表的祖先的历史功绩是不可磨灭的,他们应在中国文化上占有重要地位。

炎、黄二帝是中华民族的祖先。当他们出现在中国历史舞台的时候,我国现有的56个民族均未形成,既没有汉族,也没有其他任何民族。当时(即中国新石器时代早中期)在中国大地上有许多原始氏族和部落。他们在各自的领域生产和生活,形成了一些不同的习俗,但远未形成民族。据古籍记载,在炎、黄

---

① 唐兰:《从大汶口文化的陶器文字看我国最早文化的年代》,《光明日报》1977年7月14日。此外,郭沫若在《古代文字之辩证发展》和于省吾在《关于古文字研究的若干问题》等文章中都肯定新石器时代的契刻符号是原始文字。

时代后期，由于不同部落联盟的出现以及彼此争夺地盘，我国的原始部族分为华夏、东夷、苗蛮三大集团。华夏集团以炎、黄二帝为代表，主要顺着黄河两岸活动于中原地区；东夷集团以太皞、少皞和蚩尤为代表，在华夏集团的东方，主要活动于今山东、安徽和豫东、苏北一带；苗蛮集团以祝融、驩兜为代表，主要活动于今湖北、湖南两省及豫南部分地区。这三个集团中以华夏集团最强大。它们在中原东部和南部相遇后，常常发生激烈的战争，其中最有名的是黄帝与蚩尤的涿鹿大战。这种战争延续了很长时间，但后来又和平相处并逐渐融合。中华民族的主体，实际上是炎、黄的华夏集团与东夷、苗蛮三个集团大部分的混合体，约在汉代形成的汉族也就是来源于这个混合体。至于其他民族的形成，有的与汉族同步，有的则很晚，它们中的大多数或多或少吸收了这三个集团中的某些先进因素而发展起来，因而各民族间也有某种亲缘的关系。当然，民族的形成是极其复杂的问题，远非三言两语能阐述清楚的。鉴于炎、黄二帝奠定了中华民族农业文化的基础，同时，他们又是在中国各民族形成之前出现的历史代表人物，所以说他们是中华民族的祖先并不为过。况且，在中国国家产生前后的历代首领都是黄帝的后裔。据《史记·五帝本纪》记载，黄帝之后，帝颛顼高阳者为黄帝孙昌意之子，帝喾高辛者为黄帝之曾孙，帝尧为帝喾之子，帝舜为颛顼七世孙。我国第一个国家夏的创立者帝禹为颛顼之孙、黄帝的玄孙。所以说，"自黄帝至舜、禹，皆同姓而异国号，以章明德"。不仅如此，殷始祖契为帝喾次妃简狄所生[1]，周始祖后稷为帝喾元妃姜原所生[2]，也就是说不仅是夏，就是殷周两代的帝王也是黄帝的后裔。当然，应该指出，在禹以前，自舜上溯到黄帝都不是国王而是部落联盟的首领的称号。由他们的亲缘关系可以看出文化的一脉相承的传统。这种情况已为现代考古学资料所证明，即相当于炎黄时代的磁山·裴李岗文化发展为仰韶文化，相当于颛顼、帝喾、尧、舜时代的龙山文化是由仰韶文化发展而来，而相当于夏代文化——二里头文化则渊源于河南龙山文化，而商、周文化又继承前代的文化并加以发展。总之，中国早期国家的文化是一代一代地继承和发展炎、黄开创的农业文化，证明我国的文化是土生土长和一脉相承的。中国后期的文化发展亦无例外地继承这一传统。我国古代直

---

[1]《史记·殷本纪》。
[2]《史记·周本纪》。

至近现代的统治者几乎代代都尊重黄帝、祭祀黄帝,就是尊重这一文化传统的表征之一。无论从文化传统还是社会历史发展的连续性来说,炎帝和黄帝都是中华民族的祖先,都应占有重要的历史地位。我们作为炎黄子孙,应发扬炎、黄二帝艰苦创业的优良传统,努力奋斗,以振兴中华。

(原载《中州学刊》1989 年第 5 期)

涿鹿之战与华夏集团

根据历史传说,黄帝与炎帝战于阪泉,与蚩尤战于涿鹿之野①。由于阪泉和涿鹿两地地望相近,均在今涿鹿县一带,故两战役可合称为涿鹿之战。那么,涿鹿之战是何性质?它对黄帝为首的华夏集团形成和发展有何影响?笔者试就有关问题,略做论述,阐明史实。

一、涿鹿之战的性质

《史记·五帝本纪》记载:轩辕黄帝"与炎帝战于阪泉之野,三战然后得其志"。黄帝"与蚩尤战于涿鹿之野,遂禽杀蚩尤"。这两个战役对象不同,战场却相近。"阪泉"的地望,在《史记·五帝本纪》中已注解较明白,《括地志》云"阪泉",今名黄帝泉,在妫州怀戎县东五十六里。出五里至涿鹿东北,与涿水合。而《太康地理志》则云:"涿鹿城东一里有阪泉,上有黄帝祠。"两说相去不远,可信其在涿鹿城东附近。至于"涿鹿"是指山名或指城,实在无大差别,因为城在山下平野处。这个"涿鹿"地望又有"涿鹿县"和"涿郡"或"涿县"两说。倘若考虑到时过境迁以及历时长久大战役战场易变动等因素,分歧并不奇怪。今涿鹿县和涿县(古涿郡治)相距在百公里以内,黄帝与蚩尤大战可能都在战场范围内。《逸周书·尝麦》篇云"蚩尤乃逐帝(指炎帝)争于涿鹿之河(阿)",而黄帝却"执蚩尤杀之于中冀",此中冀无实指,可能为冀中,如是两地较涿鹿与涿郡之距更远。笔者认为两说均有据而不可视为异端,不过,今涿鹿县既然汉代已设置,《史记》所指的涿鹿,当为今之涿鹿无疑。就是说这两次战役均在今河北涿

---

① 见于多种古籍,如《山海经》《世本》《逸周书》《史记》《帝王世纪》等。

鹿县一带。

关于阪泉之战和涿鹿之战的起因,传说并不清楚。《史记·五帝本纪》只说"炎帝欲侵陵诸侯,诸侯咸归轩辕"。据传说,炎帝与黄帝两支氏族源出于少典氏,原居住在今陕西渭水流域,尔后又分别东向迁徙。黄帝部走北线,过黄河沿太行山行进,约止于今河北涿鹿一带。炎帝走南线,沿黄河南岸东移,止于今河南淮阳的豫东。黄帝东行无遇强敌,而炎帝则在今河南南部和苗蛮集团、在河南东部和东夷集团相冲突。不过,炎帝在南方"侵陵"诸侯,也不妨碍在北方的黄帝的利益,更不会在阪泉大战。较合理的解释是炎帝在今豫东一带与蚩尤为首的东夷族冲突,被蚩尤追驱北上至今涿鹿一带方与黄帝发生利益冲突。《逸周书·尝麦》有云:"蚩尤乃逐帝争于涿鹿之河(阿)",便指这个事态。炎帝与黄帝原是两支兄弟部落,东迁后经历了若干年,其首领名称仍旧,却已换了若干代人,在血统和心理上已疏远,利益冲突时发生战争,犹如兄弟吵架,亦可理解。炎帝在前,蚩尤在后面追赶,黄帝先与炎帝战于阪泉,后与蚩尤战于涿鹿,时间次序上亦合理。至于黄帝与蚩尤大战的原因则比较明白。《逸周书·尝麦》云,炎帝被蚩尤追赶,领地丧失殆尽后,"赤帝大慑,乃说于黄帝,执蚩尤杀之于中冀"[1]。"赤帝",即炎帝,显然是他求救于黄帝。即使炎黄大战于阪泉,炎帝败而与黄帝结盟,要求黄帝出兵杀死仇敌蚩尤,亦在情理之中。但是《史记·五帝本纪》所言"蚩尤作乱,不用帝命",这样的理由似乎比炎帝求救更加充分有力。要之,两者兼而有之。当然,氏族社会里,两部落有利益冲突则战,难明是非。因此,对涿鹿之战的起因,亦无深究必要。

那么,涿鹿之战是否可信?它的性质是什么?目前,大量的考古资料,无可置疑地证明了我国存在着被考古学称为旧石器时代和新石器时代的原始社会历史发展阶段。在这个发展阶段中,在现今的中国版图内,各地都有原始氏族部落的人群生活,他们战天斗地,创立了农业和手工业,为中华文明播下优良的种子。尤其在黄河中游的中原地区,凭着优越的自然地理环境,各氏族部落进步很快,创造出使世人瞩目的原始文化。考古学家在中原地区发现的磁山·裴李岗文化、仰韶文化和河南龙山文化等,就是其中的典型代表。研究这些考古资料可知,从仰韶文化中期开始,出现了父系个体小家庭和私有制,社会进入了

---

[1] 《逸周书》卷六《尝麦》篇。

父系氏族阶段。从各地出现既有共性又有个性的文化类型来看，当时各地已出现了较大的部落联盟和原始部族。根据历史传说和考古资料相印证，笔者认为，华夏族文化便是磁山·裴李岗文化（包括老官台文化）→仰韶文化→河南龙山文化和陕西龙山文化；东夷族文化是北辛文化→大汶口文化→山东龙山文化；苗蛮族文化是大溪文化→屈家岭文化→湖北龙山文化[①]。有鉴于此，无论是黄帝与炎帝战于阪泉，还是黄帝与蚩尤战于涿鹿，决不是子虚乌有，而是发生在我国新石器时代晚期的大部落联盟或部族之间战争的反映，具有可信的历史内容。

二、涿鹿之战为华夏族奠定基础

在中国原始社会晚期，各地存在着许许多多大小部落，而在中原地区便有三个强大的部落集团。古史专家分别将这三大部落集团命名为华夏集团、东夷集团、苗蛮集团[②]。经过长期的共处和交流，原松散的部落集团又为共同的文化和生活习俗联结成有很强内聚力的部族，所以有时又把它们称为部族。其中，华夏集团是由黄帝和炎帝两个较小的部落集团为基础构成的。如前面所言，在阪泉之战前，炎、黄分居黄河南北，可以说各不相干。经过阪泉之战，黄、炎结成同盟，从此无战事而和睦相处，并逐步形成了有共同文化（包括语言、习俗和原始宗教信仰）的部族。这个部族就是中原古代居民自称的"华夏"。笔者曾论证裴李岗文化是炎帝族创造的文化，而仰韶文化是黄帝创造的文化[③]。炎先于黄，仰韶文化继承裴李岗文化，已为考古学证实，容易理解。但在仰韶文化长达二千余年里，炎帝族仍存在，其文化在哪里？唯一的解释是炎黄在阪泉之战后因同盟而文化融合为一，即是仰韶文化。仰韶文化分布于陕、豫、晋、冀诸省大部及鄂、青、甘小部分毗邻地区，远较早期的裴李岗、磁山、老官台诸文化的总和还大数倍。尽管仰韶文化有近十个文化类型，然不同文化类型之间在生产工具、

---

① 李绍连：《试论华夏三部族在中国文明史中的作用》，《中州学刊》1990年第3期。
② 徐旭生：《中国古史的传说时代》，科学出版社1962年版，第39页。
③ 李绍连：《炎帝和黄帝探论》，《中州学刊》1989年第5期。

日用陶器,乃至村落布局、住房建筑结构和葬俗诸方面均有显著的共性。分布如此又有共性的文化,非华夏部族文化莫属。

当然,黄帝与炎帝联盟,只是为华夏集团的形成奠定基础,要进而形成强大的华夏部族还需和周边部族交流与融合。应该指出,像仰韶文化就很可能是在中原广阔地区内的一个多种血统氏族部落或小部族融合而成的文化,甚至可以说是中国境内最早一支融合性文化。这种局面的出现很可能是由于当地其他大小部落慑于黄帝的威力,在涿鹿之战前后来归顺的结果。《史记·五帝本纪》所谓"诸侯咸来宾从""诸侯咸尊轩辕为天子"等现象,便是自愿投靠黄帝为首的华夏集团,成为它的基本力量。

三、涿鹿之战促进了华夏集团的发展壮大

涿鹿之战后,有两个有利条件促进华夏集团的发展:其一,强敌东夷已臣服,南边苗蛮族尚软弱,因外无强敌,使华夏集团赢得长时间的和平环境,集中精力发展自身的社会经济文化,壮大自己的力量。其二,乘打败蚩尤之机,对东夷族采取绥靖政策,进而使其臣服乃至于同化,成为华夏集团力量的一部分。华夏集团自身发展自不待言,而对东夷族的绥靖政策也很成功。《逸周书·尝麦》曰:黄帝"执蚩尤杀之于中冀……乃命少昊清司马鸟师,以正五帝之官,故名曰质。天用大成,至于今不乱"。显然由于黄帝对东夷政策得当,使东夷族长期不为敌而与华夏族和睦相处。《韩非子·十过》篇云:"昔黄帝合鬼神于西泰山之上……蚩尤(指蚩尤族首领)居前,风伯进扫,雨师洒道。"这些昔日在涿鹿之战的敌人,如今恭敬迎接黄帝,反映了东夷族确已臣服。这种臣服以及同华夏族的频繁交流,久而久之又使它同化,大部融合于华夏族之中。这是一个历史过程。直至黄帝之后,帝颛顼、帝喾、帝尧、帝舜各代,两族均和睦相处。《史记·五帝本纪》云:"岁二月,(舜)东巡狩,至于岱宗,柴,望秩于山川。遂见东方君长,合时月正日,同律度量衡,修五礼,五玉、三帛、二生、一死为挚,如五器,卒乃复。"这段文字表明,至舜时,在东夷族腹地,其首领不但欢迎,而且在历法、度量衡、祭祀、礼仪诸方面均律合于华夏族,反映了东夷族和华夏族已有共同文化,是它已大部同华夏族融合的表征。当然,从后羿代夏,蓝夷犯商,证明东夷

族少部分族民仍有其俗,乃东夷的残存势力。

此外,蚩尤东夷族的某些先进技术对华夏族的发展亦有影响。《世本·作篇》记述了"蚩尤作五兵,戈、矛、戟、酋矛、夷矛"。而炎帝、黄帝则无此类传说,反映了蚩尤族在这方面技术的先进性。虽然今天考古资料仍未证明与蚩尤时代相当的大汶口文化有此类铜兵器,不过,大汶口文化与黄帝时代的仰韶文化相比,在生产工具和武器方面有过之而无不及。相信这种传说会有一定史实依据,华夏族可从中汲取先进技术武装自己。

华夏族的发展壮大,还体现在对苗蛮集团的战争、同化和融合方面。在涿鹿之战擒杀蚩尤之前,因有后顾之忧,黄帝断不敢冒险南征,故可以说杀蚩尤使东夷归顺是华夏族南进的前提。在传说中,在涿鹿之前,未见同苗蛮族战事记录;而在涿鹿一战之后,华夏族则与苗蛮战事频仍。此亦间接说明涿鹿之战对华夏族扩张和发展的重要历史作用。

自黄帝至尧、舜、禹,是华夏族的发展壮大时期。华夏族在中原强大之后,在尧舜禹时期便频频对南方苗蛮用兵。《尚书·尧典》曰:"窜三苗于三危。"《左传·昭公元年》记"虞有三苗"。《墨子·非攻下》云:"昔者三苗大乱……禹亲把天之瑞令,以征有苗。"《吕氏春秋·召类》篇云:"尧战于丹水之浦,以服南蛮。"又曰:"舜却苗民,更易其俗。"《史记·五帝本纪》亦云:"三苗在江淮、荆州为乱。于是舜归而言于帝……放驩兜于崇山,以变南蛮;迁三苗于三危,以变西戎。"其中的有苗、三苗和驩兜都属于苗蛮部族,对他们采取了与东夷族不同的手段,用"窜""放""迁"或"分"的手段,即用暴力强迫其分散迁徙到更荒僻之地,削弱其力量,甚至"更易其俗",使与当地居民同化。这样,即如《逸周书·史记》篇所云:"外内相间,下挠其民,民无所附,三苗以亡。"在夏、商时代已无南征苗蛮的记录。

三苗亡族是不可能的,"三苗以亡"是说原先的较大的部族由于战败被迫分散迁徙他处不复存在,要之已臣服或同化。其中居住在江汉地区者同化的可能性最大。据当地的考古资料,江汉地区的大溪文化大抵与中原仰韶文化中晚期同时,应是传统的与黄帝时代同时代的苗蛮文化,而这两种文化共性甚少。江汉地区继承大溪文化的屈家岭文化曾侵入今河南中南部,但是,源接屈家岭文化的湖北龙山文化,却与中原地区继承仰韶文化的河南龙山文化(属于颛顼、帝喾、尧、舜时代)呈现出更多的共性,换句话说,湖北龙山文化包含了更多河南龙山文化所具有的中原文化因素①。这种考古文化现象,很可能反映在屈家岭文化时代,苗蛮族北扰中原华夏族,而在尧舜禹时代,在他们相继征战、放逐三苗,特别是"更易其俗"之后,此地区的苗蛮族同化于华夏族。这说明有关传说不谬。当然,这种文化同化亦与两部族长时间的共处及文化交流有密切关系。徐氏对华夏、东夷、苗蛮三集团的关系有过十分正确的描述:"他们中间的交通相当频繁,始而相争,继而相亲,以后相争相亲,参互错综,而归结于同化。"②

华夏族在同东夷、苗蛮两部族相争与相亲中,使后两者归于同化,是华夏族发展壮大的主要因素之一。就中我们亦可看到,古之华夏族及后来汉民族的形成和发展,无不是中原华夏族同周边部族,及其后来的汉族同周边少数民族处于不断的文化交流和融合之中③。而华夏族与东夷、苗蛮三部族的融合过程,最早可以追溯到黄帝与蚩尤的涿鹿之战后的东夷族归顺同化所开始的融合过程。

(原载《中州学刊》1996 年第 1 期)

---

① 李绍连:《试论中原与江汉两地区新石器时代文化的关系》,《考古学集刊》1984 年第 4 期。
② 徐旭生:《中国古史的传说时代》,科学出版社 1962 年版,第 39 页。
③ 李绍连:《试论华夏三部族在中国文明史中的作用》,《中州学刊》1990 年第 3 期。

略论炎黄二帝及其历史业绩

炎黄二帝是中华民族的始祖,他们所创立的伟大业绩为后世子孙世代传颂。其中有许多传说明显带有神话色彩,然不能由此而掩其真。那么,炎黄二帝究竟是处在怎样的历史时代?有什么可信的历史业绩呢?本文即为探讨此一问题而作。

一

《周易·系辞》载:"包牺氏(即伏羲氏)没,神农氏作……神农氏没,黄帝、尧、舜作……"炎帝神农氏在伏羲氏之后,黄帝在炎帝之后,尧、舜之前。这种排列次序反映时代的先后,具有相对的时间观念。当然也有些古籍记述炎黄二帝为兄弟,如《国语·晋语》曰:"昔少典氏娶有蟜氏,生黄帝、炎帝。"贾谊《新书·益壤》曰:"黄帝者,炎帝之兄弟也。"近现代仍有一些学者袭此说。但有更多的资料证明炎帝早于黄帝,只是后世认为炎帝与黄帝同时代。炎帝号称神农氏,有时单称"神农氏",有时单称"炎帝",只是在秦以后的古籍中才时见合称。《史记·五帝本纪》曰:"轩辕之时,神农世衰。……而诸侯咸尊轩辕为天子,代神农氏,是为黄帝。"在这里无论炎帝或黄帝都无合称,亦清楚分出孰先孰后。炎帝与黄帝之间相隔多久,难以确知。《帝王世纪》曰:"炎帝神农氏,姜姓也。……纳奔水氏女,曰听訞。生帝临魁,次帝承,次帝明,次帝直,次帝厘,次帝哀,次帝榆罔。凡八世,合五百三十年。"《周易·系辞》正义曰:"凡八代及轩辕氏也。"似表明炎帝神农氏的称号沿袭八代至榆罔,五百余年方及黄帝。又《吕氏春秋·慎势》曰:"神农十七世而有天下,与天下同也。"则表明其相隔时间更长一些。"神农世衰"当在"黄帝有天下"之前。如是,第一代炎帝与黄帝一世当相隔1000余年之遥。当今学者多以裴李岗文化和老官台文化为炎帝族文化,以仰韶文化为黄帝族文化(容后论证)。前者碳14测定的年代约距今8000—7200年之间,后者碳14测定的年代约距今7000—4500年左右。那么两者早晚差距刚好在1000年左右,也就是说,炎帝约存在千年之后才与黄帝并存,炎帝时代至少长达千年以上。

在我们探索炎帝时代之前,还要澄清一个问题。从清代的崔述到现代的顾颉刚、朱芳圃等史家均认为"神农氏"和"炎帝"是两个人。然于史实多有无法讲通之处,实际上应该是一人两个称号。尽管有时在古籍中单称,有时在一段文中混用,有时合称,但所代表的时代都是介于伏羲与黄帝之间。如《庄子·盗跖》《商君书·画策》和《周易·系辞》等都是说"神农氏没,黄帝作",中间并无炎帝之隔。倘为两人,炎帝何以置之?况且《世本·帝系》《汉书·律历志下》《帝王世纪》《史记·补三皇本纪》《路史·后纪》《通志·三皇纪》和《增补资治通鉴》中均合称"炎帝神农氏",皆言炎帝"制耒耜,教民农作,神而化之,使民宜之,故谓之神农也"。笔者曾论及炎帝和黄帝分别是姜姓和姬姓部落首领世代沿袭的称号[①],本身不是具体某一个人而是群体重叠的形象,争论是一人还是两人似乎无意义,但同一部落首领称号,岂忍腰斩为二耶?故我们认为"炎帝神农氏"不是两人的错位而是同一部落首领的称号。

传说炎帝的业绩较多,其中可信者主要有:(1)始制农具和种谷,创立农业。《周书》曰:"神农氏作斤、斧。"《周易·系辞下》和《白虎通》等亦言神农氏制耒耜,始教民种谷。斤、斧为石质砍伐树木的工具,耒、耜是木制翻土农具,均与伐木垦荒、翻地种谷有关。种谷是把野生谷子作为种子实行人工种植。这是人类摆脱对大自然的依赖和改造自然的首项伟大创举。(2)发明用泥土烧制陶器,使人们有了蒸煮谷物和肉类熟食的生活器皿。《太平御览》引《周书》佚文曰:"神农耕而陶。"陶器虽粗陋,却改变了人们的饮食方式,对人类的健康发展有重要意义。(3)发明纺织技术,织布制衣。《庄子·盗跖》曰:"神农之世……耕而食,织而衣。"《商君书·画策》所言亦同。衣服有保暖、遮羞、美饰三种功能,没有衣服人与动物何异?又何以谈文明?(4)创建房屋,以避寒暑。《淮南子·主术训》曰:"昔神农之治天下也,明堂之制,有盖而无四方,风雨不能袭,寒暑不能

---

① 李绍连:《炎帝和黄帝探论》,《中州学刊》1987年第1期。

伤,迁延而入之,养民以公。"明堂之类的建筑在神农之世恐怕还没有,但其时已创建房屋是可信的。由古籍所载炎帝神农氏的业绩主要是创立农业、制陶、制衣、建房等,首先解决食、衣、住等人类根本大事,可断定其是处于原始时代的前期。

据古籍记载,传说炎帝为有熊国君"少典氏之子","长于姜水","起于列山","初都陈,迁于鲁","崩葬长沙"等,可知炎帝主要活动地区有现今的河南新郑、陕西宝鸡、湖北随县、河南淮阳、山东曲阜、湖南长沙等。在当今河南新郑和陕西宝鸡一带均发现有时代较早的新石器文化遗存,即所谓裴李岗文化和老官台文化,出土有磨制的石斧、石镑、石铲、石镰等农具,专门碾磨谷子的石磨盘、石磨棒,早期的原始陶器,纺纱用的原始陶纺轮和缝衣的骨针,裴李岗类型文化还发现了圆形半地穴式房基等。与古籍记述的炎帝神农氏的业绩基本相符。这些考古发现既证明炎帝业绩可信,又反证这两支原始文化是由炎帝族创造的。另外,《庄子·盗跖》曰:"神农之世……民知其母,不知其父。"而裴李岗文化和老官台文化的一些遗址中所发现的早期氏族公共墓地,从墓葬的葬式和随葬品看,正是属于母系氏族社会阶段遗存,当是实行对偶婚制度,即与上述传说相符。由此可以进一步判断,炎帝时代当属于我国新石器时代早期。应该指出,这仅是指炎帝时代的某一个发展阶段。由于这两个文化类型尚不是旧石器时代过渡到新石器时代文化的最早形态,其磨制石质农具和陶器的形制都已脱离了最原始形态,所以炎帝时代上限不应是裴李岗文化所标示的距今8000年左右,而应该是距今一万年前后。其下限亦当延后,由后世炎帝与黄帝并存,二者曾战于阪泉之野,可推知大体与黄帝时代重叠。

同炎帝一样,黄帝也有其伟大的业绩。据史书记载,主要有五:(1)广种五谷,发展农业生产。《史记·五帝本纪》曰:"轩辕乃修德振兵,治五气,艺五种……"郑玄注:"五种,黍、稷、菽、麦、稻也。""艺五种",即种植五谷。神农氏始种谷(粟),仅一种作物。黄帝时能种五种粮食作物,当是农业发展了。(2)《白虎通》言:"黄帝作宫室,以避寒暑。"《史记·五帝本纪》唐张守节正义又曰:"黄帝之前,未有衣裳屋宇。及黄帝造屋宇、制衣服、营殡葬,万民故免存亡之难。"如前所言,此三件事炎帝时已为之。故张氏所言不确,当为黄帝时期又有进一步的发展。(3)《汉书》曰:"黄帝作舟车,以济不通。"解决行路难的问题。(4)发明冶金术,冶铜铸鼎。《史记·封禅书》曰:"黄帝采首山铜,铸鼎于荆山下。""黄帝作宝鼎三,象天、地、人。"(5)黄帝之臣发明文字。《说文序》《古今事物考》和《春秋元命苞》等皆曰仓颉创造文字。此五项中的前两项和炎帝相同,但有新的发展,后三项则为炎帝所无。从冶金术和文字看,黄帝时代当比炎帝时代晚得多。据多种古籍记载,黄帝主要活动地域有"居轩辕之丘","初都"彭城,"迁有熊",与炎帝战于"阪泉",与蚩尤战于"涿鹿","生黄帝于寿丘","黄帝以姬水成","黄帝崩,葬桥山"等。其各所在地望,尽管学术界观点不一,但均不出豫中、冀南、鲁西和陕西关中之地。在这个区域内继裴李岗文化和老官台文化后发展起来的是仰韶文化。从数百处文化遗址看,出土的石斧、石铲、石刀、石镰等农业工具增多了;已发现了除粟(谷子)以外的高粱、稻等粮食和蔬菜籽,可概称五谷;发现有更多的各种地面建筑住房基址,规模增大,如姜寨和半坡等遗址有大房址面积竟达 80—160 平方米;陶、石纺轮和大小骨针普遍应用,新出现骨梭、骨匕等纺织工具,陶器底部的布纹和青海出土的三个彩绘陶盆壁上的集体舞蹈者图像身着衣服,有力地证明当时人的确已制穿衣裳,纺织业发展可知。仰韶文化遗址中普遍发现氏族或部落公共墓地,可作为"营殡葬"之证。在临潼姜寨仰韶文化遗址 29 号房基中发现有冶铸的黄铜器残片,又可证明冶金术确已发明。至于仰韶文化中陶器及其残片上刻画的百余种符号,古文字学家郭沫若、于省吾和唐兰等都认为是中国原始的简单文字。与仰韶文化同时的山东大汶口文化曾发现一些象形文字,更增强了其时发明文字的可信性。凡此种种,都与史籍所载黄帝业绩大体相符。在此区域内没有发现与仰韶文化同时的其他原始文化①。故可推断仰韶文化当系黄帝族创造的文化遗存,仰韶文化时代即黄帝时代。根据碳14 测定的数据,仰韶文化的绝对年代在距今 7100—4500 年之间,大约延续 2600 年左右。《春秋命历序》曰:"黄帝一曰轩辕,传十世,二千五百岁。"古今测算岁时大抵相同,此乃巧合。应该指出的是,仰韶文化既然继承了炎帝族创造的裴李岗文化和老官台文化,而仰韶文化时代又是炎、黄二帝并存和联合构成新的部族——华夏族的时代,因此,仰韶文化的创造也有炎帝族的功劳。

黄帝时代前后长达两三千年之久,其间社会结构和性质不断发展变化。

---

① 在中原东部、山东西部地区所发现的大汶口文化,一般视为东夷族文化遗存,虽与仰韶文化中晚期相当,却不能视为炎黄华夏族的文化而相提并论。

《国语·晋语四》曰:"凡黄帝之子,二十五宗,其得姓者十四人,为十二姓:姬、酉、祁、己、滕、箴、任、荀、僖、姞、儇、依是也。唯青阳与苍林氏同于黄帝,故皆为姬姓。"黄帝既有其子,似乎已进入父系社会。其实不然。父系社会是父子同姓,这里为何黄帝与其子大多不同姓或无姓?父子不同姓现象出现在实行对偶婚的母系社会里。母系氏族社会实行的对偶婚,是多妻中有一主妻,多夫中有一主夫,没有稳固的夫妻关系,因之父亲不可能有确凿无疑的子女,仍处于知母不知父的状态。故黄帝二十五子当解释为黄帝族有二十五支系。黄帝时代后期社会结构和性质发生很大的变化。《史记·五帝本纪》云,"诸侯相侵伐","轩辕乃习用干戈,以征不享","诸侯咸尊轩辕为天子",黄帝"置左右大监,监于万国",说明黄帝时代后期不仅进入了父系社会的巅峰——军事民主制时期,而且建立了早期酋邦式国家。

古籍所记述的社会变化,在有关仰韶文化的考古资料特别是墓葬、住房方面的资料中亦有充分的反映。考古学界一般认为仰韶文化早期为母系社会,晚期为父系社会。笔者也曾做过专门研究,结论是仰韶早期仍是母系制;仰韶中期在母系氏族社会的胞胎内已孕育着父系的萌芽或者说已由母系向父系过渡,个别文化类型的个别地区可能已跨入父系氏族社会阶段;仰韶晚期父系已经确立。① 后来笔者在进一步研究中国文明起源问题时,又感到这个观点似过于保守,即当时社会实际应更进步些:仰韶文化时代的后期,发明了冶金术,应反映了社会生产力出现飞跃;墓葬随葬品多寡悬殊,反映了私有财产的出现和阶级分化;某些遗址发现了壕沟、栅栏和石头城遗迹,反映出部落战争攻防频仍;仰韶时期出现文字符号;等等。据此判断,仰韶文化晚期当处于军事民主制阶段,并可能出现具有国家性质的社会组织机构,至迟在稍晚的河南龙山文化早期进入文明时代②。

在确定炎黄二帝所处的时代和一些可信的传说业绩之后,为了恢复历史的真面目,在研究中还要剔除那些不可信的神话。《帝王世纪》把炎帝说成是女登感龙首之神而生,为"人身牛首";《春秋元命苞》说炎帝是"人面而龙颜";《山海经·北山经》说炎帝女精卫溺于东海后变为鸟,含石填东海;《白虎通》等一些古

---

① 李绍连:《"仰韶"社会进化论》,《史学月刊》1986年第3期。
② 李绍连:《华夏文明之源》,河南人民出版社1992年版,第156—207页。

籍则直言是"太阳神"。关于黄帝的神话也不少。《山海经·海外西经》曰:"轩辕之国……人面蛇身,尾交首上。"《淮南子·说林训》曰:"黄帝生阴阳。"高诱注:"黄帝,古天神也。始造人之时,化生阴阳。"《春秋合诚图》曰:"轩辕主雷雨之神","黄帝将亡,则黄龙坠"。神话几乎存在于任何文明国家和任何民族,是人类思维的产物,也是民间口头文学的最早形态。虽然不能否定和责难神话本身,但既然证明了炎黄二帝是人而不是神,那么就必须剔除有关他们的神话,以免淡化或磨灭他们的历史功绩。至于专事神话研究者又另当别论了。

此外,对于传说中那些本不属于炎黄二帝的创造发明也要注意鉴别,以实事求是地看待炎黄二帝的业绩,不能像《事物纪原》所言"凡创始自黄帝也"。炎黄二帝不是"造物主",绝不可能创造世间万物。现举例如下:

(1)《刘子新论》曰:"广神农氏弦木为弧,剡为木矢,弧矢之利,以威天下。"考古资料证明,弓矢发明于旧石器时代晚期,非始于炎帝神农氏时代。在裴李岗文化和老官台文化中发现有多种形制的骨镞,只表明其时代继续普遍使用弓矢。

(2)《管子·轻重戊》曰:"炎帝作钻燧生火,以熟腥臊,民食之无兹肠胃之病,而天下化之。"人工钻燧取火,始于旧石器时代,在伏羲氏前的燧人氏。在此只能理解为炎帝继而为之,不能视为创始。对于"黄帝钻燧生火"亦当作同样的诠释。

(3)《路史·后纪》曰:炎帝"乃课工定地,为之城而守之"。考古资料表明,炎帝时代无城。仰韶文化才发现壕沟、栅栏,相当于仰韶时代的红山文化仅在辽西牛河梁遗址发现石砌城的遗迹,未见土城墙。说城之始于黄帝时代犹可,提早到炎帝时代则无据。

(4)《帝王世纪》和《史记·补三皇本纪》提及炎帝神农氏尝百草始有医药,尚无证据,不可妄言。又《山海经》《礼记外传》和《资治通鉴外纪》等称炎帝神农氏时代已创制钟、鼓、瑟、琴等乐器,似亦不可尽信。河南舞阳贾湖裴李岗文化遗址发现有骨笛,只能证明吹管乐器已发明。

(5)仰韶文化发现铜器残片,证明黄帝时代已发明冶金术。但《史记·封禅书》曰:"黄帝作宝鼎三,象天、地、人。"以为已有铸鼎,不可信。在这一时期的考古资料中只有陶鼎而没有铜鼎,甚至迟到夏代的二里头文化遗存仍未发现铜鼎。此外,《黄帝内传》曰:"帝既与王母会于王屋,乃铸大镜十二面,随月用之,则镜始于轩辕矣。"亦不确。在安阳发现几面商代铜镜,尚且小而粗陋,与之相隔至少千余年至 3000 年前的黄帝时代,岂可铸大铜镜? 我认为,铜镜始铸于商代中晚期。至于一些古籍所言黄帝时代便有刀、枪、剑、戟、戈、矛、弩等铜兵器,亦无一可由考古资料所证明。

(6)《汉书·艺文志》和《路史·疏仡纪·黄帝》等提及的《内经》或《黄帝内经》等医书,为后人伪托,已有定论。通览各种古籍,言及黄帝发明创造者,粗略统计有近两百项。其中大多数与史实不符,有些明显是后代之事而牵强附会到黄帝头上。例如《拾遗记》卷一曰:"黄帝……始造书籍。"《路史·疏仡纪·黄帝》曰"以制金刀,立五币",又曰"于是立货币以制国用",亦需加以分析鉴别。

二

前所论述的炎黄二帝在新石器时代的一系列可信的发明创造推动了华夏先民的历史进步,但是,炎黄二帝的功绩远不止于此。经过长期的发展,最后由黄帝统一中原之举,更是功不可没。黄帝此举至少有下列三个方面的重要意义:

(1)促进华夏族的形成和中原地区最早的文化大融合。以"诸侯咸尊轩辕为天子"①为标志,黄帝统一了中原各部。经过一段时间的发展,便融合成被后世称为"华夏族"的新的部族。黄帝统一这些部落后,相互结成联盟,使各部迁徙、杂居和交流成为可能。整个华夏族各部的生产和生活都大体处于同一水准之上,文化艺术和生活习俗方面也会形成共性,融合成为统一的文化。这种历史趋势在仰韶文化中得到反映。仰韶文化分布遍及中原诸省广大地区,在此范围内至少可划分为十余个考古文化类型。但普遍所具有的若干共性却显而易见。例如陕西关中的半坡类型、豫西的庙底沟类型、郑州的秦王寨类型(又称大河村类型)等,这些类型除有局部交错地带外,均有一定的分布区域,应系属于不同的血统部族所创造。然在农业工具、住房建筑形式、埋葬习俗以及日常使

---

① 《史记·五帝本纪》。

用的陶器方面,均共性大于个性,显示出各部族彼此交流而导致文化融合的现象。

(2)为我国历史上最早的国家在中原建立创造了条件。黄帝族创造的仰韶文化充分地表现出其先进性,首先为国家的建立准备了物质条件。其次,由于"迁徙往来无常处",以及通婚和杂居等因素,打破了原先氏族部落以血缘关系为基础的社会结构,又有融合为一的文化,从而使以地域来划分管治居民成为必需和可能。恩格斯说:"国家和旧氏族组织不同的地方,第一个是按地区来划分管治的国民。……这种按照居住地组织国民的办法,是一切国家共有的。"①在此基础上,黄帝通过部落战争使其所掌握的权力越来越大,最后"天下有不顺者,黄帝从而征之"。显然已大大超越部落军事首长,属于萌芽状态或者是最初的王权。《吕氏春秋·荡兵》曰:"兵所自来者久矣。黄、炎故用水火矣,共工氏故次作难矣,五帝固相与争矣。递兴废,胜者用事。……胜者为长,长则犹不足治之,故立君;君又不足以治之,故立天子。天子之立也出于君,君之立也出于长,长之立也出于争。"正是概括地指明了这一历史进程。说黄帝已成为中原地区最早国家(当然可能是不成熟的国家,或称"酋邦")的君王,似并不过分。其后,禹所建立的夏朝亦以中原为中心②。商周以后,各大王朝权力中心几乎都在中原地区。究其原因,不仅有中原地缘因素,更重要地,也与炎黄以来的历史传统有关。

(3)促进华夏族与东夷、苗蛮族的融合,构成中华主体民族。我国最大的原始部族是中原地区的华夏族、东部沿海地区的东夷族、江汉地区的苗蛮族③。这三大部族均形成于新石器时代的晚期,由此形成三大文化,即仰韶文化、大汶口文化、屈家岭文化及其各自后继的河南龙山文化、山东龙山文化、"湖北龙山文化"。这三大部族自形成之日起就一直处于相互间和战交替的状态之中。黄帝打败东夷族首领蚩尤后,华夏族与东夷族之间有较长时间的和睦相处局面,华苗之间的冲突开始加剧,这种冲突和战争一直继续到黄帝之后。对此,古籍有

---

① 恩格斯:《家庭、私有制和国家的起源》,人民出版社1972年版,第168页。
② 李绍连:《夏是中国历史上第一个统一的奴隶制大国》,见《华夏文明之源》一书附录。
③ 我国史学界对华夏三部族的存在没有疑问,但它们的名称却不同,蒙文通在《古文甄微》一书中,以部族的活动地域称之为河洛、海岱、江汉三集团。后来徐旭生在《中国古史的传说时代》一书中则采用华夏、东夷、苗蛮的名称,与古籍合拍,笔者赞同而用之。

不少记载。《尚书·尧典》曰:"窜三苗于三危。"《吕氏春秋》记述尧战南蛮,"舜却苗民,更易其俗"。《墨子·非攻下》曰:"禹亲把天之瑞令以征有苗。"由此可见,这种战争旷日持久,每当华夏族攻苗蛮获胜时都强迫更易其俗,使之同化。江汉地区从"湖北龙山文化"到楚文化一系列地区文化遗存中有越来越多的华夏族中原地区的文化因素,正反映苗蛮与华夏族同化的趋势。徐旭生曾正确地论证这三部族的关系:"他们中间的交通相当频繁,始而相争,继而相亲,以后相争相亲,参互错综,而归结于同化。"① 有人因此认为汉族来源于华夏族,这是片面的,应该说汉族是主要来源于华夏、东夷、苗蛮三部族的融合体。因为华夏族经过长期的斗争,已使这三大部族的血统和优秀文化因素难分彼此地融为一体了。

在这里应该指出,有人把黄帝仅看作汉族的祖先是片面的,甚至是错误的。如前所述,今天的汉族实际上包含了华夏、蛮、夷等中国境内大多数原始部族的血统和文化,是一个有别于任何部族的庞大融合体。在这个意义上说,不仅炎帝和黄帝是汉族的祖先之一,蛮、夷诸部族的祖先也应是汉族祖先之一。同样,后代那些分别源于蛮、夷等原始部族的少数民族,也与汉族有共同的祖先。另外,亦有少数华夏族的后裔由于种种历史原因迁徙到边远地区而成为少数民族,直接或间接承认炎帝或黄帝为他们的祖先。再则,包括汉族在内的国内56个兄弟民族都是在汉、唐、宋甚至更晚的时期形成的,距离炎黄时代有三四千年之遥。由于迁徙、杂居、通婚等原因,子孙繁衍,支系无谱,很难在血统方面准确判别几千年前的某部族首领是某民族的祖先。与其把炎帝、黄帝或其他某个原始时代的英雄人物看作是某族的祖先,不如把他们看作是整个中华民族的共同祖先更科学,更符合历史实际。因为炎黄二帝的业绩里已包含了这些众多先民们的功绩,炎黄二帝作为祖先已传说了几千年,历代祭祀,具有历史渊源和传统,所以,今天我们中国人把炎黄二帝视为祖先应该说是合于情理的,把炎黄文化当作中华文化的代表也是很自然的。

(原载《炎黄文化研究》,《炎黄春秋(增刊)》1995年)

---

① 徐旭生:《中国古史的传说时代》,科学出版社1962年版,第39页。

嫘祖人神论

在今西平(古西陵)县境内有多处嫘祖庙,在今新郑具茨山上有嫘祖洞……其实在全国各省市的嫘祖庙有多少处,实难准确统计。不管有多少处,都只是表明,嫘祖自古以来,被人当作蚕神予以供奉。因此,嫘祖是"神"。而《史记·五帝本纪》曰:"黄帝居轩辕之丘,而娶于西陵之女,是为嫘祖。嫘祖为黄帝正妃,生二子,其后皆有天下。"黄帝被证明是历史人物,即是被后世冠以"黄帝"称号的活动于中原地区姬姓部落首领[1]。黄帝所娶的嫘祖,当然也是人,并且是女杰。如此说来,嫘祖是人。那么,嫘祖究竟是人还是神呢?既是人,又如何变为神呢?这就是本文所要探讨的问题。

由于没有文字记录的可信历史文献,距今几千年以前的原始社会,甚至夏商两代都被当作传说时代,只是自1889年王懿荣发现安阳殷墟出土的甲骨卜辞以来,通过甲骨文资料研究,方确知商代历史的真实性。孔子在《论语·为政》中曰:"殷因于夏礼,所损益可知也;周因于殷礼,所损益可知也。"由孔子之语,可知商殷之前,有夏代。但由于二里头文化(被证明是夏文化)发现之前,不知夏代是否确实存在,所以在20世纪70年代以前的《中国通史》中夏代被称为传说时代。而在20世纪30年代以前,对原始社会更是一无所知。只是由于中国现代考古学的发展,先后在中原大地上发现了北京周口店猿人文化,以及各地的旧石器文化,才逐渐得知距今几十万年前至距今一两万年便有原始人生活的历史存在。后又由于渑池仰韶村遗址发现距今6000年前的新石器时代文化,尔后又发现比仰韶文化晚的龙山文化,以及早于仰韶文化的裴李岗文化,才初步摸清了自距今60万年前至距今4000年前的原始社会的历史存在。因而过去所谓神话人物或传说人物,如炎帝、黄帝等英雄人物,才被证明是有历史人

---

[1] 李绍连:《炎帝和黄帝探论》,《中州学刊》1989年第5期。

物品格的真人①,而不是子虚乌有。

既然这些人物是真有其人的历史人物,为何又被神化呢?究其原因有三:

(1)在先秦古籍所记载的英雄人物中,例如伏羲氏、女娲、炎帝神农氏、黄帝轩辕氏等,都没有具体记载是何方人士,而记及嫘祖只言是西陵氏女,却也没有具体地望,人们不知他们何所出,再加上年代久远,又有许多有关神话伴随着他们,所以几千年后被上古人氏称为"神",今人继之。将他们称为神,似乎也是自然的事。何况上古称炎帝为"太阳神"或"神农"(即农业之神,或称"农神")。嫘祖也早被视为"先蚕"(即蚕神),被人们当神祭祀②。中华文化有着很强的传承性,所谓传统文化,就是代代相传的文化。对古代英雄人物也一样,古人祀之以神,后人也多祀之,今人亦祀之。

(2)把古代英雄人物当神祭祀,原因很多,其中最重要的原因是他们的业绩伟大,非常人所能为之。如在几千年前人们靠采集野生果实和打猎为生的背景下,炎帝即将野生谷物栽种成功,教民劳作耕种,使人摆脱对自然的依赖,为中华农业之国奠定根基。依今人的聪明智慧都很难想象原始人是如何发明人工种粮技术的。一般人在洪荒的背景下办不到的事,炎帝办到了,这不是"神人"吗?故被称为"神农氏"。黄帝发明了指南车,其臣仓颉发明了文字。黄帝"造宫室","垂衣裳而治",其有许多创造发明,奠定了中华文化的根基,故被誉为"人文始祖",是恰如其分的。黄帝的业绩也不是常人能为,所以也是"神人"。同样,嫘祖在原始社会,人们还赤身裸体急需衣着时,竟然能将野生蚕茧缫丝织成衣服,同时种植桑树用桑叶养蚕,把野生蚕变成人工养蚕。使人穿美丽的衣服,使中国成为世界著名的丝绸文化之国,这是多么伟大的发明!在今人看来并非十分神秘,但如果你没有经过有关的培训,不说养蚕如何困难,就是给你一个蚕茧,你会缫丝吗?你能把蚕丝织成衣服吗?今人如是,那么在古人看来也是不可思议了,就是说,嫘祖在洪荒世界里教民养蚕,缫丝织帛制衣,也不是一般常人所为,故人们把非一般的能人当神看待也就很自然了。何况把他们发明创造的故事神化,更使人们把他们当神看待。所以,在古代把有超人能力和创造伟大历史功绩的真人神化,这是把英雄人物视为神并祭祀,这些事不足为奇。

---

① 李绍连:《炎帝和黄帝探论》,《中州学刊》1989 年第 5 期。
② 唐魏徵等《隋书·祀仪志》,南宋罗泌《路史·后纪》。

（3）中华民族世世代代对炎帝、神农氏、黄帝轩辕氏等祖先都非常崇敬，甚至历代王朝的帝王对炎黄都进行祭祀，顶礼膜拜。其原因是炎黄子孙都有尊祖敬神的文化传统，数典不忘祖；同时又因为深受这些祖先的恩泽，有恩必报，把他们当作神祭祀，这也是"感恩戴德"的一种方式。在这种文化传统中，人们把三国时代的英雄关羽称为"关公"，把抗金英雄岳飞等历史英雄人物，设祠塑像加以祭祀，顶礼膜拜，也是人们对有伟大贡献或道德高尚的人当神祭祀的表现。由关公、岳飞的事例，就可破解将人当神祭祀的道理。

上述三个原因，使人们把嫘祖当神，并置祠设祀，也就顺理成章了。反过来说，像神化的炎帝、黄帝一样，嫘祖也应是当有其人而不是神。

那么，嫘祖是何许人氏呢？

正如前引《史记·五帝本纪》所云，黄帝的正妃嫘祖是西陵氏之女。此"西陵"，在本纪正义为"国名"，其实当时尚未有国家，应是部落之名。而部落的名称，在原始社会是因居住地得名，所以"西陵"即是地名。那么西陵在哪里？因为当时无文献记载，所以无明确的地望。好在地名如人名一样，是不轻易改动的，上古的地名一般会沿袭下来。但问题是地名因地形地貌和居住的部落而得名的，因地形地貌相同，或因部落迁徙以原居地命名新的居住地，或某族的后裔为纪念祖族而将其所居之新地命名为祖居地名等多种因素，造成异地同名的现象屡见不鲜。"西陵"也因有异地同名或同名而地望不同。据目前资料，"西陵"之地望多达10余说。如何甄别哪个地方是嫘祖故里呢？笔者认为主要有三个关键的条件：（1）必须是较早得名的"西陵"；（2）此地必须有嫘祖和黄帝生活时代的文化遗存，不然，它就与嫘祖故里无关；（3）原始部落通婚几乎都是相邻的两个不同部落，所以此西陵必须与黄帝故里相距不甚远。根据此三个必备条件，我们就可以比较合理地从众多的"西陵"中择善而从了。

在古籍中，早见于西汉时期曾置"西陵县"者有今湖北省黄冈市西北地区，而今湖北省浠水县于三国时期曾置西陵郡，湖北宜昌市西陵区三国时期曾由夷陵县改置西陵县，四川省的茂陵县西汉时曾置蚕陵县。而四川省的盐亭虽曾出土"嫘祖圣地碑"，却不曾称"西陵"。因此，只有黄冈市较早名称"西陵"。但是，此地及其附近不是传说中黄帝活动的地域，在考古学上也未曾发现过黄帝时代遗留的文化遗存（即距今五六千年前以仰韶文化为代表的原始文化遗存）。所以，作为联姻的邻近部落，嫘祖所居的西陵，不可能在此。其余几处，因为晚称"西陵"或"蚕陵",而且远离传说的黄帝部族活动地区,似有同名或附会之嫌,而不是真正嫘祖之"西陵"。

在此情况下,唯有今河南省西平县是古西陵的可能性较大。西平县于西汉时置县,为何叫"西平"呢？据郦道元《水经注》潕水条下记曰:"潕水又东过西平县北。县,故柏国也……汉曰西平,其西吕墟,即西陵亭也。西陵平夷,故曰西平。"由此可知今西平县源于西陵,由于西汉已改西平,推知此地称西陵,年代甚古。西平即西陵,虽无直书之文字,但从一些古籍中亦可推知。《汉书·地理志》云:"汝南郡领县三十七,而西平居其一。"可知,西平县属汝南郡。而《武威汉简·王杖十简》却记载了河平元年在汝南西陵县昌里有一个叫"先"的七十岁老汉曾受赠王杖,后被颛部游徼吴赏唆手下殴打,吴赏曾因此受到斩首弃市的刑罚[①]。汉简的记载应是可信的:汝南郡有一个西陵县。不过,据《汝宁府志·建置篇》中,该郡领三十七个县中有西平县却无西陵县。故西陵县和西平县不是同时存在于汝南郡,而是有个先后的时序。又据西平县是由"西陵平夷"而得名的,汝南郡西陵县和西平县的关系不是并列的,也不是同时存在的,而是西陵县改名西平县。至于为何要改名和何时改名,目前仍因无有关资料而不得而知。这就可以肯定,西平县由西陵县改名而来。因西汉时西陵县已改西平县,所以西平县要比今湖北黄冈市西北和浠水县、宜昌市等地置西陵县要早,也就是说西平县前身为西陵县,更有可能就是嫘祖故里。

更重要的是西平县有众多关于嫘祖养蚕的传说和嫘祖庙、嫘祖坟等。远古传说决不可能是凭空捏造,必有所本。特别是西平有董桥遗址(传说的吕墟——古西陵亭的所在地)等仰韶文化遗存,是嫘祖和黄帝生活时代的文化遗存,更增加了西平县是古西陵的砝码。若西平县是西陵氏部落的所在地,其又邻近新郑轩辕黄帝故里仅120公里,比任何其他西陵县相距千里以上说的地望都要近得多。这个距离是指河南的新郑市区和西平县城的距离而言,实际上在几千年前,黄帝部落和西陵氏部落的距离可能更近些。当时的大部落的住地因为生计和安全问题而经常迁徙变动,至少有百几十里的活动范围,如是,黄帝和嫘祖的相识和两个部落联姻则有更多的机会。从部落的动态方面考虑,120公里则不为远,在某个时期则可能毗邻而居,就是说西平与新郑的两个部落联姻

---

① 李并成:《武威王杖简与汉代尊老扶弱制度》,《人民政协报》2000年10月23日。

是合理的。还有郑州青台遗址发现仰韶文化时代的丝织物①。这个在地空概念中,应在黄帝有熊国的范围内。嫘祖被称为先蚕,发明蚕丝织衣技术,黄帝曾令正妃嫘祖教民养蚕②,此地发现当时的丝织物,更证明嫘祖为先蚕与黄帝联姻的可信性。种种古籍记载和考古发现,使西平县是西陵氏嫘祖故里的观点更加可信。

嫘祖是今西平县属地人,是真有其人。时人并未把她当神,正如《通鉴外纪》所言:"西陵氏之女,为黄帝元妃,始教民养蚕,治丝茧以供衣服,后世祀为先蚕(即蚕神)。"嫘祖长期以来被当作"先蚕"之神供奉,固然是因为古人们不知道她是人还是神,更重要的是嫘祖对中华文化的贡献太大了,是个可敬的伟大人物。对整个人类世界文化而言,中国古代四大发明即指南针、造纸术、活字印刷术和火药,对人类贡献是巨大的,而嫘祖发明的蚕文化也毫不逊色,而有过之而无不及。中华的蚕文化是6000多年前发明的,从殷墟的丝织物来看,3000多年前丝织技术已达到很高水平。由汉代张骞出使西域而开辟的对西方的贸易通道之所以叫"丝绸之路",不仅是给这种和平贸易通道起了一个很美丽的名称,更重要的是因为中国对外出口商品中数量较多又最受欢迎的是丝绸和瓷器等,所以以最大宗的最美的商品——丝绸来命名是十分恰当的,这是中国给世界带去的最美丽的衣着和蚕文化。自古以来,农业和养蚕织丝是中华的主业和副业,所以"农桑"和"话桑麻"之词组又象征中国古代社会生活,可见养蚕在古代社会生活中所占的重要地位。正因为如此,人工养蚕和织丝的发明人嫘祖的功绩是十分伟大的,人们将她当神一样供奉,所表达的是人们对她的敬仰和感激。我认为这种把嫘祖当作神供奉决不为过,而是恰当的。但是,如果因此而把嫘祖仅仅当作神而不是英雄的历史人物则大错特错了。

(原载《嫘祖文化研究》,文物出版社2007年版)

---

① 张松林:《荥阳青台遗址出土纺织物的报告》,《中原文物》1999年第3期。
② 南宋罗泌《路史·疏仡纪》。

黄帝部族活动的北线地域

黄帝是我国古代传说中的一个具有代表性的英雄人物。根据古籍记载黄帝所创造的业绩,并以现代考古学积累的大量资料印证,愈来愈多的学者相信传说中的黄帝等英雄人物并非子虚乌有,而是生活在距今 7000—5000 年前的中原地区一个强大的姬姓原始部落的首领,不过,"黄帝"是后人加冠给姬姓部落首领的世袭称号,而不是某个自然人的称号,因而带有群体性质。当然,既然是部落首领的称号,那么无论哪一代首领都是活生生的一个人,所以"黄帝"又是真实可信的人物,具有历史人物的品格①。有鉴于此,考察黄帝部落的历史活动就显得很有必要和具有历史意义。欲知黄帝活动的范围,首先要探知黄帝的"故里"或称其早期活动基地。人们根据《国语·晋语四》的"黄帝以姬水成"一条传说,认为黄帝与炎帝同出于少典氏,炎帝成于渭水支流的姜水,黄帝所成的姬水地望似乎亦应在渭水流域,所以有人认为黄帝部落的发祥地应在今陕西渭水流域②。其实姬水没有明确的地望,亦不知在何处。又因为炎、黄两个氏族出现的时间相差甚远,在不能证明少典氏是同时同地分裂出炎、黄两支新氏族的情况下,很难说黄帝兴起于渭水流域。有学者认为姬水或即渭北之歧水,因为姬、歧音近,可通假。还有的学者认为姬水是指渭水至湟水之间的某条水,甘肃临夏就有姬家川的地名,它流过临夏注入黄河支流的大夏河,姬家川可能就是姬水。这两处都不能确证,需要进一步探索。

比起前两说,黄帝兴起于今河南新郑之说,其可信成分则大得多。《帝王世纪》第一曰:"黄帝,龙颜,有圣德,受国于有熊,今河南新郑是也。"此外,司马光的《资治通鉴》和陆应明的《广舆记》皆云黄帝生于新郑的"轩辕丘"。这些古

---

① 李绍连:《炎帝和黄帝探论》,《中州学刊》1989 年第 5 期。
② 刘起釪:《古史辨》,中国社会科学出版社 1991 年版,第 181 页。

籍,虽不能信之凿凿,其言必有所本。今新郑一带还流传着许多有关黄帝的传说,其中有些传说还有迹可寻。如所传黄帝出生的"轩辕丘"在今新郑北关,黄帝经常活动的具茨山在新郑城西,等等。《庄子·徐无鬼》曰:"黄帝将见大隗于具茨之山。"在此山中又留下许多"遗迹",如黄帝"拜华盖童子处"、黄帝避暑宫(山洞)、嫘祖娘娘洞、风后城、大鸿屯兵处等。还有后世纪念性建筑,如黄帝祠、轩辕庙等。当然,上述种种还带有传说性质,但是为何别处没有如此之多的传说呢?恐怕应有所本。今郑州西山发现一座相当于黄帝时代的仰韶文化中期城址(距今约6000年以上),此城还在传说有熊国的范围内,故有学者认为该城就是黄帝城①。从古籍记载和考古发现来看,黄帝部落兴起于今河南新郑一带(现属郑州市)的可能性很大。

至于黄帝生寿丘之说,和者甚寡。《帝王世纪》第一曰:"黄帝自穷桑登帝位,后徙曲阜。"穷桑也在曲阜附近。《史记·五帝本纪》唐张守节正义:黄帝"母曰附宝,之祁野,见大电绕北斗枢星,感而怀孕,二十四月而生黄帝于寿丘。寿丘在鲁东门之北,今在兖州曲阜县之北六里"。山东曲阜一向为太昊、少昊、蚩尤等为首的东夷族占据的地盘和活动的中心地带,不可能是华夏族始祖部落的发祥地。黄帝生"寿丘",有学者认为是"轩辕丘",其地在今新郑(如前所言)。黄帝也未见迁都曲阜,只是在打败蚩尤后,曾到过鲁西地区巡视。《韩非子·十过》曰:"昔者黄帝合鬼神于西泰山之上……蚩尤(指后代蚩尤族首领)居前,风伯进扫,雨师洒道。"因战败而臣服的东夷族毕恭毕敬地接受黄帝的视察,这同黄帝出生地毫无关系。

此外,《史记·五帝本纪》唐张守节正义所引《舆地志》曰:"涿鹿本名彭城,黄帝初都,迁有熊也。"但是,他同时又罗列黄帝受国有熊和黄帝生寿丘,所以并不表示肯定《舆地志》之说。综观古籍,黄帝只是在阪泉和涿鹿两战时期以涿鹿为都(基地,或作战指挥部所在地),似乎不是黄帝初都,更不是黄帝部落的发祥地。比较上述诸说,还是黄帝部落最早兴起于今河南新郑较为可信。

当然,黄帝部落由最初一个氏族,经过2000余年的发展,其间"未尝宁居","迁徙往来无常处"。因此,可以肯定的是,上述几处地域都曾是黄帝部落活动

---

① 见《中国文物报》1995年9月10日。许顺湛:《郑州西山发现黄帝时代古城》,《中国文物报》1995年11月12日。

的场所,或某个时期的活动中心。某个时期的活动基地同最初的发祥地当然是两个完全不同的概念。为了探索不同时期黄帝部落在何处为都邑(或做聚居中心),最好的办法就是探索黄帝迁徙的路线。

在上世纪中叶,徐旭生信从黄帝起于陕西黄土高原的观点,曾这样描述过黄帝氏族的迁徙路线:"炎帝及黄帝的氏族居住在陕西,也不知经历几何年月。此后也不知因为什么缘故,一部分逐渐东移。黄帝氏族东迁的路线大约偏北:他们大约顺北洛水南下,到今大荔、朝邑一带,东渡黄河,跟着中条及太行山边逐渐向东北走。今山西省南部沿黄区域,姬姓的建国很多。"①此说的姬姓国,是《左传·襄公二十九年》所说的"虞、虢、焦、滑、霍、扬、韩、魏皆姬姓也"。其中虢、焦、滑等大部分在今河南境内。这些都是黄帝后裔在春秋时期的建国,不是黄帝东迁所建,不能作为黄帝东迁路线的证据。

根据对古籍及黄帝时代的仰韶文化资料的分析,也可以说黄帝氏族发祥地在以今河南新郑为中心的豫中地区。当黄帝氏族的人口大增,需要扩大生存空间时,又同时受到以河南淮阳为基地的老牌炎帝部落的巨大压力,不得不向北方发展,其中一支由黄帝率领,越过潼关进入陕西关中地区,并在渭河流域一带肥沃的土地上,在良好的自然条件和社会环境中迅速发展壮大。但是,这里的土地仍然有限,要进一步发展,还必须不断迁徙寻求新的大片土地。由于自然环境因素和周边原始部落的状况,他们不可能向西越过秦岭山脉,也不可能向北迁徙,因为那里的土地贫瘠,唯有沿黄河北岸和太行山边进入华北大平原更为有利。大概经过两三代黄帝的努力,最终在华北大平原扎下根来。以今河北涿鹿县为基地,大力发展农业和手工业,使黄帝部落成为中原地区最强大的一支部落联盟。因此,黄帝在这个地区先后打败炎帝和蚩尤两个强大的部落。阪泉之战的胜利,迫使炎帝和黄帝结盟,涿鹿之战的胜利迫使蚩尤部落臣服,同时也使中原诸多部落纷纷向黄帝表示臣服,即所谓"诸侯咸尊轩辕为天子,代神农氏,是为黄帝"②。值得注意的是,黄帝成为华夏族首领之后,在中原地区已无强敌,唯一威胁来自江汉地区的苗蛮集团(部族)。可能是为了对付这种威胁,并加强对原来炎帝部族基地的控制,又从涿鹿返回先祖故里即有熊国领地(即

---

① 徐旭生:《中国古史的传说时代》(增订本),文物出版社1985年版,第44页。
② 《史记》卷一《五帝本纪》。

今河南新郑），一如《舆地志》所言，即黄帝自涿迁有熊。

上述黄帝族的发祥地和迁徙路线，主要是根据古籍的相关记载以及仰韶文化分布状况描述的。现代考古学资料已证明仰韶文化是黄帝时代的文化，古籍所记载的黄帝主要业绩，如种五谷、造屋宇、制衣服、营殡葬、发明冶金术采铜铸器、令臣仓颉造文字和始会筑城等，都可以在仰韶文化遗存中找到相关物证①。自此之后，天下有不顺者，黄帝从而征之，平者去之，这样，在黄河中游地区许多不同姓的原始部落，很快统一于黄帝之下，逐渐融合为一个强大的原始部落集团，或称"华夏族"②。因此不少考古学家都将仰韶文化同黄帝部族的创造文化联系起来。笔者当然也是认为仰韶文化即黄帝族创造的文化。实际上，在黄帝族活动的河南大部分地区、陕西关中平原、山西南部、河北中南部都是仰韶文化的主要分布区域，与传说的黄帝活动地域基本吻合。此外，甘肃南部、青海东部、内蒙古和辽宁、吉林等部分地区亦发现仰韶文化遗存或某些因素。但是，这些地区的仰韶文化遗存相比豫、陕、晋、冀诸地区的仰韶文化有较大差异且年代稍晚，所以，甘、青、内蒙古、辽、吉诸地区的仰韶文化，要么是当地文化受中原仰韶文化影响的结果，要么就是黄帝族后裔迁徙后同当地文化相结合的产物。仰韶文化分布地区广，内涵丰富，各地的文化又分属于不同类型，这是正常的文化现象。因为黄帝族在发展过程中，是以原黄帝氏族部落为核心而不断征服、同化、融合其他不同姓氏的氏族部落而形成强大的部落集团的。黄帝族原创文化如仰韶文化的庙底沟类型在豫西、陕东南、晋南、冀南等广大地区都有分布，甚至甘、青等地都受其影响，可见它是核心的文化类型。而关中的半坡类型，虽也是仰韶文化的主要类型，但其分布范围和影响力则远不及庙底沟类型。至于仰韶文化的其他类型，如豫中的秦王寨类型（后又称大河村类型）、豫北的大司空村类型、豫西南的下王岗类型、冀南的下潘汪类型等都是由学术细化分类出来的局部小范围的地方类型。所以仰韶文化的核心仍是庙底沟类型，其次是半坡类型，其他地方类型可能不是黄帝氏族部落原创的，而是臣服黄帝的少数地方氏族部落在受黄帝族文化影响下所创造的一种文化。现在的仰韶文化遗存的分布地域同传说中黄帝活动范围基本一致而稍大。

---

① 李绍连：《涿鹿之战与华夏集团》，《中州学刊》1996年第1期。
② 李绍连：《略说炎黄二帝及其历史业绩》，《炎黄春秋》（增刊）1995年版。

当然，黄帝族活动的地域界线是难划定的。这是因为在古籍中没有也不可能有记载，唯一的线索就是古籍记载下的零星传说。我们只有以这些记载的传说为线索，再加上黄帝时代所创造的文化来印证。

关于黄帝在华北平原的活动，《史记·五帝本纪》第一曰：黄帝"与炎帝战于阪泉之野，三战，然后得其志"。又曰："与蚩尤战于涿鹿之野，遂禽杀蚩尤。"那么，阪泉和涿鹿在哪里？《括地志》云"阪泉"即今名黄帝泉，出五里至涿鹿东北，与涿水合。而《太康地理志》则云"涿鹿城东一里有阪泉，上有黄帝祠"。两说相去不远，可信其在涿鹿城东附近。至于涿鹿是指山名或指城，实在无大差别，因为城在山下平野处。这个涿鹿地望又有"涿鹿县"和"涿郡"或"涿县"两说。倘若考虑到时过境迁以及历时长久的大战役及其战场多变动等因素，分歧并不奇怪。今河北北部的涿鹿县和涿县（古涿郡治）相距百里以内，完全可在大战场的范围内。《逸周书·尝麦》篇云："蚩尤乃逐帝（指炎帝）争于涿鹿之河（阿）"，而黄帝却"执蚩尤杀之于中冀"。此"中冀"地望亦无实指，可能为冀中。那么，涿鹿和冀中是两地而不会相隔很远。如今之河北省地图而言，涿鹿县在河北中部偏北或北部偏南，笼统而言之，涿鹿县亦在"中冀"之范围。不过，涿鹿县既然为汉代设置，《史记·五帝本纪》所指的涿鹿，当为今涿鹿县无疑。那么两次战争亦发生在今涿鹿县与涿县一带。也就是说，黄帝在华北的活动中心就在这一带地区。

在今河北省的中南部有着仰韶文化的丰富遗存。即在邢台以南的漳河流域，如磁县下潘汪、段界营、永年台口等遗址，发现了仰韶文化大司空村和后冈类型并存；在河北中部的唐河至大沙河之间，广泛存在着仰韶文化的主要类型——庙底沟类型[①]。至于在涿县至涿鹿附近地区，如在蔚县、怀来、张家口等地亦发现了仰韶文化遗存，但是，与河北中南相比，少了一些仰韶文化庙底沟、大司空村和后冈诸类型的因素，多了一些地方特色。如蔚县的筛子凌罗、庄巢和三关遗址[②]，其陶器的钵、盆、罐、尖底瓶、瓮等器形与河南、陕西的仰韶文化遗存基本相似，但无论是器形或彩陶图案，皆出现庙底沟和半坡类型混合的现象，

[①] 河北省文物管理处：《河北三十年来的考古工作》，《文物考古工作三十年（1949—1979）》，文物出版社1979年版。

[②] 张家口考古队：《一九七九年蔚县新石器时代考古的主要收获》，《考古》1981年第2期。

其中三个遗址还各有特色,如三关遗址的彩陶图案大多用弧线三角和圆点构成,和庙底沟类型相似。而庄巢遗址的彩陶多为黑条宽带或直线三角纹,与半坡类型接近,而未见弧线三角和圆点、勾连纹。筛子凌罗遗址则不同于前两个遗址,其彩陶图案为黑色锯齿状和弧线三角纹等,显现地方特色。三关遗址等出土陶器中的纹饰有少量篦点纹(有几何状和"之"字形),都是地方文化因素。而河北北部的怀来县一带仰韶文化遗存已大为减少。在官厅水库沿岸周围仅发现一处仰韶文化遗存,而且彩陶数量不多,图案亦趋简单①。

从河北的涿鹿、怀来县直往东走,进入北京市的昌平、平谷一线,我们发现这一带仰韶文化遗存亦很少,且内涵较为简单。昌平雪山村遗址和密云县燕落寨遗址等,都有仰韶文化后冈类型遗存,彩陶不多②。再往东延伸到平谷县境,仰韶文化遗存就更少发现。平谷县上宅遗址早期文化属于仰韶文化后冈类型,内有各型陶钵和红顶碗,彩陶很少③。而平谷的北埝头遗址虽有仰韶文化的圈足钵、圈足碗、大口深腹钵和红顶碗之类的器型,却未见彩陶,还杂有一些红山文化因素④。从这些文化内涵看,这一带已不是仰韶文化的主要分布区域,而是其边缘地带,地方文化特色浓厚。

从古籍记载黄帝活动于涿鹿一带的传说,以及查阅考古文化资料,我们可以说:燕山是黄帝在北方华北平原活动的北界,燕山南麓仍有活动的余地,燕山以北地区已不是黄帝的势力范围了。内蒙古东部和辽宁西南、吉林西部所发现的红山文化,以及红山文化所包含的仰韶文化因素,则是通过陕北向内蒙古河套地区如清水河县白泥窑子遗址、托克托县海生不浪遗址等向东发展和影响的结果。因此,我们认为,黄帝活动北线地域限于燕山南麓。作为仰韶文化的创造者,黄帝族在这一带的活动,对当地的原始文化带来积极的影响,促进了当地文化的发展,使社会向文明方向迈进。

(原载《中原文物》2006年第1期)

---

① 张家口考古队:《河北怀来官厅水库沿岸考古调查简报》,《考古》1988年第8期。
② 北京市文物局考古队:《建国以来北京市考古和文物保护工作》,《文物考古工作三十年(1949—1979)》,文物出版社1979年版。
③ 北京市文物研究所等:《北京平谷上宅新石器时代遗址发掘简报》,《文物》1989年第8期。
④ 北京市文物研究所等:《北京平谷上宅新石器时代遗址发掘简报》,《文物》1989年第8期。

黄帝与中原早期姓氏文化

每个人都有姓名,它是人类社会中个人的标志。同一姓氏的人,可有共同的祖先和血缘关系。但是,中华国家国土广袤,人口众多,又经历了数千年之久,并有成千上万种姓和氏。中国的姓氏,十分复杂,不仅国内56个兄弟民族内各有若干姓氏,其中仅汉族就有几千种。而不同民族间或有同姓氏者,每种姓氏,所产生的时代早晚又有不同。从汉族姓氏总体而言,姓源于原始社会前期的母系社会,"姓"者由女而生,此"姓"称可由图腾名和居地称谓。至于"氏"者以别后生由来身份地位,大概产生于原始社会变革后期。不过,原始社会人口很少,所产生的姓与氏十分有限。有些人同时兼有姓和氏。进入夏、商、周三代文明社会阶段以后,社会经济文化跨越式大发展,人口大量增加,氏族家族分裂很快,人们之间不仅靠血缘关系,而且又产生了政治、经济、人际等诸多利益关系和矛盾。在此背景下,人们已不遵循单一血缘规则取姓,而得姓趋于多元性。例如,以"国"为姓,多是亡国后其民所取国名为姓;以官爵为姓,一般是有世袭官爵的人群所取;同时有国王给有功之臣赐姓;甚至有人为逃避政治迫害或仇家追杀而改姓;等等。这种非常姓氏,因无详实文字记载,后人难于一一探究。据有关姓氏古籍记载,在秦统一六国实行中央集权的封建制度以后,姓与氏合而为一,不再分别而统称为姓。尔后,始于周代的宗法制度灭亡,在漫长的封建社会中,人们看重的是姓氏文化所强调的宗族和大家族的嫡长继承制度和尊卑老幼之别。由此可见,种种历史现象表明,姓氏作为人类一种文化现象,不仅讲血统关系,更有政治、经济、文化诸因素融入其中。姓氏当是中华传统文化之一。

生活在中华大地的远古人类,当是我们的祖先。其中有传说有文字记载者,便有有巢氏、燧人氏、伏羲氏、女娲氏、神农氏、轩辕氏、蚩尤、共工、祝融等。其中,对国家民族贡献巨大者,首推黄帝,姬姓,因会造车,又称轩辕氏,他是中华人文始祖,应是远古祖先的代表。炎帝,姜姓,因发明农业种植技术,又称神农氏。故现今将炎黄二帝并称为祖先。但是,炎帝先于黄帝,且是中华基业——农业的奠基人,对中华国家也有不可磨灭的历史业绩。不过,黄帝曾在阪泉打败炎帝,黄帝业绩众多,所谓"盖世之功莫若黄帝",再加上"天无二日,地无二王"的封建思想意识作怪,所以,长期以来只提黄帝,很少提及炎帝。由于黄帝时代存在"有熊国",现代的考古资料可证明其时已进入文明社会阶段,用黄帝作为中华文明的祖先代表和象征是合理的。我们研究姓氏文化,探究黄帝部族为核心的中原早期的姓氏文化,则又是关键问题。

《国语·晋语四》云:"昔少典氏娶于有蟜氏,生黄帝、炎帝。黄帝以姬水成,炎帝以姜水成,成而异德。故黄帝为姬,炎帝为姜。"今学者多考定黄帝故里在河南新郑,而炎帝在今陕西宝鸡。《国语·晋语四》又云:"凡黄帝之子,二十五宗,其得姓者十四人,为十二姓:姬、酉、祁、己、滕、葴、任、荀、僖、姞、儇、依是也。唯青阳与苍林氏同于黄帝,故皆为姬姓。"在今人看来,这种兄弟不同姓是不可思议的,但若你了解原始社会习俗状况,就不会大惊小怪了。因为早期姓氏因生地生母而得,即氏族名称和成员姓氏皆因居地而得,或因图腾而姓,原氏族因人员增多而分裂时,新氏族和新成员异地而居时就会有新的姓氏。例如,黄帝、炎帝兄弟与父母氏族少典氏不同姓,兄弟也不同姓。我们不能设想把后世社会父子同姓的习俗套到古人身上。那么,黄帝诸子中为何又有二人与黄帝同姓姬呢?那是因为当时的婚姻是实行族外对偶婚,二十五人不是同时同地所生,因与邻近不同氏族联姻再三轮回的结果,一方婚姻对象又回到母族;或者原始社会晚期实行了一夫一妻制个体婚时,父可确认亲生子女,那时子女就有可能与父族同姓了。现今中原考古资料证明,在黄帝时代后期,即"仰韶文化"晚期,已出现一夫一妻个体婚小家庭,已有可确认的子女,世系转为父系,已有父子同姓的社会基础。在中华大地上,父子同姓,最早应始于黄帝。至于黄帝之子二十五人,实际上也是氏族人口增多,要分裂变成子族迁徙外地谋生。这样就如黄帝父族少典氏一样,其子族也分布各地,地域日渐扩大,子子孙孙繁衍不断,其详情因缺乏可靠资料,我们无法一一考查。

不过,古籍中对黄帝后裔也有重要记载。在古代中原地区的黄帝后裔,历史贡献巨大。《史记·五帝本纪》云:"帝颛顼高阳者,黄帝之孙而昌意之子也。""帝喾高辛者,黄帝之曾孙也。"又云:"帝喾娶陈锋氏女,生放勋。"放勋就是帝尧。又根据《大戴礼记·帝系》排列次序,黄帝生玄嚣—乔极—高辛—放勋,放勋即帝尧;黄帝生昌意—高阳—穷蝉—敬衷—苟芒—矫牛—瞽瞍—重华,重华即帝舜;帝颛顼高阳—鲧—文命,文命即夏禹。由此可见,五帝之首是黄帝,而帝颛顼、帝喾、帝尧、帝舜此四帝则是黄帝之孙、曾孙或后裔,为中原历史发展接力般不断做出重大贡献,使中原从洪荒时期的野蛮氏族社会过渡到以农业手工业为主的氏族社会,开始迈进文明门槛。更为重要的是,夏禹建立起中原也是中国的第一个真正的王朝①,正式书写了中国文明史的第一章。

不仅如此,继夏而起的殷商王朝,其始祖契是帝喾次妃有娀氏所生,因助禹治水有功而被帝舜封于商。契传十二世至成汤,建立商王朝②。代商而立的周王朝,其始祖后稷,名弃,是帝喾元妃有邰氏所生,弃为农师有功封于邰,传世至西伯即周文王时因殷纣王昏庸而反商,其子武王灭商建周③。这样,夏、商、周三姓三族,分别为姒姓、子姓、姬姓,皆黄帝族后裔。同时三代又分封诸多诸侯国,均以国为姓氏。夏有夏后氏、有扈氏、有男氏、斟郭氏、彤城氏、褒氏、费氏、杞氏、缯氏、辛氏、冥氏、斟戈氏,商有有殷氏、来氏、宋氏、空桐氏、稚氏、北殷氏、目夷氏。周朝初立国,就在中原地区分封同姓和异姓诸侯。其封国最多,《荀子·儒效》曰:周初分封七十一国,姬姓占五十三国。此数可能不够确切。《史记·汉兴以来诸侯王年表》序云:"武王、成、康所封数百,而周姓五十五。"其分封方式为"列爵分封",即按公、侯、伯、子、男五等,封地有公侯方百里、伯方七十里、子男方五十里三等。不过,后来周室衰弱,无力控制诸侯国,导致春秋时期诸侯间的冲突和争霸,以及战国时期形成七国混战和兼并局面。这样,导致了中原几百个诸侯国和方国灭亡。自夏以来有所谓"用国为姓"之俗,就是亡国后其国民流落各地时以原国名为姓,或以前辈的官职爵位为姓氏。因此周代末期中原各地便又产生大量新的姓氏,例如韦、顾、许、黄、江、蒋、郑、韩、魏、赵、蔡、卫、陈、宋、齐、鲁、吴、楚、周、秦、王、侯、伯等。周代中原所产生的姓氏数量当是夏、商二代的若干倍。上述所谈黄帝族系的大姓中,因经历了几千年,一些今天的大姓中,如李、王、张姓等,似乎与黄帝无直接关系,但仔细考察之,亦与黄帝族

---

① 见司马迁:《史记·夏本纪》。
② 见司马迁:《史记·殷本纪》。
③ 见司马迁:《史记·周本纪》。

不无关系。

李姓,源于"理氏"。宋编《新唐书·宗室世系》云:"李氏出自嬴姓,帝颛顼高阳氏生大业,大业生女华,女华生皋陶,字庭坚,为尧大理。皋陶生益(伯益),益生恩成,历虞、夏、商,世为大理,以官命族姓为理氏。"又云:至纣之时,理徵字德灵,因得死罪于纣,被处死。其妻契和氏与子利贞逃难至伊侯之墟,因食李子得以活命,遂改理为李氏。这些记载当非子虚乌有。伊侯之墟在今河南西部伊河流域,而利贞娶契和氏女生昌祖,家于苦县。苦县即今河南鹿邑县,是道家始祖李耳(聃)的故里。唐代林宝《元和姓纂》曰:李利贞子昌祖为陈国大夫,十一世孙李耳,字伯阳(又字聃),号老子,生于苦县厉乡曲仁里。由于颛顼高阳氏是黄帝之孙,所以,皋陶及其后人也是颛顼后裔,当是黄帝族系之人。河南鹿邑被当作李氏祖居地。李姓,是中华一大姓氏,或有多元之源。

王姓,此王非黄,但与黄帝族亦有关系。《姓氏考略》曰:"大抵子孙以王者之后,号曰王氏。"并据称虞舜时代有妫姓之王,殷商有子姓之王,周朝有姬姓之王,均有"王"姓者,此类情况,在《新唐书·宰相世系》、宋邓世铭《古今姓氏书辩证》、《广韵》等亦多有涉及。人出于显赫国王或诸侯王家族的自豪感和怀念,即使因避祸落难异乡,亦绝不会忘记身世。所以王族之人,虽因避祸或多种原因不能再称妫、子、姬等原姓,以"王"姓代之,亦不失高贵血统和身份。但因中原诸侯国多,为"王"者多,结果多源之王姓,却由不同的姓改之。前文已谈及三代三族均属黄帝后裔,所以,中原的"王"姓,亦不出黄帝族系,且人数众多,是为日后大姓之一。

张姓,亦与黄帝族有密切关系。秦嘉谟辑补本《世本》曰:"黄帝第五子生挥。"唐林宝《元和姓纂》云:"黄帝第五子青阳生挥,为弓正,观弧星,始制弓矢,主祀弧星,因姓张氏。"《新唐书·宰相世系》云:"张姓出自姬姓,黄帝子青阳氏第五子挥为弓正,始制弓矢,子孙赐姓张氏。"由此可见,挥者是管制弓的官,"弓正"是官职名,是制弓之长,主管制造弓箭的官。姓张,即弓之长意,当以官职为姓。其子孙袭之为张姓,顺理成章,算不了赐姓。挥是黄帝之孙辈,当属黄帝族系。张姓望族布于各地,人口众多,也是中华一个大姓氏。

此外,还有不少中原地区起源的中华大姓,其中不少与黄帝族有直接或间接的关系。有学者根据各种古籍资料的不完全统计,当今我国120个大姓中,多属于大中原地区的黄帝族系、炎帝族系、蚩尤东夷族系,其中属于黄帝族系者有86姓,占72%以上;属于炎帝族的有6姓;属于蚩尤东夷族的有8姓。① 可见,中华姓氏体系中黄帝族系占有主体地位。

当然,我们也必须看到中华姓氏起源十分复杂,不仅不同民族有不同的起源和发展过程,就是国家主体民族汉族,因历史悠久和人口众多,特别是汉族融合了国内众多古部族民族,其姓氏也繁多,有据可查者约有5000余个,这些姓氏的起源五花八门。据宋人郑樵编撰的《通志·氏族略》,姓氏来源不同可分为"32类"。其实源头更多。不过,在姓氏史中,综观姓氏起源,不外是以下几类:一、在原始社会时期,大体皆是以居住地和生活特点取名,例如有巢氏、燧人氏、伏羲氏、姬(水)姓、轩辕(造车)氏、姜(水)姓、神农(发明农耕)氏等。二、在文明社会阶段的先秦时期,姓氏起源趋多样化:以国为姓;以前辈官职为姓,如庾(管筒仓官)、廪(管房库仓官)、理(司法官)等;以从事职业和技术专长为姓,如巫、卜、车、陶、金等。此外,亦有国王给功臣爱将赐姓,或避王名讳而改姓,或为逃避官家或仇家迫害而远走他乡改姓等。不过,因为中原战乱而几次大规模南迁的移民,则不仅不会改姓,而且还把中原先进的生产技术和传统文化传播到新的居地。三、在秦汉实行中央集权的封建专制时期,人们更加讲究姓氏宗亲关系,以有前辈祖先显赫业绩和同姓氏宗族血亲名人为荣,同姓宗亲子孙有志于做出业绩来光宗耀祖。在此背景下,王族大姓非特殊情况不会改姓更名。但是其他姓氏者对于皇帝赐姓,则乐于接受,并视为个人和宗族荣耀。但是,改朝换代,物是人非,家族恩怨,命运朝荣夕衰,大量新生代又衍生诸多新姓氏。

中华姓氏,不管其数量如何变,其祖先血脉和传统文化是不会变的。也就是说,万变不离其宗。在此,还要弄清一个关键问题:虽然同一姓氏,如果以父子同姓角度理解,是有血缘关系;但是,若从黄帝诸子不同姓以及数千年同姓不婚的血缘递变的遗传学角度理解,同姓也不一定有纯正血缘关系;相反不同姓氏也可能有一定的血缘关系,黄帝与炎帝同父不同姓,黄帝二十五子,仅二人同姓,便是例证。上面提到的"王"姓,具有多源性,夏、商、周三代各诸王等"王"族之后人,原来虽不同血缘却皆因袭"王"而可取"王"姓,更证明同姓者不一定有同一血缘。只有明朝以后,既有稳定的婚姻制度和夫妻关系,特别有谱牒为

---

① 谢钧祥:《河洛文化与中华姓氏起源》,陈义初主编:《根在河洛》,大象出版社2004年版,第458页。

证,其姓氏血脉才较清晰可辨。可见,从历史角度看却不能单纯从血缘关系来看姓氏文化,决定这一历史文化的因素很多。因为自古氏族部落不断迁徙和同外族通婚,特别是部落冲突、战争、同化和融合,就形成不同部族、民族血缘融合。例如,以黄炎联盟为基础,同时融合同化被征服的中原其他小部落,从而形成中华最早最大的部落集团——华夏族。尔后,通过黄帝后裔即大禹、汤(契之后人)、武王(后稷之后人)三族首领,建立起中国早期国家三朝。而三族政权更替,使夏族、商族、周族相融合,在中原形成一个人口众多,并有共同地域、共同经济利益、共同心理的稳定群体。秦统一中国后,随着疆域的扩大,其政治、经济、文化影响的深入,各地原其他部族人群受到同化,于是中原三族"三同"特性的族团得以扩大,形成全国性的人口众多的族团,这就是西汉宣帝时期形成的汉族。汉族,以国名为族名,形成过程就是不断同化融合各地古部族民族的过程,所以其血统是以中原华夏三族为主的多元融合体,同样其民族文化也是以中原文化为主体的多元一体文化①。由此推知,说黄帝是汉族一族的祖先是不确切的,应说是中华民族祖先的代表。其实,一些兄弟民族也承认黄帝是自己的祖先。当然中国地域广阔,民族众多,族源不同,姓氏不同,自然也各有其祖。我们亦不会反对任何民族和个人尊其祖敬其祖。不过,很难说何族血统是单纯的,几千年的迁徙、杂居和不同民族通婚的结果,血缘基因逐渐变异,使族体血统呈现融合性。同样,任何一个姓氏,亦很难说是纯血统的,除了姓氏源头可能是多元的因素外,长期的异姓婚姻和异地迁徙等社会因素使人体基因变异等原因,使血统呈融合化。明显的例证是,人们在历史上实行禁止同姓婚姻是因为认识到近亲结婚其子孙不繁,甚至其子女先天痴呆或畸形,但是经过几代异姓婚姻间隔之后,即所谓"出五服"之后,这种同姓婚姻就不同于近亲血缘婚姻,特别是距离很远的同姓婚姻,子女就不受姓氏血缘影响了。这种现象反映了长期异姓婚姻弱化了姓氏血统——血缘呈多元融合体了,过于强调一个姓氏的血统纯粹性是不科学的,也不利于民族团结。当然,为民族的发展和强盛,我坚决反对近亲婚姻,仍主张同姓不婚。在这里只是说明一个姓氏的血统并不是纯粹的,相反,不同姓氏的血统也可能同源于民族,中华民族众多姓氏源于黄帝的华夏族。因此,中国人以黄帝、炎帝几个作为祖先的象征和代表,不是仅从血统因

---

① 李绍连:《永不失落的文明——中原古代文化研究》,学林出版社1999年版,第43—60页。

素上来说的,而更多是从历史和文化上说,也是合情合理的。树立中华民族共同祖先偶像,是因为他们出现时代早,业绩卓著,是任何人无法比肩者,其后裔众多,历史贡献也大。我相信,我国绝大多数人会认同黄帝、炎帝等是"中华共同祖先"的,这有助于中华民族的团结,有助于全球华人的团结,有助于一个民族强国梦——中华民族振兴的实现。

那么,以中华共同祖先的代表、人文始祖黄帝的故里——河南新郑为中华姓氏研究中心地址或中华姓氏博物馆馆址是有其深远的历史和文化意义的。

(原载张新斌、刘五一主编《黄帝与中华姓氏》,河南人民出版社2013年版)

追寻中华民族的祖先

何谓中华民族？这是指在中国境内长期居住、劳动和繁衍的所有民族的总称，现代包含56个民族。为何众多的民族可统称为"中华民族"呢？因为中国是个统一的多民族国家，多元一体，所有民族都是由中国人构成，并共同缔造中华文化和文明。所谓中国人，就是指祖祖辈辈在中国疆域内居住和劳动的人，或具有中国血统和祖籍中国的人。

中国人最崇敬祖先，往往追根寻源。那么，谁是中国人的祖先？他们从何而来？这是每个中国人都十分关注的问题。中国古籍中，向把三皇五帝当作我们祖先的代表或象征。再向前追溯，如《五运历年记》《三五历记》等，则把"盘古氏"作为开天辟地的初祖。近代一些中国人数典忘祖，竟妄自菲薄，盲目迷信西方，相信或贩卖西人的"中国人种西来说""中国文化西来说"。以法人拉克伯理的《支那太古文明西元论》为代表的"西来说"，无疑是极其荒谬的，不仅受到了中国学者的严厉批判，也受到德人夏德等西方一些严肃学者的驳斥。

现代人类学和考古学以大量的确凿物证科学地证明了中国人和中国文化都是土生土长发展起来的。

中国人，源于云贵高原的最原始人类的一支。《春秋元命苞》云："天地开辟，至春秋获麟之岁，凡二百七十六万岁。"这是中国古籍中对于人类出现于地球的年代估算，接近于科学。近代古人类学家从东非坦桑尼亚、肯尼亚和埃塞俄比亚等国所发现的能直立行走的南方古猿化石研究中得出结论："南方古猿类的年代从500多万年到大约100万年前，在大约300万年前，其中一些进步的类型发展成为形成的人，开始制造工具，进入了早期猿人的范畴……"现代学者对300万年前出现人类的观点，逐趋认同。我国云贵高原被认为是人类发祥地之一。在云南的开远、禄丰发现了森林古猿和腊玛古猿的牙齿与头骨化石，含古猿化石的地层地质年代属中上新世晚期或中上新世早期，距今约800万年。

而在云南元谋发现的早期猿人——元谋人化石,其年代曾测定为距今约170万年。从古猿到早期猿人化石的发现推断,云贵高原地区是人类发祥地之一,也是中国人最早的发祥地。猿人从云贵高原北上,经过秦岭山脉,往东向太行山、燕山再折东北地区散居。人类学家和考古工作者已在陕西省的蓝田陈家窝和公王岭两地发现了"蓝田猿人"化石,经过测定,化石年代距今约98万至75万年。在北京周口店、河南南召和辽宁营口金牛山等地发现了距今50多万年的猿人化石。在猿人北上迁徙过程中,又沿着珠江、长江、黄河、辽河等大河向上游或下游即东西两侧扩展。不过此种迁徙较晚,约在智人和新人阶段。目前发现的古人类化石,智人阶段有陕西大荔人、山西丁村人和许家窑人、广东马坝人、贵州桐梓人、湖北长阳人,新人阶段主要有内蒙古萨拉乌苏人、四川资阳人、广西柳江人等。经过猿人、智人、新人三个阶段的进化便形成了现代人生理结构和发达的大脑。从猿到人进化的三个阶段,在考古学上相应分别称为旧石器时代早、中、晚三个时期。迄今为止,在全国范围内发现的旧石器时代先民们生活的洞穴遗址和遗物堆积约有三四百处。这些从170万年到1万多年前在中国境内各地生活的旧石器时代居民,便是中国最早的祖先。在人类学上,中国境内原始居民属蒙古种,以铲形门齿为特征,南方居民具有某些马来人种特征,但都是在本地由猿到人逐步进化来的,无论是欧洲还是中亚地区,均无如此丰富的人类进化序列化石和文化发现,也无此人种,"中国人种西来说"是荒谬绝伦的。

在中国古籍中,记载了反映从猿到人的旧石器时代先民生活的神话和传说。典型的神话人物"盘古氏"是相当于100多万年前由直立古猿进化到猿阶段的代表,开天辟地,开创了人类生存的环境。相当于50万至2万年前的猿人、智人、新人阶段的传说人物有"有巢氏"和"燧人氏"等。"燧人氏"并不是一个人,而是相当于居住在自然山洞或构木为巢住在树上的旧石器时代早期的猿人浓缩的群体形象。这个时期人类不仅学会用火,保存天然火种,而且逐步学会钻木取火,"燧人氏"也就出世了。有了火,人类不仅可以战胜寒冬,防御猛兽的侵害,而且用火烤熟的肉食既保护人类的健康又促进大脑的发达。相当于旧石器时代晚期到新石器时代过渡阶段的传说人物有"伏羲""女娲"等,他们创造了弓箭,"作结绳而为罔罟,以佃以渔";他们创立婚姻制度,使人摆脱血缘群婚的野蛮状态;他们驯养动物,保证人类食肉有稳定的来源,为新石器时代人们定居务农打下物质基础。这些人物是我们中国人早期祖先的代表或象征。此外,各地还流行一些不同的传说,只不过是不见于古籍或记载甚少而缺乏代表性而已。如果说我们的最早祖先战胜洪荒世界而获得一个生存空间的话,那么,我们新石器时代的祖先,便为中国人的生存和发展奠定了社会物质基础。约距今1万年前后,中国先民进入新石器时代。他们学会制造石斧、石铲、石刀等农具和栽培食用植物,发明了农业;驯养狗、猪、羊、鸡为家畜家禽,发明了畜牧业;用黏土烧制日常生活器皿,发明了制陶业;用野生麻类纤维纺线织布或抽蚕丝织衣,创立了纺织手工业;用土、木、茅草等材料建筑住房或用土筑城,创立了建筑业;刳木为舟,始制舟车为行器等。这就是先民为中华创立最早的基业,解决了人类衣、食、住、行各方面生活所需的基本技术。当时先民足迹已遍及全国各地,现今31个省、市、自治区发现的6000余处文化遗址,便是物证。这个时代的文化遗址分属不同文化以及具有不同特征的若干文化类型。不同文化及同一文化不同类型的产生,同当时人群已分属不同的部族有密切关系,但尚没有民族形成。这些新石器时代的先民,当是中国人共同的祖先。

不过,当时尚无成熟的文字,或者无记录世事的作文知识,不可能记录下一个个祖先创下什么样的业绩,这样,这代祖先便成为无名英雄。当然,因为黄河中下游和长江中下游地区文化发达较早,该地区这代祖先中口耳相传的一些代表人物,如炎帝神农氏(或单称神农氏或炎帝)、黄帝轩辕氏(或单称黄帝或轩辕氏)、蚩尤、共工、夸父、祝融、颛顼、帝喾、九黎、三苗、尧、舜、禹等以及他们的后裔等,便被记录了下来。由于这些传说人物在我国古籍中有记载,加上人们世代口耳相传使中国多数人对他们比较熟悉,所以,便把他们当作这一代祖先,可谓数典怀祖。特别值得提及的是,在这些传说的祖先中,年代较早、功绩卓著者又首推炎帝神农氏和黄帝轩辕氏。

炎帝神农氏是中国新石器时代初的第一号传说人物。炎帝最伟大的功绩在于"因天之时,分地之利,制耒耜,教民农作"(见《白虎通》),故号曰"神农氏"。中国以农业立国,所以农业创立者最受人崇敬。而农业又实为文化之初和文明之源,炎帝这个农业始祖理所当然成为中国人祖先的代表和象征之一。比炎帝晚出,但有更多创造发明、功高盖世的黄帝,先后战胜炎帝和蚩尤,在中原被诸侯尊为"天子",代神农氏而治天下,成为中华立国传说中的第一人,被后世中国人誉为"人文始祖"。这样,黄帝自然而然地被当作中国人祖先的代表和象征。中华创业的第一人炎帝与中华立国的第一人黄帝,两人并称"炎黄二帝",这是数千年历史相沿成习的结果,并不是今人随意塑造的。

我们说炎黄二帝是中国人的祖先,并不否定同时代的其他祖先,如蚩尤、共工等,但我们总不能在每提到祖先的场合都要不厌其烦地罗列一连串的人物名字。其实无论是哪个传说人物,包括炎帝、黄帝,都不是某个人的真名,均是当时著名部落或部族首领的称号,而且是若干代首领的沿袭称号,是个群体浓缩的形象而已。黄帝是华夏族的首领,而华夏族又是最初的华夏族(部族)与夷、蛮、戎、狄等古代各大部落、部族之部分成员融合而成,这样,黄帝作为夷、蛮、戎、狄四方部族祖先的代表和象征,应该也是顺理成章的事。有人说黄帝是汉族的祖先,这是不科学的。因为汉族最早形成于汉朝宣帝时期,距离黄帝长达3000多年之久。华夏族是汉族的来源之一,汉族作为中华主体民族,是中国境内主要古代民族融合而成,所以汉族的祖先,可以说包括华夏、夷、蛮、戎、狄等古代部族祖先在内。在历史的长河中,由于迁徙、杂居、交流、通婚等各种原因,无论哪个古代民族,在血统和文化上多有融合而非纯粹。今天的中华民族,除了个别于近代迁入境内的民族外,其他民族都是由中国古代各民族或融合或分化演变和发展而来。各民族之间有千丝万缕的关系,都是兄弟民族。在无可靠的历史文献证明某人是某族直接祖先的情况下,又怎能根据晚出的传说分清彼此呢?更何况"炎黄二帝"又仅仅是祖先的代表和象征!当然,寻祖认祖敬祖是每个人的权利,我们尊重这种权利,不会也不必强加于人。但是,希望不要把五千年前中国人的共同祖先人为地划分族属。中国新石器时代的先民是中国人的直接祖先,其中杰出的代表炎帝和黄帝,值得今人敬仰和自豪。

(原载《寻根》2003年第6期)

关于中华民族起源、发展和演变的几个问题

中国是一个统一的多民族国家。所谓"中华民族",是指在中国境内长期居住、劳动和繁衍的所有现代56个民族的总称。中华悠久的历史和光辉灿烂的文化,是由中华所有民族共同创造的。每个民族,不管其人数多少,都为中华文明的发展做出了永垂青史的贡献。

中国是世界文明古国,具有五千年以上的文明史。因此,中华民族又是世界上最古老的最优秀的民族之一。民族是一个历史范畴,必然经历起源、发展、演变等复杂的历史过程。现代的民族,固然渊源于历史上的古民族,但由于种种社会历史原因,几乎没有一个民族是由上古某部族或民族直接发展而来的;相反,上古一个民族可能分化演变成几个不同的现代民族;或者几个上古民族融合形成一个现代民族。当然,由于对"民族"一词的含义理解不同,以及文献资料匮乏,对民族形成的研究程度不一,造成民族学研究方面困难重重,分歧迭出。中国解放前,除个别历史学家进行民族史方面研究,并有一些民族史论著问世外[1],几乎没有现代民族学,更没有全面系统的民族研究。解放几十年来,由于人民政府实行民族平等、民族团结等民族政策,政府设立了专门的民族研究机构和民族院校,同时积极开展对各民族的史料和生活状况进行调查、整理和研究,以及召开民族学学术讨论会等活动,民族学逐渐繁荣起来。在民族史和现代民族研究方面都取得了很大成绩,出版了几部比较系统的中华民族史、

---

[1] 中国古代民族史方面的主要著作有:吕思勉的《中国民族史》,世界书局1934年版;林惠祥的《中国民族史》,商务印书馆1936年版;吕振羽的《中国民族简史》,三联书店1948年版。后两部在新中国成立后均再版。

现代民族通史和大量的研究论文①。可以说,对中华民族的历史已有比较深刻的认识。但在民族学研究中仍存在不少亟待解决的学术问题,其中,主要的还是关于民族族源和发展演变方面的问题。对此,笔者想谈谈个人的浅见。

一、关于中华民族的构成

在中华现代民族中,除个别民族成员是从境外迁来外,绝大多数是在中国领土上土生土长的。根据现代中国人类学和考古学研究,中国大陆的云贵高原是人类的发祥地之一。在云南开远小龙潭发现了分别属于森林古猿和腊玛古猿的化石,这些古猿被认为是人的最早的祖先。同时在中国各地又陆续发现了由猿变为人各个阶段的人类骨骼化石和使用过的工具。如猿人阶段有距今约百万年左右的云南元谋猿人和陕西蓝田猿人;距今约50万年前后的北京猿人、河南南召猿人、辽宁营口金牛山人。智人阶段主要有陕西大荔人、山西丁村人和许家窑人、广东马坝人、贵州桐梓人、湖北长阳人。新人阶段主要有内蒙古萨拉乌苏人、四川资阳人、广西柳江人等。经过猿人、智人、新人三个阶段的进化便形成了现代人。从猿到人进化的三个阶段,在考古学上相应分为旧石器时代的早、中、晚三个时期,除了每个阶段发现有人的骨骼化石外,还在全国各地发现了三四百处旧石器时代文化地点。旧石器时代每个时期石质工具的打制方法和工具的种类、形制、性能的变化,表明人类智力和体能的发展。紧接着人类的新人阶段的是现代人阶段,那就是考古学上的新石器时代。现代人的社会始于新石器时代,此时已由猿人的原始群进化为以血缘为纽带的氏族部落社会,由以打猎和采集完全依赖大自然的恩赐为生,发展到创立了农业、畜牧业和手工业,可以通过人类的生产活动维持人的生存和发展的需要,初步解决了人类社会衣、食、住、行的问题。人类通过新石器时代,迈步跨进了文明社会。而这

---

① 民族学研究方面的重要著作有:国家民委组织编纂的《中国少数民族》,人民出版社1981年版;田晓岫主编的《中华民族》,华夏出版社1991年版;翁独健主编的《中国民族关系史纲要》,中国社会科学出版社1990年版;徐杰舜著的《中国民族史新编》,广西教育出版社1989年版;以及蒙古族、藏族、壮族、苗族、满族、彝族、达斡尔族等民族通史;等等。

种新石器时代的文化遗存在我国十分丰富,考古工作者已在全国各地发现了七八千处新石器时代文化遗址,便是我国距今约一万年前至五千年以前不同氏族部落的文化遗存。我国上古不同部族的产生同各地所发现的不同特征的新石器时代文化①有密切关系。所以说,现代中国人是世界人类最早一支的后裔,从猿到人,由蒙昧、野蛮到文明的历史进程都是在中国领土上完成的。我们的祖先从远古时代起,就劳动、生息和繁衍在这块神圣的国土上。土著的中国人有着共同的祖先,中华民族几乎都是土生土长的兄弟民族。

中华民族的形成,同世界上任何民族的形成一样,乃经历了氏族—部落—部族—民族四个阶段。因此,民族不是同人类伴生自古就有,而是在社会发展过程中,在特定的自然环境和社会历史条件的各种因素相互作用下形成的,所以民族是一个历史范畴。中国领土广阔,自然地理环境千差万别,社会历史条件也各不相同,由此又组成各个不同的民族。在研究中华民族起源的问题上,关于"民族"含义的理解似乎有很大差别,一些学者似乎把部族和民族混同;什么是民族形成的标志,理解上也见仁见智;关于现代民族与古代民族的关系亦多有歧见。学术上有分歧是自然的事,不过对重大的原则性问题,还是有共识为好。

何谓民族?斯大林在《马克思主义和民族问题》一文中指出:"民族是人们在历史上形成的一个有共同语言、共同地域、共同经济生活以及表现于共同文化上的共同心理素质的稳定的共同体。"同时他还着重指出:"把上述任何一个特征单独拿来作为民族的定义都是不够的。不仅如此,这些特征只要缺少一个,民族就不成其民族。""只有一切特征都具备时才算是一个民族。"②尽管这是指资本主义时期的民族,但却不失为一个较科学的民族定义,所以我国民族学界一般也认同。当然,正如他也曾表明的那样:"民族也和任何历史现象一样,是受变化法则支配的,它有自己的历史,有自己的始末。"这句话可以理解为民族是一种历史现象,有它自己的起源、发展和消亡的历史过程。对上古民族,是否也要用"四个共同"的标准去衡量?这是一个值得研究的问题。我认为一

---

① 参见中国社会科学院考古研究所:《新中国的考古发现和研究》,文物出版社1984年版。
② 斯大林:《马克思主义和民族问题》,《斯大林全集》第2卷,人民出版社1953年版,第294—295页。

个成熟的民族应是具有"四个共同"特征的稳定的共同体。一个民族倘没有共同的语言、地域、生活及心理素质，而是根据血缘、语言、服饰和生活习俗等去判断，则必然混同于部落或部族。因为部族只是聚居于某地的若干氏族部落的统称，尚有血统的因素。根据血缘抑或根据地域，这是部族和民族的主要区别之一。世界上没有纯血缘的民族，排除了血缘这个因素，则不同血统的人群就可能被同化而成为某民族的一部分。除"四个共同"特征之外，还有一个重要标准需要把握，即"稳定"性。是否"稳定的人们的共同体"，也是部族和民族的重要区别之一。在这种意义上说，我国历史上的华夏族、东夷族、苗蛮族都是部族而不是民族，而戎、狄为我国西北诸部族的总称。至于古羌、匈奴、突厥、东胡、女真、乌桓、党项、丁零、敕勒、契丹、僚、俚、闽越、瓯越、骆越、乌浒等，究竟是部族还是民族，尚需研究。从一些历史资料看，它们尚不是具备民族的四个共同特征的稳定共同体，而是以联盟方式结合在一起聚居的部族，而后分化成为不同的部族并成为不同民族的祖先。当然，部族可简称某族，对那些在历史上影响较大又与某些地方政权有关者，也可笼统称为古民族，特别是那些约定俗成的民族称谓可沿用。

还应指出，一些以国号命名的民族如夏族、商族、周族之称谓，就不一定是贴切的民族称谓。因为夏族只是华夏族的一支，在禹建立"夏后"国家政权时，可称为夏民族。但是，这里的"夏族"可以说是华夏族原来简化代称的"华族"或"夏族"之延续，不是独立于以黄帝为首的华夏族之外的新的"夏族"。由部族变为民族只是一种发展，是一个具有质变的新阶段，所以夏族的前身是华夏族。既然禹是"黄帝之玄孙而帝颛顼之孙"，商始祖契则是黄帝曾孙帝喾之次妃简狄所生，亦是黄帝华夏族的一支，只是因封于商而以"商"名称之，而周始祖后稷，名弃，是帝喾元妃姜原所生，也应是黄帝族一支，至武王克商立周，改朝换代。但三代都是华夏族的政权，夏、商、周虽然朝代名称不同，其族名不应该随着朝代的变更而易名，况且，夏国内并不限于夏族，还有东夷族、商族等；商国内也不限于商族，还有夏族、周族等；周朝也不止周族，也还有商族和其他部族。因此，夏族、商族、周族在它们立国前作为华夏族的不同分支部族，其称谓是成立的，而作不同民族称谓则不确切也不可取。历史上，所谓夏族、商族、周族，如果作为一个民族，则随着三代的消亡而销声匿迹。实际上，商灭夏时，夏族很快被商族同化而融合于商族之中，周代商，商族又逐渐融合于周族之中，换句话说，夏、商、周曾分别是华夏族的三支不同部族，而当它们相继主政后，又逐渐融合成为新的共同体，它们既然源于华夏族，政治、经济和文化乃至哲学思想又一脉相承，又具有"四个共同"的民族特征，所以它们是一个民族而不是三个民族。

当然，民族名称不是不可以以国名或朝代名命名，也不是说民族不会消亡，而是说同一个民族则不应随着朝代更换而易名，否则会引起民族史的混乱。例如，汉族虽然最初也是因汉朝而起名，却不同于夏族、商族、周族，一则因它是具有新的特征的稳定的共同体，再则它不随汉朝的灭亡而消亡，反而越来越壮大，以后仍称汉族、汉人，直至现代。倘若汉族作为一个民族随着朝代而易名，隋朝称隋族，唐朝称唐族，宋朝称宋族，那么，文献记载下来，后人就莫名其妙了。唐朝的人，也自称汉人，如在《旧唐书·吐蕃传》中，对唐和吐蕃称为"蕃汉两家"。虽然外国外族也有称唐朝的人为"唐人"者，但却不是作为民族的称谓。至于今天在一些国家中的"唐人街"，即含有"中国人"居住的街区之意，并不是指一个民族。再说，若以朝代或国名称民族，那么辽、金、元、清诸朝的"辽人""金人""清人"又指何族？这些都是少数民族主政的朝代，契丹、女真、蒙古、满诸族，概不能以朝代称之，同时，汉族在上述朝代不仅存在还继续发展壮大。总之，中国是个统一的多民族国家，除了汉族这个由历史铸成的例外，皆不宜用朝代或国名当作民族的称谓，包括前面提及的夏、商、周三代。

欲判断历史上的部族与民族间的差别，不能单纯与国家的建立联系起来，主要还是依据民族的"四个共同"性和一个"稳定"性。以此而论，中国古代真正算得上民族者并不多，大多数属于部族。要对某一部族或民族做深入的研究，不妨从研究中国现代56个民族起源入手，就中也可以了解中国古代部族和民族的起源和演变情况。本文所谈的正是现代中华民族各族的起源和发展状况，以及相关的问题。

中华现代民族中，尽管绝大多数都是中国古代部族或民族的后裔，但各民族形成的时间早晚却有很大的差异。其中，汉族形成时间最早，约在西汉武帝至宣帝时期，距今两千年左右。在唐、宋、元时期即距今约七百至一千三百年前的几百年间形成的民族，有蒙古族、达斡尔族、维吾尔族、哈尼族、傣族、傈僳族、羌族、苗族、侗族、壮族、瑶族、土家族、畲族、仡佬族、彝族、白族、黎族等17个民族。在明、清时期即距今一百至六百多年前形成的民族，有满族、赫哲族、回族、土族、撒拉族、保安族、哈萨克族、塔吉克族、藏族、门巴族、珞巴族、佤族、塔塔尔族、乌孜别克族、锡伯族、柯尔克孜族、东乡族、拉祜族、纳西族、景颇族、布朗族、阿昌族、普米族、怒族、德昂族、独龙族、布依族、基诺族、仫佬族、高山族、京族、水族、鄂温克族、鄂伦春族、毛南族、裕固族、朝鲜族、俄罗斯族等38个民族。由此可见,中华现代民族是在不同历史时期形成的,其中朝鲜、俄罗斯、京三个民族是由境外迁来,回族、撒拉族也有部分是从境外迁入并和国内土著融合而成的民族,但是这些民族已在中国长期居住、劳动、繁衍,同中华其他民族一起共同为发展中华民族而做出自己的贡献,业已成为中华民族大家庭中的成员,是中华民族不可分割的组成部分。

二、关于中华主体民族的一些问题

在中华所有民族中,汉族形成最早,人数最多,现拥有12.42亿人(1991年数据,下同),约占全国90%以上。汉族科学技术和文化比较先进,又在中国历史上多数王朝中处于主政地位,汉语、汉文为国内多数民族所通晓和应用,并为外国视为中国国语和中文。鉴于它在中国历史发展过程中往往起着主导的或核心的作用,而被人们公认为中华民族的主体民族。

(一)主体民族是由中国众多古代部族和民族融合而形成

在中华众多民族中,汉族是其中的一个民族,它同其他民族似无两样,但只要考察一下汉族形成的历史,就可知它实际上是由中华国内众多古代部族和民族融合而成。汉族的起源和发展经历了数千年之久,其过程十分复杂,这里仅做概括阐述。

几乎所有民族学家无不承认汉族的主要来源之一,是炎黄的华夏族。而华夏族在同东夷族、苗蛮族的战争和共处中,融合了东夷、苗蛮两族部分成员[①],形成了新的人们共同体,称为华族或夏族。尔后,原属华夏族分支的夏族、商族、周族三大部族分别在夏、商、周三代主政后,经过三代又逐渐融合成较大的人们共同体,成为一个民族,仍称为夏族或华族。秦始皇统一中国后,采取了强有力的统一措施,如"分天下以为三十六郡……一法度衡石丈尺。车同轨。书同文"

---

① 徐旭生:《中国古史的传说时代》(增订本),科学出版社1960年版。

"匡饬异俗"等。① 此类政策的推行,有力地加速了秦国内不同部族和民族逐渐同化为一。汉承秦制,汉朝继续实行此类统一政策,使汉朝国内绝大部分居民逐渐成为具有共同地域、共同语言、共同经济生活和表现在文化上的共同的心理素质的稳定的人们共同体,这个共同体既不同于华夏族,也不同于其他任何民族。在当时特定的历史条件下,由于当时国内绝大多数居民已成为一族,以致当时汉朝人自称"汉"②,外族和外国称汉朝居民为"汉人"③或"汉民"④。此外,凡是称汉王朝官民者,皆带有"汉"字,如"汉吏""汉军"等。自此以后,不管何朝代,"汉人"的称呼越来越多。这种现象表明,秦汉之际所形成的这个新的人们共同体,已被称为"汉族"了。我国著名的历史学家吕振羽曾认为"华族自前汉的武帝宣帝以后,便开始叫汉族"⑤。民族史学家吕思勉亦曾云"汉族之名,起于刘邦称帝之后"⑥。汉族形成于汉朝的观点,为中国民族学界所认同。

汉族虽然形成于汉朝,但现代的汉族却又不能等同于汉朝的汉族。自汉到清,两千年来,还有东夷、南蛮、西戎、北狄所属的四方部族及其他民族被同化而融合于汉族之中。对此,徐杰舜的《中国民族史新编》一书所述颇详⑦。东夷从林惠祥所说,指"秦以前居今山东、江苏、安徽等省自淮北至沿海一带之异民族"⑧。东夷这个古老民族,如前面所言,在炎黄时代便有一部分融合于华夏族,剩余部分在春秋战国建立若干小国,后为齐国所统一。秦灭齐,东夷人纳入秦的范围,约在汉朝融合于汉族之中。至于苗蛮,大部分曾融入楚族之中,随着楚被秦所灭,归入秦版图,汉以后这部分苗蛮连同楚族一起被汉化。仅有小部分流落湘、川、黔一带山区,成为现代苗族的祖先。根据文献,西戎是我国西北古代部族的总称,它的一部分在先秦时代已融合于华夏族之中,而属于西戎的氐、羌,在西汉至魏晋南北朝期间几次内迁,这些内迁于陕、川、豫等地的氐、羌

---

① 司马迁:《史记·秦始皇本纪》,中华书局1985年版。
② 参见《汉书·张骞传》。
③ 参见《汉书·匈奴传下》。
④ 参见《汉书·王莽传》。
⑤ 吕振羽:《中国民族简史》,三联书店1950年版,第19页。
⑥ 吕思勉:《先秦史》,上海古籍出版社1983年版,第22页。
⑦ 徐杰舜:《中国民族史新编》,广西教育出版社1989年版。
⑧ 林惠祥:《中国民族史》,1985年上海书店重印本,第73页。

分别在南北朝时期被同化而成汉族的一部分。北狄是先秦时代对北方部族的总称,亦有一部分后来融合于汉族。如源于东胡的鲜卑族和吐谷浑两部南迁中原部分,在魏晋南北朝时代已融合于汉族之中,仅在故地的小部分成为现代锡伯族的祖先。东胡的乌丸在东汉时也已汉化成为汉族的一部分。此外,在秦汉以后,分布在中国大陆东南沿海的古部族被泛称为"百越"和"百粤",分布在西南地区的古代部族泛称为"百濮"和"百越",也大部汉化融合于汉族之中。如地处今赣、江、浙地区的"于越",在今福建地区的土著"闽越"和岭南的"南粤"等,都在宋元时期被同化而成为汉族,只有处于边远地区的余部成为现代某些民族的祖先。这样,现代的汉族虽是汉朝的汉族发展而来,但比汉朝时的汉族,其族源更广,成分更加复杂,民族性也更加鲜明,文化水准也更高,因此不可等同并论。

由上可见,汉族族源很广,除华夏族外,包罗了中国古代大多数部族和民族的成员,融汇了中华众多民族的血脉而形成的新的人们共同体,甚至可以说是由若干古民族构成的具有"四个共同"的特殊的民族共同体。由于汉族融汇众多古民族的血统,又汲取了众多民族优秀文化因素,所以它能够成为先进民族,能够在中国历史发展过程中起主导和核心作用,是历史铸造的中华主体民族。应该指出,在民族发展过程中,不光是有众多古代部族和民族融合于汉族,而且也有一些汉族被少数民族同化,因此,汉族同其他少数民族有着千丝万缕的亲缘关系,汉族和其他 55 个民族都是兄弟民族,都是统一的中华民族大家庭中不可缺少的成员。

(二)汉族文化亦融汇了兄弟民族的各种优秀文化

汉族文化以中原地区的炎黄文化和夏、商、周三代文化为基础。优越的自然地理环境和比较先进的农业,使当地的社会经济文化发展速度高于周围地区,夏禹在中州建立中国历史上第一个统一的奴隶制王朝,标志着中国进入了文明社会,成为世界四大文明古国之一。因此,汉族文化不仅在中国国内比较先进,在世界上也居于前列。当然,社会科学技术和文化艺术是随着社会经济的发展而发展,同时又往往促进社会经济的发展。汉族的科学技术和文化为何在历史上一直保持比较先进的地位呢?原因是多方面的,除了它良好的基础外,一个重要的原因是汉族能够不断地汲取国内其他兄弟民族乃至国外民族的优秀文化来发展自己。

汉族汲取外部他族文化的先进因素有两种方式：一种是被同化而融入汉族本身的他族人员带来的；另一种是汉族主动向其他民族学习而来的。关于前一种方式如夷、蛮、戎、狄大部分人被同化而融合进汉族了，四方八面民族的生产技术和文化自然也就带进来了。例如，西北部游牧民族的牲畜饲养、驯化、繁殖经验，以及马术、兽医术、皮革制作技术等，南方苗蛮和百越的水稻、棉花种植经验和纺织技术等，还有南北方民族的音乐、歌舞，以及铜锣、铜鼓、铜钹、胡笳、琵琶、胡琴等乐器，都是被同化的古代各族人民带入汉族内而逐渐被融汇成为汉族文化的一部分。这些原为兄弟民族的优秀文化被汉族汲取后，对促进汉族文化的发展具有重要意义。

善于向外族学习，是汉族文化不断发展的另一重要原因。这种向外学习始于汉族的祖先之一华夏族。例如，在今江浙一带有于越族，它的祖先——良渚文化的创造者创造了先进的玉器制作技术，能雕造璧、琮、珠、管、坠、牌等各种精美玉器，其中从墓葬出土的刻有饕餮纹的玉琮之类，甚至令今人赞叹。而在中原，商代以前与良渚文化大抵同时的河南龙山文化，却很少发现玉器，技艺亦远不及良渚文化，所以一些考古学家认为，商代大量精美玉器的制作技术是从南方良渚人后裔那里学来的或者把那里的工匠请来制作的。此外，印纹硬陶一直是东南沿海越族的工艺特长，中原的印纹硬陶技术也很可能是向他们学来的。当然，在秦汉以后，尤其是魏晋南北朝时期，由于诸多民族大量被同化而成为汉族的一部分，这些民族的一些先进生产技术和文化艺术在汉族内的应用，已难以分清是汉族向这些民族学来还是被同化的人带来的，很可能是两者兼而有之。汉族向外学习是不间断的。如战国时期赵武灵王为了增强军事力量以对付匈奴的军事威胁，于公元前307年在军队中推行"胡服骑射"①。这是因为原来军队的服装过于肥胖臃肿，不便于作战，骑兵的马术、射箭和刀枪均逊于北方游牧民族，因此，便仿制"胡服"作军队服装，同时学习胡人骑兵战技术。这对增强中原军队的作战能力有深远的影响。又如元代汉族妇女黄道婆向南方黎族学习了棉纺织技术，并向汉族地区推广等。从这些例子就可以看到，虽然汉族文化总体在中国是比较先进的，但不管是生产技术、工具还是科学文化艺术，也有欠缺或落后的一面，所以汉族必须向外学习，向少数民族学习，向国外

---

① 见《绥远通志稿》卷一。

学习,不断汲取其他民族的先进文化发展自己,才能借以保持其先进地位。由此,也可以看到汉族文化中也融汇了国内众多兄弟民族的优秀文化成分。汉族文化在中国之所以具有广泛性和代表性,原因也在此。

三、中华民族起源的若干问题

对中华各民族的起源,是我国民族学界研究着力最多、成绩巨大、存在分歧不少的一个问题。我仅粗略地就某些问题谈点浅见。

(一)中华各民族形成的不同途径和方式

除汉族外,其他兄弟民族的起源和演变,大体可分四种类型:

1. 以一个古部族或民族为主,加上几个不同部族或民族某支系融合成的民族

此类民族中,有藏族、蒙古族、满族、哈萨克族、土族、维吾尔族、壮族等。藏族是一个古老的民族[①],它是以吐蕃族为主,吐蕃族强盛时曾把古羌的一支——党项和西迁的鲜卑族一支——吐谷浑等置于其统治之下,久而久之,把它们同化并融合于藏族之中。现代拥有459万人的藏族,还包含了居住在西北一带的一些蒙古、汉等族的古代居民。现在拥有480万人的蒙古族[②],直接起源于"蒙兀韦",但它在形成为现代民族的历史过程中则融汇了匈奴、东胡的柔然、突厥、回鹘等族的一部,甚至包括了居住在北方的一些汉族成员。现拥有982万人的满族[③],主要由女真族发展而来,而在它于明末形成现代满族的过程中,也融汇了居住在东北的上古部族勿吉和挹娄的后裔以及少数汉族。现拥有111万人的哈萨克族,其主族源是古羌的乌孙部,同时又融汇了部分回纥、突厥、蒙古某支系而形成。现仅有19万人的土族,主要是由古鲜卑族的一支——吐谷浑部发展而来,但又融汇了蒙古某部的血统,所以土族又曾自称"蒙古尔"即蒙古人。现拥有721万人的维吾尔族[④],它的族源可追溯到先秦时代的"丁零",是由它

---

① 参见黄奋生:《藏族史略》,民族出版社1985年版。
② 参见《蒙古族通史》,民族出版社1991年版。
③ 参见《满族简史》,中华书局1979年版。
④ 参见刘志霄:《维吾尔族历史》,民族出版社1985年版。

的敕勒部一支即隋唐时期的回纥(后又改称回鹘)发展而来,并融合部分突厥、吐蕃和汉族等杂处居民。现拥有1548万人的壮族①,是我国人数最多的少数民族。它的族源主要是百越中的俚族,但也有乌浒蛮等融入其中。这类民族不多,却都是人数较多的民族。

2. 由一个古部族或民族分化演变而成的几个不同民族

此类型的民族较多。女真族又分化成赫哲族、鄂温克族、鄂伦春族等三个民族。不过,都是女真族小支系发展而来的,人数都很少。迄今鄂温克族仅2.6万人,而鄂伦春和赫哲族各几千人。东胡的鲜卑族,除了拓跋鲜卑汉化变成汉族一部分外,其余保留下来的小支系,其后裔又分别形成达斡尔族(12万人)、锡伯族(17万人)。西羌的一支寻传蛮,分化演变成景颇族(11万人)和阿昌族(2.7万人)。西羌的一支叟族,经过长期演变,分别形成彝族(657万人)、哈尔族(125万人)、拉祜族(41万人)。古濮族分化演变成布朗族(8.2万人)、德昂族(1.5万人)。百越的僚族,后来分化逐渐形成侗族(251万人)、仡佬族(43万人)、仫佬族(15万人)等几个大小不同的民族。百越的武陵蛮族,经长期分化演变形成瑶族(213万人)、畲族(6万余人)、毛南族(3万余人)。百越的骆族又分化为瓯骆、骆越两族,再演变成现代的水族(34万人)、布依族(254万人)、黎族(111万余人)。此外,还有一些形成较早的现代民族中也有分化现象。例如在唐宋时期形成的蒙古族,由于某种历史和环境的特殊原因,其中某支系又分别演变为东乡族(37万人)、保安族(1.2万人)等。这类型的民族,都是几个不同的现代民族同源同祖。

3. 直接由某一古部族发展而来的民族

这类型的民族,大多是聚居在荒僻边远地区的少数民族。它们都是在一个受外界干扰较少的闭塞环境中由某一古部族某部缓慢地进化为现代民族的。现拥有739万人的苗族②,一般认为它是先秦时代三苗之后裔,主要是由秦汉时代聚居在湘西、黔东地区的"五溪蛮"发展而来。柯尔克孜族(14万人),是上古敕勒的一支黠戛斯的后裔。塔塔尔族(0.48万人),是由突厥汗国所辖鞑靼一支演化而来的。裕固族(1.2万人),是由回纥(回鹘)一支发展而成。门巴族

---

① 参见黄现璠等:《壮族通史》,广西民族出版社1988年版。
② 参见《苗族简史》,贵州民族出版社1985年版。

(7475人)和珞巴族(2312人)是由与吐蕃族有密切关系的不同古部族发展而成。白族(159万人),是由氐羌一支白蛮演变而来。纳西族(27万人),是古羌一支摩沙族的后裔。傈僳族(57万人),是昆明族的一支乌蛮发展而来,旧称"罗罗"或"栗粟"。台湾的高山族(30余万人,居住大陆2900人),是土著山夷(后又称土蕃)发展而来,其中也融合了闽越或粤族的部分成员。此外,普米族、怒族、独龙族、基诺族等,因缺乏文献资料,它们的族源不甚清楚。因为它们的人数甚少,迄今仍均在三万人以下,所以只能是西南某弱小部族的后裔。目前仅知普米族(2.9万人),是明清时期西蕃的一支。怒族(2.7万人),是明清时期的"怒子"或"阿怒"人。独龙族(5816人),是明清时期的"俅人"。基诺族(1.8万人),可能是古羌中的乌蛮一支的后裔。这几个民族的族源,还需进一步研究。

4. 从境外迁来或和土著融合的民族

在中华现代民族中,有5个民族的先人是古代从境外迁徙来的。例如,东北的朝鲜族(192万人),据文献记载是从17世纪末至19世纪中叶由邻国朝鲜迁徙来的,主要居住在今吉林延边一带,以及黑龙江和辽宁等地。南方的京族是于我国明朝正德年间即公元16世纪初从越南的涂山等地迁来,居住在今广西防城的巫头、山心等地,现有人口1.8万人。俄罗斯族(1.3万人),迁入时间较晚,即18世纪末至20世纪初从俄国境内陆续迁来,散居在新疆伊犁、塔城、阿勒泰等地,仍讲俄语,用俄文,信东正教,保留原民族特性。近两个世纪来,俄罗斯族长期与当地的民族如维吾尔、哈萨克、塔吉克、汉族一起劳动、生活。

此外,有文献表明,回族和撒拉族两个民族中至少有部分成员的祖先是在古代由境外迁徙来的。回族(860万人),是回回族的简称。关于回族族源尚没有取得一致意见。不少学者认为,现在回族的祖先是唐代以来住在安西(今新疆南部及葱岭以西地区)的回纥(后又称回鹘)人。回纥、回鹘和回回音相近。亦有一些学者认为,13世纪初,蒙古军队西征期间把一批信仰伊斯兰教的中亚人、波斯人和阿拉伯人迁徙到我国西北地区驻屯,后来这批人又散居我国各地,世世代代与当地的汉、蒙古、维吾尔等族杂居共同生活,其后裔和当地土著部分居民融合成为新的人们共同体,约在明代形成一个民族。

上述5个民族的先民虽从境外迁来,但几百年来在中国土地上劳动、生息、繁衍,有的已和当地土著融合成新的民族,所以它们已是中华民族大家庭中的一员,同样为中华国家的建设和发展做出了历史的贡献。

考察中华现代民族形成的历史,我们至少可以得出下列结论:

其一,中华现代民族基本上是土生土长的,不管其形成现代民族的时间早晚,其族源均可追溯到距今几百年乃至数千年的古代部族或民族,具有悠久的历史。

其二,在中华现代56个兄弟民族中,大多数民族,不是由几个部族或民族融合而成,就是由一个古代部族或民族分化、演变而形成的,而且各民族在迁徙、杂居、通婚、交流过程中错综复杂的关系,造成不同民族有同一的族源,有共同的祖先,至少有某种亲缘关系,难分彼此,是地道的兄弟民族。

其三,在中华现代民族中,几乎所有少数民族都同主体民族汉族有着政治、经济、文化等多方面的密切关系,这种关系由来已久,而且不少民族通晓汉语、通用汉文,这样,中国这个统一的多民族国家实际上可以成为一个和睦的民族大家庭。

(二)关于历史上民族分化和融合的问题

在我们中华各民族的形成过程中,所遇到的一个关键问题就是分化和融合问题。上面谈到各民族起源时,已谈到现代各民族或由若干古代部族、民族融合而成,或由一个部族(民族)分化演变而成,或由一个较小的部族直接发展而成。这的确是一个真实的历史现象。那么,是何种原因促使民族(或部族)分化、融合呢?我认为这种原因是多方面的,不能过分强调或简单归结为民族压迫和同化政策的作用。

民族是一个历史的范畴,民族的形成是一个漫长的历史过程。一个民族也像一个人一样,在社会上生活就必须进行生产、生活和繁衍,而要进行生产、生活和繁衍就必须面对自然和社会,这样就必然受到自然地理环境的影响和社会人际关系的制约。因此,我认为民族的分化和融合也必然受到自然环境和社会环境两个方面的影响,同时,每个方面又有多种因素在起作用。

首先,谈谈自然环境方面的影响。自然地理环境方面的因素,有地形地貌,如山地、丘陵、盆地、峡谷、河流、平原、草原、森林;各个地区的不同动物和植物资源;土壤的肥沃与贫瘠;各个地区的气温、雨量以及交通条件等。这些因素无不直接影响人们的生产、生活,甚至人们的心理素质。自然环境对人们的影响力与社会生产力和文明程度成反比,即社会生产力和文明程度越低,其影响越大。所以,自然地理环境方面的影响对民族的分化、融合、形成过程是一个不可忽视的重要因素。例如,鄂温克人本是汉代的挹娄之后,直接由女真人的一部发展而形成的民族,它与现代满族同源。但由于他们世世代代居住在东北大兴安岭支脉的山区,在《明一统志》中他们被称为"北山野人"和"乘鹿出入"的人,这是他们经常出没森林以打猎为生和使用驯鹿的缘故。由于他们所处的特殊环境限制了主要从事狩猎的原始生产生活方式,再加上他们与世隔绝的封闭状态,使其社会发展极其缓慢,直至明清时期仍处于原始社会向阶级社会过渡的落后状态①,与满族从事农牧业和进入封建社会阶段有天壤之别。同是女真族的后裔,而且它曾受满族的统治,被编入八旗,参加八旗兵,仍未能同化融为一族,原因何在?恐怕主要是由自然地理环境的影响决定的。鄂伦春人也是生活在东北山区的民族,其族源和生活环境同鄂温克人相同②,同样在明清时期受满族统治而不被同化。究其原因,亦是由其地理环境和生活方式决定的。

  同一古代民族,若改变生活环境和生活方式,便可能改变原来的族性成为新的人们共同体。例如,先秦时代的西戎是生活在我国西北的游牧诸部族的总称,由于地理环境和生活方式的独特形成鲜明的民族族性,但一旦改变其环境和生活方式,经过较长时间的演变就会有质的变化。原来活动在瓜州(治所今甘肃敦煌)一带的姜戎和陆浑之戎两支古羌人,在春秋之际分别迁入今山西南部和河南伊川一带③,接受农业民族先进生产技术的影响和地理环境,使他们由从事游牧业改变为农牧业进而农业,由游牧到定居,逐渐改变原来的族性,约在魏晋南北朝时完全融合于汉族之中。而现代的羌族,亦是古羌的一部分后裔,主要居住在四川阿坝羌族自治县内,虽然此部也经历迁徙以及由游牧变为农牧,生活环境和生活方式有所改变,古羌的族性有所改变,却因为他们生活在约2000米以上海拔较高的荒僻山区,同外界交通闭塞,长期处于封闭或半封闭状态,因此,得以保存原羌族较多的特征而成为不被同化的民族。

  同样,与蒙古族同源或源于蒙古族,为何东乡族、土族、保安族却不融合成为一个民族反而分化演变为不同的几个民族?究其原因,主要是分居于不同的

---

① 参见秋浦等:《鄂温克人的原始社会形态》,中华书局1962年版。
② 参见秋浦:《鄂伦春人社会的发展》,上海人民出版社1978年版。
③ 分别见《左传》襄公十四年和僖公二十二年。

自然地理环境中造成的。如东乡族,据说是成吉思汗西征时留驻于河州(今甘肃临夏一带)蒙古军队的后裔,其同蒙古本部距离较远,同时又与迁入这一带的中亚阿拉伯人、波斯人杂居,信奉伊斯兰教,经过长期的演变,在元末明初成为新的共同体。土族曾自称"蒙古尔",居住在今青海湟水流域,可能正如《元史·太祖本纪》所说"太祖二十二年(1227年)三月破洮河、西宁二州"时所留驻蒙古人,因为今土族聚居的青海互助县曾属西宁州,并距西宁仅数十里。这部人马原从事畜牧业,约在明初转为定居务农,生产生活方式变了,再加上与当地其他族居民杂居交流,结果也形成有别于蒙古的新民族。这两个民族改变原民族的特性变成新的不同民族,其根本原因是迁徙改变了地理环境和生活方式,而同民族压迫和同化政策无直接关系。当然民族分化成不同民族的原因是比较复杂,上面谈的是主要的,其他方面的原因还有社会历史方面的,那就是这部分人群与当地人杂居、通婚、交流的潜移默化作用缓慢地演变的结果。

其次,统治阶级的民族同化政策,在中华民族的发展、演变过程中也有着重大的影响。汉、蒙古、满、藏等人数较多的民族,都不同程度上采取过民族同化政策。所谓"同化问题即丧失民族特性,变成另一个民族的问题"①。某民族统治者为了狭隘的民族利益和巩固其民族统治地位,往往采取一些政策迫使被统治民族改变其民族特性而同化于统治阶级的民族,最后将它改变成为该民族的一部分。每个民族都应有平等的生存和发展的权利,一个民族强迫另一个民族同化,肯定是错误的和反动的,应当加以谴责。但中国历史上的民族同化问题比较复杂,不能一概而论,具体问题要做具体分析。

在中国,民族同化政策来源很古,早在尧舜时期已开其端。《吕氏春秋》记载了尧战南蛮时,还提及"舜却苗民,更易其俗"。这个"更易其俗"就是强迫苗蛮改变其风俗习惯,改变原来的民族特性。以什么标准去改变呢?当然是华夏族的标准。这是我国最早的一种同化措施。当然,最重要最有深远历史意义的便是前面提到的秦始皇的统一政策,而且它是超乎一个民族对某一个或几个民族的狭小范围而具有全国性的重大政治、经济和文化等全方位的举措。这个措施,不仅使"普天之下,抟心揖志。器械一量,书同文字",而且"匡饬异俗"等。汉承秦制,扩大了统一措施的历史作用。当时,包括汉族在内的中华现代56个

---

① 《列宁全集》第20卷,人民出版社1990年版,第9页。

民族尚未形成，谈不上是汉族的民族同化政策，相反，这一措施却促成了中国人数最多的主体民族——汉族的形成。应该指出，秦汉时期所实行的统一政策也奠定了中华国家是一个统一大国，是应该歌颂的历史重大举措。这些措施，虽然有利民族同化的内容使众多不同的古代部族与华夏族一起被融合成为汉族，但它同以后汉族和其他民族统治者对异族实行民族压迫或企图消灭异族的同化政策不能相提并论。

在阶级社会里，民族同化是民族压迫的一种方式，而民族压迫实质就是阶级压迫，贯穿于王朝历史的整个过程。在中国历史上，既有汉族对其他少数民族实行民族压迫和同化政策，也有蒙古、满等主政的少数民族对汉族和其他民族实行民族压迫和民族同化政策，此外，历代还有一些方国统治者以一个民族对包括汉族居民在内的其他民族实行民族压迫和同化政策。对中华民族间的错综复杂的相互关系，已有翁独健先生主编的《中国民族关系史纲要》①可供参考。

在这里，我们必须指出，同样是民族同化，所实行的主观动机和客观效果却不一样。在封建社会里，汉、蒙古、满等族所推行的民族压迫和民族同化政策，其主观动机是使异族与异族同化，以便扩大自己的民族利益和巩固自身的统治地位。相反，还有一种性质完全不同的民族同化政策。北魏统治者孝文帝所实行的民族同化政策，则要使拓跋鲜卑族学习汉族的典章制度、语言、文字乃至生活方式。此外，辽国的圣宗、西夏的毅宗、金朝的海陵王和章宗等都曾实行过促使本民族"汉化"的政策，接受汉族较先进的生产技术和文化，结果使本民族的经济、文化各方面都有较大的发展和提高，当然也有部分因汉化而融合成为汉族的一部分。后一种"汉化"也是一种民族同化政策，但其性质却不是民族压迫而是民族和睦政策，通过学习与和平交流而达到同化，这种同化是促进社会进步的一种民族政策，有助于较落后的民族得到更快的进步与发展。

由此我们得到一个启示，对民族同化政策的历史作用不要一概而论，应把它置于当时的社会历史环境中作具体的分析。为什么同是采用民族同化政策，有的能够成功，有的却化为泡影，其历史客观作用也呈现根本的差别呢？这显然与政策是否符合社会发展规律有关。像北魏孝文帝所采取的使较落后的拓

---

① 翁独健主编：《中国民族关系史纲要》，中国社会科学出版社1990年版。

跋鲜卑族向较先进的汉族看齐的"汉化"政策是成功的。而元、清两朝的蒙古族和满族统治者所实行的民族压迫和民族同化政策只是暂时起作用,最终不能成功。例如清朝满族统治者仅仅使汉人剃发留辫子和着满式服装等形式同化,其他依然如故。清统治中国近三百年,满族不仅未能同化汉族,反而基本汉化了。相反,在封建王朝中,汉族统治者在不少地区的民族同化过程中,虽然也伴随着残酷的杀戮,但最终却达到同化的结果,主要原因是汉族在当时比被同化少数民族先进,能以其先进的政治经济影响较落后的民族,既有政策上的作用,也是优胜劣汰的自然法则起了作用。在这里需要说明,笔者并不是主张先进的或发达的民族去强制性地同化落后和贫穷的民族。我们主张各民族一律平等,都有生存和发展的同等权利;任何民族都不应把自己的意志强加于人,不能强迫民族同化。但是这种立场和观点并不应妨碍我们实事求是地分析和评价历史上发生的民族同化的历史作用。

还要指出,在民族分化和融合过程中,同化政策只是一种外力,是一种外因,它是否起作用,还要决定于内因即被同化对象是否接受。民族同化仅靠高压和暴力是不能实现的,决定的因素还是民族交往中的潜移默化的作用。光实行民族同化政策,而没有民族间的文化交流和潜移默化的作用,即使汉族也不可能同化其他民族。如北方古代民族除了先秦部分已论及外,在魏晋南北朝以后,北方的匈奴、鲜卑、乌桓、氐、羌、党项、回纥、突厥等族的汉化是同这些古民族内迁和汉民杂居,在汉化政策措施的导引下,通过推广汉族农业生产技术和文化,改变这些民族(或部族)社会的落后状态,使其达到汉族当时比较先进的水平,进而使这部分人群完全融合于汉族而成为它的一部分的。尽管这种同化更多是一边倒,实际上汉族在这同化中也不断汲取了各族的优秀文化因素而发展壮大。有的学者反对用"融合"一词,认为列宁谈的民族融合是只有被压迫民族完全解放后才能达到各民族必然的融合①,在此之前是不可能的。笔者在这里之所以用"融合"一词,是因为上面所谈,被同化民族虽然开初有被强迫的成分,但被同化之后成为另一个民族一部分时,就难分彼此了,其原来民族特性已丧失,而原民族某些优秀文化因素却已带入同化民族之中而成为该族文化的一部分。这种状况表明不仅仅是民族同化,也是一种融合了,也就是说同化是第

---

① 《列宁全集》第 22 卷,人民出版社 1990 年版,第 141 页。

一步,融合是第二步。只有同化而无融合,被同化者就仅仅是同化而已,很难说它已和同化者浑然一体,成为同化民族本体的一个不可分割的组成部分了。当然,本文所用的"融合"一词,与列宁那种未来的各民族完全平等和自由的融合是有差别的。

如果说北方民族经汉化而融合于汉族主要由北方各民族内迁而实现,那么,在南方则相反,是大批汉族跟随秦汉大军征服南方的统一步调定居江南各地,尤其是魏晋南北朝时期,中原广大地区的汉族为逃避战乱徙居南方者更多。例如,司马睿被匈奴刘渊攻陷洛阳以后,自洛阳迁都建康(今南京)时,大批汉人随迁江南。《资治通鉴·晋纪》曰:"洛京倾覆,中州仕女避乱江左者十六七。"可见人口迁徙量很大。以后还陆续有大批汉民迁徙南方,分别进入南方土著民族如闽越、俚、僚、骆、苍梧、粤等族的地区,与他们杂居。南方这些古代部族(民族),虽然多务农耕,但从生产技术和文化等社会发展水平来看,还是落后于从中原地区等处来的汉族移民。因此,在汉族统治者的民族同化政策的作用下,当地土著民族经过长期和汉族杂居和交往,大多数陆续接受汉族的铁铸农具、耕作技术和汉文化,久而久之被汉化而融合成为汉族的一部分。只有在汉人稀少或汉族统治力量较薄弱的地方,如边远地区和闭塞的山区的土著民族保留原来的特性。可以设想,倘若没有北方和中原大量汉族迁徙南方,光派军队和官员到南方实行统治,断不可能使南方古代土著民族汉化。明清时期,统治者对边远地区少数民族实行"改土归流"政策,由原来委任土著民族头头对该土著民族实行统治,改为派流官实行统治,企图强化统治地位和同化这些土著民族,但却往往未能达到同化的目的。相反,在这些民族聚居区的特殊环境中,少数与其杂居的汉民反被同化。在蒙古、满、藏、苗、回、维吾尔、壮、侗、彝等人数较多的民族中都曾同化和融合了少数汉族居民,甚至在人数较少的民族中也有被同化的汉民融合其中,如毛南族、撒拉族、保安族等。

由此可见,历代统治者的民族同化政策在民族分化和融合过程中有重要作用,但不能把它绝对化。因为起关键作用的仍是民族的迁徙、杂居、交流等方面的潜移默化作用。而且民族同化和融合也不是单指少数民族汉化而融入汉族,也包括汉族异化而融入某少数民族中,以及一个或几个少数民族被同化而融入某个少数民族中。由中华古代部族、民族经分化、演变而形成的现代民族,其成分是复杂的,可以说没有纯血统的民族,不仅人数众多的汉族是这样,人数较少的其他民族也是这样,可谓你中有我,我中有你,只是有主次和分量大小的差别罢了。从这个意义上说,中华现代所有民族都是兄弟民族,应平等、和睦、团结、共同建设和享受民族大家庭的幸福生活。

四、中国历史上的民族压迫只能归罪于民族统治者

在世界历史上,无论哪个民族,都是国家产生之后才真正形成的。在国家产生以前,只有聚居在一方的部落联盟及在此基础上形成的部族。因为只有在国家产生的前提下,人们才会有共同的地域和经济生活,以及共同的语言、文字和统一的文化,而只有有了共同经济和生活环境才有表现在文化方面共同的心理素质的产生,也只有在"四个共同"性的基础上才能形成稳定的人们共同体。在这个意义上说,民族是一个历史范畴,是阶级社会独有的人们共同体,它伴随着阶级社会的诞生而存在,亦将伴随着阶级社会的灭亡而消失。这样,我们就不难理解,民族关系在历史上可以归结为阶级关系,民族压迫实质上是阶级压迫。在中国封建社会里,主政的汉族统治者对少数民族的压迫,或者蒙古、满诸少数民族主政者对汉族和其他少数民族的压迫,都是主政者和被压迫民族上层贵族勾结起来实行的。当然,有些民族统治者为了壮大其民族性的统治力量,也想方设法调动本族全体执行其对异族压迫的政策。其中比较典型的是元朝的蒙古族统治者。他们将全国民族划分为四个不同的等级:一等为蒙古人,二等为色目人(西北各族及中亚等外来人),三等是汉人,四等为南人(南方汉人和其他族人),同时规定四个等级各民族的政治、经济待遇和法律地位。蒙古人高人一等,可以任意侮辱和歧视异族人,甚至打死汉人仅付一些埋葬费而不必偿命。蒙古统治者还把中原大片良田变为牧场,断绝汉人的生计,也破坏了元朝的社会经济。这些事例,表面上是蒙古族对其他民族的压迫,实际上制定和执行民族压迫政策者都是统治者和该族的贵族,不能归罪于蒙古族劳动人民,因为劳动者阶级也是受压迫受剥削者。相反,被列为三、四等的汉族和其他少数民族,真正被压迫被剥削者只是这些民族的劳动者阶级,这些民族的上层贵族——地主阶级则毫无例外地受到蒙古统治者的保护和重用,甚至吸收他们做

官。元世祖忽必烈曾说过："自今省、部、台、院必参用南人。"①据元朝吏部的一些统计数字，朝廷官员2089人中，汉人和南人有1151人；地方官员19895人中，汉人和南人有14236人，约占官员总数的六成以上②。这些在元朝为官者，当然是汉族地主阶级知识分子和其他民族的上层贵族。

满族主政后，也同蒙古族一样实行民族压迫政策。如清兵入关后，强迫汉人"剃发"和进行"圈地"，强占汉民的土地并任其荒废或充作他用。不过，为了加强和巩固满族贵族的统治，也不得不笼络汉族地主阶级，部分还委以官职，甚至采取满汉兼用的方针，明确规定各级官员的满汉比例。朝政和军机大事固然由满族王室贵族决策，而汉族可在内阁和六部（即吏、户、礼、兵、刑、工）和州、府、县各级衙门为官执掌部分统治权。为什么被压迫民族的地主阶级和上层贵族又同主政民族一起成为压迫者和剥削者？问题的答案很简单，因为民族压迫实质上是阶级压迫。任何朝代，统治与被统治，压迫与被压迫，都不是以整个民族划分的，只能以阶级划分。因此，中国历代王朝曾经发生过的各种形式的民族压迫和民族剥削，也包括民族间的冲突和战争，都是由统治阶级造成的，都是统治阶级的罪过，而任何民族的一般人民即被压迫被剥削的劳动者阶级都不用承担罪责。因此，由于在历史上统治者实行民族压迫而造成的民族间的仇恨和敌对情绪，理应随着实行民族压迫的统治者灭亡而消除。中华民族中每个民族的人民，都是历史上物质财富和精神财富的创造者，同时又是历代统治阶级压迫和剥削的对象，有着同样的苦难，都是受苦受难的兄弟，理应和睦相处，团结一致。

此外，还应该指出民族关系在阶级社会里经常处于压迫和反压迫、剥削和反剥削的对立状态之中，使民族冲突和民族战争不绝于史。但是历史上的民族关系也不是一片漆黑，还是和平共处多于战争，友好压倒敌视，民族关系的主流是好的。我完全赞同翁独健先生曾经讲过的一段话："中国各民族间的关系，从本质上看，是在漫长的历史进程中，经过政治、经济、文化诸方面愈来愈密切的接触，形成一股强大的内聚力，尽管历史上各民族间有友好交往，也有兵戎相见，历史上也曾不断出现过统一或分裂的局面，但各民族还是互相吸收、互相依

---

① 《元史》卷一七二《程钜夫传》。
② 《元典章》卷七《吏部一·内外诸官数》。

存、逐步接近,共同缔造和发展了统一多民族的伟大祖国,促进了中国的发展,这才是历史上民族关系的主流。"[①]我们在研究中华民族关系时,一定要驱散民族矛盾、民族压迫和民族战争的乌云,看清民族关系中这种和平共处、友好交往、共同缔造中华的主流。

五、中华民族团结起来为振兴中华而奋斗

中华现代56个民族中,除个别由境外迁入外,都是由中国古代部族和民族经过长期分化、发展、融合和演变而形成的。尽管形成的时间有早有晚,所有中华现代民族及其祖先,都是开发中华大地的历史功臣,是创造中华民族历史和文化的主人。同时,在中国历史上,各民族都有联合反抗各王朝统治者的革命斗争的光荣历史,各族人民还有联合起来反对外侮,英勇抗击外国侵略者的光辉业绩。这几个方面的历史功绩都是各族人民共同创造的而永彪青史。当然,由于历代统治阶级都是代表剥削阶级的利益,推行民族歧视、民族压迫和民族剥削的反动政策,导致了国内民族之间曾有过矛盾和冲突,甚至有过流血的战争,这些都是历史发展中必然发生的一种悲剧。随着封建王朝的灭亡和所有反动统治者在中国历史舞台消失,随着中华人民共和国的成立,便有神圣的国家宪法和各种法律保障各族人民的权益,从根本上消除民族歧视、压迫和剥削的根源,各民族不论人数多少,一律平等,都是新中国的主人。各族人民都享有同等的公民权,各族人民都可通过他们的代表及全国人民代表大会或地方各级人民代表大会参与国家大政方针的决策,同时各民族人民都有同等机会担任各级人民政府的官员,直接参与国家政治、经济、文化和国防等各方面行政管理工作。国家为了使少数民族更好地管理本族事务,又按其聚居人数多少和地域大小,分别实行区、州、盟、旗、县等各种级别的民族区域自治。各民族人民在中华民族大家庭里,可以过着和平、民主和幸福的生活。这是在中国几千年的文明史上前所未有的好时光,是一个各民族完全平等、互助互爱、和睦团结、共同繁

---

① 翁独健:《在中国民族关系史研究学术座谈会闭幕会上的讲话》(摘要),载《中国民族关系史研究》,中国社会科学出版社1984年版。

荣的民族新世纪。特别是近十几年来,我国实行改革开放政策,人民政府大力扶助各民族建立乡镇企业,挖掘经济资源和潜力,发展商品经济,使各族民族经济日益繁荣,更为中华民族展现了美好的前景。今天的中国,才是各民族生活的天堂。让我们中华所有56个兄弟民族团结起来,为振兴中华而努力奋斗。

(原载黄爱平、王俊义主编《炎黄文化与中华民族》,
中国人民大学出版社1996年版)

中华 56 个民族的形成和发展

中国疆土广袤,海域浩瀚,历史悠久,居民最众,世罕其匹。我们的祖先,早在五六千年前便在黄河中下游中原地区立国,成为世界四大文明古国之一。二千多年前,秦始皇在"三代文明"的基础上统一了中国,开始形成中华统一的多民族国家。后经汉、隋、唐、宋、元、明、清历朝开拓经营,成为绵延数千年从不间断的泱泱大国。现代中国是古代中国的发展,现代中华民族渊源于古代部族和民族。

民族是个历史的范畴,必然经历起源、发展、演变等复杂过程。数千年来,古民族不可避免地进行迁徙、杂居、共处、通婚、交流等历史活动。由于诸如此类的社会历史原因,古代任何民族不仅居住地几经更易,其民族成分亦无不经历多次分化和融合的演变而复杂化。因此,几乎没有一个现代民族是由古代某部族或民族直接发展而来;相反,上古一个民族可能分化成几个不同的现代民族;或者上古若干个民族、部族融合成一个现代民族等。况且,现代学者对"民族"一词的含义仍有不同的理解,再加上历史文献资料匮乏,对每个民族的研究程度又不一,造成中国民族学研究方面困难重重,分歧迭出。尚有必要不断深入研究,以求在一些重大学术问题上取得共识。

本文拟在前人研究的基础上,着重对中国现代 56 个民族如何形成和发展的一些相关问题进行探讨。面对如此重大而又十分复杂的问题,实在不能说也不可能在一篇论文里做出令人满意的答案,笔者在这里,无非是想发表一些个人浅见而已。

一、关于中华民族的祖先

何谓中华民族？这是指在中国境内长期居住、劳动和繁衍的所有民族的总称，现代包含56个民族。为何众多的民族可统称为"中华民族"呢？因为中国是个统一的多民族国家，多元一体，所有民族都是由中国人构成，并共同缔造中华文化和文明。所谓中国人，就是指祖祖辈辈在中国疆域内居住和劳动的人，或具有中国血统和祖籍中国的人。

中国人最崇敬祖先，往往追根寻源。那么，谁是中国人的祖先？他们从何而来？这是每个中国人都十分关注的问题。中国古籍中，向把三皇五帝当作我们祖先的代表或象征。再远溯天地之初，如《五运历年记》《三五历记》等，则把"盘古氏"作为开天辟地的初祖。近代一些中国人数典忘祖，竟妄自菲薄，盲目迷信西方，竟相信或贩卖西人的"中国人种西来说""中国文化西来说"。以法人拉克伯理的《支那太古文明西元论》为代表的"西来说"，无疑是极其荒谬的，不仅必然受到中国学者的严厉批判，也受到德人夏德等西方一些严肃学者的驳斥。

现代人类学的进步和考古学的发展，以大量的确凿物证，科学地证明了中国人和中国文化都是土生土长发展起来的。

中国人，源于云贵高原的最原始人类的一支。《春秋元命苞》云："天地开辟，至春秋获麟之岁，凡二百七十六万岁。"这是中国古籍中对于人类出现于地球的年代估算，接近于科学。近代古人类学家从东非坦桑尼亚、肯尼亚和埃塞俄比亚等国所发现的能直立行走的南方古猿化石研究中得出结论："南方古猿类的年代从500多万年到大约100万年前，在大约300多万年前，其中一些进步的类型发展成为形成的人，开始制造工具，进入了早期猿人的范畴……"①现代学者对300万年前出现人类的观点，逐趋认同。我国的云贵高原被认为是人类发祥地之一。在云南的开远、禄丰发现了森林古猿和腊玛古猿的牙齿与头骨化石，含古猿化石的地层地质年代属中上新世晚期或中上新世早期，距今约800

---

① 吴汝康、杜圣龙：《马克思主义的光辉文献》，《古人类论文集》，科学出版社1978年版。

万年。而在云南元谋发现的早期猿人——元谋人化石,其年代曾测定为170万年。从古猿到早期猿人化石的发现推断,这个云贵高原地区是人类发祥地之一,也是中国人最早的发祥地。猿人从云贵高原北上,经过秦岭山脉,往东向太行山、燕山再折东北地区散居。人类学家和考古工作者已在陕西省的蓝田陈家窝和公王岭两地发现了"蓝田猿人"化石,经过测定,化石年代距今约98万至75万年。在北京周口店、河南南召和辽宁营口金牛山等地发现了距今50多万年的猿人化石。在猿人北上迁徙过程中,又沿着珠江、长江、黄河、辽河等大河向上游或下游即东西两侧扩展。不过此种迁徙较晚,约在智人和新人阶段。因此,在更广大的地区发现更多的古人类化石:智人阶段有陕西大荔人、山西丁村人和许家窑人、广东马坝人、贵州桐梓人、湖北长阳人,新人阶段主要有内蒙古萨拉乌苏人、四川资阳人、广西柳江人等。经过猿人、智人、新人三个阶段的进化便形成了现代人生理结构和发达的大脑。从猿到人进化的三个阶段,在考古学上相应分别称为旧石器时代早、中、晚三个时期。迄今在全国范围内,这些旧石器时代先民们生活的洞穴遗址和遗物堆积约有三四百处。这些从170万年到1万多年前在中国境内各地生活的旧石器时代居民,便是中国最早的祖先。在人类学上,中国境内原始居民属蒙古种,以铲形门齿为特征,南方居民具有某些马来人种特征,但都是在本地由猿到人逐步进化来的,无论是欧洲还是中亚地区,不仅无如此丰富的人类进化序列化石和文化发现,也无此人种,"中国人种西来说"是荒谬绝伦的。

在中国古籍中记载了反映从猿到人的旧石器时代先民生活的神话和传说。典型的神话人物"盘古氏"是相当于100多万年前由直立古猿进化到猿阶段的代表,开天辟地,开创了人类生存的环境。相当于50万至2万年前的猿人、智人、新人阶段的传说人物有"有巢氏"和"燧人氏"等。"燧人氏"并不是一个人,而是相当于居住在自然山洞或构木为巢住在树上的旧石器时代早期的猿人浓缩的群体形象。这个时期人类不仅学会用火,保存天然火种,而且逐步学会钻木取火,"燧人氏"也就出世了。有了火,人类不仅可以战胜寒冬和防御猛兽的侵害,而且用火烤熟的肉食既保护人类的健康又促进大脑的发达。相当于旧石器时代晚期到新石器时代过渡阶段的传说人物有"伏羲""女娲"等,他们创造了弓箭,"作结绳而为网罟,以佃以渔";他们创立婚姻制度,使人摆脱血缘群婚的野蛮状态;他们驯养动物,保证人类食肉有稳定的来源,为新石器时代人们定居务农打下物质基础。这些人物是我们中国人早期祖先的代表或象征。此外，各地还流行一些不同的传说，只不过是不见于古籍或记载甚少，而缺乏代表性而已。

如果说我们的最早祖先战胜洪荒世界而获得一个生存空间的话，那么，我们新石器时代的祖先，便为中国人的生存和发展奠定了社会物质基础。约距今1万年前后，中国先民进入新石器时代。他们学会制造石斧、石铲、石刀等农具和栽培食用植物，发明了农业；驯养狗、猪、羊、鸡为家畜家禽，发明了牧畜业；发明用黏土烧制日常生活器皿，创立了制陶业；学会了用野生麻类纤维纺线织布或抽蚕丝织衣，创立了纺织手工业；学会了用土、木、茅草等材料建筑住房或用土筑城，创立了建筑业；学会了刳木为舟，始制舟车为行器等。这就是先民为中华创立最早的基业，并传授人类衣、食、住、行各方面生活所需的基本技术。当时先民足迹已遍及全国各地，现今31个省、市、自治区发现的6000余处文化遗址，便是物证。这个时代的文化遗址分属不同文化以及具有不同特征的若干文化类型。不同文化及同一文化不同类型的产生，同当时人群已分属不同的部族有密切关系，但尚没有民族形成。这些新石器时代的先民，当是中国人共同的祖先。

不过，当时尚无成熟的文字，或者无记录世事的作文知识，不可能记录下一个个祖先创下什么样的业绩，这样，这代祖先便成为无名英雄。当然，因为黄河中下游和长江中下游地区文化发达较早，较早地记录下该地区这代祖先中口耳相传的一些代表人物，如炎帝神农氏（或单称神农氏或炎帝）、黄帝轩辕氏（或单称黄帝或轩辕氏）、蚩尤、共工、夸父、祝融、颛顼、帝喾、九黎、三苗、尧、舜、禹等以及他们的后裔。由于这些传说人物在我国古籍中有记载，加上人们世代口耳相传使中国多数人对他们比较熟悉，所以，便把他们当作这一代祖先，可谓数典怀祖。特别值得提及的是，在这些传说的祖先中，年代较早、功绩卓著者又首推炎帝神农氏和黄帝轩辕氏。

炎帝神农氏，是中国新石器时代初的第一号传说人物。炎帝最伟大的功绩在于"因天之时，分地之利，制耒耜，教民农作"（见《白虎通》），故号曰"神农氏"。中国以农业立国，其实世界文明古国古埃及、古巴比伦和印度都是以农业立国，所以农业创立者最受人崇敬。而农业又实为文化之初和文明之源，炎帝这个农业始祖理所当然成为中国人祖先的代表和象征之一。比炎帝晚出，但有更多创造发明,功高盖世的黄帝,因为古籍记载较多,以及其先后战胜炎帝和蚩尤,在中原被众诸侯尊为"天子",代神农氏而治天下,便成为中华立国传说中的第一人,被后世中国人誉为"人文始祖"。这样,黄帝自然而然地被当作中国人祖先的代表和象征。中华创业的第一人炎帝与中华立国的第一人黄帝,两人并称"炎黄二帝",这是数千年历史相沿成习的结果,并不是今人随意塑造的。

我们说炎黄二帝是中国人的祖先,并不否定同时代的其他祖先,如蚩尤、共工等,但我们总不能在每提到祖先的场合都要不厌其烦地罗列一连串的人物名字。其实无论是哪个传说人物,包括炎帝、黄帝,都不是某个人的真名,均是当时生活在某地的著名部落或部族首领的称号,而且是若干代首领的沿袭称号,是一个群体浓缩的形象而已。黄帝是华夏族的首领,而华夏族又是最初的华夏族(部族)与夷、蛮、戎、狄等古代各大部落、部族之部分成员融合而成,这样,黄帝作为夷、蛮、戎、狄四方部族祖先的代表和象征,应该也是顺理成章的事。有人说黄帝是汉族的祖先是不科学的。因为汉族最早形成于汉朝宣帝时期,距离黄帝长达3000多年之久。华夏族是汉族的来源之一,汉族作为中华主体民族,几乎是中国境内主要古代民族融合而成,所以汉族的祖先,可以说包括华夏、夷、蛮、戎、狄等古代部族祖先在内。在历史的长河中,由于迁徙、杂居、交流、通婚等各种原因,无论哪个古代民族,在血统和文化上多有融合而非纯粹。今天的中华民族,除了个别于近代迁入境内的民族外,其他民族都是由中国的华夏、夷、戎、狄等古民族或融合或分化演变和发展而来。各民族之间有千丝万缕的关系,都是兄弟民族。在无可靠的历史文献证明某人是某族直接祖先的情况下,又怎能根据晚出的传说分清彼此呢?更何况"炎黄二帝"又仅仅是祖先的代表和象征。当然,寻祖认祖敬祖是每个人的权利,我们尊重这种权利,不会也不必强加于人。但是,希望不要把五千年前中国人的共同祖先人为地划分族属。中国新石器时代的先民是中国人的直接祖先,其中杰出的代表炎帝和黄帝,值得今人敬仰和自豪。

二、中华古代部族和民族

中华古代民族的形成,同世界上任何民族的形成一样,乃经历了氏族—部落—部族—民族四个阶段发展而来的。因此,民族不是同人类伴生自古就有的,而是在社会发展过程中,在特定的自然环境和社会历史条件的各种因素相互作用下形成的,所以民族是一个历史的范畴。中国领土广阔,自然地理环境和气候有很大差异,社会历史条件也不尽相同,生活在特定地域的人群又构成不同的民族。

人们往往会把古代部族与民族混同起来,这就必须要求我们对"民族"一词的含义有共识。何谓民族?斯大林在《马克思主义和民族问题》一文中指出:"民族是人们在历史上形成的一个有共同语言、共同地域、共同经济生活以及表现于共同文化上的共同心理素质的稳定的共同体。"同时,他还着重指出:"把上述任何一个特征单独拿来作民族的定义都是不够的。不仅如此,这些特征只要缺少一个,民族就不成其民族。""只有一切特征都具备时才算是一个民族。"[①]尽管这是指资本主义时期的民族,但却不失为一个较科学的民族定义,所以,我国民族学界一般认同。当然,正如他也曾表明的那样:"民族也和任何历史现象一样,是受变化法则支配的,它有自己的历史,有自己的始末。"这句话可以理解为民族是一种历史现象,有它自己的起源、发展和消亡的历史过程。对上古民族是否也要用"四个共同"加以衡量?这是值得研究的问题。我认为一个成熟的民族应是具有"四个共同"特征的稳定共同体。一个民族,倘若没有共同的语言、地域、经济生活和心理素质,而是根据血缘、语言、服饰和生活习惯等去判断,则可能混同于部落或部族。因为部族只是聚居于某地的若干氏族部落集团的统称,尚有血统的因素和不断变化的不稳定因素。根据血统抑或根据地域,这是区别部族与民族的主要标识之一。世界上没有纯血缘的民族。排斥了血缘这个因素,则不同血统的人群就可被同化而成为某民族的一部分。除"四个共同"性之外,还有一个重要标准需要把握,即"稳定性"。是否"稳定的人们共同体",也是区别部族与民族的标识之一。在这种意义上说,我国历史上的华夏族、东夷族、苗蛮族都是部族而不是民族。而所谓戎、狄则分别是我国西部和北部古代部族的总称。至于古羌、匈奴、突厥、东胡、女真、乌桓、党项、丁零、敕勒、契丹、僚、俚、闽越、瓯越、骆越、乌浒等,究竟是部族还是民族,尚需研究。从一

---

① 斯大林:《马克思主义和民族问题》,《斯大林全集》第2卷,人民出版社1953年版,第294—295页。

些历史资料看,它们尚不具备民族的四个共同特征,也不是稳定的人们共同体,而多是以联盟方式结合在一起聚居的部族。它们后来都分化或融合成新部族并成为不同民族的祖先。当然,中国历史上,往往把部族简称为"族",这是无可非议的,因它与"民族"含义不同。对于那些在历史上影响较大又与某些地方政权有关者,如匈奴、契丹等,也可称为古民族。至于历史上已约定俗成者,民族称谓可以沿用,为的是尊重历史并避免史料混乱。

还应指出,中国历史上一些以国号命名的民族如夏族、商族、周族之称谓,就不一定是贴切的民族称谓。夏族原是华夏族的一分支,即是在"黄帝之玄孙而帝颛顼之孙"禹建立了"夏后"国后,称为夏族。商族的始祖契是黄帝曾孙帝喾之次妃简狄所生,亦是黄帝华夏族的一支,只因封于商,代夏立国后称为商族。至于周族,其始祖后稷,名弃,是帝喾原妃姜原所生,也应是黄帝华夏族一支,在武王克商而建立周王朝以后又称为"周族"。三代都是华夏族后裔政权,随着国名的更换而易族名,从民族发展的角度来说,或可理解。但是,夏国内并不限于夏族,还有东夷族、商族等;商国内也不限于商族,还有夏族、周族等;周朝也不止周族,也还有商族和其他民族、部族。所以这类称谓不贴切。况且以国名命名一个民族,随国家消亡这个民族就会销声匿迹。实际上,商灭夏时,夏族逐步被商族同化而融合于商族之中;周代商,商族也同样逐渐融合于周族之中,换句话说,夏、商、周曾是华夏族三个分支,经三代分别主政之后又融合成新的共同体(这个新的人们共同体,即源于华夏族,政治、经济、文化乃至哲学思想又一脉相承,已具有一个民族的基本特征,而不再是三个民族)。

当然,民族名称不是不可以国名或朝代名命名,也不是说民族不会消亡,而是说同一个民族不应随着朝代更替而易名,否则容易引起民族史的混乱。例如,汉族形成于汉朝,其名因汉朝而起,不同于因国而名的夏族、商族和周族,一则因为它是具有新的特征的稳定的人们共同体,再则它不随汉朝的灭亡而消亡或易名,反而越来越壮大,以后仍称汉族、汉人,直至现代。倘若汉族作为一个民族随着朝代而易名,隋朝称隋族,唐朝称唐族,宋朝称宋族,那么,文献记载下来,后人就莫名其妙了。唐朝的人,也自称汉人,如在《旧唐书·吐蕃传》中,对唐和吐蕃称为"蕃汉两家"。虽然外国外族人也有称唐朝的人为"唐人"者,但却不是作为民族的称谓。至于今天在一些国家中的"唐人街",即含有"中国人"居住的地方之意,并不是民族的称谓。再说,若以朝代或国名称民族,那么辽、金、元、清诸朝的"辽人""金人""元人""清人"又该指何族？这些都是少数民族主政的朝代，契丹女真、蒙古、满诸族，概不能以朝代称之，因为这些朝代里，国家是统一的多民族国家，还有汉族等众多民族。总之，中国是个统一的多民族国家，除了汉族形成于汉朝这个特殊历史时期的例外，皆不宜用朝代或国名当作中华民族的称谓，包括三代的夏、商、周三族。对待古代民族，应持慎重的科学的态度去研究。

正像中华现代文化是中华古代文化的延续和发展一样，中华现代民族中除个别外，都是中华古代部族和民族的后裔。但是，现代民族在历史上形成的时间早晚却有很大差异。其中汉族形成的时间最早，约在西汉武帝至宣帝时期，距今2000年左右。其次是在宋、元时期即距今1300—700年前形成的民族，有蒙古族、达斡尔族、维吾尔族、哈尼族、傣族、傈僳族、羌族、苗族、侗族、壮族、瑶族、土家族、畲族、仡佬族、彝族、白族、黎族等17个民族。在明、清时期即距今100—600年前后形成的民族，有满族、赫哲族、回族、土族、撒拉族、保安族、哈萨克族、塔吉克族、藏族、门巴族、珞巴族、佤族、塔塔尔族、乌孜别克族、锡伯族、柯尔克孜族、东乡族、拉祜族、纳西族、景颇族、布朗族、阿昌族、普米族、怒族、德昂（原称崩龙）族、独龙族、布依族、基诺族、仫佬族、高山族、京族、水族、鄂温克族、鄂伦春族、毛南族、裕固族、朝鲜族、俄罗斯族等38个民族。由此可见，中华现代民族是在不同历史时期形成的，其中不少已有几百年以上的历史，可谓历史悠久的民族。至于朝鲜族、俄罗斯族、京族三个民族原是由境外迁来，回族、撒拉族也有部分从境外迁入并和国内土著融合而成的民族，但是这些民族已在中国长期居住、劳动、繁衍，同中华其他民族一起共同为发展中华国家而做出自己的贡献，业已成为中华民族大家庭中的成员，也是中华民族不可分割的组成部分。

三、关于中华现代56个兄弟民族的起源和发展若干问题

中华现代56个兄弟民族的起源，是个极其复杂的问题。因为中国有五六千年的文明史，历史上曾经出现过成千上万的古代部族和民族，由于迁徙、杂居、通婚、战争等各种历史原因，造成古代部族和民族的内部分化和外部融合，

分分合合,千头万绪,历史文献又不足征,致使诸多疑难问题难于澄清。好在新中国成立后,在政府的大力支持下,广大民族学工作者进行艰苦的研究,已经取得了重大成果,大多数民族来源已初步弄清,还有一些民族的起源问题仍在探索中。诚然,一些民族起源问题仍存在着不同的学术观点,不过,我相信经过深入研究和探讨,终有一天会达成共识的。下面就中华现代民族起源有关问题做简略的论述。

（一）中华主体民族的形成

在中华所有民族中,汉族形成的年代最早,人数最多,现拥有12.42亿人(1991年数据,下同),约占全国90%以上。汉族科学技术和文化(包括汲取兄弟民族的先进成分)比较先进;又在中国历史上多数王朝中处于主政地位,即使在其他民族主政的朝代里,汉族的经济与文化仍处于主导地位;汉语、汉文为国内多数民族所通晓和应用,并被外国视为中国国语和中文。鉴于它在中国历史发展过程中往往起着主导的或核心的作用,人们公认为中华主体民族。

汉族,是由中华国内众多上古部族和民族融合而形成,其成分十分复杂。几乎所有民族学家无不承认汉族的主要来源之一是炎黄的华夏族。而华夏族在同东夷族、苗蛮族的战争和共处中,融合了东夷、苗蛮两族的一部分[1],形成了新的人们共同体,称为"华族"或"夏族"。尔后,原属华夏分支的夏族、商族、周族,经过夏、商、周三代,又逐渐融合部分夷、戎、狄,而成为较大的人们共同体,仍称华族或夏族。秦始皇统一中国后,采取了有力的统一措施,如"分天下以为三十六郡……一法度衡石丈尺。车同轨。书同文""匡饬异俗"等[2]。此类政策的推行,有力地加速秦国内不同部族和民族逐渐同化为一。汉承秦制,汉朝继续实行此类统一政策,使汉朝国内绝大部分居民逐渐成为具有共同地域、共同语言、共同经济生活和表现在文化上的共同心理素质的稳定的人们共同体。在当时特定的历史条件下,由于当时国内绝大多数民族已成为一族,以致当时汉朝人自称"汉"[3],外族和外国称汉朝居民为"汉人"[4]或"汉民"[5]。此外,凡汉

---

[1] 徐旭生:《中国古史的传说时代》(增订本),科学出版社1960年版。
[2] 见《史记·秦始皇本纪》。
[3] 参见《汉书·张骞传》。
[4] 参见《汉书·匈奴传下》。
[5] 参见《汉书·王莽传》。

朝官民者,皆带有"汉"字,如"汉吏""汉军"等,自此以后,不管何朝代,"汉人"的称呼越来越多。这种现象表明,秦汉之际所形成的这个新的稳定的人们共同体,已被称为"汉族"了。我国著名的历史学家吕振羽曾认为"华族自前汉的武帝宣帝以后,便开始叫汉族"①。民族史学家吕思勉亦曾云"汉族之名,起于刘邦称帝之后"②。汉族形成于汉朝的观点,已为中国民族学界所认同。

汉族虽然形成于汉朝,但现代的汉族却又不能视为是汉代的汉族发展而来。自汉到清,两千年来,还继续有东夷、南蛮、西戎、北狄等四方部族及其他民族被同化而融合成汉族的一部分。如东夷,从林惠祥所说是指"秦以前居今山东、江苏、安徽等省自淮北至沿海一带之异民族"③。除在炎黄时代便有一部分融入华夏族外,剩余部分在春秋战国时期建立若干小国,后为齐国所统一。秦灭齐,东夷人纳入秦的版图,约在汉以后逐渐融入汉族之中。至于苗蛮,大部分为楚所同化,随着秦灭楚,归入秦版图,这部分苗蛮连同楚族一起在汉以后逐渐被汉化。仅有小部分流落湘、川、黔一带山区而成为现代苗族的祖先。根据文献,西戎是我国西北古代部族的总称,它的一部分在先秦时代已融合于华夏族,而属于西戎的氐、羌,在西汉至魏晋南北朝期间几次内迁,这些迁居于陕、川、豫等地的氐、羌分别在南北朝时期被同化而成为汉族的一部分。北狄是先秦时代对北方部族的总称,亦有一部分后来融合于汉族。如源于东胡的鲜卑族和吐谷浑两部分南迁中原部分,在魏晋南北朝时代已融合于汉族,仅在故地的小部分土著成为现代锡伯族的祖先。东胡的乌丸在东汉时已汉化,后成为汉族的一部分。此外,在西汉以后,分布在大陆东南沿海地区的古代部族泛称为"百越"和"百粤",以及分布在西南地区的古代部族泛称为"百濮"和"百越",在汉唐以后的漫长的时代里其大部分也汉化融合于汉族。在地处今赣、江、浙地区的"于越",在今福建地区的土著"闽越"和岭南的"南粤"等,都在宋元时期被同化而成为汉族的一部分,只有处于边远地区或深山区的余部成为现代某些民族的祖先。可见,现代的汉族虽是汉朝的汉族发展而来,但比汉朝时代的汉族,其族源更广,成分更加复杂,而民族性也更加鲜明,文化水准也更高,因此不可等同

---

① 吕振羽:《中国民族简史》,三联书店1950年版,第19页。
② 吕思勉:《先秦史》,上海古籍出版社1983年版,第22页。
③ 林惠祥:《中国民族史》,1985年上海书店重印本,第73页。

并论。

现代汉族是汉族经历两千年发展壮大的结果。汉族族源之广,在世界上所有民族中所罕见,除华夏族外,还包罗了中国古代千百个古代部族和民族的成员,融汇了中华众多民族的血脉而形成的人们共同体,甚至可以说是中华境内若干古部族和民族融合而成的具有"四个共同"特征的特殊的民族复合体。由于有统一的经济、文化、语言、服饰,尤其是有统一的哲学思想支配的社会意识和共同的心理素质,又使这个新型的人们共同体具有坚不可摧的稳定性,使它只有同化异族而不为异族所同化,因此,它得以在两千年来不断发展壮大而成为世界上人数最多的民族。

汉族之所以成为中华主体民族,不仅仅是因为它融汇了众多古民族的血脉而成为人数众多的民族,更在于它善于汲取众多民族优秀文化因素,使它在政治、经济、科技、文化诸领域一直处于领先的地位,能够在中国历史发展过程中起主导和核心作用。中华主体民族的历史地位是历史所铸成,并不是任何人能够主观塑造或改变的。当然,也应该指出,在中华民族发展过程中,不光是有众多古代部族和民族融合于汉族中,也有一些汉族被少数民族同化而成为某族的一部分。因此,汉族同其他少数民族有着千丝万缕的亲缘关系,汉族和其他55个民族都是兄弟民族,都是统一的中华民族大家庭中不可缺少的成员。

汉民族在中国历史发展过程中起着主导和核心作用,除了政治和经济方面占据重要地位外,最重要的是有最早发达的先进文化。汉文化以中原地区的新石器时代炎黄文化和夏、商、周三代文化为基础。优越的自然环境和比较先进的农业和手工业,加上较早地应用金属工具,使当地的社会经济文化发展速度高于周围地区。夏禹在中州建立起中国历史上第一个统一的奴隶制王朝,标志着中国进入文明社会,成为世界四大文明古国之一。商代的青铜器是世界文化的奇葩,最早显示出中华文化的辉煌。而殷商的甲骨文和商周金文,是中华最早的成熟文字,它们成为汉字(或称中文)的基础。周代冶铁技术和铁器的应用,是后来汉族发展农业和手工业的雄厚的物质基础和技术储备。由于有了这个优势,汉族从形成时起,其文化不仅在国内比较先进,而且在西方资本主义产生以前,在世界上也是居于前列的。再加上长期处于主政地位,其语言、文字、科学技术和文化艺术,经过交流和影响,使兄弟民族所知晓,因此,无论对内对外,汉文化都是作为中华文化主体而发挥历史作用。这也是汉族作为中华主体民族的一个重要因素。

为什么汉文化能够在中国历史上一直保持比较先进的地位？原因是多方面的，除有雄厚的社会经济和技术基础之外，一个十分重要的原因是汉族能够不断汲取国内其他兄弟民族乃至国外民族的优秀文化来发展自己。

汉民族汲取外部他族文化的先进因素有两种方式：一种是被同化而融入汉族本身的他族人员带来的，另一种是汉族主动向其他民族学习得来的。关于前一种方式，如夷、蛮、戎、狄大部分被同化而融合于汉族，这样四方八面民族的先进生产技术和文化自然也带进来了。例如，西北部游牧民族的牲畜饲养、驯化、繁殖技术和经验，以及马术、兽医术、皮革制作技术等，南方苗蛮和百越的水稻、棉花种植技术等，还有南北方民族的音乐和歌舞，以及铜锣、铜鼓、铜钹、胡笳、琵琶、胡琴等乐器，都是被汉化的人带入汉族内而经过消化改进又成为汉文化的一部分。这些原为兄弟民族的优秀文化被汉族汲取后对促进汉族的发展具有重要意义。

善于向外族学习，是汉族文化不断发展并始终保持领先地位的另一重要原因。汉族向外学习是效法祖先。一些考古学家认为，商代精美玉器的制作技术是从南方于越族的祖先良渚人后裔那里学来的或是请那里的工匠来传授技术制作的。此外，印纹硬陶一直是东南沿海越族的工艺特长，中原地区的印纹硬陶制造技术也很可能是向他们学来的。又如战国时期赵国武灵王为了增强军事力量以对付匈奴的军事威胁，于公元前307年在军队中推行"胡服骑射"①，以增强中原军队的作战能力。这些都是汉族祖先向外学习的先例。汉族继承祖先的传统，把向外学习当作使自身立于不败之地的法宝。不过，自汉以后，由于众多民族成员被汉化而融合于汉族中，以致分不清哪些生产技术或文化艺术是被同化人员带进汉族的，哪些是汉族向外族学习来的了，很可能两者兼而有之。应该肯定的是，汉族向外学习是从不间断的。汉代，甚至由皇帝派员到印度和中亚学习佛教经典，引进佛教文化，然后将外来佛教汉化。元代汉族妇女黄道婆向南方黎族学习棉纺织技术，并向汉族地区推广等。从这些例子可以看出，虽然汉文化总体在古代中国是比较先进的，但不管是生产技术、工具还是科学、文化艺术，也还是有欠缺或落后的一面。所以，汉族必须向外学习，向少数

---

① 见《绥远通志稿》卷一。

民族学习,向国外学习。只有在学习中不断汲取其他民族的先进文化发展自己,才能借以保持其先进地位。由此,也可以看出汉文化中实际也融汇了国内众多兄弟民族的优秀文化成分。汉文化在中国之所以具有广泛的代表性,可以作为中华文化的主体,其原因也在此。

(二)中华现代民族形成的不同途径和方式

中华现代民族的起源,是个极其复杂的问题。我国民族学界孜孜不倦地进行探索,取得了很大的成绩,同时也存在着歧见和疑问,甚至尚有空白。笔者学识有限,在此仅就这个问题谈几点浅见。由于复杂的历史原因,中华现代56个民族的形成有着不同的途径和方式,概括起来有以下六种:

1. 以一个中原古部族为主,在数千年的历史长河中不断地融合国内众多民族而成为新的稳定的人们共同体

这就是前面已谈及的汉族形成途径和方式。它以中原华夏族为主源,融合四方古部族而成。当它在汉朝形成之后,仍沿着相同的途径,不断地同化、融合国内众多古部族和民族而发展和壮大。

2. 以一个古部族或民族为主,加上一些不同部族或民族某支系融合而成的民族

此类民族,有藏族、蒙古族、满族、哈萨克族、土族、维吾尔族、壮族等人数较多的民族。藏族是一个古老的民族[①],它以吐蕃族为主,吐蕃族强盛时曾把古羌的一支——党项和西迁的鲜卑族一支——吐谷浑等置于其统治之下,久而久之,把它们同化并融合而形成现代藏族。现代拥有459万人的藏族中,还包含了居住在西北一带的一些蒙古、汉等族被同化的古代居民。现在拥有480万人的蒙古族[②],则直接起源于"蒙兀韦",但它在形成为现代民族的历史过程中则融汇了匈奴、东胡的柔然、突厥、回鹘等族的一部,甚至融入了一些居住在北方的汉族成员。现在拥有982万人的满族[③],主要由女真族发展而来,而它在明末形成现代满族的过程中,也融汇了居住在东北的上古部族勿吉和挹娄的后裔以及少数汉民。现拥有111万人的哈萨克族,其主族源是古羌的乌孙部,同时又

[①] 参见黄奋生:《藏族史略》,民族出版社1985年版。
[②] 参见《蒙古族通史》,民族出版社1991年版。
[③] 参见《满族简史》,中华书局1979年版。

融汇了部分回纥、突厥、蒙古某支系而形成。现仅有 19 万人的土族,主要是由古鲜卑族的一支——吐谷浑部发展而来,但又融入蒙古某部的血统,所以又曾自称"蒙古尔",即蒙古人之意。现拥有 721 万人的维吾尔族[①],它的族源可追溯到先秦时代的"丁零",是由它的敕勒部一支即隋唐时期的回纥(后又改称回鹘)发展而来,并融合部分突厥、吐蕃和汉族等杂处居民。现拥有 1548 万人的壮族[②],是我国人数最多的少数民族。它的族源主要是百越中的俚族,但也有乌浒蛮等融入其中。

3. 由一个古部族或民族分化演变而成几个不同民族

由这种途径形成的现代民族较多。女真族的主体是现代满族的主源,女真族的其他小支系分化演变形成了赫哲族、鄂温克族、鄂伦春族等三个民族。这是由古部族分化发展而来的血统比较单纯的少数民族,人数很少,迄今鄂温克族仅 2.6 万人,而鄂伦春和赫哲族只有几千人。东胡的鲜卑族,除拓跋鲜卑汉化而成为汉族的一部分外,其余存留下来的小支系,其后裔又分别形成达斡尔族(12 万人)、锡伯族(17 万人)。西羌的一支叟族,经过长期演变,分别形成彝族(657 万人)、哈尔族(125 万人)、拉祜族(41 万人)。古濮族分别演变成布朗族(8.2 万人)、德昂族(1.5 万人)。百越的僚族,后来分化逐渐形成侗族(251 万人)、仡佬族(43 万人)、仫佬族(15 万人)等几个大小不同的民族。百越的武陵蛮族,经过长期分化演变成瑶族(213 万人)、畲族(6 万人)、毛南族(3 万余人)。百越的骆族又分化为瓯骆、骆越两族,再分化演变形成现代的水族(34 万人)、布依族(254 万人)、黎族(111 万人)。此外,还有一些形成较早的现代民族中也有分化现象。例如在唐宋时期形成的蒙古族,由于某种历史和环境的特殊原因,其中某支系又分别演变为东乡族(37 万人)、保安族(1.2 万人)等。这种途径形成的民族,往往是几个不同的现代民族却同源同祖,为典型的兄弟民族。

4. 直接由某一古部族发展而来的民族

这一途径形成的民族,大多是聚居在荒僻边远地区或深山区的少数民族。它们都是在一个受外界干扰较少的闭塞环境中由某一古部族缓慢地进化为现

---

① 参见刘志霄:《维吾尔族历史》,民族出版社 1985 年版。
② 参见黄现璠等:《壮族通史》,广西民族出版社 1988 年版。

代民族的。现代拥有 739 万人之众的苗族①,一般认为它是先秦时代三苗之后裔,主要是由秦汉时代聚居在湘西、黔东地区的"五溪蛮"发展而来。柯尔克孜族(14 万人)是上古敕勒的一支黠戛斯的后裔。塔塔尔族(0.48 万人)是由突厥汗国所辖的鞑靼一支演化而来的。裕固族(1.2 万人),是由回纥(回鹘)一支发展而成。门巴族(7475 人)和珞巴族(2312 人)是源于与吐蕃族有亲缘关系的古部族。白族(159 万人),是由氐羌一支的白蛮演变形成的。纳西族(27 万人),是古羌一支摩沙族的后裔。傈僳族(57 万人),是昆明族的一支乌蛮发展而来,旧称"罗罗"或"栗粟"。台湾的高山族(30 余万人,居住在大陆者 2900 人),是土著山夷(后又称土蕃)发展而来,但在形成现代民族的过程中也融合了闽越或粤族的部分成员。此外,普米族、怒族、独龙族、基诺族等,因缺乏历史文献资料,对它们的族源目前尚无法弄清。不过,因为它们的人数甚少,迄今各族仍均在 3 万人以下,所以它们只能是西南地区当地某个弱小部族支系的后裔。目前仅知普米族(2.9 万人),是明清时期西蕃的一支。怒族(2.7 万人),是明清时期的"怒子"或"阿怒"人。独龙族(5816 人),是明清时期的"俅人"。基诺族(1.8 万人),可能是古羌中乌蛮一支的后裔。这几个民族的族源,还需要进一步研究。

5. 古代自境外迁来后与土著融合的民族

中华现代民族中,也有一些是在古代从境外迁徙来境内长期定居与当地土著居民融合形成的。回族(860 万人),是回回族的简称。关于回族族源尚没有取得一致意见。不少学者认为回族的祖先是唐代以来主要是安西(今新疆南部及葱岭以西地区)的回纥(回鹘之前称)人。回纥、回鹘和回回音相近。也有一些学者认为,13 世纪初,蒙古军队西征期间把一批信仰伊斯兰教的中亚人、波斯人和阿拉伯人迁徙到我国西北地区驻屯,后来这批人又散居我国各地,世世代代与当地的汉、蒙古、维吾尔等族杂居共同生活,其后裔和当地土著部分居民融合成为新的人们共同体。撒拉族的来源,也有不同的观点。目前学术界倾向于这种观点:撒拉族的先民,约在元代自中亚的撒马尔罕经过长途跋涉迁徙到今青海的东部,最终定居在循化一带地区。他们的后裔同当地的藏、回、汉各族人民长期和睦共处,终于在明代融合形成一个新的民族,这便是现代拥有 6 万人

---

① 参见《苗族简史》,贵州民族出版社 1985 年版。

以上的撒拉族。这两个民族的先民虽是从境外迁来的，但是几百年来在中国土地上劳动、生息、繁衍，他们的后裔早已和当地土著融合成为新的民族，所以它们早已是中华民族大家庭中的一员，为中华国家的发展做出了历史的贡献。

6. 近现代从境外迁入定居的民族

在中华现代民族中，由于历史的原因，有京族、朝鲜族和俄罗斯族于近现代从境外迁入定居而成为中华民族大家庭的成员。京族的先民曾居住在越南涂山等地，明朝正德年间即公元 16 世纪初从该地迁来，居住在今广西壮族自治区防城的万尾、巫头、山心三岛，现有人口 1.8 万人。我国东北的朝鲜族（192 万人），据历史文献记载是从 17 世纪末至 19 世纪中叶由邻国朝鲜迁徙来的，主要居住在今吉林延边一带，部分散居在黑龙江和辽宁等地。俄罗斯族（1.3 万人），迁入时间较晚，即 18 世纪末至 20 世纪初从俄国陆续迁来，散居在新疆伊犁、塔城、阿勒泰等地，仍讲俄语，用俄文，信仰东正教，保留原民族的特性。虽然这三个民族迁来定居的时间不是很长，但是它们同当地其他民族和睦共处，从事劳动开发，对我国边疆地区经济文化的发展做出了贡献。

限于篇幅，在此不能对所有 56 个民族的起源做详细的考证，只能简略地指出它们的来源和形成的时间。即使从这样简单的论述中，对中华现代民族形成的历史，我们至少可以得出下列结论：

其一，中华现代民族，除个别外，绝大多数都是土生土长的，不管其形成现代民族的时间早晚，其族源均可追溯到距今几百年乃至数千年的古代部族或民族，具有悠久的历史。

其二，中华现代民族中，大多数民族不是由几个部族或民族融合而成，就是由一个古代部族或民族分化、演变而形成的，而且各民族在迁徙、杂居、通婚和交流过程中的错综复杂的关系，使若干个不同民族有同一的族源，有共同的祖先，至少有某种亲缘关系，难分彼此，是地道的兄弟民族。

其三，在中华现代民族中，主体民族汉族在它的形成过程中，融汇了中国境内众多古代部族和民族的血统，同其他大多数民族有着千丝万缕的关系。同时，几乎所有少数民族都同汉族有着政治、经济、文化等多方面的密切关系，这种关系由来已久。而且不少兄弟民族通晓汉语、会用汉文，甚至一些少数民族在主政中国期间，还变通袭用汉族的典章制度，并行汉语和汉文，使得汉语、汉文成为中国历史上一直沿用的语言和文字，使之成为国语、中文。同时各少数民族又可保留和使用本族的语言和文字。这就形成中国的民族和文化多元一体的格局,这是2000多年来中国这个统一多民族国家的坚固的基础。

(三)现代民族形成过程中的分化和融合问题

中华现代民族的形成和发展过程中,所遇到的一个关键问题就是分化和融合的问题。上面谈到各民族的起源时,无不牵涉到某些民族是哪一个古民族分化演变而成,相反,某个民族则由若干古代部族和民族融合形成,或者某民族是由哪个古代部族演变发展而来,等等,这的确是真实的历史现象。那么,是何种原因促使民族(或部族)产生分化或融合呢？我认为这种分化和融合的原因是多方面的,既有外力作用,又有内因,是多种因素相互作用的结果,不能过分强调或简单归结为民族压迫和同化政策的作用。

民族是一个历史范畴,民族的形成是一个漫长的历史过程。一个民族也像一个人一样,在社会上生活就必须进行生产、生活和繁衍,而要进行生产、生活和繁衍就必须面对自然和社会,这样就必然受到自然地理环境的影响和社会人际关系的制约。因此,我认为民族的分化和融合必然受到自然环境和社会环境两个方面的影响,同时,每个方面又有多种因素在起作用。

首先,谈谈自然环境方面的影响。自然地理环境方面的因素,有地形地貌,如山地、丘陵、盆地、峡谷、河流、平原、草原、森林、沙漠等；各个地区的不同动物和植物资源；土地的肥沃与贫瘠；各个地区的气温、雨量以及交通条件等。这些因素无不直接影响人们的生产、生活乃至人们的心理素质。自然环境对人们的影响力与社会生产力和文明程度成反比,即社会生产力和文明程度越低,其影响就越大。所以,自然地理环境方面的影响对民族的分化、融合、形成过程是一个不可忽视的重要因素。比如一次草原大干旱,就足以迫使古代游牧部族分散大迁徙,匈奴、突厥、契丹都曾有过因自然灾害而被迫迁徙的现象。自然环境对民族发展的影响力是显而易见的。鄂温克人本是汉代的挹娄之后,直接由女真的一部发展而形成的民族,与现代满族同源。但是,由于鄂温克人世世代代居住在东北大兴安岭支脉的山区,在《明一统志》中他们被贬称为"北山野人"和"乘鹿出入"的人,这是他们经常出没森林以打猎为生和使用驯鹿的缘故。特殊的环境限制了他们主要从事狩猎的原始生产方式,再加上他们与世隔绝的封闭状态,使其社会发展极其缓慢,直至明清时代仍处于原始社会向阶级社会过渡的落后状态①。与从事农牧业和进入封建阶段的同源满族相比,几乎有天壤之别。同是女真族的后裔,后来又曾受过满族的统治,被编入八旗参加八旗兵,仍未能使鄂温克人同化融为一族,原因何在？恐怕主要是自然地理环境影响而形成不同的文化素质和心理素质所致。鄂伦春人也是生活在东北山区的民族,其族源和生活环境基本上与鄂温克人的相同②,同样受过满族统治而不被同化,原因主要是地理环境、生产生活方式不同,心理素质不同。

同一古代民族,若改变生活环境和生活方式,便可能改变原来的族性成为新的人们共同体。例如,先秦时代的西戎是生活在我国西北的游牧诸部的总称,由于地理环境和生活方式的独特形成鲜明的民族族性,但一旦改变其生活环境,其生活方式和心理素质随着时间的流逝而发生质的变化。原来活动于瓜州(今甘肃敦煌地区)一带的姜戎和陆浑之戎两支古羌人,在春秋之际分别迁入今山西省南部和河南伊川一带③,接受农业民族先进生产技术的影响和居住的地理环境的改变,使他们由从事游牧业改变为农牧业进而农业,由游牧而永久定居,逐渐改变原来的族性,与当地居民同化,约在魏晋南北朝时完全融合于汉族之中。而现代的羌族,亦是古羌的一部后裔,主要是居住在四川阿坝羌族自治县内,虽然此部也历经迁徙以及由游牧变为农牧,环境和生活方式有所改变,其族性亦略有变化,却因他们生活在海拔 2000 米以上的荒僻山区,同外界交通闭塞,处于封闭或半封闭状态,因此,得以保存原羌族较多的特征而成为不被他族同化的自力发展的民族。

同样,与蒙古族同源或源于蒙古族,为何东乡族、土族、保安族却不融合成为一个民族反而分化演变成为不同的几个独立的民族？究其原因,主要是它们分居于不同的自然地理环境中。如东乡族,据说是成吉思汗西征时留驻于河州(今甘肃临夏一带)蒙古军队的后裔,同蒙古本部距离较远,同时又与迁入这一带的中亚阿拉伯人、波斯人杂居,信奉伊斯兰教,经过长期演变,在元末明初成为新的民族。土族自称"蒙古尔",居住在今青海湟水流域,可能正是《元史·太祖本纪》所说"太祖二十二年(1227 年)三月破洮河、西宁二州"时留驻的蒙古人

---

① 参见秋浦等:《鄂温克人的原始社会形态》,中华书局 1962 年版。
② 参见秋浦:《鄂伦春人社会的发展》,上海人民出版社 1978 年版。
③ 见《左传》襄公十四年和僖公二十二年。

后裔,因为今土族聚居的青海互助县曾属西宁州,距西宁仅数十里。这部人马原从事畜牧业,约在明初转为定居务农,生活方式变了,再加上与当地其他民族杂居和交流,结果也形成了有别于蒙古族的新民族。这两个民族改变原民族的特征变成新的不同的民族,其根本原因主要是地理环境和生活方式的改变,而同民族压迫和同化政策无直接关系。当然,一个古民族分化成几个不同民族的原因是十分复杂的,上面所谈的是主要的原因,其他方面还有社会的历史的原因,那就是这部分人群脱离原民族本部而居于别处,与当地其他民族杂居、通婚、交流过程中又有某种潜移默化的作用,这种作用也是促进原族性缓慢演变的动因之一。

其次,中国历史上主政统治阶级的民族同化政策,在中华民族的发展、演变过程中也有着重大的影响。汉、蒙古、满、藏等人数较多的民族,都曾经在不同程度上采取过民族同化政策。所谓"同化问题即丧失民族特性,变成另一个民族的问题"[①]。某民族统治者为了狭隘的民族利益和巩固其统治地位,往往采取一些政策迫使被统治民族改变其民族特性而同于统治阶级的民族,最后将它改变成为统治阶级民族的组成部分。每个民族都应有平等的生存和发展的权利,一个民族强迫另一个民族同化,肯定是错误的和反动的,应当加以谴责。不过,中国历史上的民族同化问题比较复杂,不能一概而论,具体问题要具体分析。

在中国,民族同化政策来源很古,早在尧舜时期已开其端。《吕氏春秋》记载了尧战南蛮时,"舜却苗民,更易其俗"。这个"更易其俗"就是强迫苗蛮改变其风俗习惯,改变原来民族特性。以什么标准去改变呢?当然是华夏族的标准。这是我国最早的一种同化措施,当然,最重要最有深远历史意义的便是前面提到的秦始皇的统一政策,而且它是超乎一个民族对另一个或几个民族的狭小范围而具有全国性的重大政治、经济和文化等全方位的历史举措。这个措施,不仅使"普天之下,抟心揖志。器械一量,书同文字",而且"匡饬异俗"等。汉承秦制,扩大了统一措施的历史作用。当时,包括汉族在内的中华现代56个民族在秦始皇实施统一措施时均未形成,根本谈不上是汉族的民族同化政策。相反,这一措施却促成了中国人数最多的主体民族的形成。更重大的意义是,

---

① 《列宁全集》第20卷,人民出版社1992年版,第9页。

秦汉时期所实行的统一政策，奠定了中国作为世界上最稳定的统一的多民族国家的坚固基础。从这个意义上说，这是应该歌颂的重大历史举措。这些措施，虽然使众多不同的古代部族与华夏族融合成汉族，但它同后世汉族和其他民族统治者对异族实行民族压迫或企图消灭异族的同化政策不能相提并论。

在阶级社会里，民族同化是民族压迫的一种方式，而民族压迫实质上就是阶级压迫，贯穿于王朝历史的整个过程。在中国历史上，既有汉族对其他少数民族实行民族压迫和同化政策，也有蒙古、满等主政的少数民族对汉族和其他民族实行民族压迫和民族同化政策，此外，历史上还有一些方国统治者或地方政权统治者以一个民族对包括汉族居民在内的被统治民族实行民族压迫和同化政策。对中华民族间的错综复杂的关系，已有翁独健先生主编的《中国民族关系史纲要》①，可供参考，此不赘复。

在这里，必须指出，同样是民族同化，所实行的主观动机和客观效果却不一样。在封建社会里，汉、蒙古、满等族所推行的民族压迫和民族同化政策，其统治者的主观动机是使异族与己族同化，以扩大本民族的利益和巩固自己的统治地位。相反，却有一种性质完全不同的民族同化政策。北魏统治者孝文帝所实行的民族同化政策，则要使拓跋氏鲜卑族学习汉族的典章制度、语言、文字、礼仪乃至生活方式，使本族同化于汉族。此外，辽国的圣宗、西夏的毅宗、金朝的海陵王和章宗等都曾实行过促使本民族"汉化"的政策，实际上是向先进学习的一种方式，接受汉族较先进的生产技术和文化，结果使本民族的经济、文化各方面都有较大的发展和提高。当然，结果也有部分成员因汉化而融合成为汉族的一部分。这后一种"汉化"政策也是一种民族同化政策，在民族融合和发展方面起着重要作用，但其性质却不是民族压迫而是民族和睦政策。通过学习与和平交流而达到同化，这种同化是促进社会进步的一种民族政策，有助于较落后的民族得到更快的进步和发展。

由此我们得到一个启示，对民族同化政策的历史作用不要一概而论，应把它置于当时的历史背景下作具体的分析。为什么同是采用民族同化政策，有的能够成功，有的却化为泡影？其历史客观作用也呈现根本性的差别呢？这显然与政策是否符合社会发展规律有关。像北魏孝文帝所采取的使较落后的拓跋

---

① 翁独健主编：《中国民族关系史纲要》，中国社会科学出版社1990年版。

鲜卑族向较先进的汉族看齐的"汉化"政策是成功的。而元、清两朝的少数民族统治者所实行的民族压迫和民族同化政策只是暂时起作用，最终却是失败。例如清朝满族统治者仅仅能够迫使汉人剃发留辫并加着满式服装等形式上的同化，其他依然如故。清朝统治中国276年，满族不仅未能同化汉族和其他民族，反而基本汉化了，不少满人不懂满话和满文了。相反，在封建王朝中，汉族统治者在不少地区的民族同化过程中，虽然也伴随残酷的手段，但最终却达到同化的结果，主要原因是汉族在当时比被同化的少数民族先进，能以其先进的政治、经济、文化影响较落后的民族。这种同化，既有政策上的威力，也是优胜劣汰的自然法则起了作用。在这里需要说明，笔者并不是主张先进的或发达的民族去强制性地同化那些较落后的贫穷的民族，而是坚决反对这种行为和政策。我们主张各民族一律平等，都有生存和发展的同等权利；任何民族都不应把自己的意志强加于人，不能强迫异族同化。但是这种立场和观点并不应妨碍我们实事求是地分析和评价历史上发生的民族同化的历史作用，不然我们无法解释民族分化与民族融合的现象是如何发生的，更无法解释汉族为何能够成为中华国家的主体民族。

还要指出，在民族分化和融合过程中，同化政策只是一种外因，它是否起作用，还决定于内因即被施于的同化对象民族是否接受。民族同化光靠高压和暴力是不能实现的，决定的因素还是民族交往中的文化交流和潜移默化的作用。光实行高压的民族同化政策，而没有民族间的文化交流和潜移默化的作用，即使是汉族也不能同化其他民族。如魏晋南北朝以后，北方的匈奴、鲜卑、乌桓、氐、羌、党项、回鹘、突厥等族一部分的汉化，是同这些古民族内迁和汉民族杂居，在汉化政策的导引下，经过推广汉族农业生产技术和文化，改变这些民族（或部族）的落后状态，使之达到汉族当时比较先进的水平，进而使这部分人群完全同化而融合于汉族之中。尽管这种同化更多是一边倒，实际上汉族在这个同化过程中既增加了人，又从这些人群中带入了汉族欠缺的或某种薄弱的技术和文化艺术，反过来又促进汉族的发展壮大。有的学者反对用"融合"一词，认为列宁谈的民族融合是只有被压迫民族完全解放后才能达到各民族的必然融合[①]，在此之前是不可能的。笔者在这里之所以用"融合"一词，是因为如上面

[①] 《列宁全集》第22卷，人民出版社1990年版，第141页。

所谈的被同化民族虽然开初有被强迫的成分,但被同化之后成为另外一个民族成员时,就难分彼此了,其原来民族特性已丧失,同时他们又将原民族某些优秀文化因素带入同化民族之中而成为该族文化的一部分。这种状况表明,这不仅仅是民族同化,而又是一种民族优秀文化因素的融合。也就是说,同化是第一步,融合是第二步。只有同化而无融合,被同化者就仅仅是同化而已,很难说它已和同化者浑然一体而成为同化民族本体的一个不可分割的组成部分了。当然,本文所用的"融合"一词,与列宁那种未来的理想的各民族完全是自由平等的融合是有差别的。不过,无论如何,这也是一种融合,正是这种由同化到融合,使汉族成为具有多元血统的民族,汉文化几乎包含着古代国内各民族优秀文化的因素;正是这种融合,谁也无法辨认哪部分汉民的祖先原是哪一族哪一人,因为整个汉族早已是一个不可分割的整体了。难道这不是"融合"的历史作用使然?

如果说古代北方民族部分汉化而融入汉族主要由北方各民族内迁而实现,那么,在南方则相反,是大批汉民跟随秦汉大军征服南方的统一步调定居江南各地,尤其是魏晋南北朝时期,中原广大地区的汉族人民为了逃避战乱徙居南方的更多。例如,司马睿被匈奴刘渊攻陷洛阳以后,自洛阳迁都建康(今南京)时,大批汉人迁徙江南。《资治通鉴·晋纪》曰:"洛京倾覆,中州仕女避乱江左者十六七。"可见人口迁徙量之大。以后还有大批汉民陆续迁居南方,分别进入南方土著民族如闽越、俚、僚、骆、苍梧、粤等族的地区,与它们杂居。南方这些古代部族(民族),虽然亦多务农耕,但从生产技术、生产工具和文化艺术等社会发展水平来看,还是落后于从中原地区来的移民。因此,在汉族统治者民族同化政策的作用下,当地土著民族(部族)经过长期和汉族移民杂居与交流,大多数陆续接受汉族的铁铸农具、耕作技术和汉文化,久而久之被汉化而融合成为汉族的一部分。只有在汉人稀少或汉族统治力量较为薄弱的地方,如边远地区和闭塞的山区的土著受汉族文化的影响较少而保留原来的特性,缓慢地发展为现代民族。可以设想,倘若无北方和中原大量汉族移民迁徙南方,光派军队和官员到南方实行统治,断不可能使南方古代土著民族汉化。明清时期,统治者对边远地区少数民族实行"改土归流"政策,由原来委任土著民族头头对土著民族实行统治,改派流官实行统治,企图强化统治地位和同化这些土著民族,但却未能达到同化的目的。相反,在这些民族聚居区的特殊环境中,少数与土著杂居的汉民反而被土著民族所同化。此外,在蒙古、满、藏、苗、回、维吾尔、壮、侗、彝等人数较多的民族中都曾同化和融合了少数汉族居民,甚至人数较少的民族中也有被同化的汉民融入其中,如毛南族、撒拉族、保安族等。

由此可见,历代统治者的民族同化政策在民族分化和融合过程中有重要作用,但也不能把它绝对化。因为在现代民族形成过程中所出现的分化、同化、融合等历史现象,起关键作用的仍是民族的迁徙、杂居、通婚、交流等方面的潜移默化的作用。而且民族同化和融合也不是单指少数民族汉化而融入汉族,也包括汉族异化而融入某少数民族中,以及一个或几个少数民族被同化而融入某少数民族中。由中华古代部族、民族经分化、演变而形成的现代民族,其成分是复杂的,几乎可以说没有纯血统的民族。不仅人数众多的汉族是这样,人数较少的少数民族也是这样,可谓你中有我,我中有你,只是有主次和分量大小的差别,从而使各民族保持其特性,具有鲜明的文化特征。从这个意义上说,中华现代所有民族都是兄弟民族,应平等、和睦、团结,共同建设和享受民族大家庭的幸福生活。

(四)在民族关系中,民族压迫只能归罪于民族统治者

中华现代民族都是在清朝以前的封建社会阶段形成的,在它们的发展途程中,各民族之间既有长期和平共处,也有短期的冲突和对抗。其中对各民族的发展有重大影响的是民族压迫问题。我们如何正确看待这个问题呢?

在世界历史上,无论哪个民族,都是国家产生之后才真正形成的。在国家产生以前,只有聚居在一方的部落联盟及在此基础上形成的部族。因为只有在国家产生的前提下,人们才会有共同的地域和经济生活,以及共同的语言、文字和统一的文化艺术,而只有在共同经济生活中才会有表现在文化方面共同的心理素质,也只有在"四个共同"性的基础上才能够形成稳定的人们共同体——民族。在这个意义上说,民族是一个历史范畴,是阶级社会中独有的人们共同体,它将伴随着阶级社会的诞生而存在,亦将伴随阶级社会的灭亡而消失。这样,我们就不难理解,民族关系在历史上可以归结为阶级关系,民族压迫实质上是阶级压迫。在中国历史上(封建社会阶段),主政的汉族统治者对少数民族的压迫,或者蒙古、满诸少数民族统治者在主政期间对汉族和其他少数民族的压迫,都是主政者和被压迫民族上层贵族勾结起来实行的。当然,有些民族统治者,为了壮大其民族性的统治力量,也想方设法调动本族全体执行其对异族压迫政策。其中,比较典型的是元朝的蒙古族统治者。他们将全国民族划分为四个不同的等级:一等为蒙古人,二等为色目人(西北方各族及中亚等外来人),三等是汉人,四等是南人(南方汉族及其他族人),同时规定四个等级各民族的政治、经济待遇和法律地位。蒙古人高人一等,可以任意侮辱和歧视异族人,甚至打死汉人仅付一些埋葬费而不必偿命。蒙古统治者还把中原大片良田变为牧场,断绝汉人的生计,也破坏了元朝的社会经济。这些事例,表面上似乎是蒙古族对其他民族的压迫,实际上制定和执行民族压迫政策者都是统治者和上层贵族,不能归罪于蒙古族劳动人民,因为劳动者阶级也是受压迫受剥削者。相反,被列为三、四等级的汉族和其他少数民族,真正被压迫被剥削者只是该民族的劳动者阶级,而这些被压迫民族的上层贵族——地主阶级则毫不例外地受到蒙古族统治者的保护和重用,甚至吸收他们做大官。元世祖忽必烈曾说过:"自今省、部、台、院必参用南人。"①据元朝吏部的一些统计数字,朝廷官员2089人中,汉人和南人有1151人;地方官员19895人中,汉人和南人有14236人,约占官员总数的六成以上②。这些在元朝为官者,当然是汉族地主阶级知识分子和其他民族的上层贵族。

满族主政后,也同蒙古族一样实行民族压迫政策。如清兵入关后,便进行"圈地"和强迫汉人"剃发",强占汉民的土地并任其荒废成为猎场或充作他用。不过,为加强和巩固满族贵族的统治,也不得不笼络汉族地主阶级,部分人士还被委以官职,甚至采取满汉兼用的方针,明确规定各级官员的满汉比例。朝政方略和军机大事固然由满族的王室贵族决策,而汉族上层人士可在内阁和六部(即吏、户、礼、兵、刑、工)和州、府、县各级衙门为官,执掌部分统治权力。

为什么被压迫的汉族地主阶级能够同蒙古、满民族统治者一起成为压迫者和剥削者?因为民族压迫实质上是阶级压迫。任何朝代,统治与被统治,压迫与被压迫,都不是以整个民族划分的,而是以阶级划分的。因此,中国历代王朝曾经发生过的各种形式的民族压迫和剥削,也包括民族间的冲突和战争,都是由统治阶级造成的,都是统治阶级的罪过,而任何民族的一般族民即被压迫被剥削的劳动者阶级都不用承担罪责。汉族、蒙古族、满族等在封建社会主政期

---

① 见《元史》卷一七二《程钜夫传》。
② 见《元典章》卷七《吏部一·内外诸官数》。

所实行的民族压迫，罪在统治者，与汉、蒙古、满等族的人民无关。因此，历史上统治者实行民族压迫政策所造成的民族间的仇恨和敌对情绪，理应随着实行民族压迫的统治者进入坟墓而消除。中华民族中的每个民族的人民都是历史上物质财富和精神财富的创造者，同时又是历代统治阶级的压迫和剥削对象，有着同样的苦难，都是受苦受难的兄弟，理应和睦相处，团结一致。

还应该指出，虽然在封建社会里由于统治者实行民族歧视和民族压迫政策，使民族关系处于对立状态，民族间的冲突和战争不绝于史，但是历史上的民族关系也不是一片漆黑。事实上，还是和平共处多于战争，友好压倒敌视，民族关系的主流是好的。我完全赞同翁独健先生生前曾经讲过的一段话：中国各民族间的关系，"从本质上看，是在漫长的历史过程中，经过政治、经济、文化诸方面的接触，形成一股强大的内聚力，尽管历史上各民族间有友好交往，也有兵戎相见，历史上也曾不断出现统一或分裂的局面，但各民族还是互相吸收、互相依存、逐步接近，共同缔造和发展了统一多民族的伟大祖国，促进了中国的发展，这才是历史上民族关系的主流"[①]。我们研究中华现代民族发展的历史时，必须驱散历史笼罩在各民族头上的乌云，还其和平共处、友好交往、共同缔造中华文明的真容。

四、团结奋进，共同振兴现代中华

中华现代56个民族，除个别由境外迁入外，都是土生土长的，不管其形成的时间早晚，所有中华现代民族及其祖先，都是开发中华大地的历史功臣，是创造中华民族历史和文化的主人。同时，在中国历史上，各民族都有联合反抗各王朝统治者的革命斗争的光荣历史，各民族人民还有联合起来反对外侮，英勇抗击外国侵略者的光辉业绩。这几个方面的历史功绩都是各族人民共同创造的而永彪青史。从前封建统治阶级在民族之间制造矛盾和对抗的根源，随着封建制度的灭亡和所有反动统治者在中国历史舞台上消失而得到根除。

[①] 翁独健：《在中国民族关系史研究学术座谈会闭幕会上的讲话》（摘要），载《中国民族关系史研究》，中国社会科学出版社1984年版。

随着中华人民共和国的成立,已有神圣的国家宪法和各种法律保障各族人民的权益,以法律为保证从根本上消除民族歧视、压迫和剥削的根源。各民族不论人数多少,一律平等,都是新中国的主人。各族人民享有同等的公民权,各族人民都可通过他们的代表及全国人民代表大会、地方各级人民代表大会参与国家大政方针的决策;同时各族人民都有同等机会担任各级政府的官员,直接参与国家政治、经济、文化和国防等各方面的行政管理工作。国家为了使少数民族更好地管理本族事务,又按其聚居人数多少和居住地域大小,分别实行区、州、旗、县等各种级别的民族区域自治。各族人民在中华民族大家庭里,可以过着和平、民主和幸福的生活。这是在中国几千年文明史上前所未有的好时光,是一个各民族完全平等、互助互爱、和睦团结、共同繁荣的民族新世纪。特别是近十几年来,我国实行改革开放政策,政府大力扶助各族人民创办乡镇企业,推广现代科学技术,挖掘经济资源和生产潜力,发展商品经济,使各族人民经济日益繁荣,生活水平逐渐提高,更为中华民族的发展显现了美好的前景。今天的中国,才是各族人民生活的天堂。中华民族既然共同缔造了昔日文化的辉煌,今日只要各民族团结奋进,充分发挥人民的聪明才智,必定能在21世纪使现代中华再次腾飞。

(原载《炎黄颂》,中国经济文化出版社2003年版)

试论中原古代文化的特性

黄河中下游地区,古称"中原"。它作为一个地理概念,又有狭义和广义之分:狭义的"中原",指古中州,即今河南一带;广义的"中原",即包括今陕西、山西、河南、河北和山东诸省的全部或部分地方,甚至广及安徽东部和湖北北部。由于广义的中原地区的原始文化(如旧石器文化、新石器文化中的仰韶文化和龙山文化)有较多的共性,而且又是北宋以前国家的政治、经济、文化、军事的核心地区,文化内涵有着诸多共性,已构成地域性的文化体系。本文即取广义的中原地区古代居民所创造的文化。

由于中原地区有"居天下之中"的地理环境和特殊的社会历史背景,中原古代文化自有其区别于中华其他区域的文化特性。但是,自大禹建立夏王朝开始,中原的政治、经济、文化诸方面,长期处于先进地位,并使中原文化不断地向周围地区传播。特别是秦始皇统一六国并建立起中央集权的郡县制国家体制之后,"分天下以为三十六郡,郡置守、尉、监","一法度衡石丈尺。车同轨。书同文"[①]。采取这些强有力的统一措施,并经历汉以后历代封建统治者的因袭,中原文化更加迅速地向全国各地传播,并在中国疆域内(除个别少数民族聚居区外)形成以中原文化为主体的中华古代国家的统一文化。两汉以降,在全国各地都可找到较多的共性,例如,文字、典章制度、陶器、青铜器、铁制农具、历法、医药,甚至岁时习俗等,中原文物制度已融入各地区域性文化之中。就是说,中原文化的个性,已是全国各区域文化的共性,而各区域文化中又多几分地方性或不同民族的特色,显得五彩缤纷,相衬之下,中原文化似乎黯然失色了。这一现象很容易使人产生错觉,以至于在一次全国区域文化丛书出版会议上,竟然有人说:中原文化无特色!以致此套书一度不设"中原文化卷"。一套中华

---

① 司马迁:《史记》卷六《秦始皇本纪》。

区域文化丛书,居然没有中原文化卷册,岂非怪事?笔者亲历此次会议后,撰写和出版了《永不失落的文明——中原古代文化研究》一书①,并主编了《中州文化》。今天撰此论文,就中原古代文化的特性就教于大家。

一、中原古代文化的土著性

中原文化源远流长,其源可以追溯到距今几十万年以前的旧石器文化。一个地区的原始文化,当是当地土著人所创造。在中原地区已经发现了一系列人类化石。在陕西蓝田县公王岭,发现了猿人的头盖骨、鼻骨、上颌骨和臼齿化石②。同一地点,还发现猿人使用过的石器,如刮削器、石片、石核等。这是迄今发现年代较古的早期人类化石文化之一,距今约115万至110万年。在河南的南召县云阳镇杏花山发现了"南召猿人"的一颗前臼齿化石③,其年代与北京猿人(直立人)相近,距今约50万年。此外,在河南淅川、卢氏等地也有古人类化石出土。由此可见,中原地区至少在近百万年以前就有原始人类在此居住和生活。同时,在中原地区还发现了较多的旧石器时代早期、中期、晚期三个不同发展阶段的文化遗存。如,早期还有山西芮城匼河文化、河南三门峡文化,中期还有陕西大荔文化、山西丁村文化和许家窑文化,晚期有河南安阳小南海文化、河北阳原虎头梁文化等。这些文化都是生活在中原地区的原始人在几十万年至一万年前这段漫长的历史时期内创造的。从这三个阶段所使用的尖状器、刮削器、石核、石片等打制的几种石器来看,其打制技术和器形特征是一脉相承的,既无中断,也无异化现象。因此,我们有理由相信,中原人的祖先是世界早期人类的一支,并在此完成了由猿到人的进化过程,是地道的土著人,而不是外来的。中原地区的远古文化和原始文化都是由这些土著祖先创造的。

在中原地区,还有一种其他区域罕见的由旧石器向新石器过渡的所谓"中

---

① 李绍连:《永不失落的文明——中原古代文化研究》,学林出版社1999年版。
② 贾兰坡:《蓝田猿人头骨发现经过及地层概况》,《科学通报》1965年第6期。
③ 邱中郎等:《南召发现的人类和哺乳类化石》,《人类学学报》1982年第1卷第2期。

石器文化"遗存。如陕西的"沙苑文化"和河南许昌的"灵井文化"等①。它们以石核、石叶、尖状器、刮削器、石片、石镞、小型斧状器之类的细石器为特征，在技术制作和性能上比旧石器时代有了新的进步。这种"中石器文化"遗存的发现，使得中原新石器文化对其旧石器文化的承袭性脉络更为清楚。

迄今，考古工作者已在河北省徐水县的南庄头遗址发现了新石器时代早期的文化遗存，其年代当在距今一万年以上。此一发现，也证明了笔者在20多年前发表的《关于磁山·裴李岗文化的几个问题》论文中所断言的那样，磁山·裴李岗文化不是新石器时代最早的文化，只是年代较早的文化。不过，这个文化在年代上虽稍晚，却是目前我国经过大规模考古发掘的早期文化遗存。目前所发现的裴李岗类型文化已有100处以上，并发掘了其中的10余处②。在这里我们可以看到，原始氏族社会已经确立，人们已经开垦土地，种植粟、稻等粮食作物，发明了农业；同时，已将若干温顺的动物如猪、羊、狗驯养为家畜；由于耕作的需要，人们建筑了半地穴和地面上的住房，在村落旁烧制生活必需的陶器，初步确立了定居生活的物质基础。这个文化的特征是鲜明的，如在农业生产工具方面有薄体两端弧刃石铲、有肩石镰、齿状刃石镰，陶器方面有手制的钵形三足器、小口双耳壶、圜底钵、侈口筒腹罐、平底碗，还有一套粮食加工工具，四足石磨盘和圆柱状石磨棒等，这些都是年代较早而富有特色的原始文化，现在其他地域尚未有一种内涵如此丰富的新石器时代早期文化与之抗衡。

从考古发掘的大量实物资料中，已经证明中原地区的仰韶文化叠压在裴李岗文化层或老官台文化层之上，并由裴李岗文化或老官台文化类型发展而来。这一点，已为考古学界所公认。20世纪30年代所谓的"仰韶文化西来说"，早已不攻自破，销声匿迹了。仰韶文化在中原地区分布最广，历时最长，是一种很有特色的原始文化。它广布于河南、陕西、河北诸省，在山西、湖北、甘肃诸省亦有其踪迹，它存在的年代距今7000—4800年，延续了2000余年。这种文化的主人，实际上就是古籍中所记载的黄帝族或称为华夏部落集团。仰韶文化时期，

---

① 分别见于《陕西朝邑大荔沙苑地区的石器时代遗存》，《考古学报》1957年第3期；《河南许昌灵井的石器时代遗存》，《考古》1974年第2期。

② 已经发掘的裴李岗文化遗址主要有新郑裴李岗、舞阳贾湖、密县莪沟北岗、淇县花窝、长葛石固等，并发表有发掘资料。

原始农业、手工业都得到很大的发展。特别是在晚期发明了冶铜术，开始进入了铜石并用时代。

约在距今 4800 年前后，在中原地区仰韶文化已发展成为龙山文化。龙山文化于 20 世纪 30 年代在山东龙山镇城子崖发现。到 20 世纪 80 年代的考古发掘与研究，业已证明山东龙山文化由大汶口文化发展而来，而河南龙山文化是由仰韶文化发展而来。在陕西关中地区的"客省庄二期文化"或称陕西龙山文化，也是由仰韶文化半坡类型发展而来。龙山文化也是由仰韶文化发展而来的观点，早在 20 世纪 30 年代发现安阳后冈的仰韶、龙山、商三叠层文化遗存[1]后提出的，迄今亦为学术界所公认。其中，河南龙山文化分布很广，包括河南全境、冀南和晋南等，而湖北北部的龙山文化遗存也是由当地仰韶文化发展而来的，并包含有若干河南龙山文化的因素。龙山文化是发达的铜石并用时代的文化，氏族制度已开始崩溃，产生了私有制和阶级，部落酋长和军事领袖已拥有控制部族成员的生杀大权并享有种种特权，已处于"酋邦"国家的发展阶段。

在河南偃师二里头遗址所发现的"二里头文化"，现已被视为夏文化，并且逐渐在学术界形成共识。根据洛阳东干沟、临汝煤山和矬李等遗址的文化层叠压关系[2]，二里头文化早期直接叠压在龙山文化晚期遗存，而且二里头文化一、二期文化尚包含着不少河南龙山文化因素。以陶器而言，一、二期文化中有折沿篮纹罐、卷沿平底盆、大竹节柄豆、方格纹罐形鼎、筒形杯，以及夹砂灰陶陶系和以绳纹、篮纹、方格纹、附加堆纹为主的纹饰等诸种因素，表明二里头文化无疑是由河南龙山文化发展而来的。河南龙山文化时代相当于传说中的黄帝之后的帝颛顼、帝喾、帝尧、帝舜时代，五帝部族应当是这个文化的主人，而二里头文化则是帝舜的继位人大禹的夏部族所创造，并无可争议地进入了文明社会阶段。

考古发现的资料和古籍记载的远古传说相结合，可以证明中原地区的文化自旧石器时代开始，经过新石器时代，发展到夏、商、周三代文明，都是生活在这里的土著人所创造的。当时的中原文化在每个阶段都具有先进性。周围地区

---

[1] 见梁思永《小屯·龙山与仰韶》论文，这是 1931 年对安阳高楼庄后冈遗址发掘的成果。
[2] 分别见《河南临汝煤山遗址调查与试掘》，《考古》1975 年第 5 期；《洛阳矬李遗址试掘简报》，《考古》1978 年第 1 期。

没有与之抗衡者,所以又没有发生外来文化入侵(文化交流除外)和异化的现象,也就是说,中原文化早期的土著性是十分明显的。

二、中原古代文化的融合性

中原古代文化,固然是由居住在当地的人所创造,但是,由于中原在北宋以前长期为我国京畿腹地,对外文化交流频繁,外地外族居民徙居,四方人士前来做官或谋生等多方面的原因,又使中原文化汲取和融合诸多外来文化因素,使汉代以降的中原文化产生一种新的特性——融合性。

这种融合性,有三个方面的含义:

(一)主动学习外域文化,经消化后将外来文化融入中原文化之中

有人曾说,中原古代文化是保守和落后的。此话有失偏颇。中原古代文化,不仅在北宋以前是先进的,甚至在明朝中叶以前仍不落后于其他地区。不能因为后期落伍而否定前期。同时,还要看到这样的历史事实,即中原自古以来,一直处于开放状态,不断地对外进行文化交流,甚至主动地向外学习。学习外地和外国的先进文化,以丰富自身的文化。例如,约公元前307年,中原赵国武灵王改革军队,提倡"胡服骑射",即让士兵穿上匈奴式的窄袖、扎腰、长裤、长靴的衣服,放弃中原宽衣阔袖不便作战的服装,用机动灵活和行动敏捷的骑兵替代战车兵。赵国由此变得强大,于公元前297年灭了中山国。中原各国发现"胡服骑射"的优越性,纷纷效法,使之得以推广。当然,"胡服骑射"在引进后,不断在战争中加以消化和改造,而成为中原文化的一部分了。

再如,汉代派人到西域和印度学习佛教经典。后来,带回佛经,并请来僧人,于东汉永平十一年(68年)在洛阳东建立我国第一座佛教寺院白马寺。这是中原引进外国的宗教文化,此举又促进土著宗教道教的发展。在"独尊儒术"的思想影响下,儒、释、道三教自魏晋南北朝开始剧烈的竞争,并在封建统治者不断干预下,走向适合封建统治需要的结局——三教合流。汉化了的佛教文化,已成了古代中原文化的一部分。

又如,唐代开通通向西域各国的陆上丝绸之路,西域各国的一些先进的科学技术陆续传入中原地区。其中有印度的医药医术、阿拉伯和欧洲的数学和几何学等。当然,中原的中医学、天文历法、数学等学科是具有世界水平的,但也有不足和落后的方面。如眼科就不及印度先进。唐代诗人刘禹锡曾有诗《赠眼医婆罗门僧》曰:"三秋伤望眼,终日哭途穷。两目今先暗,中年似老翁。看朱渐成碧,羞日不禁风。师有金篦术,如何为发蒙。"①婆罗门是古代印度的种姓,此诗是说印度僧人的眼科医术高明。科学技术是无国界的,外部的先进科技的传入,无疑促进了中原科技的发展,并成为当地文化的一部分。对外开放和学习先进正是古代中原文化长期保持先进地位的奥秘之一。

(二)外来移民被同化,移民带来的生产技术融入原有文化

自中原华夏部落集团先后击败和征服东夷部落集团、苗蛮部落集团,使后两者部分成员同化以来,不断有周边地区的原始部族被同化而融合于中原居民之中。当然,其时现代含义的真正民族尚未形成。中原纵有华夏族,亦谈不上民族融合和文化融合。但是,经夏、商、周三代和秦,到西汉宣帝时,已形成了以"汉"王朝取名的"汉族",并形成了中原古代传统文化的坚固体系之后,情况有了质的变化。在魏晋南北朝、五代十国、宋、辽、金、元、清诸时期,有不少西北和长城以北的民族徙居于陕西、山西、河北和河南黄河两岸地区,这些民族带来了本民族的文化。古代中原汉族的农耕技术无疑是先进的,而它在牧畜技术、兽医和制革等方面不如北方草原地区生活的蒙古族。西北、北方、东北诸地的民族徙居于中原,随着其中大部分移民被汉族同化,其原来民族的生产技术,民族的乐器、音乐、舞蹈等文化,亦同时融入中原古代文化之中。特别是在元朝,北方的蒙古族的热敷法、灸疗法及骨科的一些疗法,对中原中医外科的发展有积极的影响。满族入主中原后,满族文化对中原文化也有着重要的影响。如满族的"旗袍",一直是中原妇女喜好的服式之一。当然,随着移居中原的满族被汉化,"旗袍"也几经改造,已有多种式样,变成当地的一种服式了。徙居中原的移民的汉化,也是中原古代文化的一种重要融合途径。

(三)古代四方人才会聚中原,也造成中原文化的融合

众所周知,在中原地区,自夏、商、周三代立国,秦统一六国,秦汉建立多民族的统一国家,下迄清朝,在长达几千年的国家历史中,除南宋都杭州,明初都南京外,历代王朝基本上都建都于此。特殊的地理和历史条件,形成一个全国

---

① 见《全唐诗》卷十三。

政治、经济、文化和军事中心。尤其因为是京畿所在地,全国各地的杰出人才都会聚于此,或做官,或谋生。历朝历代,年年岁岁,这些外来人才既带来了各地的文化精华,又得以在得天独厚的社会环境中发挥自己的聪明才智,创造辉煌的文化。

唐朝著名诗人李白和杜甫,原籍不是中原,其诗歌的成就可视为中原唐诗的最高成就。李白原籍陇西成纪(今甘肃泰安县),其本人出生于西域的碎叶,五岁随父亲迁居今四川江彰县。虽然李白一生漫游南北各地,在长安为官的时间很短,但由于他接受的是儒家教育,他的诗歌又继承了庄子、屈原以来的浪漫主义传统,诗歌的主题又是揭露李唐王朝的社会黑暗面,所以其诗歌可视为中原文化的一部分。至于与李白齐名的杜甫,原籍湖北襄阳,后迁居河南巩县,成为中原居民了。杜甫虽然也长时间漫游各地,而公元746—759年这段时间,却是他困居长安和为官时期,对他的一生和诗歌创作有着重要影响。杜甫流传下来的1400多首诗,同李白流传下来的900多首诗中,有许多是不朽的名篇,正像韩愈所说:"李杜文章在,光焰万丈长。"李杜的诗歌,为中原文化增添了无限光彩。

活跃于唐、宋两代文坛上,在散文创作方面做出了重要贡献的八位著名的散文作家中,除中唐著名散文作家韩愈(今河南孟州)、柳宗元(今山西永济县)为中原人外,其余欧阳修、王安石和曾巩为江西人,苏洵、苏轼、苏辙三父子为四川人,后这六人都曾到宋都汴京(今河南开封)为官,长期居留中原,他们的散文、诗歌等文学上杰出的作品,特别是苏轼的散文创作代表了北宋古文运动的最高成就,当是外籍人士旅居中原所做出的贡献。当然,他们年轻时所接受的也是中原文化,通过科举跻身仕途。所以,他们的智慧也融入中原文化之中。

在史学方面,尽管司马迁(今陕西韩城县人)的《史记》,班固(今陕西咸阳市人)的《汉书》,范晔(今河南淅川人)的《后汉书》,荀悦(今河南许昌人)的《汉纪》,袁宏(今河南太康县人)的《后汉纪》等纪传体断代史,以及司马光(今山西夏县人)的《资治通鉴》编年体通史,在史学发展史中占据重要地位,对后世史学产生很大影响,但是,不少非中原籍人士在中原的史学著作对史学亦有很大贡献。例如,陈寿(今四川南充人)所著的《三国志》一书与《史记》《汉书》《后汉书》并称为"前四史",可见其重要地位。刘知幾(今江苏徐州市人),不仅奉诏与他人修成《唐书》80卷、重修《则天实录》等,还私撰《史通》20卷,《史通》

对唐代以前的中国史学做了第一次全面的、系统的总结,在中国史学史上具有重要地位。由于陈寿任西晋的著作郎,刘知幾为唐朝史官,都是在中原为官时完成史学著作的,理当属于中原文化范畴,是外地人对中原文化的贡献。

至于在其他各个学科,在科学技术和文化艺术方面,还有众多外地人到中原居留,为中原文化的发展做出种种重大贡献,限于篇幅不一一罗列了。总之,四方人才会聚中原,是中原古代文化发达的一个重要因素,也是外地文化融入中原文化的一个重要方面。

三、中原古代文化自成一系并具有连续性

尽管中原文化汲取和融合了周边甚至外国的文化因素,但是,并没有从根本上改变中原文化的地方特性。这是因为中原文化源远流长,并依托中原古代国家这个强大支柱,所以中原古代文化绵延不断。正如在前面第一个问题所表述的,中原古代文化是由远古居住在中原地区的原始居民的史前文化发展而来的。这个文化发展系统,可以用这样的图示表述:

中原旧石器文化→新石器时代的磁山·裴李岗文化(还有老官台文化)→河南龙山文化+客省庄二期文化(陕西龙山文化)→夏文化→商文化→周文化→秦文化→汉文化→(此后为各朝文化)

在这里,重要的是在中原史前文化基础上,建立了以中原地区为核心的三代国家文化。而秦汉时期确立统一的多民族国家体制之后,中原文化不仅得到充分发展,而且更快地向各地扩展。中原的农业、手工业生产技术,自然科学、哲学社会科学,以及文化艺术等诸方面,由于长期而稳定的发展,已形成了一个强大的文化体系,足以同化和融合外来的一切文化。例如,东北地区的拓跋氏鲜卑族入主中原,在洛阳建立北魏政权,不仅没有使中原文化受到侵害,他们自身反而主动实行汉化。此后,北方和东北地区的女真人、蒙古人和满族人等先后入主中原,并且一度实行民族歧视和民族压迫政策,不过,很快就接受了中原文化。因为他们原来文化落后,又无统治大国的经验,如何能统治一个历史悠久、文化先进、人口众多的以中原为腹地的大国呢?摆在入主中原的少数民族统治者面前的是一个天大的难题。如元朝建国之初,蒙古族统治者就曾为采取

什么建国方略发生过激烈的争论。至元二年(1265年),中原汉族学者许衡针对这个问题给元世祖忽必烈上疏曰:"考之前代,北方之有中夏者,必行汉法乃可长久。故后魏、辽、金,历年最多。他不能者,皆乱亡相继,史册具载,昭然可考。使国家而居朔漠,则无事论此也。今日之治,非此奚宜?"①这既是一种历史经验教训,又内含着优胜劣汰的自然法则,人不可凭主观为所欲为,必须尊重客观历史发展规律。自然,蒙古族统治者不得不接受,后来的满族统治者也没有别的选择。所以,无论是北方的少数民族统治者还是别的外族统治者,在强大的中原传统文化面前都是无能为力的,他们不可能改变中原传统文化的发展方向。因此,中原文化向来不曾被异化,也不曾中断。中原文化自成一系的连续性特性,在中华地域文化中是比较突出的。

四、中原文化同全国其他地域文化相比又具有中华传统文化的正统性

中原文化,自然是中华一个区域性的文化,是中华民族文化的一个重要组成部分,它不是国家文化。但是,特殊的地理环境和特殊的历史地位,却又使中原文化在中华传统文化中居于主流地位,并具有正统的性质。

关于这个问题,并不是个人主观臆断,而是中华国家的历史造成的。关于中原古代文化在传统文化中的主流地位和正统性,主要有这几方面:

(一)根据先秦古籍记载的和民间的传说,"三皇五帝"是远古的英雄人物,而其中的炎帝神农氏和黄帝轩辕氏,则被视为中华民族的祖先,近现代的中国人往往自诩为炎黄子孙。以中原现代的考古发现对照传说的炎黄二帝的"业绩",得知炎帝和黄帝实则是新石器时代生活在中原地区的姜姓和姬姓两大部落的首领②,夏、商、周三族的始祖均是黄帝的后裔。黄帝为首的华夏族(部落集团)则是我国统一的多民族国家的主体民族——汉族的主源。汉族广布全国各地,其族根和文化皆源于中原。

---

① 见《元史·许衡传》。
② 李绍连:《炎帝和黄帝探论》,《中州学刊》1989年第5期。

(二)尽管黄河、长江、珠江和北方四大区域的原始文化几乎平行发展,中华文明是多元的,但是,黄河中下游的中原地区原始文化则较为发达,而且最早步入文明社会的门槛。姑不说现代考古学可以证明在相当于黄帝时期的仰韶文化晚期有可能建立酋邦式的早期国家①,就是目前中国学术界公认的夏朝所建的国家,也是全国各个区域中最早的。当中原地区已建立兴盛的奴隶制国家并开始向封建国家过渡的时候,我国其他地域还刚刚形成早期的奴隶制方国。所以,在中原地区最早于三代奠定了我国国家的牢固的基础。

(三)自秦汉王朝确立中央集权的统一的多民族国家以后,秦汉时期国家的政权机构、官制、典章制度和学校教育机制,往往被后代王朝所因袭,其中虽有因时制宜的改制成分,却无根本的变化。如前所言,即使北方几个少数民族入主中原,其国家的官制和典章制度也基本上沿袭中原历代封建王朝的制度。

(四)自西汉武帝接受董仲舒的"罢黜百家,独尊儒术"以后,历朝历代的封建统治者都信奉儒家思想为治国安邦的圭臬。这一点非常重要,这既是历代统治者因袭中原国家典章制度而不做本质改变的原因,也是在哲学、文学、史学诸学科发展方向和道路上具有一致性的内在调控的关键所在。

(五)在中原地区兴起的道教、佛教和对孔圣人崇拜的"儒教",此三个宗教信仰及三教合流,一直是中华古代宗教信仰的主流,自汉迄清,似乎没有什么根本性的变化。

此外,还有中原地区汉族的风俗习惯也在影响着全国各地的汉族生活。凡此五个方面,中原文化既是源头,也是主流。而中华其他地域文化则不可能充当这个角色,也不可能有此等主流的地位。在这个意义上说,中原古代文化既为中华民族文化奠定了基础,也是中华传统文化发展过程中的主流,具有某种正统的特性。不管人们愿意不愿意做这样的评价,这却是不争的历史事实。

(原载王彦武编《中原文化与现代化》,大象出版社 2002 年版)

---

① 李绍连:《华夏文明之源》,河南人民出版社 1992 年版,第 201 页。

夏文化研究的轨迹
——兼评《夏文化论文选集》

"夏者,帝禹封国号也。"①"自禹至桀十七世"②,这是我国历史上第一个奴隶制国家——夏王朝。除了20世纪30年代的疑古派视为传说外,向为史家所承认。但是,由于夏没有遗留任何文献,《尚书》中的《虞书》《夏书》不是夏人所作,其中《尧典》《甘誓》《禹贡》系出自周代人的手笔;其他有关夏的历史文献更晚些,而且多为零零碎碎,片言只语,甚至所记之事有多种说法,互相抵牾,难辨真伪,让人无所适从。因此,光靠历史文献不仅无法对夏王朝进行全面的深入的研究,就是要弄清夏都在何处和夏积年多少这样的问题也十分困难。有鉴于此,必须借助地下的历史档案库即夏王朝湮没在地下的遗迹遗物来研究。这些夏王朝夏族的遗迹遗物,考古学上称之为"夏文化"。由于迄今仍没有发现夏文字,要鉴别何种遗迹遗物属夏,又必须以历史文献为线索进行探讨。由此可见,夏文化是史学和考古学都要探讨的重要课题。

中国历史学家和考古学家共同探索夏文化,始于本世纪30年代初,迄今仍方兴未艾。50年来,已取得了可喜的成果。这些成果在《夏文化论文选集》中得到全面的反映。这个集子,是由河南省考古学会和河南省博物馆委托郑杰祥同志选编,并由中州古籍出版社于1985年3月出版。编辑的目的,正如该书《前言》中所说:"好就好在精选了五十年来各个历史时期各种代表性著作,不偏不倚地汇集各种学术观点(包括相互对立的观点和现在看来错误的观点)的代表作,真实地反映夏文化的探索过程。同时,这本论文集,每人只限选载一篇,其中既有老专家的佳作,也有中青年学者颇有见地的名篇,充分体现老、中、青

---

① 见《史记·夏本纪》正义。
② 见《竹书纪年》《路史·后纪》《世本》。

三代学者济济一堂,历史学家、考古学者各抒己见,百家争鸣、百花齐放的时代风貌。如果要用一句话表达论文集的价值,那就是:它显示了"夏文化研究的轨迹"。我们通过这条"轨迹"顾后瞻前,将可找到金钥匙去打开"夏文化"之迷宫,饱览"夏文化"之真容。

一、夏文化研究的轨迹

仔细研读《夏文化论文选集》后,我认为,对夏文化的探索,迄今经历了两个阶段四个时期:

第一阶段,自本世纪30年代起至新中国成立后的1959年为止。这是以历史学家为主,立足于历史文献,利用现有的田野考古资料去探索夏文化为特点的起步阶段。这一阶段,又可以新中国成立时间为界分为前、后两期。

前期的特点是,从事夏文化探索的,只有少数历史学家,他们主要依赖文献,同时利用十分有限的考古材料去研究夏族的分布和播迁等少数历史问题。这个时期的代表性著作有徐中舒的《再论小屯与仰韶》、翦伯赞的《诸夏的分布与鼎鬲文化》两篇。徐文"依据中国史上虞夏民族分布的区域,断定仰韶为虞夏民族的遗迹"[1]。翦文的宗旨在于根据历史文献有关夏与诸夏部族的分布状况,和仰韶文化遗址分布相对照,认为"诸夏之族,在山西河南交界处一带曾有长期之住留,吾人可由仰韶遗址之分布与有关夏族的传说获得证明"。同时,还利用金文资料说明夏与诸夏的关系是"兄弟"关系[2]。他们的共同点是希图用田野考古资料去印证历史文献中有关夏的一些问题。不管其结论是否正确,仅就方法而言,便值得嘉许。他们最可贵之处,在于脱离历史研究只依赖文献的羁绊,找到了新的有效的途径——把历史文献和田野考古资料结合起来。

应当指出,这个时期探索夏文化有两个障碍:其一是田野考古资料匮乏;其二是没有测定考古文化绝对年代的技术手段,导致研究夏文化时追溯太远。现在有了碳14测定的绝对年代数据,如仰韶文化的绝对年代大约是公元前

---

[1] 徐中舒:《再论小屯与仰韶》,《安阳发掘报告》1931年第三期。
[2] 翦伯赞:《诸夏的分布与鼎鬲文化》,《中国史论集》,文风书局1947年版。

5070—前3110年①,明眼人一看便知它远远超出夏代范围,就不会再把它看作夏文化了。即使要追溯夏文化的起源,对于仰韶文化来说,亦难于论证。

后来,范文澜在《中国通史简编》第一编中提出龙山文化为夏文化说,并利用龙山文化的遗物推测夏代农业和手工业的情况,颇受人注意。龙山文化在年代上比仰韶文化接近夏文化,但龙山文化分布甚广,所存在的时间又很长,笼统地说龙山文化是夏文化也存在不少问题,容易引起争议。

第一阶段的后期,即在新中国成立以后,在学术界普遍运用历史唯物主义作指南,使夏文化的研究方式方法更具科学性。经过考古工作者的努力,继郑州二里岗发现早商文化遗存之后,又在河南省的洛达庙、小芝田、稍柴、旭旮王和郑州南关外等遗址,发现早于二里岗晚于龙山文化的遗存。这些考古新发现给夏文化探索带来了新的信息。李学勤先生在研究这些资料后明确指出:"在郑州商族文化层与龙山文化层重叠时,其间每每夹有无文化遗物的土层,表明两者不相衔接。在洛达庙、南关外、旭旮王等地果然发现了介于两者之间的文化层,我们称为'南关外期'或'洛达庙期'。它们更接近龙山文化,而有特异点,如南关外的棕色陶器、洛达庙期无鬲类空足器等。这两期都早于二里岗下期,最可能是夏代的。"②这些话可算是探索夏文化第一阶段的总结,李先生所指的"南关外期"或"洛达庙期"即属于后来当作夏文化探索主要对象的二里头文化范畴,所以具有重要的学术价值。从此结束了夏文化探索的起步阶段,进入实质性探索的阶段,即第二阶段。

第二阶段是从徐旭生于1959年在豫西进行"夏墟"调查开始的。这个阶段的特点,是根据历史文献提供的线索,开始在田野主动查找和发掘可能与夏文化有关的文化遗存,并对这些遗存进行研究,因而又可称为实质性探索阶段。这一阶段,以1977年登封告成遗址发掘现场会为界,又可分为前、后两期。

前期主要是在田野寻找夏文化。1959年徐旭生先生带着助手,亲自在豫西调查"夏墟"而揭开了重点在田野探索夏文化的序幕。他仔细研究了有关夏代的先秦文献,认为寻找夏文化的重点应放在豫西和晋西南两个地区。鉴于前一

---

① 中国社会科学院考古研究所编:《中国考古学中碳十四年代数据集(1965—1981)》,文物出版社1983年版。

② 李学勤:《近年考古发现与中国古代社会》,《新建设》1985年第8期。

阶段因夏文化涵义不明而产生种种弊病，他强调指出："想解决夏文化问题还需指明这个词可能包括两个不同的涵义。上面所说的夏文化全是从时间来看，所指的是夏代的文化。可是从前的人相信我国自炎黄以来就是统一的，我们却不敢附和，我们相信在夏代，氏族社会虽已到了末期，而氏族却还有很大的势力，中国远不是统一的，所以夏文化一词很可能指夏氏族或部落的文化。"①把时间和族属看作"夏文化"涵义中不可分割的两个方面，无疑是完全正确的，具有科学性。这是我们在探索夏文化时务必经常考虑的两个因素。徐先生这次豫西调查是照此行事的。他们分别对登封县的八方、石羊关、禹县的阎柴、谷水河，以及偃师县的二里头等遗址，进行地面调查和采集文物标本。尽管他们此行未达到预定的目标，然而这种创举却意义重大，影响深远。

不久，二里头遗址经过多次发掘，终于发现了一种既晚于龙山文化又别于二里岗早商文化的文化遗存。这种文化被命名为二里头文化，并根据地层关系和器物变化分为四期。从此，人们的注意力马上集中到这里来。对二里头文化，有着多种观点，其中具有代表性的是：(1)认为河南龙山文化晚期和二里头四期文化都是夏文化遗存；(2)河南龙山文化晚期和二里头一、二期文化为夏文化；(3)二里头一、二期文化为夏文化，三、四期为商文化；(4)二里头一至四期都是夏文化。现在尚没有一种观点得到公认，有种种原因，既有对文化特征的共性与个性、发展与异变的理解不同，又有对夏文化的涵义认识有差异。1977年底，夏鼐先生针对探索夏文化存在的问题，强调必须明确"夏文化"的涵义。他说："'夏文化'应该是指夏王朝时期夏民族的文化。有人认为仰韶文化也是夏民族的文化。纵使能证明仰韶文化是夏王朝的祖先的文化，那只能算是'先夏文化'，不能算是'夏文化'。夏王朝时代的其它民族的文化，也不能称为'夏文化'。"②"研究"当然不能从定义出发，但是，当对所要研究的对象没有明确的概念时，便不能对对象有正确的认识。如果夏文化的探索者皆有统一的涵义，那么，我们所要探索的范围和目标要集中得多，而且必定会减少一些因时间范围外延而引起不必要的分歧，这样夏文化的探索可能会更快取得突破性的

---

① 徐旭生：《1959年夏豫西调查"夏墟"的初步报告》，《考古》1959年第11期。
② 夏鼐：《谈谈探讨夏文化的几个问题——在〈登封告成遗址发掘现场会〉闭幕式上的讲话》，《河南文博通讯》1978年第1期。

成果。

第二阶段的后期,是以登封告成遗址发掘现场会后开始的。这个时期,虽然还未取得突破,但探索者却已注意考察对象的地域性和时间性,也就是目标都集中在夏族活动的中心——豫西地区和夏王朝存在年代范围,即公元前22世纪至公元前16世纪,无论探索的地域和时间范围都大大缩小了。过去有人认为龙山文化是夏文化,而龙山文化所包含的时间和空间很大,它的早期远远超出夏王朝的年代,它的地域有一部分也不在夏族活动的范围内。因此,一些同志便对龙山文化进行了具体的分析,认为"河南龙山文化的三个类型,实为两个不同系统的族属,即王湾类型为夏族系统,大寒类型、王油坊类型为先商系统"①。这里的王湾类型包括三里桥类型和煤山类型。也有人认为"煤山类型就是夏文化,或者说得确切一些,是早期的夏文化"②;或者说"我们要探索的夏文化就是煤山文化和二里头文化"③。这些研究成果表明夏文化探索大大深化了。

夏文化已进入实质性探索阶段,还表现在研究对象集中于二里头文化。随着研究的深入,对二里头文化的分歧也减少了。目前主要分歧在于二里头文化三、四期是夏文化还是商文化的问题。主张二里头文化三、四期为早商文化者人数颇多,其中可以殷玮璋同志的《二里头文化探讨》和方酉生同志的《论汤都西亳——兼论探索夏文化》为代表。他们主要的论点是:二里头三期文化与一、二期相比,出现了"以鬲、斝、卷沿圜底盆、大口尊等一组新的陶器","这组文化因素后来突出地表现于二里岗商代文化中,可能便是商文化","在第三期遗存中发现有规模很大的宫殿基址和手工业作坊,证明它是一个古代都邑无疑。结合汉以后关于偃师系汤都西亳的记载,二里头遗址与西亳说的地望是一致的。二里头三期遗存可能为汤都西亳的遗迹"④。既然三期是早商文化,四期也当然不例外了。主张二里头文化一至四期都是夏文化者,人数与前者旗鼓相当,可以邹衡先生的《关于探讨夏文化的几个问题》和郑杰祥同志的《二里头文化商榷》为代表。他们的主要论点是:(1)二里头型同二里岗型不属同一文化,而南

---

① 李仰松:《从河南龙山文化的几个类型谈夏文化的若干问题》,《中国考古学会第一次年会论文集》,文物出版社1979年版。
② 吴汝祚:《关于夏文化及其来源的初步探索》,《文物》1978年第9期。
③ 许顺湛:《夏代文化的再探索》,《河南文博通讯》1979年第3期。
④ 殷玮璋:《二里头文化探讨》,《考古》1978年第1期。

关外型同二里岗型则属于同一文化；而南关外型又是从卫辉型和漳河型先商文化发展而来的①。(2)以文化内涵而论，二里头文化二、三期遗存之间有许多共同的特征，二者之间的继承关系还是处于主导地位；三期文化在继承一、二期文化的基础上受内在条件的影响而产生的新因素，体现着二里头文化发展的阶段性，而不是"突然出现"的"外来因素"，因此，二里头文化是同属于一脉相承的同一类型文化，应该全部属于夏文化②。至于二里头文化是哪里来的，陈旭同志在《关于夏文化问题的一点认识》一文中指出："王湾类型和煤山类型文化是二里头文化之源，二里头文化是夏文化，则王湾、煤山类型文化是先夏文化。"③

除了二里头遗址的文化遗存外，对属于二里头文化范畴的不同文化类型，亦应当进行具体分析研究。李伯谦同志捷足先登已这样做了。他在《东下冯类型的初步分析》一文中指出："夏族与夏文化的发祥地应在二里头类型主要分布区的豫西地区，而不在东下冯类型主要分布区的晋南地区"；至于"晋南地区夏文化的东下冯类型与'漳河型'先商文化发生接触并受到后者的强烈影响，而后，随着先商文化逐步向南发展，豫西地区夏文化的二里头类型才最终被商文化所代替"。④

总之，夏文化的探索已走过了50年的艰难的曲折的途程。有关探索夏文化的文章清楚地留下了在摸索中前进的轨迹。在这条轨迹中，我们可以看到，探索者先以历史文献为主，进而改为以田野考古为主；所探索的范围，开初大及整个仰韶文化和龙山文化，后来缩小到以河南龙山文化晚期的王湾类型、煤山类型和二里头文化为主要对象。查证历史文献，这些文化分布范围均在夏族主要活动的中心地区内；又查证碳14所测定的绝对年代，王湾三期约为公元前2390年，煤山类型约为公元前2290—前2005年，二里头文化一期至四期约为公元前1900—前1625年⑤，可见，这些文化无论从分布的地域还是存在的时间均与夏文化相吻合，应该说已找到了夏文化。二里头文化相当于夏文化的中晚期

---

① 邹衡：《关于探讨夏文化的几个问题》，《文物》1979年第3期。
② 郑杰祥：《二里头文化商榷》，《河南文博通讯》1978年第4期。
③ 陈旭：《关于夏文化问题的一点认识》，《郑州大学学报(社会科学版)》1980年第3期。
④ 李伯谦：《东下冯类型的初步分析》，《中原文物》1981年第1期。
⑤ 中国社会科学院考古研究所编：《中国考古学中碳十四年代数据集(1965—1981)》，文物出版社1983年版。

文化,河南龙山文化的王湾类型或煤山类型很可能是夏文化的早期遗存。这些观点,目前可能还不能为学术界所全盘接受,不过说二里头文化一、二期为夏文化,谅无问题。换句话说,目前已迈进到夏文化实质性探索阶段,取得了令人振奋的成果。

二、探索夏文化新的征程

即使二里头一、二期被公认为夏文化,探索夏文化的任务还没有完结,还有很远的路要走。当务之急是,所有探索者应当以"夏文化即夏王朝夏民族的文化"这个特定涵义去统一"夏文化"之概念,避免出现一些"风牛马不相及"的事。同时,在统一认识的基础上,进一步深入剖析目前作为夏文化探索主要对象的河南龙山文化王湾类型、煤山类型和二里头文化遗存的特征和性质,要之,首先集中精力研究二里头三、四期文化,谋求新的突破。待确认夏文化之后,还要了解它的分布状况,剖析它的文化内涵,弄清它的整个面貌,进而研究解决夏史的问题。所以,今后探索夏文化的任务还很繁重,新的征程将更加艰难。

综观数十年夏文化探索的经验,我以为要取得夏文化的突破,还应注意如下几点:

(1)在今后的探索过程中,必须坚持对历史文献研究和坚持以田野考古探索为主的方针。历史文献虽少,却十分珍贵。一种考古文化的地域和年代若不同历史文献记载的夏王朝的地域和年代相符合,人们绝不会承认它是夏文化。相反,如果没有田野考古资料印证,光靠历史文献(非夏王朝遗留的),是不可能全面认识夏王朝的真实面貌,甚至它的可信程度也大大降低。因此,以历史文献为线索,重点在田野寻找夏文化遗存,最后又结合文献资料加以综合论证,是探索夏文化唯一正确的途径。

(2)目前,几种学术观点对立,特别是所有龙山文化都不是夏文化和河南龙山文化王湾类型或煤山类型是夏文化,以及二里头文化一、二期为夏文化,三、四期为早商文化与二里头文化全为夏文化这两组观点对峙。学术上是没有法官的,也不能以民主集中制那种少数服从多数来决定孰是孰非。可是,若不打破这种僵局,夏文化的探索不可能取得突破。现在必须找到一条共同的出路。

田昌五先生说："必须先确定什么是先夏文化，什么是商文化，介于二者之间的即为夏文化。"①商文化是不成问题的，因为有安阳殷墟、郑州商城和二里岗文化，问题在于我们对先夏文化尚不认识。在这种情况下，只有运用正确的方法去求证，即从已知去破"未知"，也就是从已知的商文化、先商文化，去探求夏文化和先夏文化。凡是与夏的地域和年代相符合，又排除了商族或其他部族，则这种文化遗存可确信为夏文化或先夏文化。

（3）为促进夏文化的突破，除了继续深入研究二里头遗址文化遗存外，还应当对二里头文化范畴内各种类型的文化特征和性质同时进行研究。目的在于全面了解二里头文化的特征和性质，以便进一步比较它与二里岗早商文化的异同，论证两者是否属于同一文化系统。这样，我们便可对二里头文化的族属问题有比较清楚的认识，以消除目前的分歧。

（4）我们还要在前人的基础上，进一步加强对历史文献的研究，尤其要对有关夏都问题进行研究。如对"禹都阳城""太康居斟鄩""胤甲居西河""帝宁（杼）居原"等有关地望的研究，考证其确实所在。"如果某一遗址由各方面的强有力的证据可以确定是夏都，那也可以由此找到一个标准，根据它去搞清楚夏文化的面貌。"其次，研究文献的另一个任务是弄清夏与国或夏族外的其他部族，如蓼、许、斟灌、韦、昆吾、葛等居地。倘能确证这些夏与国或部族所居地域，那么，凡是与夏王朝的时地相符又能排除夏与国或其他部族者，则这种文化可令人信服地断定为夏文化。

总而言之，只要考古学家和历史学家携手合作，锲而不舍，要打开夏文化的迷宫则指日可待。

（原载《社会科学评论》1986年第4期）

---

① 田昌五：《夏文化探索》，《文物》1981年第5期。

夏是中国历史上第一个统一的奴隶制大国

夏者,为黄帝玄孙帝禹之封国号也(见《史记·夏本纪》正义)。在禹建立起中国历史上第一个统一的奴隶制国家之后,商、周两代相继。周成王欲迁都洛邑前作《召诰》曰:"我不可不监于有夏,亦不可不监于有殷。"(见《尚书·周书》)孔子亦曰:"殷因于夏礼,所损益可知也。周因于殷礼,所损益可知也。其或继周者,虽百世可知也。"(《论语·为政》)可知,三代历史前后相因,政体相袭。本世纪初,疑古派曾把没有确凿文字记载的夏与商二代视为不可信的传说时代。然而时隔不久,由于安阳殷墟甲骨卜辞的出土和殷墟的考古发掘,以及后来郑州商城和诸多商文化遗存的发现,无可辩驳地证明商代是中国历史的实体存在于周代之前。王国维利用甲骨卜辞祀谱而排列的商王世系[1]和董作宾的《殷历谱》证明《史记·殷本纪》和《史记·三代世表》中的商王世系基本正确。这就证明,我国先秦古籍中关于殷商的记载大抵可信。那么,唯独夏的有关记载就应怀疑或全盘否定吗?在我国史学界,大多数学者还是承认夏代存在,特别是在河南偃师二里头遗址发掘之后,这种分布很广的二里头文化被部分考古学家视为"夏文化"。这是因为它存在于传说中的夏族活动中心地区,在时间上它的下限与商代文化遗存基本衔接,它的上限与新石器时代相连,而且它的碳14测定的年代又在传说的夏代时间范围之内,因此,尽管没有发现夏代的文字,但把二里头文化推断为夏文化是合乎逻辑的,也就是说是可信的。当前,在我国史学界对夏代存在与否并不是争论的焦点,而是对于夏代的社会性质议论纷纭,其中,大多数学者坚持传统的观点,认为夏代是由禹所建立的奴隶制王朝;有的学者认为夏代是由氏族社会向奴隶社会的过渡时期,认为"整个夏代,四百

---

[1] 王国维:《殷卜辞中所见的先公先王考》。

多年,都反映了这一过渡时期的特征"①;有的学者则认为,夏末已形成国家②。产生这些分歧的原因,主要是对国家的涵义理解差异以及可作论据的历史文献资料匮乏。本文不拟一一讨论这些观点的是非曲直,只想对夏代国家是怎样形成的以及国家政权的形式等问题发表一些粗浅的意见。

夏王朝(国家)怎么形成的呢?欲研究这个问题,首先要从古籍的记载看看夏代是否已形成国家了。我们从古籍看,夏代已是成熟的国家,其主要表现是:

(一)夏有国王和百官

古本《竹书纪年》夏王以禹为始,接着为启、太康、仲康、相、后羿、寒浞、少康、杼、芬(槐)、荒(芒)、泄、不降、扃、廑、孔甲、皋、发、桀。其中后羿、寒浞是篡位者,所以,"自禹至桀十七世,有王与无王,用岁四百七十一年"。在夏代以前未曾有过一国之王的世系谱。

夏国王以下还有辅助执政官。《战国策·齐策》曰:"尧有九佐,舜有七友,禹有五丞,汤有三辅。"《礼记·明堂位》曰:"有虞氏官五十,夏后氏官百,殷二百,周三百。"又"自三公至元士,凡百二十,此夏时之官也"(《尚书大传》之《夏传》郑玄注)。可见夏有百官之职。

(二)制定刑律和建立监狱

"夏有乱政,而作禹刑。"(《左传·昭公六年》)禹时的刑律,主要由皋陶制定,目的是维护禹的权威和统治,对不从命的人,绳之以刑律。《史记·夏本纪》曰:"皋陶于是敬禹之德,令民皆则禹,不如言,刑从之。"当时刑律的内容不详。《左传·昭公十四年》载:"昏、墨、贼、杀,皋陶之刑也。"

此外,夏时还设有监狱。《史记·夏本纪》曰:桀"乃召汤而囚之夏台,已而释之"。待汤伐桀,桀败走鸣条后,桀谓人曰:"吾悔不遂杀汤于夏台,使至此。"此夏台即监押犯人的监狱。当然,今本《竹书纪年》载:"帝芬(槐)作圜土。"这个"圜土"也是指监狱,只是名称不同而已。《意林》引《风俗通》曰:"狱,自三王制肉刑始有狱。夏曰下台,商曰羑里,周曰囹圄,令人思愆改恶。"

刑律和监狱是国家为维护社会秩序而对罪犯专政的暴力工具,这是作为国

---

① 赵锡元:《试论中国奴隶制形成和消亡的具体途径》,《吉林大学学报(社会科学版)》1979年第1、2期。

② 王汉昌:《中国古代国家的起源问题》,《河北师院学报》1988年第3期。

家的重要职能之一。

（三）夏已有贡赋和税收制度

《史记·夏本纪》曰："自虞、夏时，贡赋备矣。""禹乃行相地宜所有以贡。"《夏书》云："禹别九州，定其贡赋之差。"《孟子·滕文公上》曰："夏后氏五十而贡，殷人七十而助，周人百亩而彻，其实皆什一也。"也就是说三代贡赋制度基本上是一样的，贡"什一"，即"什"贡"一"。

征收赋税以维持国家公共经费开支，如官员的俸禄、军队供养和公共工程等，所以，征收赋税也是国家的重要职能之一。

（四）夏时可能流通某种货币

货币流通对于活跃国家经济是十分重要的，统一货币是一个国家的重要经济职能。夏代是否有统一货币呢？《管子·山权数》曰："禹以历山之金铸币。"《史记·平准书》曰："虞夏之币，金为三品，或黄，或白，或赤，或钱，或布，或刀，或龟贝。"《盐铁论·错币》曰："夏后以玄贝，周以紫石，后世或金钱、刀、布。"这只是古籍所云，从考古资料来看，夏商二代均未见金属货币出土，夏代铸币之说不可信，但以龟、贝为货币则是可信的，即使是龟贝这种原始货币，对于国家经济也是重要的。

（五）夏王立宗庙与社而祭祀

"国之大事，惟祀与戎。"立宗庙而祭祀是国家重要的礼仪活动之一。夏代是否有这类祭祀活动呢？

《尚书·甘誓》曰："用命，赏于祖；弗用命，戮于社。"这里的"祖"即祖庙或宗庙，"社"即土地神。从上述话语中，人们当时对"祖"是敬畏的，也证明宗庙祭祀活动的存在。有关方面的记载还有一些。《墨子·明鬼下》曰："昔者虞夏商周三代之圣王，其始建国营都日，必择国之正坛，置以为宗庙……故曰：'官府选效，必先祭器，祭服，毕藏于府。祝宗有司，毕立于朝，牺牲不与昔聚群。'"《国语·鲁语上》曰："夏后氏禘黄帝而祖颛顼，郊鲧而宗禹……凡禘、郊、祖、宗、报，此五者国之典祀也。"关于夏代是否有宗庙建筑，现在尚没有可明断的考古资料。二里头文化遗址的一号宫殿建筑基址，有的学者认为是宗庙建筑遗存，但未获公认。无论如何，从古籍来看，夏有宗庙并有祭祀活动是不应怀疑的。

（六）夏代已有常备军队

夏代有常备军。这是一支什么样的军队呢？《越绝书·记宝剑》曰：夏禹

"以铜为兵"。这里应该是指军队使用的兵器不再是木、石,而已有铜铸兵器。从二里头文化已发现青铜兵器戈和镞来看,此说是可信的。

夏代的军事组织情况不知其详。《尚书·甘誓》曰:"大战于甘,乃召六卿,王曰:'嗟!六事之人,予誓告汝。……左不攻于左,汝不恭命;右不攻于右,汝不恭命;御非其马之正,汝不恭命。用命,赏于祖;弗用命,戮于社。予则孥戮汝。"《史记·夏本纪》对此予以申述,由孔安国和郑玄的注解可知,夏在启时,已有六卿主持军事,分管天子之"六军"。这"六军"的具体编制和人数尚无从考究,但至少表明常备军的存在,而且除步兵外,还有战车军。上面的"左""右"和"御"分别指持弓矢、戈矛的战士和驾车的驭手。有青铜兵器和战车,在当时应是中国境内最强大也是世界上强大的军队了。这种军队不可能是部落的自我武装的战士,而应是国家的常备军了。

综上所述,夏代的统治机构,除至高无上的国王外,还有主管政治、经济、法制、军事、民政、宗教诸方面的百官及相应的机构,特别是有组织的社会经济活动与刑狱、军队之类的社会公共活动和镇压职能,表明夏作为国家的存在是无可置疑的。一个氏族部落社会不可能具备这些特征。况且,如果不能证明这些古籍所载是子虚乌有,那么,无论是把夏代看作氏族部落社会还是由氏族社会向奴隶制社会的过渡时期都是欠妥的,或者说是错误的。

我们认为,不仅夏代自禹始已建立国家,而且早在夏以前就已出现了国家。关于在夏以前已进入文明社会,在中国域内已可能形成若干个小国的观点,早已为一些历史学家所提出。田昌五先生曾说:"中国古代奴隶制形成于何时?我认为是在夏代之前一千年。从文献记载看,大约相当于黄帝到夏王朝的建立。从考古资料看,大约相当于中原龙山文化时期。……在这个时期,许多部落都已迈向了奴隶制,各部落首领纷纷称王。所以,这个历史发展阶段来说应取名为部落奴隶制王国时期。夏朝则是中国历史上第一个统一的奴隶制王朝。"①笔者赞同夏是中国历史上第一个统一的奴隶制王朝的观点。

的确,中国最早的国家应是产生于夏朝之前。至于何时产生了国家,那就要作一番考证了。国家是在氏族制度的废墟上建立起来的,是文明社会确立或

---

① 田昌五:《中国奴隶制的特点和发展阶段性问题》,《人文杂志》先秦史论文集专刊,1982年增刊。同样的观点还可见于他的著作《古代社会断代新论》,人民出版社1982年版。

开始的标志。要考察国家何时确立,同考察氏族制度何时彻底瓦解是一致的。氏族制度的瓦解不是一朝一夕的事,而是一个长期的复杂的历史发展过程。我们知道,氏族制度是建立在原始公有制经济基础之上的,共同劳动,平均分配是其本质。这个制度的存在不是人为的,而是与当时的生产力状况相适应的。当社会生产力随着生产工具的改进(尤其是金属生产工具创制后)、生产经验的积累和社会分工而提高到一定程度时,母系氏族大家庭分裂成为若干父系个体小家庭,财产由氏族公有变为个体家庭私有,私有制发展导致贫富阶级分化。这几种社会发展趋势的综合作用的发挥,最终导致氏族制度的瓦解和国家政权的建立。

关于我国由氏族社会到阶级社会的变化过程,除古籍的片言只语之外,最可靠的是考古资料。限于篇幅,我在此不可能详细地罗列大量的有关资料,只能简略地提几条:

1. 金属器的产生和应用是生产力的飞跃,是促进社会变革的物质基础,世界上没有一个民族在使用金属生产工具之前能建立国家进入文明时代。金属器最早见于临潼姜寨的 29 号仰韶文化房基之中,而马家窑文化的甘肃林家遗址出土的青铜刀,无疑是我国历史上人工铸造的较早的青铜工具,碳 14 测定的年代为公元前 3208—前 2740 年,距今约 5000 年。

2. 以一夫一妻制为基础的个体婚代替对偶婚,父系代替母系的社会变革发生在仰韶文化中期。这种家庭可以独自进行生产和生活,子女可以继承个体家庭的一切财产。因此,这种家庭的出现意味着集体劳动、平均分配的氏族制度的瓦解。郑州荥阳青台遗址仰韶文化墓葬已经发现几座夫妻合葬墓。大汶口等同期文化也发现了此类夫妻合葬墓,其年代约距今 6000 年前后。

3. 墓葬出现随葬品多寡悬殊的现象,以及在墓里随葬象征财富的猪头骨(包括下颌骨),反映私有财产和私有制的出现。这种现象早见于仰韶文化时代中期。在仰韶文化(包括马家窑文化)中晚期墓葬和大汶口文化墓葬中,可以看到各墓之间随葬品多寡悬殊以及猪头骨随葬的现象。这种现象出现的时间约在距今 6500—6000 年前后。

4. 社会出现私有制后,由于贫富分化造成的社会成员被划分在生产和分配中属于支配与被支配、剥削与被剥削为特征的不同阶级,这种把人群划分为阶级,使人们彼此对立,因而出现阶级间的斗争。社会若不要在这种斗争混乱状态下毁灭,就需要凌驾于社会各阶级之上的公共权力和管理机构,这就是国家政权。何时存在阶级和阶级斗争的社会现象呢？在仰韶文化中晚期出现氏族部落公共墓地以外的灰坑有残缺不全的尸骨,这是前所未有的现象。在马家窑文化和大汶口文化的墓葬中有男尊女卑,男性对女性奴役的迹象。到龙山文化（包括河南和山东龙山文化等同期文化）,这种现象就更加普遍,特别在不少遗址中都发现残缺的人骨,在河北涧沟和淅川下王岗遗址的灰坑甚至发现人被活埋和身首异处的灰坑乱葬。这些现象在氏族制度时期是不可能发生的,只会出现在私有制和阶级出现后。这些死于非命和被残害者当是被奴役被剥削者,由于可想象的原因被债主和奴隶主残害后抛弃于废坑之中。这种现象反映阶级和阶级斗争的存在,也反映国家产生的社会背景已经存在。

5. 城,无论土筑城,或砖石垒砌而成的城,被看作阶级社会的产物和国家产生的一种标志。在仰韶文化时期,在西安半坡和临潼姜寨遗址都发现壕沟和栅栏等防御设施,具有同城墙一样的功能,而相当于仰韶文化晚期的红山文化辽西牛河梁遗址发现一段石砌城墙,内蒙古包头发现一座相当于龙山文化的阿善城址有石围墙。而在中原龙山文化晚期,则发现了几座规模较大的土筑城址,如山东龙山镇城子崖、安阳后冈、登封王城岗、淮阳平粮台、郾城郝家台、山东寿光边线王等城址,其中较早的土城如淮阳平粮台城址的年代,碳14测定为距今4355±175年以前。这个年代在通常所讲夏王朝（公元前21世纪至公元前16世纪）之前,与所谓禹之父鲧"作城廓"之说大体相当。

6. 文字不是国家产生的必备条件,但文字的产生毕竟是文明的重要标志,有了文字,证明国家存在的可能性极大。原始文字产生于记事、备忘和思想信息交流的社会需要。原始器物上的刻符的出现具有同样的目的和功能。这类刻画符号,最早见于裴李岗类型文化的河南舞阳贾湖遗址的一些龟甲上。仰韶文化陶器上的刻画符号已近200种,大汶口文化已发现几个具有象形和会意涵义的原始文字。这些刻符曾被著名的古文字学家郭沫若和唐兰称为原始文字。这些原始文字产生的时代距今约6500—5000年之间。

上述六个方面,尤其是1、5、6三个方面即金属器、城市和文字被不少中外学者视为"文明三要素"或标志,而其余2、3、4三个方面即个体家庭（父系）、私有制和阶级的出现,则是导致原始氏族制度彻底瓦解以及国家政权在它的废墟中建立的不可缺少的社会条件。当然,对这些条件要进行综合观察,切忌片面性。从上述资料看,除城市一项出现于龙山文化晚期外,文明所必须具备的要素和条件,大抵在仰韶文化中晚期和大汶口文化时期开始出现,而在龙山文化时期完全具备。由于城市不一定是文明产生的先决条件(如中美洲的玛雅文明和古埃及前期文明都未出现城市),并考虑到考古资料中墓葬的葬式葬俗(包括随葬品)属于意识形态范畴,它所反映的社会现实比较缓慢,因此,我们认为原始氏族制度彻底瓦解和在这个氏族废墟上建立的以奴隶制形态的国家政权时机可能在仰韶文化晚期至河南龙山文化早期之间成熟,也就是在碳14测定的文化年代约距今6000—4700年之间,很可能在距今5000年前后,也就是在夏王朝成立之前1000年。关于这一点,笔者在拙著《华夏文明之源》一书中已经阐述过[①]。

由于河南龙山文化的晚期,特别是它的王湾类型(包括一些学者所划分的煤山类型和三里桥类型),根据临汝煤山和洛阳矬李遗址的文化层叠压关系,证明它同二里头文化早期有传承或亲缘关系,因此,被视为夏文化的一部分。我赞同这一观点,即使把河南龙山文化中晚期都视为夏文化,我上面的推断,即中国最早的国家在夏王朝之前建立的观点并没有矛盾。

人们会说,这种观点没有充分的历史文献依据。但是人们都不会忽视这样的历史事实,世界上所有古国包括古巴比伦、古埃及、古印度等最初建立国家时都没有留下时人真实可信的记载,更多的是口耳相传的传说资料。这是因为所有远古国家在建立之初都遇到文字不多,无记录存档习惯,或即使有原始记录又难于保存等诸多问题。所以重大历史事件在远古不一定有记载,有记载也不一定能保存。反过来说,没有文献记载的历史不一定不存在。当然,古籍中对夏以前出现的国家也不是一点没有提及。《史记·五帝本纪》中,有"诸侯咸尊轩辕为天子",黄帝"举风后、力牧、常先、大鸿以治民","置左右大监,监于万国"。黄帝有超越部落集团军事统帅的个人特权,"天下有不顺者,黄帝从而征之",而且委派大臣分别管理内外事务,此时便有国家政权权力的萌芽或国家政权的雏形。《尚书·舜典》和《史记·五帝本纪》等都谈及唐虞时曾制定"流宥五刑"等刑律,对罪犯分别处以流放、宽大处理,或处以墨、劓、剕、宫、大辟等刑罪。当时的刑律可能没有那么完备,但刑律是可能存在的,这种刑律不同于氏

---

① 李绍连:《华夏文明之源》,河南人民出版社1992年版。

族部落对其成员处罚的习惯法，它应是国家用于维护社会秩序的刑狱表征之一。再加上提及的古籍文字中曾提及唐尧、虞舜时有官职设置和贡赋等，以及在仰韶文化晚期至龙山文化早期即相当于黄帝至尧舜时期已具备国家产生的社会条件，我们有理由认为在夏禹立国之前，在黄河流域的广大中原地区已有可能存在若干"酋邦"演化而成的小国。《吕氏春秋·用民》曰："当禹之时，天下万国，至于汤而三千余国。"《淮南子·修务训》曰：禹"治平水土，定千八百国"。《左传·哀公七年》载："禹合诸侯于涂山，执玉帛者万国，今其存者，无数十焉，唯大不事小，小不事大也。"这些记载所云"万国"不是实数，概言其多，但当时存在许多小国应是可信的，不能笼统地将这些小国视为部落或部落集团（我从前就犯过这种错误）。我们认为历史上所出现的最早的国家都是很小的，然后由小国合并成大国。这是各国古代史的普遍规律。在中原大地上所出现的第一批国家也是若干小国。《战国策·赵策》曰："古者，四海之内分为万国，城虽大，无过三百丈者。人虽众，无过三千家者。"《孟子·公孙丑上》曰："夏后、殷、周之盛，地未有过千里者也。"这是当时大小国家对比情况，国大国小其性质都是一样的，不能因其小而被视为氏族部落，主要看其是否有国家机构和职能。在历史上出现的小国不是人为的，而是历史条件造成的。国家出现之初，经济、文化都不发达，交通闭塞，军事力量薄弱，无法控制广大地域，特别是由于为王者皆是从部落集团军事首领出身，对管理国家缺乏经验和技术等原因，决不可能有地域广阔、人口众多的国家从天而降，一下子就出现在大地上。列宁曾指出："当时的社会和国家比现在小得多，交通极不发达，没有现代的交通工具。当时山河海洋所造成的障碍比现在大得多，所以国家是在比现在狭小得多的地理范围内形成起来的。技术薄弱的国家机构只能为一个版图较小、活动范围较小的国家服务。"[①]中国国家的历史应从夏王朝建立之前若干小国出现时期算起，即上推到仰韶文化晚期到河南龙山文化早期之间，距今约5000多年前。

夏代国家是由若干个小国统一而成的。那么，夏代是如何统一若干小国而成为统一的大国的呢？其详细的过程，因无记载，我们不得而知，但肯定的是有一个长期的历史过程。夏禹之所以能兼并若干小国而建立统一的奴隶制大国，

---

① 列宁：《论国家》，《列宁选集》第4卷，人民出版社1960年版，第48页。

我认为有三个主要的历史原因。

第一，夏部族是黄帝为首的华夏族中最大的一支，至迟在尧舜时期已经建立国家政权，并治理得很好："九族既睦，平章百姓，百姓昭明，协和万邦。"(《尚书·尧典》)其时有辅助统治的官员"四岳诸牧"，或言"尧有九佐，舜有七友"，共同管理国家大事。同时已制定了"流宥五刑"等刑律，强化国内统治，对外则"流共工于幽陵，以变北狄；放驩兜于崇山，以变南蛮；迁三苗于三危，以变西戎；殛鲧于羽山，以变东夷，四罪而天下咸服"(见《尚书·舜典》和《史记·五帝本纪》)。即对外采取征伐和分而治之的政策。经过尧、舜的治理已形成在小国群中较强大的国家，这是禹建立统一大国的物质基础和力量之源。

第二，禹之所以成为夏王朝的开国之君，首先是因为他治水成功所树立的权威。禹"开九州，通九道，陂九泽，度九山"，平息长期的水患，使夏国内和周边小国民众得以安居乐业，这一功劳连商汤都承认。"古禹、皋陶久劳于外，其有功乎民，民乃有安。"(《史记·殷本纪》)治水成功使禹成为人人敬仰的神奇人物，这是他成为强有力的国王的社会精神基础。同时，水患和治水都必然超越小国边界，尤其是长期的治水过程打破了部族和国界界限，不同部族不同国的国民，同心协力治水，增进了民众间文化思想的交流，逐步形成在广大地域内统一的社会心理基础。对于洪水的传说对中国国家形成的作用，已有学者作过精辟的分析①。不过，我们要注意的是，夏的统一有多种历史因素和条件，绝不能把治水当作唯一的或决定性的因素。

第三，夏禹在统一过程中是恩威并用，他忘我地治水，平息水患，使民得以安居，这是恩施于天下之举。但夏的统一，还得用"威"，即暴力这一手。早在禹继位之前，皋陶就"令民皆则禹，不如言，刑从之"(《史记·夏本纪》)。当然，实施暴力征服，主要是对外的，这种征服实际是尧舜时期征伐的继续。周边有些小国是被威慑不用动干戈而臣服，有些方国部族"凶顽"则累战不服。如三苗在禹时仍是征伐的主要对象。《墨子·非攻下》曰："禹亲把天之瑞命，以征有苗……禹既已克有三苗，焉历为山川，别物上下，卿制四极，而神民不违，天下乃静。"此外，禹对臣服的方国控制得很严，也常常施用暴力。《韩非子·饰邪》曰：

---

① 王润涛:《洪水传说与中国古代国家的形成》,《湖北大学学报(哲学社会科学版)》1990年第2期。

"禹朝诸侯之君会稽之上,防风之君后至,而禹斩之。"据《国语·鲁语下》韦昭注,"防风,汪芒氏之君名也"。在一次诸侯大会上,部族酋长或方国之君仅仅因为迟到,冒犯禹之君威就被杀了,可见其施用暴力之极。《孟子·滕文公下》云:"尧舜既没,圣人之道衰,暴君代作。"就是说,到禹时政制有根本的变化,暴力、专制开始施行。

由于上述三个主要原因,禹在尧、舜的基础上,在平息水患之后,恩威并用,兼并了若干小国,成为中国历史上一个统一的奴隶制大国。为何说夏是统一的国家,而不是一些学者所说的是众多方国的"宗主"或众多部落联盟的"群主",我认为主要有下列特征:

1. 有统一的国王和百官,有统一的刑律和贡赋,有统一的常备军(六军),一如前面所述。

2. 夏有广阔的国土供民安居,并可实行分封。夏的疆域,我们不可确知,《史记·殷本纪》商汤提到"古禹、皋陶久劳于外,其有功乎民,民乃有安。东为江,北为济,西为河,南为淮,四渎已修,万民乃有居"。这里提到的四水中,除了"东为江"的"江"被一些学者考证为荥阳之鸿沟水外,其余都明白无误地指济水、黄河、淮河。这四水范围之内,应是夏统一的国土。禹所分封的诸侯国,大抵也在这个范围之内。《史记·夏本纪》太史公曰:"禹为姒姓,其后分封,用国为姓,故有夏后氏、有扈氏、有男氏、斟寻氏、彤城氏、褒氏、费氏、杞氏、缯氏、辛氏、冥氏、斟(氏)戈氏。"这些分封地所在,郑杰祥先生曾一一进行考证,认为在西起华山以东,东达豫东平原,北至黄河北岸,南到南阳盆地方圆千余里的中原地区①。这个地域与前面所提到的四水范围差异不大,而且这个范围内,普遍发现被称为夏文化的二里头文化(包括山西东下冯类型)的遗存,所以我认为这个范围可信为夏王朝的疆域。禹分封诸侯也只能在自己直接统治下的地域内进行,绝不可能把一些周边方国当作自己的领地分封本族功臣。能够在广大千里的国土上分封,证明这是统一的国家。在统一国土上进行分封,绝不能因此而认为夏就是"松的联邦"或是"共主"的国家。因为这种分封制,实际上是夏、商、周三代统治的一种方式,是国王直接控制的王畿土地之外的一种分级治理的统治方式。这种分封制比后来的"郡县制"有更多的独立性,但封国又与一般

---

① 郑杰祥:《夏史初探》,中州古籍出版社 1988 年版,第 78 页。

臣服中央王朝的方国不同,它在政治、经济、军事方面都受到中央王权的严密控制。分封制并不妨碍统一国家的存在。

3. 夏如果不是统一的国家,历代国王就不可能在广阔的地域内随心所欲地迁都。据古本《竹书纪年》:禹都阳城;太康居斟鄩;帝相继位商丘,居斟灌;帝宁居原,自迁于老丘;胤甲即位,居西河;桀居斟鄩。这些都城的地望众说不一,难以一一考定。根据一些颇为流行的观点,阳城颍川说为今河南登封告成;斟鄩在今巩义至偃师一带;商丘在今河南濮阳西南,斟灌在山东寿光东南;原在今河南济源,而老丘在今开封陈留;西河在今晋西南临猗一带。尽管这些地望不一定为公认的,却言之有据,可供参考。从历代夏王能够在从山东到豫西、北到山西这样广阔的地域内任意建都徙都,说明这块土地都在夏中央王朝直接控制之下,决不会是新征服一块地方就把都城建在那里,因为离开自己的基地和统治力最强的地方,政权难于巩固。因此,在广大地域内建都徙都的事例反证此地域有统一的政权。

4. 夏王朝四周当然还存在一些臣服于它的方国,夏王朝对这些方国采取一些控制措施。这些方国除常年向夏王朝廷上纳贡赋之外,还必须服从中央号令,如有不服从,则受征伐。同时,也吸收一些诸侯方国的贤者到朝廷做官。《史记·夏本纪》中,禹对舜曰:"辅成五服,至于五千里,州十二师,外薄四海,咸建五长,各道有功。"其中所谓"咸建五长",孔安国曰:"诸侯五国,立贤者一人为方伯,谓之五长,以相统治。"显然是讲立诸侯国的贤者为方伯,在朝廷做咨询官。这五个诸侯国未见所指,但臣服的外族方国贤者到朝廷做官的事例是有的。例如商族始祖契封于商,曾为帝舜的司徒。契的六世孙冥为夏水官,冥勤其官而水死。(见《国语·鲁语》)周族始祖后稷,名弃,也曾是尧舜时期的"农师",被封于邰(今陕西武功),太康废稷之官。外族诸侯可以在夏朝廷做官,说明夏是统一国家,而不是"宗主"或"共主"的国家。

5. 由于夏是统一国家,外族方国的首领入朝面君比较容易,而且可以在朝廷做官,他们篡夺政权就有方便条件。如东夷族方国君后羿乘太康德衰丧失民心之机,不用大动干戈就篡夺了政权,"因夏民以代夏政"(《左传·襄公四年》)。寒浞杀后羿,自掌王权。但投奔有虞氏诸侯国的少康,以帝相之子的权威调动有虞氏、有鬲氏以及其诸侯国的力量消灭寒浞和浇等异己夺回王权。太康失国和少康"复国"都是在国内发生的事件,而不是国与国之间的征伐与反征

历史篇

伐,不然不能说"因夏民代夏政"。这些事件反映了国内异族统治者争权的斗争。

从上述五个方面来看,夏王朝都是一个统一的国家政权,也就是说中国历史上第一个统一的奴隶制国家。这个国家是禹建立的,当始于禹。禹在位45年。当然,一个国家的历史是有连续性的,并不断发展的。这个国家在启以后得到发展,国家制度得以完善。

说及启,则有一个问题,即"禅让"与"父传子"的问题。这是有关夏国家成立于何时的问题,长期以来均为史学界争论不休。因这个问题与本题有关,在此亦顺便谈谈己见。

关于尧禹禅让的故事,在《尚书》《孟子》《墨子》《荀子》《韩非子》和《史记》等古籍中有所记述,但反映出不同的倾向和观点。其中对所谓禅让,就有《墨子·尚贤》的"让贤说",有《孟子·万章》的"天受"或"天命"说。同时,也有一些古籍对"禅让"持否定态度。如《荀子·正论》曰:"世俗之为说者曰:尧舜擅(禅)让。是不然。天子者,势位至尊,无敌于天下,夫有谁与让矣。"而《韩非子·说疑》则从根本上否定禅让之说:"舜逼尧,禹逼舜,汤放桀,武王伐纣,此四王者,人臣弑其君者也,而天下誉之。"认为所谓禅让是一种颠倒是非的说法。古本《竹书纪年》曰:"舜囚尧于平阳,取之帝位。""舜囚尧,复偃塞丹朱,使不与父相见也。"由此可见,古籍中关于禅让有完全相反的记述。在没有充足的证据之前,对此采取肯定或完全否定的态度都是不可取的。对这件事,应该进一步对史前社会和上古社会作民族学和社会学等多方面的考察。

根据世界上大多数原始部落的酋长或首领都是氏族部落全体成员民主选举产生的,所以也不排除中国原始氏族部落的酋长或首领是民主选举产生的。但是民主选举的方式可能各不相同,既可能是大家当场一致推选通过的,也可能是由几个受人尊敬的长者推荐候选人,大家不反对即可,还有老酋长或首领指定下任人选,大家认可。在母系氏族社会阶段和父系氏族社会早期阶段可能实行这种民主选举,但是在父系氏族社会阶段的后期已实行军事民主制,部落(包括部落联盟)的酋长和军事首领已掌握越来越大的军权,个人特权日益膨大时,这种民主选举恐怕就行不通或流于形式了。如黄帝时期显然已处在军事民主制的后期,他在战胜炎帝和蚩尤之后,"天下有不顺者,黄帝从而征之,平者去之"。他还拥有设置官职的权力(见《史记·五帝本纪》)。黄帝已拥有如此巨大的权力,早已超越部落联盟首领和军事统帅的权力,在这种情况下还有可能实行民主选举制吗?如有,也只可能是形式上存在而已。黄帝时期已出现"宝塔式"权力结构和贵族特权,是一种"酋邦"社会,处于国家诞生期的形态。

尧、舜、禹均为黄帝的后裔,在社会向前发展的规律支配下,我不相信这个时期即早期国家产生时期,还存在着民主选举首领和"让贤"的史实。其实如《尚书·尧典》和《尚书·舜典》所载,尧让位给舜,舜让位给禹,事前并不知其"贤",只是经"四岳"推荐之后进行考验方知。当时还未有权力的世袭制度,而且尧、舜其子均"不肖",是在不得已的情况下让位的。而且无论是舜、禹都是禅让者逝世后才真正继位的。人逝世后空着位,其子又不肖不足以继位的情况下,禅让之举起码要打折扣的。值得注意的是,如果禅让是真实的,那么继位者应是名正言顺并会得到社会的大力支持,为什么继位者舜、禹、益都要逃避禅让者(先帝)之子呢?"舜让辟丹朱于南河之南","禹辞辟舜之子商均于阳城","益让帝禹之子启,而辟居箕山之阳"。这种状况,令人怀疑禅让的真实性,因为只有恃贤威逼老王让位,如舜逼尧,禹逼舜,做贼心虚者才需要逃避先帝之子的报仇。诚然"禅让"如果真实,那的确是一件人人称颂的事,应为世人效法的崇高品德,唯其如此,人们才怀着良好的愿望相信其有。但历史应该是真实的,应该还其本来的面目,我相信名为"禅让"实为"逼让"或"篡夺",更符合历史的实际。因有"禅让"之说而怀疑夏是国家或怀疑禹是夏的始王都是欠妥的。而古本《竹书纪年》所谓"益干启位,启杀之",或"有扈氏不服,启伐之,大战于甘"(见《尚书·甘誓》和《史记·夏本纪》),这些事件或可信之。但在国家产生之后,"禹传子"这件事的重大意义在于它开创了王权世袭和帝王家天下的先河,从此,中国历代王权大都是世袭的。天下者不是百姓的天下,而是帝王一家的天下。由禹统一起来的夏代国家,为商、周二代王朝奠定基础,开创了中国历史的新篇章。

(原载《夏商文明研究》,中州古籍出版社 1995 年版)

建国以来商史研究述论

商王朝是继夏而立的奴隶制国家。商立国的历史很长，共传17世，31王。关于它的积年，尚有不同的记述，《左传·宣公三年》云：商朝"载祀六百"，董作宾在《殷历谱》中考证为629年。尽管周人说"惟殷先人有册有典"，但商殷传世的典籍甚少，《尚书》中的《商书》即或可信，亦已经后人润饰或改写，所以有人云，商史"文献不足征"。不少研究者因此驻足不前，望洋兴叹。1899年在安阳殷墟的小屯村发现了殷商的甲骨卜辞，也就是闻名于世的"甲骨文"，这个发现不仅激发人们研究商史的欲望，而且为商史研究开拓了美好的前景。自甲骨文发现以来，迄今87年了，商史研究便在对商史有关文献和甲骨文研究的基础上逐渐发展起来。特别是建国37年来，在甲骨文的整理和研究的基础上，商史研究在政治、经济、军事、文化、科学技术和国家性质等方面已取得了可喜的成果。在这里，笔者仅就几个主要的有争议的重要学术问题作一个概述，并附上个人的浅见，希望引起更广泛更深入的讨论，以期若干重大学术问题取得突破。

首先，我认为有必要谈谈商史研究的"土壤"——甲骨文的研究，因为没有甲骨文的研究，要解决商史的问题即使不是不可能，也将是十分困难的。自甲骨文发现以来，迄今发现甲骨总数已达15万件，其中包括建国后的1973年在安阳小屯南地一次发现的7150片。甲骨文的书刊和论著总计达110多种。新中国成立后的甲骨学方面最重要的书刊有郭沫若主编并由胡厚宣任总编辑的《甲骨文合集》、中国社会科学院考古所编辑的《小屯南地甲骨》、陈梦家的《殷虚卜辞综述》、于省吾的《甲骨文字释林》和孙海波的《甲骨文编》等。关于建国以来甲骨文的研究成果，王宇信已在《建国以来甲骨文研究》一书中作了比较全面和系统的总结，毋须再赘。不过，在这里要提及的是，甲骨文研究方面取得突破并使之应用于商史研究者，是早年董作宾对"大龟四版"研究后发现"贞人"，并在《甲骨文断代研究例》中提出甲骨文10项断代标准和将甲骨卜辞分为五期。后来胡厚宣在《战后宁沪新获甲骨集》中分为四期,陈梦家在《殷墟卜辞综述》中将董氏的五期又细分为九期,《小屯南地甲骨》将甲骨文分为四期。尽管这些分期各不相同,然而没有根本性的对立,或许可以说是大同小异,因此,可以说,有了这些分期以后,众多的甲骨文卜辞便从一片混沌中被梳理成可供利用的史料了。还应提及的是,著名的商代考古学家邹衡经过对历次殷墟发掘的地层关系的分析,特别对其陶器和铜器作考古学分析以后,将殷墟文化分为四期,并得出这样精辟的结论:"殷墟文化各期的相对年代顺序与其所包含的甲骨卜辞、铭文以及其他刻辞、题铭所属的绝对年代顺序基本上是一致的。"接着他又将所分期的绝对年代推定为:"殷墟文化第一期约相当于甲骨第一期以前,或属盘庚、小辛、小乙时代。殷墟文化第二期约相当于甲骨第一、二期,即武丁、祖庚、祖甲时代。殷墟文化第三期约相当于甲骨第三、四期,即廪辛、康丁、武乙、文丁时代。殷墟文化第四期约相当于甲骨第五期,即帝乙、帝辛时代。"①这样,甲骨学的分期和殷墟文化的分期比较接近,这对于将甲骨卜辞和殷商考古文化赋予时间观念并应用于商史研究具有划时代的意义。无论谁,要利用甲骨文和殷文化考古资料去研究商史,都不能无视这些断代研究的成果。当我们利用甲骨卜辞资料去研究商史时,切不可忘记老中青甲骨文学者的艰苦劳动。

下面,我们将国内运用甲骨卜辞和殷商文化考古资料研究商史的成果,按照几个不同课题述论之。

一、关于商王朝的政权结构和组织形式

一些文献提及商王朝似乎很强大,"昔有成汤,自彼氐羌,莫敢不来享,莫敢不来王,曰商是常"。如是它当是有一个强大的政权。关于这个问题,首先涉及的是商王。在甲骨文中不乏"王"字。据胡厚宣先生考证,商王自称"余一人","以天下之大,四海之内,惟天子一人至高无上,惟我独尊",宣布全国土地为"王土",把这块土地的人民称为"王臣","这便充分表达了这种专制暴君的独裁口

---

① 邹衡:《试论殷墟文化的分期》,《夏商周考古学论文集》,文物出版社1983年版。

吻"。① 商王还往往利用信仰自然神——上帝,并把上帝神化为自然和人间一切事情的主宰,借以加强王权,维护其统治。

不过,尽管商王手中有暴力工具即军队和监狱等,然而对于刚从父系氏族社会走过来的商王,他要统治一个奴隶制大国,还不能不依赖商人的宗族组织。这些宗族组织应是商王在征服地建立统治最可信赖的力量。这些宗族包括甲骨文资料所见的三大类,即王族——与当朝商王血缘最近的宗族,不称"子某"的并与王同姓的宗族包括历代王族,称为"子某"的同姓宗族,可能是从历代王族衍生出来的非王族子支。② 他们均参与商廷的国家大事即祭祀和军事活动,同时负担王朝的经济义务。实际上,商王国的社会组织结构在某种程度上是与商族共同体内的亲族制度相统一。宗族组织乃商王统治的后盾,也是商王力量之所在。

近年,对商王朝的看法,也不再拘泥于"邦畿千里,维民所止,肇域彼四海"的统一的国家观点。有些同志认为,通过甲骨卜辞,可以看出商王朝从中央到地方的行政区划,至少有四级,即中央—诸侯—邑—奠(鄙)—邑,而邑是基层的单位。"乍邑""作邑"是商王朝内扩大直属领域的一种方式,而"册邑""致邑"是中央向臣下调整土地管辖权的两种方式,而所谓"乍大邑"或"作大邑"则是中央建立直属的军事重镇,借以进一步向外扩张领域。③ 商王除了直接统治的"王畿"外,还将土地封赏给同姓或异姓的贵族和功臣。这些受封者的爵号不仅有"侯""伯",甚至还有称为"王"者。这类王不是指至尊的殷王,而是指与侯、伯地位约略等同的他王。商王就是通过大大小小同姓异姓的"王国""侯国""伯国"以及夹杂其间或在它们外围的臣服方国进行统治。④ 至于这些受封者的权限亦有深入研究的必要。例如诸侯在封地内的土地所有权问题,胡厚宣先生说:"殷代既有封建之制,则土地必为国家所有,经王之分封,乃属于封建侯

---

① 胡厚宣:《释"余一人"》,《历史研究》1957年第1期。
② 朱凤瀚:《论商人诸宗族与商王朝的关系》,《全国商史学术讨论会论文集》,《殷都学刊》(增刊),1985年2月出版。
③ 肖良琼:《商代的都邑邦鄙》,《全国商史学术讨论会论文集》,《殷都学刊》(增刊),1985年2月出版。
④ 齐文心:《关于商代称王的封国君长的探讨》,《历史研究》1985年第2期。

伯;或土地本为诸国族部落所有,经王之分封,始承认其为自有之土地。"①这意味着诸侯在封地内有统治权,也即有某种自主权。至于被征服而称臣的方国,独立性则更大。张政烺先生指出:"殷代的方就是国,和殷王国的关系比起诸侯来更富于独立性,卜辞所见很多,关系复杂,有的服属,有的敌对。"②因此,商王朝虽然"肇域彼四海",而其邦畿却未必有千里,域内有众多的诸侯领地和臣服的方国,这些诸侯国和方国还有军队和某种程度的自主权,也就是说,尚未形成真正统一的强大的帝国。这种情况使王国维在《殷周制度论》中说,商王实际上是"诸侯之长"而非"诸侯之君"。王氏所言虽"过其实",亦不无道理。当然,这个问题现在的认识是不够的,仍有深入研究的必要。

二、关于商王朝的经济

任何政权都有相应的经济基础。商代奴隶制的经济基础是什么?我们可以从它的农业、手工业、商业等方面来考察。

商代的农业,从甲骨卜辞和有关资料看,仍采用砍木烧荒垦田的耕作方法。虽然在甲骨卜辞中的"犁"字象牛拉犁翻土,但是否广泛使用牛耕是有疑问的,因为有大批奴隶可供役使,没有必要以畜代人。从考古资料看,当时农业主要使用木制的耒、耜、石铲和石镰,同时也使用一些青铜铲。当时的粮食作物主要有禾(稻)、稷(谷子)和黍,经济作物有麻和桑(养蚕)。应该指出,商代农业耕作技术有了一些可喜的进步。例如,从甲骨卜辞的田写作田、囲、囲字形看,似采用了井田制,每一方块土地代表一个耕作单位。在各方块田之间有沟洫,应是懂得了灌溉。同时,还懂得以圂厕储粪,给农作物施肥③。不过,人畜粪肥是十分有限的,况且地旷人稀,地力瘠薄,撂荒和休耕仍是当时保持地力的良好办法。鉴于此,既要看到商代农业技术的进步,也不能估计过高。有些人认为商代使用了青铜农具促进了农业技术革命是欠妥的。从出土器物来看,青铜器用

---

① 胡厚宣:《殷代封建制度考》,《甲骨学商史论丛初集》。
② 张政烺:《卜辞裒田及其相关诸问题》,《考古学报》1973年第1期。
③ 胡厚宣:《殷代农作施肥说》,《历史研究》1955年第1期。

于农业仅限于铲一种，整个殷墟迄今仅发现13件，这说明青铜工具没有广泛使用。当然，由于大量使用奴隶劳动，再加上采用了施肥和灌溉等比较先进的农业技术，使粮食作物的产量有很大的提高。商朝能养活数万人的常备军和大批手工业者，同时，还有大批粮食用于酿酒，说明商代农业至少能为社会提供足够的粮食。还应该指出，商代的畜牧业也很兴旺，使马、牛、羊、鸡、犬、豕六畜的数量有惊人的增加，以致商王和贵族在祭祀中用牲畜数目一次多至几十、几百甚至上千头。这些都是奴隶劳动的结果。

农业的发展，也促进了手工业的发达。商代的手工业主要有青铜冶铸、陶瓷、制骨、玉作、纺织、酿酒、制车、造船等，其中前两项比较发达。青铜器的冶铸，不仅制作了大量供奴隶主享用的礼器和用具，如鼎、鬲、甗、簋、彝、罍、尊、卣、觯、觥、罕、瓿、爵、角、盉、盘等三十余种，而且还铸造了戈、矛、戚、钺和箭镞等大批武器。在殷墟曾发现了成批的戈、矛。特别应提及的是，通高133厘米、重达875公斤的司母戊大方鼎的铸造，标志着青铜铸造技艺之高居于当时世界的前列。殷墟五号墓即妇好墓不算大，竟随葬了1600余件器物，其中包括三联甗、偶方彝等440件精美的铜器，可见当时青铜器铸造数量之多，规模之大。当然，对商代青铜手工业等的认识也有一个发展过程，有人认为在甲骨文里看不见金字，及从金之字，说明殷代金属使用不够。后来胡厚宣先生在一条卜辞中发现有一个"鍚"字使用金字旁。甲骨文中不见金字或罕见金字旁的字，其原因可深究，但殷代青铜手工业之发达已为考古资料所证明，郭老把它称为"青铜时代"是名符其实的。

农业和手工业的发达，促进了商业的发达。商代有许多大的城市，如偃师商城、郑州商城、黄陂盘龙城和安阳殷都等。这些城市规模之大、人口之稠密是前所未有的。它们的出现不能不说与商业的发达有一定的关系。这些都邑除作为奴隶主阶级的政治和军事中心外，还应是商品生产的基地，以及商业活动的中心。如对于殷都，《七韬》云："殷君善治宫室，大者百里，中有九市。"可见，都邑中已出现"市"或"肆"，商人就在"市"内进行商业活动①，当时，商业活动的发展，还可以从殷墟和郑州商城等殷商墓葬中发现了作为商品交换媒介的贝

---

① 王珍：《试论商代的商业和货币》，《全国商史学术讨论会论文集》，《殷都学刊》（增刊），1985年2月出版。

币得到证明。贝币的随葬不仅见于王室贵族的墓中，如妇好墓一墓竟随葬多达700余枚，而且据不完全统计，有400余座平民墓殉贝，少者1枚，多者300余枚，可见，贝作为货币已普遍流传于社会，并作为财富的一种象征随葬墓中。这个现象从一侧面反映了当时商业的发达。特别是河南安阳和山西保德等地商墓中出土了铜贝，标志着金属货币的流通。金属货币的出现是商业发展的结果，而它的流通又促进了商业的发展。应当指出，关于商业资料仍然匮乏，要深入研究，有待于考古资料的丰富。

三、关于殷商都城的探讨

商业发达的城市，又往往是都城。关于商代都城的问题，长期争论不休。早先是"汤都亳"的"亳"在何处，接着是仲丁迁隞的问题，以及盘庚迁殷后是否再迁都的问题。

商汤都亳，史学界无疑，只是史籍记载的"亳"有多处，加上后人的说法，"亳"都竟达九数，即"杜陵说"、"偃师说"、"薄县说"（或蒙城景亳说）、"谷熟说"、"关中商州说"、"山东博县说"、"河南内黄说"和"郑亳说"等。由于哪一说都可以找到一些文献根据，却又有一些难于解答的疑问，迄今未有一说能令人信服，没有一说得到史学界公认。由于"偃师说"（即所谓西亳）、"谷熟说"（即所谓南亳）、"薄县说"（即所谓北亳）三说史籍记载较多，学者们往往注重此三说。不过，随着郑州商城和偃师商城的发现，人们的议论又集中于"偃师说"和"郑亳说"。

1983年春，在河南偃师县城附近发现一座面积约为190万平方米的早商城址，其中有城墙、城门、马道、宫城，具备了早期都城的规模和特点。根据《汉书·地理志》和《括地志》的有关记载，现今发现的偃师早商城址符合汤都"西亳"地望，所以发掘者认为它是"汤灭夏之后的都城西亳"①。有人表示赞同，认

---

① 赵芝荃、徐殿魁：《河南偃师商城西亳说》，《全国商史学术讨论会论文集》，《殷都学刊》（增刊），1985年2月出版。

为"偃师商城应该就是商汤亳都"①。不过,此说仍有一些问题需要探讨,如偃师商城的创建年代(绝对年代),它与二里头遗址所发现的宫殿遗址的关系如何。尤其是伊洛一带为夏的活动中心,刚刚灭夏的商汤敢于建都于此吗?抑或说商汤为了镇抚夏之遗民而建筑的军事重镇,被后世讹传为都城呢?因此,今天发现的偃师商城是汤都还是为镇抚夏族遗民的军事重镇似乎还应深究。

郑州商城的年代和偃师商城相近,同属商代早期。它也有城墙及宫殿基址,规模比偃师商城约大100万平方米。关于郑州商城的性质,目前除日本京都大学贝冢茂树教授的"中宗所居之庇"说(见他的《中国古代之再发现》一书,日本岩波书店1979年版)外,主要有两说,即仲丁迁殷的"隞都说"②和汤都亳的"郑亳说"③。郑州商城"隞都说",其地望与文献记载不合,因为《括地志》云"荥阳故城,在郑州荥泽西南十七里,殷时隞地也";又《元和郡县志》之"郑州·荥泽县"条下注:"敖仓城在县西十五里……仲丁迁嚣,此也。"同时,郑州商城创建年代较早,而仲丁迁隞的时间较晚,亦不无牵强之嫌,故赞许者鲜。至于"郑州商城即汤都亳说",自有文献依据,如《左氏春秋经》襄公十一年:"秋,七月,巳未,同盟于亳城北。"林注:"亳城,郑地。"其次,在郑州商城北部出土至少8个有"亳"字陶文的东周陶片证明此地名"亳"或"亳丘"。此外,郑地与葛为邻,以及商城有先商、早商和晚商三个时期的文化遗存,因此,可以认为郑州商城就是汤都之亳。④

关于汤都亳的问题,分歧根源在于文献资料对其地望有不同的记载。现在看来,"亳"既指都城,则其不同的都城皆可称为"亳"。商王在盘庚以前曾多次迁都,其中汤都的亳,皇甫谧认为殷有三亳,指三处,即蒙为"北亳",谷熟为"南亳",偃师为"西亳",这可能是汤几次徙都之故,三者或可为不同时期之都,或者是因为"夏商时期的都城设置往往是两都或数都并存,而与后世的一都独尊的

---

① 田昌五:《谈偃师商城的一些问题》;彭金章、晓田:《试论偃师商城》,《全国商史学术讨论会论文集》,《殷都学刊》(增刊),1985年2月出版。
② 安金槐:《试论郑州商代城址——隞都》,《文物》1961年第4、5期合刊。
③ 邹衡:《郑州商城即汤都亳说》,《文物》1978年第2期。
④ 邹衡:《论汤都郑亳及其前后迁徙》,《夏商周考古学论文集》,文物出版社1980年版。

情况有别"①。所以诸亳并存的情况不足为奇。如是,偃师商城可能是汤都之亳,郑州商城也可能是汤都之亳。不过,就夏商活动的中心地域而言,夏在西、商在东,是则"郑亳说"或许比"偃师商城西亳说"可能性更大。当然,若考古资料能进一步证明郑州商城和偃师商城是汤都亳的话,它们或许是同时并存,或许是不同时期之都,不一定要抉择彼此。此项公案,目前难断,有待于考古的新发现。

一波未平,一波又起。"亳"都之争尚未了了,"朝歌为殷帝乙帝辛所都"之论又兴。持此说者,主要根据甲骨卜辞皆为帝乙帝辛以前的遗物②,以及根据《史记·殷本纪》一些记载,如"厚赋税以实鹿台之钱","盈巨桥之粟"。"鹿台"和"巨桥"都在今淇县城内,亦即古朝歌故地。此地迄今仍流传不少有关殷纣王的传说。有人根据这些理由,认为朝歌为殷纣王所都③。笔者认为,此论不能说谬,或可探究,但疑窦颇多,难于令人信服。首先,《竹书纪年》云:"盘庚自奄迁于北蒙,曰殷,至纣王之灭,二百七十三年,更不徙都。"这个记载,比较《括地志·卫州·汲县》所云"纣都朝歌在卫州东北七十三里,朝歌故城是也",前者更早更可信。而且在殷墟发现帝乙帝辛时期的甲骨卜辞,以及宗庙遗址、祭祀排葬坑和大墓,说明帝乙帝辛仍在这里举行祭祀活动。特别是从前屡次迁都的原因(如水灾说、游农说、去奢行俭说和宗室斗争说)在帝乙帝辛时期已不复存在,因此,这个时期不可能再迁都,朝歌当是"离宫别馆"。④

四、关于商王朝的军事组织

除了政治和经济,研究军事组织,当是揭示商政权性质又一重要课题。

---

① 李民:《南亳、北亳与西亳的纠葛》,《全国商史学术讨论会论文集》,《殷都学刊》(增刊),1985年2月出版。
② 郭沫若:《殷周青铜器铭文研究》;罗振玉:《殷虚书契考释》。
③ 田涛:《谈朝歌为殷纣帝都》,《全国商史学术讨论会论文集》,《殷都学刊》(增刊),1985年2月出版。
④ 戴志强、郭胜强:《试论帝乙帝辛时期殷都未迁——兼谈朝歌在晚商的地位》,《全国商史学术讨论会论文集》,《殷都学刊》(增刊),1985年2月出版。

对于商代军事组织,也有着不同的观点。早年有的学者认为,商代的军队是临时征兵制与常备军制并行①;有的认为商军的师旅无定数,有的则认为师相当于后世军,"每军可达一万人左右,三军共三万人"②。近年,有人经多方面的研究,认为商代的军事组织不是一成不变的,是有所发展变化:在武丁时期是商代军队的过渡阶段,即由临时征集兵员制向固定军籍制过渡,武丁把兵员按"师"为单位编制起来。"师"不仅是商军的通称,而且是一个建制单位。武丁时有三个师,武乙文丁时又增建三个师,即扩编到六个师。商军采用十进制编制,师是最大的建制单位,每师为一万人。商军有步卒和战车两个主要兵种。"师"中的士卒是自由民,"众人"即奴隶也从军打仗,却不能编制在师中。③ 也有的同志持不同的观点,认为商代军队编制有两个系统:一个以"族"为编制单位,即以血族团体为基础;一个以"师旅卒两什伍"为编制单位,即以地域团体为基础。但前者缺乏材料不可详知,唯有后者有据可查。商代军队有王国军、方国军和以"族"为单位的"族"军。"族"军是氏族武装的孑遗。方国军当王国军强大时可听商王调遣和支配,而当王国军削弱时就可能是王国军的敌对力量,所以王国军才是商王朝赖以生存的力量。但不论王国军、方国军还是族军,就其性质来说,都是"兵农合一"的民兵。商代还未产生常备军。④ 笔者认为,"兵农合一"或者"寓兵于农"对于方国军或族军来说是可能的,也是可行的,但要维护疆域如此广大的商王朝而没有常备军是不可能的,至少王国军应是常备的军队。这些不仅为甲骨卜辞中所见的已比较严密的师旅组织所证明,而且也为商王朝不断对外征战,对内经常监视和镇压臣服的方国的军事行动所必需。

对于商军中兵员的身份分歧较大。有人认为,"众"或"众人"是奴隶,"在卜辞中众或众人又屡用以从事战争。这是当然的事体。凡是奴隶社会的生产者,在战时也就是战士,这是公例"⑤。相反,有的同志则认为"众"和奴隶的界限是明的,"众"和"众人"其实相当于周代的国人,其理由正是在于他们都是服

---

① 李亚农:《殷代社会生活》,上海人民出版社 1955 年版。
② 郭沫若主编:《中国史稿》第一册,人民出版社 1976 年版,第 211 页。
③ 杨升南:《略论商代的军队》,《甲骨探史录》,三联书店 1982 年版。
④ 陈恩林:《商代军队组织论略》,《全国商史学术讨论会论文集》,《殷都学刊》(增刊),1985 年 2 月出版。
⑤ 郭沫若:《郭沫若全集·历史编》第二卷《十批判书》,人民出版社 1982 年版,第 19 页。

兵役的公民。① 笔者认为,仅从服兵役这一点来判断"众"的身份欠妥。从各种资料综观,商军中的兵卒,既有自由民,也有奴隶,尽管他们在军中地位有别。

五、关于商代社会的性质

经过上面对商王朝的政治、经济和军事诸方面的分析,商代的社会性质便明朗化了。长期以来,学者们对这个问题曾提出过多种观点:有人认为商代是"部落的氏族社会"②;有的认为是"氏族联盟时代",或是"原始社会末期"③;相反,甚至有人认为商代是封建社会④。不过,自从郭沫若先生改变了原来关于"商代的社会应该还是一个原始公社制的氏族社会"观点,更立"商代是奴隶社会"的学说以后⑤,得到日益增多的学者的赞同。商代为奴隶制社会的观点,几乎为所有大学《中国通史》教科书所采纳,形成一种流行于社会的历史观点。但是,对于商代奴隶社会处于哪一阶段,也有分歧。其一,认为商代处于奴隶制早期或仍未发达的阶段。立此一说的主要论据也有不同的方面。有的认为殷商时期血缘的氏族组织并未有完全解体,从事农业生产者主要是公社成员,奴隶不多,只有在商王御用工场里才全部使用奴隶,所以商代仍"停滞于奴隶的早期阶段"⑥。有的认为商代"土地名义上王有,而实际上公社所有",还保存着"农村公社的残余","这一社会的固有特色,是原始的、还不发达的奴隶制度"⑦。笔者认为"从商代大量战俘和奴隶用于殉葬和祭祀来看,奴隶制发展尚不充分,

---

① 陈恩林:《商代军队组织论略》,《全国商史学术讨论会论文集》,《殷都学刊》(增刊),1985年2月出版。
② 程憬:《殷民族的社会》。
③ 姜蕴:《中国古代会社史》。赵诚:《商代社会性质探索》,《全国商史学术讨论会论文集》,《殷都学刊》(增刊),1985年2月出版。
④ 董作宾:《五等爵在殷商》。
⑤ 郭沫若:《中国古代社会研究》导论。
⑥ 孙海波:《从卜辞试论商代社会性质》,《开封师院学报》1956年创刊号。
⑦ 徐喜辰:《商殷奴隶制特征的探讨》,《东北师范大学科学集刊》1956年第1期。

尚没有能力或不善于把大批战俘转化为生产奴隶，尚不善于使用和管理奴隶"①。还有人认为商代盛行人祭的直接原因是"尚鬼"，但商代后期人牲比前期要少得多，前期人牲众多，也反映奴隶制发展不足。② 当然，其他方面的论据还很多，限于篇幅便不一一罗列了。其二，主张商代是"高级阶段奴隶制"者，有李亚农、唐兰等著名学者。李亚农认为"殷人除了把奴隶大量地使用在农业部门外，毫无疑问，在手工业部门也同样使用成千累万的奴隶"。"他们的奴隶已经多到一次就糟踏两三千人而不足惜的程度"，因此，"殷代社会是高级阶段的奴隶制社会"。③ 唐兰也认为商代的"奴隶数目之多是惊人的"，"商贾们是十分活跃的"，"商代的社会生产力已发展得很高，是奴隶社会的极盛时期"。④ 此外，还有人认为在武丁时期"商王从父权制的家族长向奴隶制的专制君主地位的转变，迈出了决定意义的一步"。到了商代后期，"存在着最残暴的东方专制君主统治"。⑤

关于商代社会性质的探讨之所以出现种种分歧，固然有多方面的原因，但根本的分歧表现在对土地所有制和社会生产者身份的认识方面。

决定一个国家性质的根本在于生产力和生产关系，也就是决定于社会物质基础。而生产力和生产关系中的决定因素又是生产资料所有权和生产者的身份与地位。奴隶制社会的基础是奴隶主占有土地等生产资料的同时完全占有生产者奴隶的人身，进而榨取奴隶的剩余劳动。不过，正如恩格斯所说："在亚细亚古代和古典古代，阶级压迫的主要形式是奴隶制，即与其说是群众被剥夺了土地，不如说他们的人身被占有。"⑥在商代，土地和人众在名义上属最大的奴隶主——商王所有。由于周袭殷制，从甲骨文的田字字形，反映出殷商也存在着像《周礼》所讲的"井田制"，商王除了直接管辖王畿内一些土地外，其他土

---

① 李绍连:《人殉人祭与商周奴隶制》,《全国商史学术讨论会论文集》,《殷都学刊》(增刊),1985年2月出版。
② 罗琨:《商代人祭及相关问题》,《甲骨探史录》。
③ 李亚农:《殷代社会生活》,上海人民出版社1955年版。
④ 唐兰:《关于商代社会性质的讨论》,《历史研究》1958年第1期。
⑤ 赵锡元:《试论中国奴隶制形成和消亡的具体途径》,《吉林大学学报(社会科学版)》1979年第1期。
⑥ 恩格斯:《美国工人运动》,《马克思恩格斯全集》第21卷,第387页。

地均划分成方块分赐给王室贵族及有功部属,这些受封者则成为大大小小的奴隶主贵族,他们自派家臣去役使众人去耕种,剥削奴隶以供他们享受。我们认为,在土地占有形式中可能还有某些村社的因素,因为甲骨文和文献资料已证明当时实行了奴隶劳动,不能再把商代视为原始公社的氏族实体。同时,也不能确证商代存在着自由民的私有土地,而所分封的土地上因从事于农业的生产者中有奴隶,再加上各种手工业大量使用奴隶劳动,使这种封赏带有奴隶制的烙印,因之应和封建社会区别开来。像中国这样的东方国家,进入阶级社会以后,长期存在着土地"王有"或"国有",所以在考察商代社会性质时,必须注意东方奴隶制的特点。我们认为在商代社会性质这一课题中,应予着力深究的问题应是当时的生产者的人身是否被占有,换言之,生产者是不是奴隶?如果证明在商代的农业和手工业中大量使用奴隶,那么,商代为奴隶社会则为铁证。

在商代社会生产者身份的研究中,学术界有分歧。首先谈农业生产者中的"众"和"众人"。有名的甲骨卜辞:"王大令众人曰:'叶'田,其受年?""王往,以众黍于冏。""维小臣令众黍"等。这里的"众"或"众人",郭沫若认为"就是从事农耕的生产奴隶"。[①] 持同一观点的还有陈梦家的《西周金文中的殷人身分》以及李亚农的《殷代社会生活》。相反,也有人认为众和众人分别是奴隶主和自由公社成员。[②] 近年有人提出新观点,认为"众""众人"虽是农业生产者,但卜辞中却没有对其滥加残害的记录,同时也不见被用为人牲,和奴隶制相比,他们有一定的人身权利,有自己的氏族组织,因此,他们的身份处于奴隶主与奴隶之间的受奴役者,由于众的地位也发生变化,上升可变为奴隶主,下降可沦为奴隶。[③] 如此说来,"众"和"众人"的身份比较复杂,是不易确定的,还有继续深究的必要。

其次,商代有众多比较发达的手工业。这些手工业似又有王室手工业和民间手工业之分。关于从事这些手工业者的身份,也有不少学者研究,也出现一些分歧。例如,对甲骨卜辞中的"工""我工""多工""百工"等,诸家有不同的观点。有人认为,他们不是官而是工奴(奴隶),因为他们受到王室严密的控制,有

---

① 郭沫若:《申述一下关于殷代殉人的问题》,《奴隶制时代》,科学出版社1956年版,第75页。
② 束世澂:《夏代和商代的奴隶制》,《历史研究》1956年第1期。
③ 张永山:《论商代的"众"人》,《甲骨探史录》。

右、左(或右、中、左)的编制,而"百工"有一定的生活资料和地位,可能是"平民"。① 范文澜认为"在屋下作工的罪人(奴隶)叫宰,宰是手工业奴隶"②。还有的同志认为,甲骨卜辞中的工是一种社会职业,以个人而言,即为个人的职业。而从事这个行业的,既有平民,也有奴隶,因此,从工字解释,说明不了人的阶级身份,与其把卜辞中的"工"解释为奴隶,倒不如把"宰"看作手工业奴隶确切。③ 我们认为,卜辞中的"工""多工""百工",正如《周礼·冬官》所云"国有六职,百工与居一焉",周袭殷制,它们都是一种职业的称谓,或泛指手工业者,因此,既不是官名,也不完全是工奴。一般说来,商代手工业大多集中于王室,而在王室手工场做工的人是叫"宰"之类的奴隶,而在民间从事手工业者,可能是平民,或许也有少量的奴隶。

综上所述,商代从事农业和手工业者的身份比较复杂,学术研究中出现分歧是正常的现象,但绝大多数学者都肯定商代有奴隶劳动的存在,既然社会上有奴隶主役使被他们完全占有人身的奴隶从事生产的历史事实,那么,商代社会的奴隶制性质是无可否认的。何况商代还存在着大量的家内奴隶,诸如臣、仆、妾、女、婢等,他们不仅被奴役,从事各种繁重的劳动,而且连生命也无保障,常常被当作人殉人祭的牺牲者。历史文献、甲骨卜辞和考古发掘的资料皆可证明商代是奴隶制社会,尽管它仍处于尚未发达的奴隶制前期。

(原载《中州学刊》1986年第4期)

---

① 肖楠:《试论卜辞中的"工"与"百工"》,《考古》1981年第3期。
② 范文澜:《中国通史简编》第一册。
③ 陈旭:《商代手工业者》,《全国商史学术讨论会论文集》,《殷都学刊》(增刊),1985年2月出版。

殷的"上帝"与周的"天"

在殷墟出土的甲骨卜辞中,有不少与"帝"或"上帝"有关。帝字有多种字形。这个帝或上帝具有至高无上的权威,被称为"至上神"。对此,著名甲骨学家胡厚宣先生已在《殷卜辞中的上帝和王帝》长篇宏文中作了详细的论述[①]。由于殷代卜辞中的帝有的又作为祭名即为禘,意为祭祀,而且还有个别殷王亡后又被后代尊为"帝"以配至上神,或有时王称号"帝乙""帝辛"者,所以在研究中为避免混乱,便以"上帝"代表"至上神"的"帝",而将陟降上帝左右的先王所称的"帝"则在前冠以"王"字称为"王帝"。本文亦将采取这个比较适宜的称呼。在殷代卜辞中还同时存在"天"字。天的字形,也有几种。这个天字,在殷卜辞中不是专指上天,也不是天神,只含广大之义,如"天邑商",即"大邑商"之意。这就是说,殷代的"上帝"与殷代的"天"是两个完全不相干的概念。然而,到了周代,"天"不仅是指上天,被赋予神的观念,并且逐渐取代殷商的上帝,成为最令人敬畏的"天神"。殷代的上帝和周代的天神,是主宰着两代社会思想意识的宗教观念,历来为学者所重视,自本世纪30年代开始,直到现在研究仍未终止。在这些研究中,不乏真知灼见,也有不同的见解,甚至有对立的观点。当然,尚有一些问题有待进一步研究。例如,殷代的"上帝"观念从何而来?殷的"上帝"与周的"天"是否有差别?周代统治者何以要以"天"取代"上帝"?这些问题都很重要,若能从理论上正确解决,将为了解殷周两代的社会思想意识和文化内涵提供一把钥匙。唯其如是,笔者不揣学识浅陋,进行尝试性的探讨。倘有一得,聊以自慰。

---

① 胡厚宣:《殷卜辞中的上帝和王帝》,《历史研究》1959年第9、10期。

一、殷的"上帝"的由来

天上人间本无上帝。从现有资料看,商代以前,也未见上帝或帝的名称。以前所谓三皇五帝的"皇"和"帝"都是后人加冠的。那么,殷商卜辞中的"上帝"从何而来?一些学者从"帝"字字形揣测之。康殷认为,一些帝字象草扎人形之上又装有人头的草人、偶像,因此推测"商代人就用这种模拟人像的偶像以象征上帝,把神人格化,把主宰宇宙万物威灵显赫的神就凭附在这个草人上。……这个草人就是庄严神圣的上帝,拆穿来看不过尔尔,并没有什么神秘之处"[1]。任何宗教都是人们以虚设的偶像来蒙骗人们去膜拜,殷商的至上神上帝也是当时人虚设的偶像,但要说它就是以草扎之类的草人偶像作为象征,似乎难以使人信服。因为没有一个帝字像或近似草人者。况且,从甲骨卜辞看,殷人对上帝是崇信而不进行祭祀,既然对上帝不祭祀,也没有祷告之行为,也就是说不需要顶礼膜拜,制作偶像何用?殷商的上帝可敬不可及。殷王贵族做什么事之前需要了解上帝允许不允许时,都不可能自行为之,必须通过巫史或巫师应用龟甲或牛肩胛骨烧灼或钻凿后以观兆纹,方知吉凶祸福。在这种情况下,有草扎偶像或其他偶像存在是不可思议的。

我们注意到有较多的人力主"帝"为"蒂"的初文,说帝象征花蒂。郭沫若曾云:"王国维曰:'帝者蒂也。'……帝之兴,必在渔猎牧畜已进展于农业种植以后。盖其所崇祀之生殖,已由人身或动物性之物而转化为植物。古人固不知有所谓雌雄蕊,然观花落蒂存,蒂熟为果,果多硕大无朋,人畜多赖之以为生,果复含子,子之一粒复可化而为亿万无穷之子孙……天下之神奇,更无有过于此者矣,此必至神者之所寄。故宇宙之真宰,即以帝为尊号也。人王乃天帝之替代,而帝号遂通摄天人矣。"[2]此说所言帝为蒂之初文是因为花蒂包含有无穷生殖力之意义,直到商代人们还不曾认识植物繁衍的秘密时,对其神奇性产生崇拜是自然的,因此,有它的合理的成分。不过,商代毕竟已不是原始社会,人们已

---

[1] 康殷:《说帝》,《南开学报》1980年第5期。
[2] 郭沫若:《甲骨文字研究》,人民出版社1952年版。

有文明的意识,"蒂"尽管神奇使人膜拜,它为何有那么大的权威成为众神之首呢？恐怕还有其社会背景。帝字可以以花蒂的蒂形创造,但不能说明帝作为至上神产生的真正原因。

郭沫若对帝的产生,还有另一种观点。他认为,殷人的"帝"就是"高祖夒",并认为这个"夒"就是殷人的祖先帝喾,这样上帝作为殷人的至上神兼祖宗神①。诚然,殷代卜辞中确有"高且夒"(粹1、2)和"夒高且"(佚645)之文,"夒"与"高且王亥"(上21、14)一样是商族的祖先。然而,关于"夒"字的释读还有争议。有的学者释读为"夐"字;有的认为应是"挚",是四方神的"析"。况且,它与"上帝"没有直接的或必然的联系。我们认为,若夒是殷的祖先或帝的化身,那么这个帝应是商王必须祭祀的对象,但卜辞中有了不少祭祀先公先王的记述,却没有祭帝的迹象。作为祖宗神或祖先的化身,这个上帝应该保护他的后代子孙,而这个上帝却不是这样,对殷人时而降福,时而降祸,此种事例在卜辞中屡见不鲜。《尚书·伊训》也指出:"惟上帝不常,作善降之百祥,作不善降之百殃。"上帝既不全保护殷人,又不能像祭祀祖先一样祭祀它,可见,说殷之上帝是高祖夒(帝喾)的观点似乎也难以成立。

那么,"上帝"是从何而来？

殷人的"上帝"是一种虚幻的宗教性观念,同人类头脑中一切神鬼观念一样,无论在自然界或人类社会里实际上是不存在的。神鬼的观念最早产生于原始社会。由于原始人的愚昧,对一切自然现象、自然物以及对人的生、老、病、死等现象的内蕴不了解,觉得世间一切事物都同人一样有灵感,有意志,都是得罪不得的,因而产生"万物有灵"的意识观念。人的一切神鬼观念无不植根于"万物有灵"和人死后"灵魂不死"的意识。在氏族社会中,此类意识观念导致原始宗教的形成,由巫师主持一定的仪式对神鬼进行崇拜和祭祀。人类社会进入文明阶段以后,由于人们仍然缺乏科学知识,以及统治者故意利用宗教作为愚民政策的一部分,所以人们对神鬼的观念和宗教意识不仅没有减弱,反而加强了,只是不同时期人们对神鬼的崇拜和祭祀方式不同而已。殷墟出土众多的甲骨卜辞就是殷人事无巨细都要由巫师进行占卜的记录,是殷人崇神尚鬼的铁证。殷人的"上帝"观念,就是植根于这些崇神尚鬼的意识之中。

---

① 郭沫若:《先秦天道观之进展》,《青铜时代》,科学出版社1960年版。

从甲骨卜辞看,殷人崇信和用各种祭法去祭祀日、月、风、云、雨、雪、土、山、川等自然诸神。殷人"上帝"的神威,无非是这类自然神神威的总和,拥有指挥自然神的权力而成为凌驾诸神之上的至上神。

贞翌癸卯帝其令风(乙 2508,3094)

贞察于帝云(续 2.4.11)

□帝其于一月令雷(乙 3282)

贞帝令雨弗足年(前 1.50.1)

庚戌卜,贞帝其降堇(前 3.24.4)

从上可见,风、云、雷、雨诸神俱听帝之指挥。由于雨、蔓(从唐兰先生隶定为"旱")即水、旱灾害自然现象之形成同日月晴阴和山岳河流之态势有关,那么实际上显示了上帝还凌驾于日、月、星、辰之上,并威慑山川服从他的意志。这样上帝成为自然神中之神或至上神。问题是,这个威慑诸神的"上帝"观念是如何在人们的头脑中形成的? 我们认为,不可能像一些学者所认为的那样是从风、雨、云、雷等自然现象内在联系中得到启示而产生至上神观念[①]。原始人甚至夏商人都不可能有那么高深的科学知识,能够认识自然界内在联系。倘若真正认识了自然界各种现象的内在联系的规律,恐怕包括"上帝"在内的任何神都没有存在余地了。值得注意的事实是,在原始社会没有至上神也没有此类传说。在原始社会,无论哪一个氏族或部落,都信仰着各种各样的自然神,各氏族各部落还有自己的祖先及其崇拜的图腾。而且自然神是自然神,祖先和魔鬼与自然神不相干,另有其魅力。当时还没有强有力的人足以使各氏族或部落共同拥戴而成为唯一的权威,即无人王;而且各氏族和部落各据一方,各自按自己的习惯和信仰生活。存在决定意识,在人们思想中当然不可能有统一的和权威的概念,自然也没有也不可能有统一的神和宗教。"一切宗教,不是别的,正是在人们日常生活中支配着人们的那种外界力量在人们头脑中的幻想的反映,在这反映中,人间的力量,采取了非人间力量的形式。"[②]殷之"上帝"正是拥有无限权力的国王的反映。从卜辞中我们可以看到,上帝像国王一样有帝廷和使臣。例如:

---

① 沃兴华:《试论上帝观念的产生》,《华东师范大学学报》1985 年第 5 期。

② 恩格斯:《反杜林论》,人民出版社 1981 年版,第 333 页。

于帝史风二犬(卜通398)

王宾帝史(河井大甲)

佳帝臣令(后上30.12)

秋于帝五工臣,才且乙宗卜(粹12)

又于帝五臣,又大雨(粹13)

上面卜辞中"五臣""五工臣",胡先生训为殷之东、南、西、北和后土地等五方之神①。上帝既然有许多臣、史(使)听其差遣,必然也有像国王那样的朝廷,上帝就是通过他的臣使各司其职,以实现其操纵天上和人间一切大权,这个上帝还不酷似世间君王吗?

恩格斯说:"一个上帝(自然这个上帝与殷人的上帝不是同义的,但都是指宗教偶像——引者),如没有一个君主,永不会出现。支配许多自然现象,并结合各种互相冲突的自然力的上帝的统一,只是外表上或实际上结合着各种利害冲突相抗争的个人的东洋专制君主的反映。"②一些学者也曾赞同或重视这一科学论断,却未能深究其实质。上帝观念植根于原始社会的神鬼观所形成的宗教观念,而上帝作为拥有支配诸神祇权力的至上神,却受到君主无上权威的启示才形成的。但还要强调指出的是上帝观念形成的动因,则是社会需要或者说是君王需要。我们知道,对奴隶统治既需暴力,不过这个暴力并不总是奏效的,对于愚昧的奴隶,神鬼的魅力恐怕是更好的威慑力量。所以,像上帝这样的至上神则是这样一种更有效的精神奴役的枷锁,以作为君王暴力统治的辅助工具。倘若无这种社会需要,上帝恐怕也不会出现的。

二、周人为何用"天"取代殷人的"上帝"?

前面业已指出,殷墟卜辞表明,殷商时期上帝是至上神,天不是神,它与"上帝"没有关系。在先秦古籍中,有关夏商时期的文句中曾出现过"上帝"和"天

---

① 胡厚宣:《殷卜辞中的上帝和王帝》,《历史研究》1959年第9、10期。
② 恩格斯于1846年10月致马克思的信,载《马克思恩格斯通信集》第一集,三联书店1957年版,第53页。

命"并存的现象。例如《尚书·汤诰》曰："准皇上帝,降衷于下民……上天孚佑下民,罪人黜伏。天命弗僭。"《尚书·高宗肜日》曰："惟天监下民,典厥义,降年有永有不永,非天夭民,民中绝命。"这些篇章虽有一定的参考价值,经学者们考证为晚出伪书,不可据以为实证。《盘庚》三篇虽比较可靠,亦不免有后人润饰的成分。因此,这些篇章中的"天"和"天命"是后人所为,它们与甲骨卜辞中的"天"格格不入,大相径庭。因此,殷人的"天"和周人的"天"不是一码事。

周人曾为商人的臣属,信仰过上帝,同时也存在着天的观念。近年,在陕西岐山的凤雏村出土的西周甲骨文中,所见的"上帝"和"天"字的字形与殷卜辞中的字形近似①。在发现的三片(H11:122、H11:82、H11:1)中,帝字是上帝或禘,与殷卜辞中的帝字基本一样。但西周卜辞中的"天",其涵义和殷卜辞不一样。例如：

乍天立(H11:24)

……天乍,其牛九䭹(H11:59 与 H11:118 缀合)

川(河)告于天卤亡咎(H11:96)②

上述西周卜辞中,其一"乍天立",乍同作,立即位,即为"作天位",既可能是指建筑天子宫室而祭卜③,也可能是建天神坛而祭祀之。其二,"天乍,其牛九䭹",从王宇信说为"上天乍雷,迫动其牛惊奔妈驰不止"。不过,据《毛诗·烈文》曰："天作,祀先王先公也"一句,也可能含有祭祀之意,即以牛和九妈祭祀先公先王。其余卜辞的"天"都有祭天的涵义。由此可见,西周卜辞中的"天"字已不是殷卜辞中的涵义,已具有天神的意义了。即西周前期,尽管有了以殷人不同的"天"的观念存在,仍不能完全排斥"上帝"。陕西岐山凤雏村出土的卜辞同时存在着上帝和天神便是证据。

此外,周代的铜器铭文和先秦古籍中,每每可见"上帝"与"天"并存的现象。例如,《尚书·康诰》曰："闻于上帝,帝休。天乃大命文王,殪戎殷。"《尚书·召诰》曰："呜呼,皇天上帝,改厥元子,兹大国殷之命。"《尚书·多士》曰："旻天大降丧于殷。我有周佑命,将天明威,致王罚,敕殷命终于帝。……惟时

---

① 参考王宇信著:《西周甲骨探论》摹本,中国社会科学出版社 1984 年版。
② 参考王宇信著:《西周甲骨探论》摹本,中国社会科学出版社 1984 年版。
③ 徐锡台:《周原出土卜辞选释》,《考古与文物》1982 年第 3 期。

上帝不保,降若兹大丧。"这些文献成书较早,较为可信。上述引文的主要思想是上帝降罪于殷桀,而皇天保佑周王,故周王灭殷乃天之命也。还有一些周初铜器铭文可以印证。如周康王时代的《大盂鼎》铭文曰:"不显文王,受天有(祐)大命……故天冀临子,法保先王,又有四方。"可见,周初确有"天命"观的存在,实际上这种"天命"观与殷人的"上帝"观如出一辙。郭沫若曾经指出,天的思想是周人"因袭了殷人的,起初称为'帝',尔后称为'上帝',大约在殷周之际又称为'天'"①。就是说,周人"天"的观念实际上就是由殷之"上帝"观演变而来的。上面引文《召诰》中就有"皇天上帝"一词,是把皇天和上帝合二为一。这两个词混用,使上帝和皇天并存,和平共处,实际上是周人以"天"取代"上帝"的过渡阶段。西周以后的文献中,"天"逐步替代了"上帝","上帝"渐渐地销声匿迹了。周人之所以在立国之后,让殷人的"上帝"存在一段时间,固然有受殷人影响的社会背景,还因为灭殷之后,周公恐诸侯叛周,实行"启以商政,疆以周索"(《左传·定公四年》)的绥靖政策,利用殷商的某些政策,以确立周人在新领域上的统治,其中也包括利用殷的"上帝"观来培植自己的"天"的观念。这是一种权宜之计,是过渡性的措施。后来周公还政于成王以后,"兴正礼乐,度制于是改",便摒弃殷的一切政策思想,确立自己的一套统治措施。

殷人宣扬其先王可以克配上帝,这样"上帝"便有殷族之神的色彩。而周人宣扬其祖先后稷"克配彼天"或"配天",也使周人对"天"有亲切感,为其崇拜"天"和畏惧天命打下基础。周人畏惧的不是"上帝",而是"天威"或"天命"。关于这一点不仅在古籍,就是周代铜器铭文中也写得很明白。如《班簋》中有这样的文句:"父身三年静东国,亡(罔)不咸斁天畏(威),否奥屯陟。……彝沬(昧)天命,故亡。"《大盂鼎》铭文中亦有"畏天畏(威)"之句。周人之所以弃"上帝"而敬"天",不仅因为其先祖克配天,受天之命而灭殷立国,主要原因是古人有这样顽固的思想观念:"神不歆非类,民不祭非族。"周臣属殷作"小邦周"时,崇信上帝,出于无奈,而当它代殷而立后,就不愿再崇信殷人之神了,必须另立神祇。但是殷的上帝具有至高无上的神威,周人要另立一神祇与之匹敌是极其困难的。况且上帝观念已深深地印在人们的头脑中,并不因殷人王朝的灭亡而消灭。聪明的周人,不得不采取偷梁换柱的办法,先让"上帝"和"天"并

---

① 郭沫若:《先秦天道观之进展》,《青铜时代》,科学出版社1960年版。

存,使"天"具有"上帝"那样的至高无上的权威,模糊人们的"上帝"和"天"的界限,甚至使用"皇天上帝"一词,以混淆视听;经过一段时间以后,"天"已取得了"上帝"一样的权威,使人畏惧之后便可舍弃"上帝"而单独崇拜"天"了。这样,正如我们现今看到的,春秋战国时期的诸子百家的著作中几乎只谈天命、天威、天道,不见上帝的踪影了。周人创立了"天"的宗教性观念,崇拜天神,东周的国王开始以"天之子"的名分,并以受天之命对百姓实行统治。皇帝称"天子",所谓"君权神授"的封建统治阶级愚民性的政策思想观念,始于周代。

三、殷的"上帝"和周的"天"的差别

周代的"天"(又有皇天、旻天、上天或昊天的称谓),虽然是由殷之"上帝"演化而来并取代了它,但是,天与上帝之间又有很大的差别。其主要有如下几个方面:

1.殷之上帝和日、月、风、雨、雷、雪等都是神,上帝不过是诸多自然神的至上神,它有着管辖和支配诸神的权力。而且上帝就是借助支配诸神以发挥它的神威,有着自然物人格化的原始宗教的特点。天本是宇宙空间的概念,除了可见的日月星辰,空空如也。周人对天也是无知的。周人的"天"已将日、月、风、雷、雪等诸神融为一体,作为天的有机组成部分了,成为一种完全抽象化了的自然力和人的意识相结合的"天神"。正因为这样,周的皇天或昊天,虽然拥有与上帝相类的操纵国之兴衰和人们命运的无比巨大的神力,但它却不是管辖和支配诸神的神中之神或至上神。天神是以无形存在于人们的观念中,所谓"天不言,以行与事示之而已矣"(《孟子·万章上》),"上天之载,无声无臭"(《诗经·大雅·文王》)。周的天就是以无形胜于上帝,统治者可以把任何事情的结果说成"天命"所至,好的结果是上天保佑,坏的结果是上天惩罚。因此,无形的天神令人生畏,连孔圣人也"畏天命"(《论语·季氏》)。为什么?因为"顺天意者兼相爱,交相利,必得赏。反天意者别相恶,交相贼,必得罚"(《墨子·天志上》)。摆脱自然的形象,变成人为的抽象的神,使周人的天神具有文明社会的宗教色彩。

2.殷之"上帝"具有超脱人间的威力,人间至高无上的殷王,亦得看"上帝"

的颜色办事。殷王不代表"上帝",甚至不了解上帝的意旨,为上帝所左右。我们看到殷墟出土的甲骨卜辞中有不少这样的记录:

帝若王,贞帝弗若王(乙5786)

壬寅卜㱿,贞帝弗ナ王(库720)

帝其乍王囚(乙1707)

上述文中的"若"读"诺",即允诺之意;"ナ"即为"左",意为保佑;囚训为祸。由此可见,上帝对殷王所作所为,有时允诺,有时不允诺;有时保佑殷王,有时则不保佑,甚至于降祸害。由于殷王做一切事情都要巫师占卜,而占卜的结果都由巫师视兆纹而定,这样巫师就可以在兆示上做文章,把自己的意愿假借上帝的旨意表达出来,从而对殷王施加影响。这既说明巫师还有很大的影响力,也说明殷王未能完全将上帝变为他的愚民工具。相反,周的"天"完全受国王控制了,他代表天的意志而发出其指令。所谓"天命"实则为国王的意旨,周王所作所为都是秉天之命。在周灭亡之前,似乎未见任何天惩罚周王的记录。

3.殷人祭祀祖先和众多自然神,然而在卜辞中没有正式祭祀上帝的记录,甚至没有祷告或祈求之类的行为。而周人对天是要祭祀的。周礼中,设有"大宗伯"之官职,"掌建邦之天神人鬼地示之礼,以佐王建保邦国"。并规定了祭祀方式:"以禋祀祀昊天上帝,以实柴祀日月星辰。"还规定了"以玉作六器,以礼天地四方:以苍璧礼天,以黄琮礼地,以青圭礼东方,以赤璋礼南方,以白琥礼西方,以玄璜礼北方"。可见,周人对天地四方和人鬼均给予祭祀。

4.殷人对上帝是盲目崇拜,哪怕是降灾祸也毫无怨言地接受。而周对天神的信仰与殷对上帝的信仰的差别在于既崇信又不绝对相信。因为周人认为"天命靡常"(《大雅·文王》),"天不可信,我道惟宁王德延"(《尚书·君奭》)。殷人没有人敢诅咒上帝,但周人却敢诅咒昊天,如"昊天不惠","昊天不平"(《小雅·节南山》,"浩浩昊天,不骏其德"(《小雅·雨无正》)。周人既信但又不盲目崇信,这种矛盾的心态,表明了"周人之继承殷人的天的思想(应该说是殷人的上帝的思想——引者)只是政策上的继承,他们是把宗教思想视为了愚民政策。自己尽管知道那是不可信的东西,但拿来统治素来信仰它的民族却是很大的方便"。又说:"以天道为愚民的政策,以德政为操持这种政策的机柄,这的确是周人所发明出来的新的思想。"①这里指出中国古代统治者利用宗教观念作为愚民政策的工具似乎即源于此。当然,宗教愚民只是统治手段的一种,还要其他多种手段。周王似乎懂得这一点,所以周王在推行"天命"观作为愚民工具的同时,提倡"德治",主张"明德慎罚"(《尚书·康诰》);还主张"礼治",以礼明君臣尊卑之序。因此,在敬神事鬼方面有着明显的差别:"殷人尊神,率民以事神。……周人尊礼尚施,事鬼敬神而远之。"(《礼记·表记》)

  殷墟出土的甲骨卜辞上所记载的"上帝",是我国文明史上最早形成的一种宗教观念,它反映了君主的至高无上的权威,对殷商时代的社会生活有着重大的影响。由于巫师的势力和影响很大,殷王企图利用宗教进行统治的最初尝试没有成功,殷王自己亦为上帝(实际上是巫师)所左右。周人作为殷王的臣属时曾信仰过上帝,立国以后便以上帝为"蓝本"创立自己的"天"神。这个神已完全为周王所控制。周王后来被称为"天子",打着受天之命统治天下,从而正式确立了皇帝为"天子"和"君权神授"的封建统治阶级的愚民思想观念。这种思想对后来的中国历代封建统治都有难以估量的重大影响。它让人们认为皇帝残暴统治百姓是"天经地义"的,反对皇帝就会"天诛地灭",这样就在很大程度上禁锢了人们的思想,麻痹了人民反抗封建统治的斗志,无形中起着阻碍社会进步的恶劣作用。

(原载《史学月刊》1990年第4期)

---

① 郭沫若:《先秦天道观之进展》,《青铜时代》,科学出版社1960年版。

试论中国古代都城性质的演变

城,首要的标志就是有城墙。它的起源可追溯到原始社会军事民主制时期。城的产生纯是一种军事防御需要。恩格斯曾说:"用石墙、城楼、雉堞围绕着石造或砖造房屋的城市,已经成为部落或部落联盟的中心;这是建筑艺术上的巨大进步,同时也是危险增加和防卫需要增加的标志。"[1]在中国,关于城的性质和作用是十分明确的。《墨子·七患》说:"城者,所以自守也。"《世本》引《吴越春秋》言:"鲧筑城以卫君,造郭以守民,此城郭之始也。"这里明白地指出城的防卫性质。而市,与城不同,完全是另外一个概念。市的原意是聚集货物进行买卖,即所谓"日中为市,致天下之民,聚天下之货",或指贸易的场所。所以,城与市没有必然的联系,有城不一定就有市,相反,市场也不一定有城墙。至于国都是一个国家的政治、军事中心,它的安全至关重要,因此,往往有城墙、壕沟之类的防卫设施。而有市无市对于早期国都则并不那么重要,况且,设市来往人多且杂,容易混进敌方奸细或化装的敌方士卒,这样更增加防卫上的困难。有鉴于此,有不少地区的早期国家都城,城内都不设市,市场设在城外某个固定的场所,这样既无碍防卫,又能在市场中得到必要的生活消费品。当然也有例外,在亚洲和欧洲一些文明发达较早的地区,如巴比伦、腓尼基、古希腊等,是以城邦为主体的古代国家,其首都集政治、军事和经济中心于一城,既有高大坚固的城墙,城内又有繁荣的市场贸易。但是,大多数国家,尤其是中国上古时代,往往有城无市,集市贸易在城外或某个固定的地方,如是,"都市"一词不是对每个朝代的国都都合适。在国都内设市从而形成"都市",在中国经历了一段发展途程。在这个意义上说,中国古代国都的性质在不同历史时期不尽相同。本文试图以考古资料和文献资料为依据,论证中国各个历史时期都市性质的演变。

---

[1] 恩格斯:《家庭、私有制和国家的起源》,人民出版社1972年版,第160页。

一、夏商时期国都有城无市

中国商业起源很早，可追溯到原始社会的末期，而以物易物的交易则应更早。不过中国商业的发达则是较晚的事，这可能与中国古代统治阶级重本抑末即重农轻商的传统指导思想有关。所以城市的建立较晚，其发达则更晚。迄今中国发现最早的城是距今四千多年前的淮阳县平粮台龙山文化晚期城址①。此城内没有发现手工业作坊和市廛迹象，相反，四周有高大坚固的城墙，城门还设有门卫房，可见，此城纯属军事上的防御设施，不是从事商业活动的城市。它是不是一个早期方国的首都？目前无法下断语。夏代的都城遗址尚未发现，至少在学术上无法确认。迄今已发现的其年代相当于夏代的城址，如登封县的王城岗小城堡遗址，地处僻壤，交通梗阻，且其面积仅一万平方米，城内也无发现手工业作坊及市廛的迹象②，充其量只是军事上的堡垒，而不会是都城或城市。

商代的城址，目前已发现几座，不过，能够确认或者说学术界公认的国都只有安阳小屯殷墟。殷都无城墙，以洹水和壕沟作为防卫屏障。在它的范围内尽管有一些手工业作坊，但应是为王室制作礼器、奢侈品或铸造兵器之所，不是生产商品的作坊。也就是说，殷都无城墙也可能无市，仅是一个政治和军事中心。新近发现的商代早期城址即偃师尸乡商城遗址③，有城墙和宫殿基址，迄今没有发现有任何手工业作坊和市廛迹象，据说已发现一排排类似营房之类的建筑基址。关于此城址的性质，有的学者认为是商汤的亳都，有学者说是"桐宫"所在，均未得到学术界的公认。如确定为亳都，则它只能是一处政治、军事中心；如不是国都，它只能是一处军事城堡（这并不排除"桐宫"所在）。另一座商代前期都城——郑州商城周长达7公里，是迄今发现较大且保存完好的都城，不过，它

---

① 河南省文物研究所、周口地区文化局文物科：《河南淮阳平粮台龙山文化城址试掘简报》，《文物》1983年第3期。

② 河南省文物研究所、中国历史博物馆考古部：《登封王城岗遗址的发掘》，《文物》1983年第3期。

③ 中国社会科学院考古研究所河南二队：《1984年春偃师尸乡沟商城宫殿遗址发掘简报》，《考古》1985年第4期。

究竟是"隞都"还是汤都的"亳",尚未定论。从考古资料看,此城只发现一些宫殿基址,而各种手工业作坊如制骨、铸铜、烧陶等均在城外①,况且这些作坊的制品看来也基本上是为城内王公贵族服务的,由此推断城内也不可能是一处商业中心。湖北黄陂县盘龙商代城址布局也类似,城外北面有平民和奴隶居住区,城外南面有手工业作坊遗址②。盘龙商城也可能是一处方国都城。统观夏商时期的都城,几乎都无作为"市"的性质,商业色彩即或有亦非常淡薄。在这里应该指出,夏商时期当然有集市贸易,商代还有充当交易货币的"贝",其中有海贝和金属贝,表明商业也有一定程度的发展。我们所要说的是,当时的国都有城无市,或者说都城内不设市,固定的集市贸易设在城外某地。鉴于这种历史状况,可以这样说,夏商时期的国都有城无市,仅仅是政治军事堡垒,还不是经济和商业中心。如果把这个时期的国都也称为什么"都市",显然是欠妥的。

二、周代的都与市结合已萌芽

在周代,由于社会生产的发展和人口增长,聚居点增多,商业也有较快的发展。《周礼·地官》记载了专门管理市场的官吏和人员的各自职责,如司市"掌市之治教政刑、量度禁令",其他如质人、廛人、胥师、贾师、司虣、司稽、肆长、泉府、司门等各种市场管理人员,各司其职,分工尽责。那么多的市场管理人员,正反映市场规模扩大,交易情况较为复杂。在这种社会背景下,各都城的性质开始变化,当然尚未有根本变化的迹象。当时分布在各地的城,大多是各诸侯国的都城,都是诸侯国的政治中心和军事城堡,而不是作为商业之中心设置的。仅河南一地,就发现周代故城二十余处,例如宛城、上蔡故城、新蔡故城、共城、鄢陵城、新息故城、偃师滑城、轵城、州城、东不羹城、黄国故城、荥阳故城、期思故城和戚城等。所有这些城址,大都无手工业作坊和市肆迹象。只是到了战国时期,各国认识到无经济实力的城难以长期固守,为增强都城的防卫能力,纷纷在城内设置手工业作坊和贸易市场。

---

① 杨育彬:《河南考古》,中州古籍出版社1985年版,第96页。
② 湖北省博物馆等:《盘龙城1974年度田野考古纪要》,《文物》1976年第2期。

燕国的下都城址，经河北文物工作者的努力勘察和试掘，对其布局情况已基本弄清①。东城即内城除了发现宫殿为主的建筑外，还发现手工业作坊和居住区。手工业作坊中有大型官营铸铁作坊、兵器作坊、铸钱作坊、制骨作坊和烧陶坊等。铸铁作坊有3处，规模很大，每处面积均在9万平方米以上，最大的一处达17万平方米。值得注意的是，在城西南居住区，还发现一些小型手工业作坊，这是个体手工业作坊，生产供售商品。这就给燕下都染上了某些商业色彩，或许可以说这是都与市相结合的萌芽。当然，这不是孤立的现象，是社会发展的趋势。例如，赵国的邯郸故城，或称"赵王城"，除了宫殿建筑仍占据主要的地位外，在其郭城即"大北城"，也设有商业区和平民居住区，其中设置如冶铁铸铁、制骨和烧陶等多种作坊②，使此都城具有经济生产活力。这些手工业作坊，也有官营和民营两种，民营主要生产商品。商业繁荣，使邯郸成为战国时期名噪一时的一方都会。《史记·货殖列传》即云："邯郸亦漳、河之间一都会也。"湖北纪南城附近发现的楚国郢都故城情况也类似。根据考古发掘的勘察资料，郢都分为宫廷区、手工业及平民居住区，其中手工业作坊发现多处③。《太平御览》引《桓谭新论》谈及郢都的繁荣，不过，考古工作者却未发现市场迹象。

春秋战国期间列国较大的都城几乎都附筑一个以手工业、商业和居住为主的城区——郭城，作为君王宫城的屏障。郭城不仅可作军事屏障，更重要的是增强长期固守的经济实力。这种模式，我认为河南境内的郑韩故城最为典型。郑韩故城中有一城墙分隔为两区，可称为东城和西城。西城是君主和王室贵族居住的宫殿区，而东城则是从事手工业、商业的平民区。经过勘探和发掘已基本弄清了它们的分布和内涵。例如城东部有个面积达10万平方米的铸铜作坊，发现熔铜炉和大量铜炼渣、木灰、鼓风管和陶范等。城东还发现东周时期的制骨作坊，制作骨簪、骨锥、骨珠、骨环等产品。城西南有大规模的铸铁作坊，面积达4万平方米。在它的范围内，发现炼炉、烘范窑等遗迹。这样大的作坊可能是官营，但由它铸造的剑、戟、箭等武器作为军用外，它还铸造大量的镢、锄、

---

① 河北省文化局文物工作队：《河北易县燕下都故城的勘察和试掘》，《考古学报》1965年第1期。
② 邯郸市文物保管所：《河北邯郸市区古遗址调查简报》，《考古》1980年第2期。
③ 湖北省博物馆：《楚都纪南城的勘察与发掘》，《考古学报》1982年第3、4期。

镰、铲、锛、凿、削等农业和手工业工具①，显然不是为官府生产而是作为商品出卖给农业和手工业者。由于东城手工业发达和商业色彩浓厚，使得郑、韩新都摆脱单纯的政治军事中心地位，开始使首都具有商业经济的性质或者是表明都城与"市"开始结合。综观燕下都、赵王城和郑韩故城等在布局上都是把手工业、商业和平民居住区部分作为郭城，即王城的附属部分，显然比夏商时期有所发展，使都城开始具有商业经济性质，不过是萌芽状态，远未成为主要职能。

三、秦汉时期的都与市正式结合始可称"都市"

都与市结合在东周时期萌芽，而正式形成"都市"则是在秦汉时期。

统一后的秦国首都咸阳，是在战国时代的秦都基础上扩建的。它的布局尚未完全弄清，然根据考古资料，其宫殿区面积很广，包括所谓六国宫殿，仍然是都城的主体。不过，其规模扩大了，在建设过程中已把经济发展考虑进去。从前手工业作坊、集市均在城外或设置在外郭城内，而咸阳则把这些经济行业设在城内，甚至在宫殿附近。虽然目前考古资料尚无咸阳故城的记载，不过据《史记·白起王翦列传》中"出咸阳西门十里"的记载，它当有城墙。又据《史记·吕不韦列传》和《史记·李斯列传》都曾提及"咸阳市门"和"咸阳市"，可知秦统一后的咸阳城内已有贸易市场。在它的宫殿区附近，即今聂家沟一带发现铸铜、冶铁作坊，店上村还发现不少烧陶窑②。这些作坊靠近宫殿应为官营。在咸阳南部发现一些民营作坊，有些陶作坊规模很大，出土的陶器上有陶文，如"咸里郦角""咸里芮喜"等，前两字是地名或咸阳坊里名，后两字当是窑主名号，表明为民营作坊。其所以要在陶器上印有作坊主人名有类今日商标、招牌的作用。在商品上标名立号，反映出产品推销已有了竞争的意识。商品不足，就用不着竞争，而如果销售有竞争，说明商品已有一定程度的发展。此外，在今长兴村、滩毛村和店上村一带发现了秦代居民区和制陶手工业作坊遗迹，这当是个体手工业者的聚居区，附近也可能有交易场所即市。从《华阳国志》提及蜀守

---

① 河南省博物馆新郑工作站：《河南新郑郑韩故城的钻探和试掘》，《文物资料丛刊》第3辑。
② 刘庆柱：《秦都咸阳几个问题的初探》，《文物》1976年第11期。

张若在都城建市时仿效咸阳,所谓"市张列肆,与咸阳同制"的记述看,秦都咸阳不仅有市场,而且规模很大,已有必要按商品的性质列"肆"。另据一些资料,当时咸阳城内还设有市场管理机构"咸阳市亭"(简称"咸亭"),有专职官吏,依据"关市律"(秦简)进行管理。值得注意的是,咸阳的商品不仅在当地销售,还远销各地。在湖北云梦秦墓出土的漆器中也有"咸亭"的烙印,而且数量较多①,可见咸阳商品生产已比较发达。这在中国都市发展史上尚属首见。这是都与市正式结合的发端,在这个意义上说,从秦都咸阳开始,始有名副其实的"都市"。

汉承秦制,虽然汉长安城的规划与咸阳有所不同,但在都城内设市,使都与市结合起来则是一致的,而且其商业发展很快,使汉长安初具商业城市的规模。城内除宫廷区和官署外,市区、手工业区和闾里(居住区)已占有很大地盘,这部分城区已构成城市经济活动的中心②。汉魏洛阳城规划布局与汉长安城有相似之处,即除宫廷的宫殿区占据主体地位之外,都有较大规模的市与坊的设置。特别是北魏洛阳城规模更大,加筑外郭城,扩大商业区,使市成为都城的重要组成部分。据有关文献记载,西郭设"大市",东郭设"小市",南郭洛河滨还设"四通市"。三市均有各种手工业作坊和商贩居住,而"四通市"还与外国商人直接贸易,所谓"天下难得之货,咸悉在焉"(见《洛阳伽蓝记》)。官府设置市场管理的"市令",维持市场秩序并收税。《魏书·食货志》记载:"税入市者一钱,其店舍又分五等,收税有差。"由此可见,汉魏时期都城的商业经济已经发达起来。在此应提及的是,除都市外,迄今已发现的近90处城址中,几乎都可在城中或城外附近发现冶铁、制陶之类的手工业作坊遗址,有的城址还发现铸钱作坊遗迹。在有的城址出土的陶器、漆器上面刻印有"亭""市"等文字,说明到了汉代,商业在各地普遍发展起来了。随着经济的发展,文化也有很大发展。东汉洛阳城内开始设立太学,培养儒生官吏。都城不仅文人学士荟萃,还有专门培养高级人才的场所,文化中心开始形成。这样,秦汉时期的都城不再单纯是政治和军事城堡,而是具有商业经济和文化的城市。

---

① 云梦县文物工作组:《湖北云梦睡虎地秦汉墓发掘简报》,《考古》1981年第1期。
② 《两京城坊考》;王仲殊:《汉长安城考古工作的初步收获》,《考古通讯》1957年第5期;王仲殊:《汉长安城考古工作收获续论——宣平城门的发掘》,《考古通讯》1958年第4期。

四、唐宋时期的都城已成为全国政治、军事、经济和文化中心

到了唐代,都市的经济有了长足的发展。唐都长安是当时全国最大的城市,全城呈长方形,周长达70里。宫城和官署府衙所在地虽仍居中占着重要地位,不过其所占的面积与整个城市的面积相比却很小,就是说市场和平民居住区比它要大几倍。东、西两市对称配置。西市长、宽各约1050米,市内由东西与南北各两条大街相通构成"井"字布局。东市与西市构造相仿。西市是西域胡商和外国商人聚居贸易的地方,而东市有220个行业,邸、肆鳞次栉比,所谓"四方珍奇,皆所积集"(见《长安志》卷八)。市场周围是居民住所,规划布局也十分齐整,共分为108坊。这一布局是中国古代城市规划的典范。唐东都洛阳城的规划布局与之近似,即是宫殿和皇城偏置西北,市坊制布局也十分整齐,占据全城大部分地方。虽然其繁荣不及长安,商业也相当发达。

由于都市商业经济的发展,市场太小以及"市""坊"分开设置的城市结构已成为障碍,这个问题从唐代中叶开始暴露,到北宋中叶市坊制度便彻底崩溃。打破"市"与"坊"的界限,即打破商业区与居住区严格分离的制度,商店、货栈随处可设,既可方便市民,又可无限扩展商业贸易场所,使商业经济更加繁荣。北宋首都开封尽管有固定的市场和定期的集市,但是它已打破了"坊"与"市"之间的界限,城内各处均有手工业作坊,街道两旁商店、货栈林立。营业时间也不受官府限制,既有日市,也有夜市、晓市,买卖通宵达旦[①]。北宋首都开封因此已成了名副其实的商业城市。

也应指出,唐宋时期,特别是唐朝,通过陆路、海路几条"丝绸之路"和亚非地区许多国家都有广泛的经济文化联系,唐长安已成为国际性商业城市。长安和开封还是文化发达的城市,不仅聚集了国内大批文人学士,还有不少国家派人来留学。当时的文学、哲学、天文学、医学等颇负盛名,诗词歌赋、戏剧、音乐、舞蹈流行市井,唐宋时期都市已成全国文化中心。

综上所述,中国古代都城从单纯的政治、军事堡垒,发展成为政治、经济和

---

① 请参阅宋孟元老《东京梦华录》。

文化中心的都市,经历了漫长的发展过程。在夏商时期,国都单纯是君王的政治军事堡垒,手工业和集市贸易均在城外,它们不具有商业经济的职能,故不能视为市。在周代,一些都城内有手工业作坊的设置和集市场所,但往往置于外郭城,未能作为城的一个必不可少的重要组成部分,其商业经济职能仅仅处于萌芽状态或过渡阶段。秦汉时期,在都城内正式规划设置了手工业作坊和物品交换的"市",都城与"市"正式结合,此时的都城已开始具有城市的性质,始可称为"都市"。唐宋时期,都城的商业发展起来,"市""坊"制使都市具有一般城市的格局。特别是北宋中叶,打破"市""坊"严格分隔的体制,商店货摊和手工业作坊随处可设,商业贸易非常活跃,此时的都城完全变成了一个商业城市,是古代都市的发达时期,至此都城方变成一个政治、军事、经济和文化的中心,是一个以商业为主体的多功能的城市。

(原载《史学月刊》1989 年第 3 期)

关于商王国的政体问题
——王国疆域的考古佐证

孟子曰:"夏后、殷、周之盛,地未有过千里者也。"①这"千里"当指三代王国直接统治的王畿而言,实际上国家统治的疆域,还要大若干倍。为何产生这种错觉呢?主要是对三代国家的政体未有真正的了解所致。

政体是指国家的政治体制,是国家政权的构成形式。一个国家的疆域广阔,机构庞大,内政、外交、军事诸事繁多,必须按照一定的政治制度,依政务的性质或划分地域设置不同的权力管理机构和相应的职官,进行统治。《晋书·刘颂传》的疏中对政体有较好的诠释:"是以圣王之化,执要而已,委务于下而不以事自婴也。分职既定,无所豫焉……诚以政体宜然,事势致之也。"这说明国家统治者要根据客观形势,采取适宜的政体,自己执掌大权,还要"委务于下"分职进行统治。不同时代不同国家的政体,其性质和形式可能相同也可能相异。在世界文明古国中,古埃及统一国家在古王国时期(约公元前2686—前2181年)就已形成中央集权君主专制的奴隶制国家。法老(国王)独揽大权,由他任命维西尔(宰相)辅助处理政务,并设立中央政府机构,任命财政、水利、司法大臣,分管全国各项事务。在地方设州一级行政单位,法老直接任命州长,负责为国家征收赋税,分派劳役,征召军队。州以下的基层单位是农村公社,其事务由低级官员管理。故其政权形式是由中央和州两级行政构成的中央集权君主专制。两河流域的古巴比伦王国(约公元前1894—前689年),也是中央集权君主专制国家。国王独揽大权,直接任命中央和州级地方长官,对全国进行统治。古印度统一国家出现在孔雀王朝的阿育王时期。这是一个君主专制的帝国。它在中央之外,设置省级地方政权机构进行统治。世界上四个文明古国早

---

① 《孟子·公孙丑上》。

期统一国家的政体,除中国外都是中央集权君主专制,政权形式都是有中央和州(省)两级,村社为最基层的单位,似乎都是由国王委派官员直接进行统治。但是,无论是古埃及、古巴比伦,还是古印度,其国王都将一定的土地划分给王室贵族,作为其衣食之源。在古印度的孔雀王朝将帝国设置为若干省,靠近都城东部和中部的省由国王直辖,而边远省份则往往由几个王子分别进行统治,同时帝国境内还有一些自治权很大的半独立部落。所以,很难说是纯粹的中央集权君主专制,只是就国家政权主体而言。与前三个世界文明古国的政体不同,中华早期的统一的奴隶制国家——夏、商、周(西周)三代的政权构成主要是朝廷(中央)与诸侯国两级。诸侯作为地方政权(相当于州或省)的长官,不是采取直接任命的方式,而是采取了"册封"的方式,将某块地方分封给某人进行统治。以商王国而言,两级政权的构成在"内外服"制的职官制度中得到反映。这种政体,因与古埃及、古巴比伦、古印度不同,地方政权不是称"州"或"省"而是称"诸侯国",国中有"国",使人在没有真正了解这种政体的情况下往往走不出误区。近代著名学者王国维认为商王是"诸侯之长"而非"诸侯之君"①。现代一些学者则认为商代国家政体是"方国联盟"而非统一国家②。笔者在1996年于洛阳召开的第三届西周文明国际学术讨论会上宣讲的论文《西周实行分封制度因果论》中,就说明西周国家政体是"国王大统诸侯分治制",肯定朝廷和诸侯国两级政权构成形式,并且指出西周的分封制度是因袭夏、商③。首次阐明诸侯国是三代王国中的地方政权。值得庆幸的是,近年终于也有学者承认商代国家结构"有自己的特殊形式"④。不过,以商朝国家为代表的"特殊"政权形式还不被更多的人所了解,更未被学术界所认同,因此,对商王国的政体尚有深入研究的必要。本文拟对此有关的问题,进行初步的探讨。

---

① 王国维:《殷周制度论》,《观堂集林》卷十,中华书局1959年版,第466—467页。
② 持此一观点者已非一人。最近王奇伟在1998年第3期《殷都学刊》上发表的《论商代的神权政治——兼论商代的国家政体》一文中认为,"夏、商、周三代在中国历史上被称为三代王朝,实际上不过是三个由众多方国组成的方国联盟"。
③ 李绍连:《试论西周实行分封制的原因与后果》,《中州学刊》1998年第5期。
④ 李学勤主编:《中国古代文明与国家形成研究》,云南人民出版社1997年版,第448页。

一、商王国政权的构成形式

整个商朝的国家政权,其构成形式有朝廷(中央)—诸侯(地方)—奠(鄙)—邑四级,不过,其中的奠或鄙都是较小的边远之地,邑是基层单位,管治的地方窄小而权力不大,因此,主要是前两级政权结构。

根据甲骨文资料,商王国最高一级行政区域,是都邑所在地的"大邑商",或称"天邑商",或"中商",包括商都及其周围地区,面积约1000平方公里,号称"方千里"王畿,即是商王独揽大权的朝廷直接统治的地方。此外还有一些分布在四方的直属领地亦由商王直接统治。第二级行政区域是受商王赐封的"外服"诸侯国,这些数以千计的诸侯国位于王畿之外的"四方""四土"。诸侯国按诸侯受商王赐封的爵位不同,又有不同的称呼。据《尚书·酒诰》载,商的爵称有侯、甸、男、卫、邦伯等。而甲骨文中所见的爵称,则为侯、伯、男、任、子、田等,其中男、任、田三者则为同一级爵称。第三级行政区域奠(鄙)和第四级行政区域邑则处于第一级和第二级之内,属于下层和基层行政单位。因为无论是朝廷的直属领土还是诸侯国中都有奠、鄙和邑。王畿和诸侯国中的边地皆称"奠"或"鄙"。例如,王畿有所谓"南奠""北奠""西奠"和"多奠"之称,诸侯国也有"奠""鄙"。如"在九月,王来征人方,在攸侯喜鄙永"(《合集》36484),可见攸侯国内有个叫"永"的地方,隶属于鄙。第四级行政单位是"邑",如"呼从奠取烁……鄙三邑"(《合集》7074),"……沚盛告曰:土方……于我车鄙,戋二邑……"(《合集》6057),由此可见,邑在奠(鄙)之下。邑作为基层单位,存在于王畿和诸侯国的任何地方。商王国有四级行政单位[1],诸侯国只是其中的第二级,表明这个国家是统一的国家,有较完备的分级政权机构和"内外服"职官制度,分别在不同的行政区域实施统治。

商王国的统治,是在王权强化和建立完备的国家机构的基础上进行的。商王独揽军政大权。他不仅有直接任命各级行政官员的大权,包括册封(实质上

---

[1] 可参考肖良琼的《商代的都邑邦鄙》一文,载《全国商史学术讨论会论文集》,《殷都学刊》1985年增刊。

也是任命)诸侯国长官——诸侯的权力,还拥有行政、司法、军事的最高决策权。国王控制下的朝廷(或称中央政府),拥有完备的行政机构,分管行政、司法、军队、宫廷事务及其他杂务。这些机构又有较完善的"内服"职官各司其职,使整个国家机器有序有效地运转着。而地方行政机构,则由"外服"系统职官司职。《尚书·酒诰》曰:"越在外服,侯、甸、男、卫、邦伯;越在内服,百僚庶尹,惟亚惟服宗工,越百姓里居。"由此可见,商代所谓"内服",是在朝廷(中央)各级机构服事的百官以及居于田、里的各级官员;而所谓"外服"则指在王畿以外四方四土上的诸侯国服务的地方官员。显然,各级诸侯国等地方官员,亦纳入商王国的职官系统,同内服职官一样受制于商王,并非自命自封。同时,也表明商朝国家,是包括诸侯国在内的统一国家。

二、商的诸侯国决不是独立国家,而是商王控制下的地方政权

商王国内有许多诸侯国,其数难以确知。我们能够知道的是,武王克商前"诸侯叛殷会周者八百"[1],以及周人灭商时"憝国九十九""服国六百五十有二"[2]。显而易见的是叛殷投周的诸侯国自然不在周人"憝"(灭亡)和"服"(使其臣)之列,所以诸侯国的总数当等于或大于三项之和,即1551国以上。在众多的诸侯国中,不少是商族贵胄或异姓功臣受商王封赏而建立的,自然与商王有着密切的关系。而有一部分原是方国,被商王征伐而臣服之后被赐封诸侯国者,必受种种限制不再独立,这种诸侯国的地位基本上与前者是一样的。朝廷与诸侯国的关系,商王与诸侯的实质性的关系,可以从下列几个方面去考察之。

(一)商王对诸侯有任免权

商王对己族贵胄,历有封赏。早在殷始祖契后就有分封[3],直至商末。如纣王的庶兄,曾以子爵位封于箕,为箕国(今山西太谷县东北)。箕子又在朝廷为

---

[1] 《史记·周本纪》。
[2] 《逸周书·世俘解》。
[3] 《史记·殷本纪》。

官,位至太师,后因谏纣王不听,佯狂为奴。一些异姓功臣,甚至臣服的方国首领,亦在商王册封诸侯之列。如周之始祖弃,号后稷,曾被尧封于邰(今陕西扶风),汤灭夏后其国臣服于商,后受商王册封为伯爵诸侯国。西周甲骨文中有"册周方伯"(H11:82·84)之卜辞,大概就是追记此事。

商王不唯有册封诸侯的权力,也有惩戒和罢免他们的权力。汤灭夏后曾作《汤诰》,其中告诫诸侯曰:"凡我造邦,无从匪彝,无即慆淫"就是要求诸侯吸取桀亡的教训,力戒奢侈和淫乱。还警告诸侯:"不道,毋之在国,女毋我怨。"[1]这句话表明,商王对那些为非作歹的诸侯,有权叫他"毋之在国",撤他的职。此外,对诸侯,商王还有刑罚或生杀大权。如纣王曾醢九侯,脯鄂侯,囚西伯昌于羑里(今河南汤阴)。因为这些诸侯对纣王的淫乱不满,纣王就把九侯剁成肉酱,把鄂侯杀死碎尸晒成肉干,把西伯姬昌监禁。这些事例,既反映了纣王的昏庸,也反映出商王对诸侯有生杀大权。杀死诸侯的事不仅发生在纣王时期,文丁时周人首领季历(即西伯昌之父)亦被杀死。商王的这种权力,无疑是存在的。

(二)诸侯也可到朝廷做官

商王国的诸侯不仅是诸侯国的长官,也可以到朝廷做官。如甲骨文中的雀侯,又称"亚雀";攸侯喜,又称"亚喜";骨侯,又称"小臣骨"(分别见于《合集》5572、21207、27875)。其中,"亚"为高级武官,"小臣"为朝廷事务官,均属"内服"职官。诸侯在朝廷的官职,可以高至三公。例如,西伯昌、九侯、鄂侯曾为纣的三公[2]。三公之权力仅在商王的辅臣"相"之下,诸侯,特别是异姓诸侯,能够做到这样的大官,足见朝廷与诸侯国的关系是密切的,商王与诸侯的关系是君臣的关系。

(三)诸侯国要对朝廷承担诸多义务

商的诸侯国有一定的自治权,并拥有自己的军队。但是,诸侯国要对朝廷承担种种义务,使诸侯国又始终置于商王和朝廷的控制之下。诸侯国所要承担的义务,有下列诸项:

一是诸侯定期朝见,表明君臣关系。如"三十四年,周王季历来朝,武乙赐

---

[1] 《史记·殷本纪》。

[2] 《史记·殷本纪》。

地三十里,五十珏(玦),马八匹"①。

二是诸侯国必须向朝廷纳贡。诸侯国每年要向朝廷贡纳当年的谷物和牲畜等物。在甲骨文中记载诸侯纳贡时所用的动词,有"供""入""来"等。例如:"雀入二百五"(《乙》754),"王其呼供寻伯出牛"(《合集》8947),"古来马"(《合集》945)等。除定期纳贡外,商王还可随时向诸侯索取奴隶或财物。如卜辞:"呼其奠女子"(《合集》536),"勿呼取方骨马"(《合集》8796)。"呼"字表示商王之命令,"呼取"一词表示不是定期的纳贡而是平时随意索取。

三是诸侯戍边和派军队随商王出征。诸侯国多分布于商的四方四土,处于边区边境地带,诸侯守土,实际上是为朝廷戍边。遇有外来的侵扰,诸侯一要反击,二要报告朝廷。如卜辞记:"……沚戛告曰:'土方征于我东鄙,戋二邑,邛方亦侵我西鄙田。'"(《合集》6057正)"四月庚申,亦有来艰自北,子暨告曰:'昔甲辰方征于玨,俘人十又五人。五日戊申方亦征,俘人十又六人。'"(《卜辞通纂》513)这是诸侯报告朝廷土方入侵及其反击战所取得的战果。倘若诸侯没有戍边的义务,这种报告是不可能发生的。同时,诸侯国的军队,商王有调遣和使用权,商王出征往往要诸侯军队随行。例如:"王惟侯告从征夷"(《合集》6460),"王叀侯告从征尸"(《乙》2871),"惟甫呼令沚啟羌方"(《前》6.60.6),就是商王令诸侯从征之实证。

四是诸侯国的国土非诸侯私有,商王可以在彼从事生产、狩猎等各种活动。卜辞有记:"王令犬延族裒田于虎"(《京人》281),其意是商王命令犬(官名)率族人到侯虎诸侯国去垦荒种地。"王在骨刈黍"(《京人》143),是商王在骨侯之地割黍,表明在此地从事农业生产。

五是商王随时可命令诸侯勤"王事"。这种事例很多,在甲骨文中往往用"令"或"呼"两个动词作为商王发号施令之意。例如:"□辰卜,令雀往叶王事"(《合集》5450),"其呼卢御事"(《合集》32969)。此两例就是命令雀、卢两侯勤王事。

六是诸侯若向外扩张,实施获得新土地的行动——"作邑"时,要向朝廷报告、登记,而朝廷有权对这种新土地进行调整,甚至令诸侯献出。在甲骨卜辞中,所谓"册邑""致邑",就是对新征服土地所有权进行调整的一种方式。

从上述各方面的事例来看,这些诸侯国决不是独立的国家。有学者认为:

---

① 古本《竹书纪年》。

"在商代,诸侯国拱卫着商王朝中央政府,诸侯国具有后世地方行政机构的性质,其国君是王朝中央的职官之一种……"①这个见解很正确。既然诸侯为商王所册封,又要承担定期朝见、纳贡、戍边、勤王事等各种义务,表明诸侯与商王是君臣关系。而诸侯国的土地原为商王征服的土地,册封给诸侯建国之后,商王仍可随意在诸侯国的土地上进行生产、军训、狩猎等各项活动,证明诸侯国的土地仍属商王国所有或王有。诸侯国的军队除了为朝廷戍边之外,还要受商王调遣出征,表明诸侯国与朝廷的关系,是地方与中央的关系。总而言之,诸侯国在商国家内只不过是商王控制下的地方政权而已,决不是独立的国家。因此,认为夏商时"诸侯之于天子,犹后世诸侯之于盟主,未有君臣之分"②,或认为夏商周时期的中国早期国家"属于早期国家共主政体"③,或认为商周是"方国联盟"等观点,恐怕有悖于历史事实。

当然,无可否认的是,位于商的四方四土的诸侯国中,有先臣服受册封,后来又叛商伐商者。还有一些方国与商王国的关系不稳定,时为友时为敌,如孟方、祭方等。更有一些方国始终与商为敌,如舌方、土方、羌方等。但是,这些情况复杂的方国,与商的诸侯国完全不同,决不应将它们与上述的诸侯国相提并论,否则会使自己陷入误区,产生错觉,得出错误的结论。这些对商摇摆不定的方国和敌对方国,大都在商的西北和北方边境之外,从来不划入商代疆域之内。

三、商王国的疆域与考古实证

由汤灭夏桀后所建立的商王朝,是一个君主专权的统一的奴隶制大国。它的疆域辽阔,"邦畿千里,维民所止,肇域彼四海,四海来假,来假祁祁"④。这是歌颂商王国强大的诗句。至于商代国家的疆域,历史文献没有具体记载,只有片言只语。如《诗·商颂·殷武》赞曰:"挞彼殷武,奋伐荆楚……维女荆楚,居国南乡。昔有成汤,自彼氐羌,莫敢不来享,莫敢不来王,曰商是常。"《诗·商

---

① 李学勤主编:《中国古代文明与国家形成研究》,云南人民出版社1997年版,第459页。
② 王国维:《殷周制度论》,《观堂集林》卷十,中华书局1959年版,第466—467页。
③ 唐嘉弘:《略论夏商周三代帝王的称号及其国家政体》,《历史研究》1985年第4期。
④ 《诗·商颂·玄鸟》。

颂·长发》颂曰:"相土烈烈,海外有截。"从这些文字中隐约可见商朝国家的势力范围。只有《左传》和《汉书》讲到商末周初疆域的四至。如贾捐之曰:"武丁、成王,殷、周之大仁也。然地东不过江、黄,西不过氐、羌,南不过荆楚,北不过朔方。"①但是,今人对文中提到的四至地望仍不十分清楚。有一些学者对此曾作过深入考证,认为商的势力范围,"概括地讲,西至今陕西西部,东至今山东西部,北至河北北部,南至汉水以南的长江流域。至于商的文化对各地的影响,当然又远远超过了这个范围。"②笔者基本上赞同这个观点。不过,要注意的是,势力范围不是一个国家的疆域,国家的疆域当是这个国家长期进行有效统治的区域。古代国家的疆域,往往没有在地图上明确标定边界(当时的技术条件或许办不到),所以当时的边界是不明确的和不固定的,它随着这个国家力量的强弱而扩大或缩小。商朝国家的疆域无疑也是不固定的,时大时小。在缺乏历史文献的情况下,唯一可靠的就是考古资料了。

凡一族一国的文化,都具有明显的自身特点,而这种特点的形成,是族人或国人在长期共同的生活中形成的。一族一国的人丁众多,散居于不同的地方,由于自然环境不同,生产和生活条件不同,生活用具和生产工具亦有些差异,但是,一族一国却因有基本相同的文化传统、政治制度、心理素质等共同的因素影响,使得一族一国的文化面貌呈现出统一性,特别是一族的人,无论生活在哪里,其文化面貌都可找到共性。所以在考古学的文化中,只要是一个文化,尽管有若干地方类型的差异,却总是有较多的共性,共性总是大于地方的个性。例如华夏族的仰韶文化是这样,商族商王国文化也是一样。基于这一原则,我们可以尝试从商文化的分布、内涵和性质,看看能否推断出商王国的疆域。在这里要说明的是,郑州、洛阳、安阳三地是商都所在地,郑州二里岗文化、安阳殷墟文化为考古学界公认的典型商文化,以这个地区的商文化为尺度,则可衡量出商文化所占据的地域,这个地域当是商王国的疆域。下面我们做一些具体分析。

(一)商王国的东疆

古本《竹书纪年》曰:"南庚更自庇迁于奄。""阳甲即位,居奄。"至盘庚自奄

---

① 《汉书·贾捐之传》。
② 孙淼:《商周史稿》,文物出版社 1987 年版,第 384 页。

迁殷，至少有二王居奄为都，历时约46年①。关于奄的地望，《后汉书·郡国志》曰："鲁国，（古）奄国。"其故地在今山东曲阜，史界无异议。由此可知，山东西部曾有中商的都城，那么，商的疆界自然在距曲阜较远的东边。

迄今，已在山东兖州、曲阜、泗水、济南等地发现了早商文化遗址。其中，济南的大辛庄遗址具有代表性。大辛庄遗址出土的陶器以夹砂灰陶为主，主要器型有鬲、罐、甗、瓮、尊、盆、簋、豆等。在早期的陶器中，锥足鬲、大口尊、圜底尊、假腹豆和簋等，与郑州二里岗同类器物形制相同。而其所出的铜器，如鼎、觚、爵、斝、戈、刀等，也与二里岗铜器如出一模②。尽管器物群中也有某些地方特色，并不妨碍它成为商文化的有机组成部分。

商文化向东延伸，是商代晚期的事。当然在鲁西地区亦有晚期遗存，如滕县前掌大村商代墓群③。而济南往东近200公里的益都苏埠屯的晚商墓地更具典型性。这个墓地有4座商墓和1座车马坑。其中苏埠屯1号商墓，墓室呈长方形，南北长15米，东西宽10.7米，深8.25米。该墓有四条墓道，"亚"字形的椁室，墓底有腰坑和奠基坑，以及在墓室二层台、墓门和墓道中殉葬奴隶的习俗，都与安阳殷墟西北冈王陵区大墓相似。墓中随葬品大部分被盗，而劫余的铜器，如方鼎、斝、爵、戈、矛、镞等，陶器的盆、罐、觚、盘、盉等④，这些器物的形制，都与殷墟同类器物近似，无疑是地道的商文化。苏埠屯2号墓规模也很大。有的学者认为，这两座大型商墓可能是蒲姑氏国君的陵墓⑤。不过，根据这些文化的典型特征所反映出来的与商都殷墟文化的密切关系看，是否也有可能是镇守东疆的商族贵族武官的墓葬？即使是商的诸侯蒲姑国君之陵墓，从其商文化气息之浓烈来看，此地亦在商之东部疆域之内。

（二）商王国之南疆

依据历史文献，商代早期的势力已南及荆楚。不过，商代诸王历来都没有越过郑州—洛阳一线往南迁都。这可能是商王都不愿离祖居之地太远之故，不

---

① 《帝王世纪》阳甲在位17年。今本《竹书纪年》南庚在位6年，阳甲4年，而《太平御览》卷83引《史记》云南庚在位29年，阳甲17年。本文从后说。

② 山东省文物管理处：《济南大辛庄遗址试掘简报》，《考古》1959年第4期。

③ 《滕县前掌大村商代墓葬》，《中国考古年鉴·1986年》，文物出版社1988年出版。

④ 山东省博物馆：《山东益都苏埠屯第一号奴隶殉葬墓》，《文物》1972年第8期。

⑤ 殷之彝：《山东益都苏埠屯墓地和"亚醜"铜器》，《考古学报》1977年第2期。

能因此认为商的南疆狭小。迄今，在郑洛一线以南地区也发现了不少内涵丰富的商文化遗址。如南阳十里铺遗址、信阳罗山天湖商周墓地等。其中，罗山蟒张乡后李村的商代墓地①，具有代表性。此处墓地发现墓葬 17 座，墓圹均呈长方竖穴，大部分墓底有腰坑并殉狗，棺椁上雕刻有夔龙纹和云雷纹，具有商代墓葬的典型特征。特别是墓内所随葬的青铜器，礼器中有鼎、甗、觚、爵、卣、尊、罍，生产工具有斧、刀、铲、锸、锛、削、凿、锥，兵器有钺、戈、矛、镞等，制作十分精美，由于其中有 23 件铸有息字族徽，说明是当地铸造的。因此，有学者认为，这是息国的贵族墓地。鉴于该墓地的墓葬葬制及随葬器物的形制特征，基本上与殷墟相同，说明息国与商廷不一般的亲密关系。息诸侯国的土地，当在商王国有效控制的疆域之内。

其实，按商文化分布来看，商的南疆当延伸到更远的江汉平原。考古工作者在湖北黄陂发现的盘龙城商代遗址，就在信阳罗山以南约 200 公里外。盘龙城址②，平面近正方形，有城垣、壕沟，城内发现有 3 座宫殿基址，从 1 号宫殿建筑遗迹来看，它是一种四周有回廊的四重屋高台建筑，其规模和形制与偃师商城和郑州商城的宫殿建筑形式相似。尤其是该城所出的青铜器，如鼎、甗、罍、盘、尊、觚、爵、卣、盉，陶器的鬲、甗、盆、豆，以及兵器、工具等器物的形制特征与郑州二里岗同类器物非常相似。尽管器物群中也有一些地方特色，如陶器中的平底圈足罐、圈足碗等，但并不妨碍整个器物群中有浓烈的中原商文化色彩。可以认为，这座盘龙城，如果不是商王国早期所设立的镇守南疆的军事重镇，便是臣服于商的某方国首府，而这个方国与商廷当有非常亲密的关系，也就是这个方国完全在商廷的有效控制之下。

盘龙城商代城址，在江汉地区并非商文化遗存的孤例，还在更广阔的地区发现一批商文化遗址，如随州地区的应城盛滩、安陆晒书台，鄂州地区的大冶、阳新，江陵地区的南寺等，都有较浓厚的商文化色彩。因此，把盘龙城及其附近地区视为早期商王国的南土南疆，似不为过。又从商文化的影响来看，商朝前期的势力范围，当远达今湖南地区，比文献提及的荆楚地区更远。

---

① 河南省信阳地区文管会、河南省罗山县文化馆：《罗山天湖商周墓地》，《考古学报》1986 年第 2 期。
② 湖北省博物馆、北京大学考古专业盘龙城发掘队：《盘龙城一九七四年田野考古纪要》，《文物》1976 年第 2 期。

(三) 商王国之西疆

在历史文献中,商的势力西达氐羌地区,约在今陕、甘、青三省交界地带。在今陕西的关中地区,又有商的诸侯国盩夷、周方(周侯)、崇国等。那么,商的西疆以何地为界?这又是一难题,好在考古发现可以给我们一些启示。

迄今,在今陕西地区已发现一些商代文化遗存。如华县南沙村遗址,其上层的陶器,如鬲、大口尊、斝、甗、簋、豆等形制与郑州二里岗上层陶器相同①。在岐山京当发现的铜器,如鬲、斝、觚、爵、戈等铜器,也与郑州二里岗铜器相似②。在陕南城固县滑水下游两岸多处发现殷商时期的青铜器,包括鼎、尊、罍、瓿、簋、钺、戈、矛等③,无论器形、纹饰,都与安阳殷墟同类器物相似。此外,从岐山、扶风到长安一带所出现的所谓早周文化遗存中,其青铜器皿的形制与殷商晚期青铜器无所区别,这说明殷商文化对早周文化的深刻影响。

特别应该提及的是80年代发现的西安老牛坡商代遗址④。该遗址的文化内涵丰富,发现有冶铜作坊、大型夯土建筑遗迹、墓葬、车马坑和大量文化遗物。老牛坡遗存可分为五期,其中一、二期出土的陶器,如鬲、甗、大口尊、豆、假腹豆、缸等,无论陶系、器形、纹饰、制法等诸方面都与郑州二里岗上、下层陶器基本相同。只有个别陶器,如花边罐、多孔甑等不见于二里岗而显示少许的地方特色。老牛坡的三、四、五期与殷墟文化年代相当,其陶质、陶色、纹饰和器形亦大体相近,只是器形变化较大,有着明显的差异。尤其是晚期(五期)的鬲、豆,其形制与殷墟同形器相比,相去甚远,显示出更多的地方特色。

我们注意到,西安老牛坡的商代早期文化遗存并不是孤例,除前面提及的华县南沙村遗址外,还有蓝田县的怀珍坊、耀县的北村等遗址,这种相当于郑州二里岗早商文化连成一线一面的形式存在的事实,并不是能以"影响"两字轻巧地形容得了的。此地文化受彼地文化影响时,其地的文化面貌只会显示出有彼此文化的某些因素,而当彼此两地的文化共性大于个性时,这两地的文化当属于一个文化范畴。显然,这种文化面貌,反映出今西安地区在商代早期国家的

---

① 北京大学考古教研室华县报告编写组:《华县、渭南古代遗址调查与试掘》,《考古学报》1980年第3期。
② 王光永:《陕西省岐山县发现商代铜器》,《文物》1977年第12期。
③ 唐金裕等:《陕西省城固县出土殷商铜器整理简报》,《考古》1980年第3期。
④ 西北大学历史系考古专业:《西安老牛坡商代墓地的发掘》,《文物》1988年第6期。

有效控制之下。而此地的晚期商文化有较多的地方特色,则反映出当地的诸侯国、臣服方国的独立性有所增强,并试图摆脱商廷的控制。这与历史上商对该地区的控制力由强变弱有关。该地区有几个商的诸侯国,如畎夷、周方和崇等。尤其是地处关中的大诸侯国周方,先是臣服于商,灭畎夷后更强大,乃叛商灭商,整个历史进程反映出当地商文化的变化,与考古发现大体一致。鉴于此,我们或许可以说,商朝国家早期的疆域应划到西安附近甚至岐山的关中地区,而商代晚期则可能退缩到陕东。不过,从该地区的青铜器晚期仍属商文化的风格来说,商王对该地区的控制力虽已减弱,亦当在商的势力范围之内。

（四）商王国的北疆

在历史上,商族起源于豫北冀南地区。商王祖乙曾迁都于邢。邢的地望不甚明确,有河南温县和河北邢台诸说。现考古工作者在冀南的邢台到邯郸一带,发现了许多内涵丰富的先商文化和商文化遗存,以著名考古学家邹衡先生为代表的学者,认为"祖乙迁邢的地望,很可能就是今天的邢台市"。笔者赞同这一观点,并认为今豫北、冀南、鲁西三角地区是商朝中后期的政治、经济、文化中心地区。

在邢台以北约100公里的藁城台西遗址,发现了丰富的商文化遗存。该遗址所发掘的面积达2000平方米,发现商代房基14座,灰坑234座,墓葬112座,水井2眼,出土遗物3000余件[①]。其中,墓圹均为长方形竖穴,有二层台,墓底大多有腰坑,此类墓葬的形制和埋葬习俗,为郑州—安阳地区商墓所习见。埋葬习俗最能反映一个部族或民族的意识和文化的特征,因此,北至今河北石家庄地区仍和商朝中心地区居民的信仰和习俗基本相同。

就考古文化而言,最富于文化特色者,莫过于生活中日常使用的主要器皿（包括陶器和青铜器）,因而它们最能反映文化面貌。台西遗址的陶器群中,常见的器形有鬲、鼎、甗、甑、斝、觚、爵、杯、罐、壶、大口尊、瓮、簋、豆等,就这些器物的陶质、陶色、纹饰和制法总体而言,早期者与郑州二里岗相近,晚期者与安阳殷墟相同。当然陶器器形方面的地方特征也是显而易见的。台西出土的铜器,主要有鬲、鼎、觚、爵、斝、罍、瓿,以及戈、矛、钺、戟、刀等,其器形、纹饰、制法诸方面,基本上是和商代文化中心区的铜器相同,只有个别器形,如112墓出土

---

① 李捷民等:《河北藁城台西村商代遗址发掘简报》,《文物》1979年第6期。

的铜羊匕首,有点鄂尔多斯式铜器的因素。一个遗址出土遗物中,有个别不同于其他遗址,这种现象不足为奇,即使在郑州—安阳商文化中心区的不同遗址其出土遗物也不会完全相同。这是因为不同地区工匠们的爱好和技术专长不同,他们在制作过程中,或者想表现一下自己的专长,或者操作过程走了样,当然还有当地的文化传统和来自他方的影响不同等主客观方面的原因,使一个遗址器物群中有个别或少数器物出现了差异,并不妨碍也不应妨碍具有的共性大于个性的遗址群落文化隶属于同一文化。因此,台西遗址文化仍属于商文化范畴。或者说,透过台西遗址及其周围的商文化遗存看,台西遗址所在的石家庄地区,当在商王国的有效统治之下,换句话说,这个地区在商王国的疆域之内。

在石家庄以北的地区,尚有商文化遗址分布,如曲阳、满城、蔚县、涿县等地亦发现有商代文化遗址,甚至在今北京的房山县焦庄和平谷县刘家河亦有商墓发现。至于商文化的影响远至我国东北地区,由商文化的分布判断,商代中后期国家的疆域,可能北达燕山南麓。

综上所述,无论从历史文献、甲骨文资料,或从商文化的分布来看,商朝国家的疆域,大概在东至今山东中部,南达江汉平原,西及关中平原,北抵燕山南麓。因为历史文献中关于商朝国家疆域四至的地望不甚明确,这里以商文化的分布地域为准。应当强调的是,由于当时的王国没有法定的边界,是随着其势力的强弱而时有变化,因此,所谓国家疆域,实质上是指国家统治力所能进行长期有效控制的地域,与今天国家的法定疆域的概念有所不同。这里所指的商朝国家疆域是商廷所能控制的最大地域,而在不同时期可能有所变化,如商的南疆和西疆在中后期就收缩变小,相反,其东疆和北疆在中后期则向外扩展。限于资料,我们不可能在此做具体的描述。在此,我要再次重申:受商王册封的各地诸侯国,决不是独立的国家,而是在朝廷控制下的地方政权;商王国的疆域决不限于王畿方千里,而是应包括众多诸侯国在内的广大地区;商王国的政体是君主专权诸侯分治制,即商王国是君主专权的统一的奴隶制国家,决不是"诸侯共主"或"方国联盟"。商王国的政体因袭于夏,又为西周所发展。我国三代国家的政体,不同于古埃及、古巴比伦和古印度,在世界古代国家中独具一格。

(原载《三代文明研究(一)》,科学出版社 1999 年版)

试论西周实行分封制的前因后果

在西周史研究中,"分封制度"是一个重要的学术课题。由于夏商两代也曾有过分封的先例,似乎西周不过是因袭而已,或者认为是权宜之计,所以人们没有给予足够的重视。实际上,西周分封诸侯不仅规模巨大,而且具有了不同的性质。西周的分封制度不仅仅是一项政策,而且已成为西周国家的政体,它左右着当时的政治、经济和文化政策。历史上任何国家实行何种政体,都必须适应当时的社会环境,具有客观必然性。那么,周初为何要实行分封制,以及实行分封制会带来怎样的后果呢?研究这个问题,将有助于更深刻地了解分封制和西周史。笔者撰此短文,只是抛砖引玉,以期研究的深入。

武王克商后,面临着建设一个什么样的国家的问题。对此,他采取了一系列措施,其中一条就是借鉴夏商的分封,大规模地实行"封国土建诸侯"。自武王开始,接着是成王、康王,先后三次实行规模较大的分封。《史记·汉兴以来诸侯王年表》序云:"武王、成、康所封数百,而周姓者五十五,地上不过百里,下三十里,以辅王室。"①受周王册封的对象较广,除了姬姓王族子弟外,还有周的开国功臣谋士、先圣之后人,甚至殷族贵人等。其分封的方式为"列爵分封",即所谓"列爵惟五,分土惟三"。即按公、侯、伯、子、男五等爵分封,封地有三等:公、侯方百里,伯方七十里,子、男方五十里②。若按此方案分封,则除王畿外,其余疆土几乎全部分封完毕(高山大川不在内)。这些受周王册封的诸侯王,又在各自的封国内,将土地(连同居民)分封给卿大夫,其封地称为"采"或"邑",通称"采邑"。西周这种开国时实行大规模的层层分封制度,不是一般的政策,实际上是在奴隶制的社会背景下的一种国家政体,可称为"国王大统诸侯分治

---

① 《荀子·儒效》篇云:周初分封七十一国,姬姓占五十三国。与此说略有差异。
② 关于列爵封地的数量有不同的注释,此据《礼记·王制》。

制",简称"分封制"。

这种分封制政体,能够使一个力量弱小的国王得以通过"分而治之"的方式去统治一个疆土辽阔的大国,这是中国政制史的一个创举。这种政体形式,既不是宗主国与附庸国构成的特殊体制,也不是独立国家的联盟或联邦制。有的学者认为"西周实际上是由许多大小不同的封国组成的联盟"①是不恰当的。因为这些封国不是独立的国家,而是周王册封的诸侯受命统治的地区。这些诸侯王,必须定期向周王朝觐纳贡,并负有守土戍边之责;诸侯国的军队还必须随时听候周王的调遣;尽管诸侯王享有很大的自治权,但他们与周王的关系仍是君臣关系,诸侯国也不过是周王统制下的一个自治区域,所以根本谈不上周王国是大小封国联盟的问题。至于春秋战国时期,周室逐渐衰落,王权大大削弱,诸侯王敢于与周王分庭抗礼,搞分裂闹独立,那是距当初分封约300年以后的事了,其时分封的政体已经崩溃,当年的封国已蜕变为独立国家并相互进行兼并战争,焉能与西周时期的国体相提并论?即使在春秋战国时期,封国变成独立国家,其时周室自身难保,诸侯国之间又兵戎相见,岂能存在"大小封国组成的联盟"?至于有人说周王国是不平等的部落联盟,更无史实和理论依据,风马牛不相及。因此说西周王国的政体就是分封制,而不是别的什么政体。

任何一国的政体,都是由社会历史背景和统治集团的利益决定的,而不是任何个人的主观意愿所为,也就是说,国家政体的选择具有客观必然性。西周王国自然也不例外。本文试图从历史发展的角度,探讨西周实行分封制的社会原因及实行分封制后带来的社会历史后果。

一、西周实行分封制的社会原因

西周立国时,为何实行"国王大统诸侯分治"的分封制?其原因是复杂的和多方面的。

第一,西周实行分封制是由当时的社会历史环境决定的。

周的始祖名弃,号后稷,以为农师有功,受尧封于邰(在今陕西扶风一带)。

---

① 柳春藩:《秦汉封国食邑赐爵制》,辽宁人民出版社1984年版,第4—5页。

至周文王姬昌西伯时,不过是都于丰的殷商诸侯国。其地方圆不过百里,人口不过六七万①。武王伐纣时所能动员的军队,只有"戎车三百乘,虎贲三千人,甲士四万五千人",若不是八百诸侯会兵四千乘,实难破纣王七十万兵②。灭纣后,周王的常备军也只有拱卫宗周的"西六师"和驻屯成周的"成周八师",共约十四万余人。这样的军队远不及殷商军队的规模,而西周的版图比殷商还要大得多,周王若要直接统治这样大的国家,其力量显然不足。况且,在当时的奴隶制度下,生产力很低,国力十分有限,不仅不可能供养更多的常备军,甚至也没有能力支付成千上万官员的薪俸,再加上交通闭塞,要建立一个国王直接统治方圆数千里的大王国,是不可能的事。在此之前,即夏商时期的国家,名义上国王统治着土地辽阔的国家,实际上国王直接统治的地区也不过方千里。当时大部分土地不是由同姓封国治理,就是臣服方国管治,它们向中央王朝的国王称臣并承担朝觐、纳贡等义务,尚不能与后世秦汉大一统的国家相提并论。西周初立国时的社会历史环境同殷商时期尚没有大的变化,统治集团仍缺乏统治一个疆土广袤的大国的技术力量。由于这个原因,只好因袭殷商之政,实行分封。

第二,国王缺乏统治大国的能力和经验,也是效法殷商分而治之的分封制的重要原因之一。

周武王从继承文王方百里的蕞尔小国王位到借助反纣诸侯联盟的力量克商,只不过短短的十二年时间。在面临着人多势众的殷族遗民严重威胁的情况下,如何统治比本国大数十倍的新征服国土呢?周武王自觉力量不足和缺乏经验。其中,武王最棘手的问题是如何处置庞大的殷族遗民。他多方征询老臣的意见,以寻求良策。太公曰:"臣闻爱其人者,兼屋上之乌;憎其人者,恶其余胥。咸刘厥敌,使靡有余,何如?"这是一项屠族政策,未免过于残忍,武王不敢苟同。召公提出一种折中方略曰:"有罪者杀,无罪者活之。"武王亦认为不妥。周公则提出"使其各居其居,田其田;无变旧新,唯仁是亲"的绥靖政策③。武王认为这是"平天下"的良策。于是"封纣子武庚禄父,以续殷祀,令修盘庚之政。殷民大

---

① 李亚农:《西周与东周》序,上海人民出版社 1956 年版。
② 《史记·周本纪》。
③ 刘向:《说苑·贵德》。

说(悦)"①。这种册封,是一种"以殷治殷"的高明策略。为防殷民叛周,只设"三监",省去驻重兵镇压的沉重负担。接着武王又实行大规模的分封。分封制和井田制等政策,明显是效法殷商。成王时,召公受命相宅洛邑所作的《召诰》中云:"王先服殷御事,比介于我有周御事……我不可不监于有夏,亦不可不监于有殷。"以夏商为鉴,法则夏商,既是一种历史的延续,更是周初统治者缺乏统治经验所必需。

第三,实行分封,又是周王奖赏开国功臣的需要。

在灭纣战争的过程中,各路诸侯出兵助战,众辅臣谋士,皆立下汗马功劳,尤其师尚父、周公、召公等功劳最大。胜利后,行将建国,如何酬报这些有功的诸侯和臣子呢?这是非常重大的问题,若处理不当,新兴政权恐难稳固。在上古,尤其夏、商、周三代,人们重视的不是什么空洞的英雄称号和头衔,而是重视可见的物质利益。在甲骨卜辞和商周青铜器铭文中,只见王以钱贝和奴隶进行赏赐,独不见赐予某某称号。西周初所封的公、侯、伯、子、男五等爵号下,都有不等的土地封赐相对应,所以也不是荣誉头衔。国王对臣下的赏赐,都是钱财和奴隶。殷商时期没有金银等贵重金属货币,珍珠、玛瑙等类珍宝很少,且在当时也只有观赏和装饰品价值,因此,甲骨文记录殷王对臣下的赏赐,分量最重的只有贝币加奴隶。西周初年也只是有类似的东西。但是,这类东西与开国功臣的功绩相比,显然微不足道了。对于上古农业国而言,只有土地加生产者才是无价之宝,是取之不竭的财富。所以,对有功的诸侯和臣子等,周王采取的方式是"裂土分封""授民授疆土"。武王"于是封功臣谋士,而师尚父为首封。封尚父于营丘(今山东临淄),曰齐。封弟周公旦于曲阜,曰鲁。封召公奭于燕(今北京琉璃河一带)。封弟叔鲜于管(今郑州东),弟叔度于蔡(今河南上蔡),余各以次受封"②。当然,周王为了王室的利益,封侯建国最多的是姬姓亲戚,在周初七十一封国中,占国五十三。《左传》记载姬姓封国的情况,如僖公二十四年记曰:"昔周公吊二叔之不咸,故封建亲戚,以藩屏周:管、蔡、郕、霍、鲁、卫、毛、聃、郜、雍、曹、滕、毕、原、酆、郇,文之昭也;邗、晋、应、韩,武之穆也;凡、蒋、邢、茅、胙、祭,周公之胤也。"周王这种赏赐,即裂土分封,几乎成为上古每朝"开国

---

① 《史记·殷本纪》。
② 《史记·周本纪》。

功臣"和王族兄弟与国王"分享天下"的一种范例。

第四,当时实行分封制,容易为社会所接受,有利于巩固新兴的政权。

在夏商两代的千年统治中,名义上是版图广阔的大国,而在实际上众多百姓仍被分割在一个个小国(包括诸侯国或臣服方国)里生活,经济、政治、文化、思想、习俗各方面都有不小差异;在不同的小国族之间,心理上有一定隔阂,要在一统国家里生活,原不同的小国居民之间难于融洽相处,倒不如生活在分封的小国里过得更顺心些。周武王是个较贤明的君主,从其父姬昌西伯的兴起和纣王的灭亡中汲取教训,深知民心的重要。在《尚书·周书·武成》篇中,所谓"建官惟贤,位事惟能,重民五教,惟食丧祭,惇信明义,崇德报功",以及"散鹿台之财,发钜桥之粟。大赍于四海,而万姓悦服"。同时,"武王追思先圣王,乃褒封神农之后于焦(今河南三门峡陕县),黄帝之后于祝(今江苏丹阳),帝尧之后于蓟(今天津蓟县),帝舜之后于陈(今河南淮阳),大禹之后于杞(今河南杞县)"①。此举受到先圣后人的欢迎,并在社会上树立周武王崇敬先圣欲行德政的"贤明君主"的形象,有利于周室的统治。

第五,周初封侯建国,又是藩屏王室的需要。

西周是奴隶制社会,它的统治权力是建立在暴力基础之上的。而在周初,无力建设大规模的常备军,仅有的军队只能护卫王畿和成周,用什么去对付殷遗民的威胁和镇守边疆? 当时,在北面有北狄(山戎),在东面有东夷、淮夷、徐夷,他们随时威胁着周室的安全。武王很清楚这种危险,别无良策,只有封侯建国,在周室与戎夷之间建设屏障,把最得力的辅臣召公、尚父、周公等分封在这些地区,让他们在封国内建军守土,让这些封国的军队抵御异族的侵扰。从边境到镐京王畿之间,四周封国数百,形成多重封国屏障,这样,外来的威胁便不会危及王室。周初诸王对此用心,是昭然若揭的。如成王封蔡叔(叔度)之子于蔡国(今河南上蔡)所作《蔡仲之命》中,命蔡叔要"睦乃四邻,以蕃王室"。在《左传》中,如僖公二十四年和定公四年述及西周封国时,都十分清楚地谈及封建诸侯以藩屏周室的用心。

第六,实行分封,可使力量有限的周王坐王畿而治全国,坐享大国荣华。

在受周王册封的众多诸侯王国,尽管拥有很大的自治权,但在王权强大时

---

① 《史记·周本纪》。

期,诸侯王也有如后世朝廷命官相同的职责,如每年定期朝觐,贡纳赋税,守土戍边,等等。这样,周王稳坐京畿,几乎获得与委派官员实行直接统治一样的政治、经济、军事诸方面的实际利益,还省去命官大笔薪俸开支,真可谓无本生意,何乐不为?这恐怕也是周王实行分封的原因之一。

以上六个方面的因素不是孤立存在的,而是相互关联的,汇总构成西周初年周王不得不实行分封制的社会客观原因。事是人为的,不过人的行为都要受到社会客观环境的制约,也就是说,社会客观环境和历史条件迫使人们作出某种抉择。从上述诸方面的分析来看,西周只有以"国王大统诸侯分治制"政体立国,舍此无他。后来的历史事实是,周初分封制确立后,在周厉王以前的约三百年时期内,社会政治稳定,经济发展,科技文化进步,这些足以说明建立在奴隶制基础之上的分封制政体,有其存在的历史必然性。

二、西周实行分封制的历史作用

西周实行分封制,既然符合当时社会的客观需要,那么它就对社会发展有着积极的作用。它究竟有哪些积极作用呢?下面,我们做一些具体的分析。

西周初年,王室采取了一系列建国措施,如实行井田制,发展农业生产;制定"九刑"刑律,维护地方治安;"制礼作乐",划分等级,制定礼仪,建立社会秩序等,对巩固和发展新兴王国有着重要作用。但是,西周早中期社会经济和文化的大发展,关键是政局长期稳定。而当时政局稳定的关键又是因为实行了分封制度。不实行分封制,建国伊始,哪有重兵镇压怀有敌意的殷族遗民?又如何长期统治他们?相反,周王封纣子武庚以续殷祀,殷民大悦,缓和了敌我矛盾。有人会问:如何解释武庚叛乱?我认为此事同管、蔡疑心周公篡政而挑唆有关,同分封制无必然联系。且看武庚叛乱平息后,又封微子于宋(今河南商丘南),再无殷民群起叛乱的记载,证明封殷贵胄续祀,以殷治殷的策略是成功的。不实行分封,帮助灭纣的各路诸侯可能因得不到报偿而造反;周的开国功臣也可能居功傲主,甚而分庭抗礼。相反,给他们"授民授疆土"。各得其所,会对周王感恩戴德,断无造反之理。不实行分封,周王的兄弟和亲戚会争权夺利,激化矛盾而不得安宁;相反,王族内兄弟亲戚各得封地而与周王同享天下,权力分配处于平衡状态,他们之间的矛盾会长时间处于缓和状态。西周早中期的历史证明西周前期政局稳定,无疑是分封制对各种政治势力之间的矛盾起着制衡作用,为政局稳定发挥了积极作用。

封建诸侯国,使一些边远荒蛮之地和新征服地得到开发,促进整个西周社会经济的发展。太师吕尚父封于营丘(今山东临淄),国号齐。此处本是渤海湾南边一块荒芜之地,人烟稀少。他到任后,采取一系列有效的措施,"修政,因其俗,简其礼,通商工之业,便渔盐之利。而人民多归齐,齐为大国"①。就是说,太师采取一系列行政措施,尊重当地夷族的风俗习惯,简化礼仪制度,因地制宜,发展手工业和商业,大力开发渔业,制盐,促进商品生产,发展交通运输,使当地经济很快发展起来,齐国内和周边一些夷族人民大多归顺齐王,于是齐变为东方强大的诸侯国。又如周公封鲁(今山东曲阜),周公未到任,由其儿子伯禽代为治理。伯禽实行了与吕尚父大为不同的政策:"变其俗,革其礼"②,即以周人的需要改变当地夷人的风俗,并以周的礼仪制度取代当地原有的礼仪制度,一言以蔽之,即采取行政措施,使新征服的东夷之地同内地周文化一致,即同化。这一措施对后来秦汉的统一打下了根基。各个封国的诸侯,出于切身利益的需要,立国后,无不致力于发展本地的经济、文化。其中,燕、卫、齐、鲁、宋等东部封国,很快发展为经济、文化发达的强国。这些地区社会经济文化发展,既是一种历史趋势,又与封国诸侯的苦心经营有密切的关系。对周室而言,这些边远落后地区,倘若实行直接统治,鞭长莫及,不可能投入较多的人力物力进行开发经营,也就不可能如此迅速发展起来。因此,可以说,这是封国自主经营的积极性发挥了作用。众多封国都有不同程度的发展,才构成整个西周经济文化的较大发展。

边远地区诸侯国的强大,又成为拱卫周室安全的屏障。如东边的封国燕、卫、齐、鲁、宋等,自北而南形成一道东疆屏障,镇抚着山戎、东夷、淮夷、徐夷等外族。一旦外族入侵,各自或联合反击之,无需周王劳师。当周室受到威胁时,周王可命诸侯救助。周成王年幼时,管、蔡作乱,淮夷叛周,危急之际使召公奭

---

① 《史记·齐太公世家》。
② 《史记·鲁周公世家》。

传命令齐太公派兵征逆讨叛①。同时,伯禽亦兴师讨伐作乱的淮夷、徐夷②。平定徐戎之后,不仅鲁国得到安宁,周的东土亦可无忧。封国这种屏卫周室的作用,甚至可以延伸到春秋初期。周惠王十四年(公元前663年)山戎(北狄)侵扰燕国,燕国派人求救于齐,桓公就立即出兵助燕,打败山戎。同时,齐桓公劝燕王重修召公之政,依旧例向周室纳贡。周襄王八年(公元前644年)山戎伐周,周告急于齐,齐桓公令各诸侯发兵戍周③。诸如此类,证明在春秋初期以前的岁月里,封国确实屏卫着周室,这种积极作用,又有助于西周政局长期稳定,经济和文化有较快的发展。

周初的分封制和宗法制度的确立,使王位的嫡长子继承制得以巩固和发展。由于这两项制度的实行,老王去世后,嫡长子继承王位,其他王子、庶子同时得到封国,各有一块天地,实际上等于在某种程度上与国王分享天下。这样以法律的形式确定王位承继秩序,大大地减少了诸王子为争夺王位发生的争斗,缓和了王室内部的矛盾。西周的宗法制度,虽然后来崩溃了,但王位嫡长子继承制,一直影响到后世封建社会。

周初的分封制,还有在夏、商国家制度的基础上促进国家形态进步的积极作用。西周的封国与夏商时期的封国不同,不是在原部族居地上就地册封,而是把同姓王族或异姓功臣分封到边远的地方或新征服的土地上,这样封国内不仅有不同氏族宗族的居民,而且有外迁入受册封者的氏族宗族,由不同血缘的人们组织成一个新的共同体,原来各不相干的诸多氏族宗族有了共同的政治、经济利益,他们杂居、交流,久而久之,便完全打破血缘的壁垒,以新的地缘关系,融合成新的族体。周室衰败后,宗法制度崩溃,各诸侯国以强凌弱,由大吞小,到战国时期,西周数百个诸侯国并成了几个大的方国,最后由秦统一成为中央集权郡县制的大国。这种统一能够成功并且得到巩固和发展,同西周封国时血缘族体的瓦解,重新融合成较大的以地缘为基础的新族体不无关系。

当然,分封制的历史作用也不全是积极的,也有消极的作用,尤其是分封又暗藏着分裂的隐患。分封制之所以对社会发展有上述的诸多积极作用,是有特

---

① 《史记·齐太公世家》。
② 《史记·鲁周公世家》。
③ 《史记·燕召公世家》。

定的社会历史背景和政治条件的,其中周室王权的强弱是关键。若把王室比喻为"本",把受周王册封的诸侯比喻为"末",那么,当本强末弱时,末受制于本,国家能稳固,分封制便能发挥积极作用。倘若实行分封制的社会历史条件发生重大的变化,王室衰落,王权丧失权威,即本削弱了,诸侯强大了,末变大,就会发生本末倒置的现象,周王不能命令诸侯,反而受诸侯的制约,国家就会处于危亡的境地。春秋初年,师服反对晋昭侯封其叔桓叔为曲沃伯时,曾说:"吾闻国家之立也,本大而末小,是以能固。故天子建国,诸侯立家,卿置侧室,大夫有贰宗……今晋,甸侯也,而建国,本既弱矣,其能久乎?"①显然,当时就有人已明白了国王与诸侯的关系,只有当本大而末小时,国家才能稳固。自西周后期以降,王室日益衰落,诸侯反而日益强盛,这就使周王逐渐失去对诸侯的制约作用。诸侯不向周王朝觐纳贡了,诸侯之间还以强凌弱,相互争斗。至周室东迁洛邑进入春秋时期,这种斗争愈演愈烈。周室此时对诸侯国已不信任。如平王时对郑国不信任,要互换"质子"。后来,周桓王还亲自率领陈、卫、蔡等诸侯国联军与郑作战,结果还是周王失败了。这说明周室对诸侯的制约已不起作用,这样一来封国不仅不起藩屏作用,反而成为周王室的威胁了。周代的历史又证明了分封制对王权和国家的统一有着严重的隐患,其蕴藏着分裂的离心力,王权对诸侯的失控导致春秋战国时期诸侯混战局面的出现。

西周的分封制为后世提供历史鉴戒,为秦汉王朝实施中央集权的郡县制铺平道路。从历史的发展看,没有西周的分封制,就没有后来的中央集权郡县制。秦始皇统一六国后,丞相绾等仍主张分封置王,而廷尉李斯则以西周分封的历史教训反驳说:"周文武所封子弟同姓甚众,然后属疏远,相攻击如仇雠,诸侯更相诛伐,周天子弗能禁止。今海内赖陛下神灵一统,皆为郡县……置诸侯不便。"秦始皇亦云:"天下共苦战斗不休,以有侯王。赖宗庙,天下初定,又复立国,是树兵也,而求其宁息,岂不难哉!"可见他们对西周分封所导致的诸侯混战的历史教训是非常重视的。于是秦始皇同意李斯的意见,坚持不进行大分封,而是将天下分为三十六郡,并实施"一法度衡石丈尺。车同轨。书同文""匡饬异俗"等全国一统政策②。虽然在秦汉时期,皇帝在无奈的情况下也出现过对

---

① 《左传》桓公二年。
② 《史记·秦始皇本纪》。

个别功臣进行封王的现象,那也只是中央集权郡县制这条大河中的小漩涡,或历史主旋律中的小插曲,已没有重大影响,从政体国体而言,分封制已永远地被中央集权郡县制所取代。显然,西周的分封制的实施有其历史的必然性,曾有其历史的积极作用,然而对后世而言,西周的分封制已成为一种历史的鉴戒。随着社会历史条件的变迁,分封制已成为一种失败的鉴戒,后代的社会历史环境不再适用分封制。在某种意义上说,失败的鉴戒,对于社会历史的进步而言,其作用也是积极的。

(原载《中州学刊》1998年第5期)

楚文化起源的几个问题

楚文化是以江汉地区为中心发展起来的一支古文化,是中华民族文化的一个重要组成部分。作为区域性的古文化,它的发展水平之高,影响之大,在中国文化发展史上是罕见的。

有关楚文化起源的问题,作为一个学术问题,现在已有一些同志着手探讨了。我认为,在探讨此问题时,必须先弄清有关的几个问题:一、什么叫楚文化?它的文化内涵是什么?二、楚文化的发祥地在哪里?三、谁是楚文化的创造者?四、楚文化的上限在哪里?本文仅就这些问题,谈谈自己的看法。

一、什么是楚文化? 它的文化内涵是什么?

根据文献记载,楚国的历史从西周初年熊绎受封于丹阳起,到公元前223年被秦国吞灭止,大概存在八百多年。在这段时间内,楚人创造了一种有别于中原或四周的其他古文化的文化。这个文化我们便称之为楚文化。

那么,这个楚文化的特征或内涵是什么?关于这个问题,由于考古资料太少,我们还未能完全认识。在春秋以前,由于楚依附于商、周,它的文化受到中原文化较大的影响而很少具有自身的特色。苏秉琦先生研究了这段时间的考古资料后说,诸商、周(包括东周)遗址和墓葬出土一种富有特色的陶鬲,其主要特征是腹底相连接,空足由核心与外壳两部分构成,外壳的空心锥体紧紧包裹住核心部分,足间裆部较宽是腹底,空足很浅似有若无。这种陶鬲既不同于"殷式鬲",也不同于"周式鬲",故称"楚式鬲"①。俞伟超先生也说,楚人"最迟从

---

① 苏秉琦:《从楚文化探索中提出的问题》,《中国考古学会通讯》第2期。

两周之际开始到战国中期,始终使用一种高腿锥足红陶绳纹鬲"①,即"楚式鬲"。"楚式鬲"目前在湖北、湖南两省广大地区的楚墓(春秋时期的)甚至遗址中都有发现,因而可以说它在春秋以前便是楚文化一种有代表性的器物了。

从春秋初叶开始,楚人乘周王室势力衰弱而发展壮大起来,并不断向四周扩张,楚文化的特征才逐渐显露出来。到战国中晚期,瑰丽的楚文化就完全成熟了。但是,目前考古发掘工作还做得较少,楚文化的遗址和城址几乎尚未发掘,主要挖了3000多座墓葬。在已发掘的3500多座墓中,大多数属于庶民小墓。这种墓一般为长方形竖穴土坑,个别小墓有墓道,这是中原所不见的。绝大多数墓无棺椁。在湖北、湖南和河南淅川的小型楚墓中,一部分有二层台,底部垫有白膏泥,墓向多朝东北。人架葬式仰身直肢,双手往往交于腹部。随葬品多是陶器,春秋时期其组合一般是鬲、钵(盆)、豆、罐或鼎、壶、豆、罐;战国时期陶器组合较为简单,多为鼎、盆、壶。值得注意的是,江汉地区的庶民小墓随葬的陶鼎,凡在一件以上者,皆成双数;鬲,多高锥足,裆宽,空足浅;壶,多绳纹圜底;有的也随葬一些铜剑、铜矛、铜镜、铁削、凹字形铁口锸和木漆器,其中尤以木漆器别具特色。

各地发现的楚国贵族大墓有等级的差别。一般特征是:墓室多呈长方形竖穴,有墓道,有封土,椁室上面填以沙石、木炭,椁室周围填以白膏泥密封以防腐防盗。墓向一般向东或东北。楚墓采取多重棺椁和划分椁室来区别官职大小和社会地位(级别)的高低。椁室有二至九室不等。分椁室之俗,有人认为是模仿生前的居室。椁室又叫作"箱",多用于贮存随葬器物,此为中原各地所不见。当时还流行配葬和殉葬制度,故有主墓、配葬墓、殉葬坑之别。贵族大墓随葬器物十分丰富,有铜礼器、乐器、车马器、兵器、木漆器和玉器几大类。铜器常见的组合是鼎、簋、缶、盘、匜,一部分墓还出土有簠、盉、壶、卣、鉴、敦、鬲等铜器。

铜器的风格与中原有显著的差别,其总的特点是器身较为浑厚,纹饰作风比较豪放。铜器的纹饰主要是蟠螭纹、窃曲纹、重环纹、三角纹,其他还有饕餮纹、回纹等,器足上常有兽首扉棱装饰。铜器以鬲鼎最富特色。一般特征是侈沿、撇口、短腹束腰、大平底、矮蹄足,上有环钮平盖。值得注意的是,同陶鼎一

---

① 俞伟超:《先楚与三苗文化的考古学推测——为中国考古学会第二次年会而作》,《文物》1980年第10期。

样,铜鼎往往是双数,与中原鼎成奇数之俗是不同的。其次,上下两半扣合的球身铜敦、半球状圆柱提梁卣、环钮夔形足盘、扁圆腹平底匜等亦有别于中原。

除铜器外,随葬大量的乐器,也是一个鲜明的特色。乐器以成套的铜编钟(又分甬钟、镈钟、钮钟三类)、石编磬、鼓、瑟、排箫等为常见。铜编钟以厚重高大、纹饰精美、音色佳、铭文多而著称。它表明楚国的音乐是十分发达的。

楚墓随葬品的第三个大特色是随葬精美的木漆器。常见的木漆器有双耳杯(羽觞)、高柄豆、壶、盆、几、俎和木俑、镇墓兽等。这些木漆器上彩绘有变态的云纹、涡纹和兽头纹。淅川下寺的楚墓没有发现漆器,但数件铜器上有黑漆[1],亦具有象征性的意义。此外,随葬品中的铜兵器,有戈、镞、剑、矛和匕首;玉器,有璧、璜、玦、簪和串珠。个别的还随葬有肩舆和竹简等,都是有特色的。

近年来,除墓葬的发掘外,在各地遗址中,还发现一批从春秋到战国时期的楚国货币,如印有"郢爰""鄟爰""陈爰"字样的金饼和金板,有作马蹄状的金币,有银布币,有仿贝的铜蚁鼻钱。这些货币同中原诸国的刀币、圆钱等是完全不同的,银布币同韩、赵、魏三晋用的铜布币近似又不一样。这些货币,特别是金币,也是楚文化的特色之一。

从出土的器物看,楚国拥有较发达的采矿、冶金、铸铜等手工业,有技艺高超的木漆器手工业,还有发达的文学、音乐和艺术。

二、楚文化的发祥地在哪里?

《诗·商颂·殷武》云:"挞彼殷武,奋伐荆楚。……维女荆楚,居国南乡。"这段文字表明,楚在商之南。应注意的是"楚"字前冠一个"荆"字,而且"荆楚"一词不止一次出现。族名前的冠词,往往是地名,那么"荆"又指何地呢?《左传·昭公十二年》曾有这样的记载:"昔我先王熊绎,辟在荆山,筚路蓝缕,以处草莽,跋涉山林,以事天子。"可见,楚人最早是活动在荆山一带。荆山又在哪里?《山海经·中山经》云:"荆山……漳水出焉,而东南流注于雎。"《元和郡县志》注明,荆山在南漳县西北八十里。查阅《南漳县志》和现今的地图,证明"荆

---

[1] 张剑:《从河南淅川春秋楚墓的发掘谈对楚文化的认识》,《文物》1980年第10期。

山""漳水"之名,一直沿用,地处今湖北省保康和南漳县一带。

周成王封熊绎为子男之爵,居丹阳。"丹阳"被认为是楚最早的王都。"丹阳"在哪里?有种种说法。笔者认为,熊绎"丹阳"之封,与周王分封给功臣一块领地作为食邑不同。他不是周王的功臣,他之所以受封,仅仅是附庸于周,周王为笼络他,使之归顺周室而已。实际上是徒有虚名,熊绎仍是治理原有的地盘。据《括地志》云,归州巴东县东南四里秭归故城,楚子熊绎之始国县也。又熊绎墓在归州秭归县。《舆地志》秭归县东有丹阳城,周回八里,熊绎始封也。鄂西至今仍有沿用巴东、秭归之县名。这种说法是否准确,有待进一步探讨。但是,"丹阳"的"秭归说",与"枝江说""丹淅之会说"等说法一样,实际上都离荆山地区不太远。这种地理因素和政治因素是密切相关的,那是因为任何一个统治者,如果没有强大的本族(或政治集团)作后盾,或者脱离原来的基地就无法立足。上古社会就更是这样。

还有,《史记·楚世家》记载:"当周夷王之时,王室微,诸侯或不朝,相伐。熊渠甚得江汉间民和,乃兴兵伐庸、杨粤,至于鄂。熊渠曰:'我蛮夷也,不与中国之号谥。'乃立其长子康为句亶王,中子红为鄂王,少子执疵为越章王,皆在江上楚蛮之地。"文中之"鄂"是指鄂西。至于"庸",《括地志》云:"房州竹山县本汉上庸县之庸,昔周武王伐纣庸蛮在焉。"即左庸国。今鄂西尚有竹山县。从这段文字中提到熊渠治下之在江汉,所封的王又"皆在江上楚蛮之地",所伐的"庸"等又在江汉流域之内,说明此地实为楚人兴邦之基地。公元前689年,楚文王迁都于郢(今湖北省江陵纪南城附近),亦未离开他们的"老窝"。迁都郢,其目的无非是更有效地控制广阔的江汉平原并向四周扩张而已。直到公元前700多年,楚人仍安居在这一带。

公元前741年,熊通自立为王,称为楚武王,开始向四周扩张领土。公元前706年越过汉水进攻随(今湖北随县)。武王子熊赀继位,并迁都于郢后,便向北、向东扩张,先后伐灭河南南部的申、息、蔡等诸侯小国。到楚悼王时(公元前401—前381年),其疆域已达洞庭湖一带。楚王向四周扩张的结果,至战国中晚期,其疆土纵横数千里,包括长江、淮河流域的广大地区,甚至抵达黄河南岸。从楚国的发展过程来看,楚人早期的活动中心或楚文化的发祥地,也是在江汉流域。

近年在淅川县下寺发掘的春秋楚墓中,一号墓出土编钟的铭文上有这么一句:"……以乐君子,江汉阴阳,百岁之外,以之大行。"这里也提到江汉,歌颂楚人兴邦之地。若江汉在楚人心目中不是始祖圣地,决不会颂以歌词,铸之钟鼎。

三、谁是楚文化的创造者?

楚文化的创造者当然是楚人或楚国人。但是,"楚人"是土著,还是从中原或别的地方迁来的?这也是楚文化起源的重要疑难问题之一。

现在对这个问题学术界存在着不同的看法。第一种观点依据文献记载,认为楚是帝颛顼之后裔。1."楚之先祖出自帝颛顼高阳。高阳者,黄帝之孙,昌意之子也。"2."吴回生陆终。陆终生子六人……六曰季连,芈姓,楚其后也。"3."周文王之时,季连之苗裔曰鬻熊。鬻熊子事文王,蚤卒。"4."夫荆子……且重黎之后也。"(《国语·郑语》)第二种观点认为,楚人原来居住在山东与河南之间,后迁于江汉,是楚人"东来说"[①]。第三种观点认为,楚人和三苗同源祖于重黎,同三苗有密切关系[②]。这几种观点,各有所据。笔者认为无论从文献或考古资料来看,第三种观点更为可信。楚人兴邦的江汉流域,是苗蛮集团的中心地区,不能不同三苗发生密切的关系。而且,文献中多次有"楚蛮"的称谓,甚至楚王熊渠亦自称"蛮夷"(《史记·楚世家》),这些称谓显然同苗蛮集团的称谓有关。

当然,楚人不管其远祖是来自北方的华夏、东方的东夷、南方的苗蛮,他们迁来时必定是少数,不可能消灭土著,只有同土著共处,最后融合在一起。经过长期融合的部族,就不是原来的部族,因无以名称,后世便一概视为当地的部族。创造楚文化者,正是这样经过融合当地的部族,用历史的称呼,是为"楚"族。

同时,我们应该注意到这样一个重要事实:江汉地区的原始文化,同中原地

---

① 胡厚宣:《楚民族起于东方考》,北京大学潜社史学论丛,1934年。
② 俞伟超:《先楚与三苗文化的考古学推测——为中国考古学会第二次年会而作》,《文物》1980年第10期。

区一样有自己的发展序列①。中原地区有南召猿人文化,其后又有裴李岗文化、仰韶文化、河南龙山文化,后面又有二里头文化(它的前两期为夏文化)、商文化。这些文化在年代上基本衔接,是一脉相承的文化。江汉地区有郧阳及长阳猿人文化、大溪文化、屈家岭文化、"湖北龙山文化",嗣后是楚文化。这些文化在年代上基本衔接,文化关系密切。特别是在屈家岭文化分布的中心地带即江汉平原上,没有发现二里头类型文化和商文化遗存,只是在其东边较远的黄陂县盘龙城有商文化遗存②。甚至西周的墓葬在这里亦发现很少。所发现的春秋墓葬中有的铜器已具有楚的某些特色③。又据苏秉琦先生的考察,在江汉楚墓中发现的早于商代的"楚式鬲",其主要分布范围从不越出江汉平原,而且它的早期因素存在于"湖北龙山文化"中④。

由此看来,楚文化很可能是由江汉地区的一种原始文化发展起来的;而其创造者也就是江汉地区原始部族的一支。至于它究竟是起源于哪两个原始文化,由哪一支部族创造,当前的资料尚不足以判断。

四、楚文化的上限在哪里?

一般概念的楚文化,如文学、音乐、艺术等,只要知道它是属于楚人或楚国的,问题就解决了。而考古学上的楚文化,必定要在文化遗迹、遗物方面具有别于其他文化的特征而自成体系。因此,在时间、空间上,一般楚文化的概念同考古学上的楚文化的概念不一样。楚国是在公元前223年被秦国所灭,楚文化的特征虽在亡后不一定立即消灭,而其时必定受到秦国的影响,这样把楚文化的下限定在亡国的时间是合理的。那么,它的上限应定在什么时间呢?这个问题,要从文献和考古资料两方面结合起来考察。

关于"楚"最早的记载可能是甲骨卜辞,从《史记·楚世家》得知,武丁时的

---

① 李绍连:《试论中原与江汉两地区新石器时代文化的关系》,《河南省考古学会论文选集》,《中原文物》特刊。
② 俞伟超:《关于楚文化发展的新探索》,《江汉考古》1980年第1期。
③ 俞伟超:《关于楚文化发展的新探索》,《江汉考古》1980年第1期。
④ 苏秉琦:《从楚文化探索中提出的问题》,《中国考古学会通讯》第2期。

卜辞(1315号)有"舞于楚言"的记载,"言"可能是"丘"字①。但楚文化上限不能定在武丁时期,因为从考古观点来说,那时"楚"还是一个谜。

从《史记·楚世家》的记载得知,西周成王(姬诵)封楚人首领熊绎为子男之爵,居丹阳,一般认为这是楚国建国的开始。熊绎受封于哪一年,没有明确的记载,因为是成王封的当然其时间不出于他在位的公元前1024—前1005年。以后又经过熊绎之后的熊艾、熊䵣、熊胜、熊渠、熊挚、熊延几代到熊勇,楚国才有明确的纪年,即熊勇元年(公元前847年)。这个年代相当于西周厉王(姬胡)的十年。如果是一般概念的楚文化,其上限是可以定在这一年的。但考古学上的楚文化概念,其上限若定在这一年,就不太合适。因为田野考古资料表明,楚文化的特色此时尚未显露出来。应该指出,前面提到苏秉琦先生定名的"楚式鬲",其在江汉地区的出现时间,估计在距今四千至五千年间的后期,并存在于"湖北龙山文化"的遗存中②。也就是说,"楚式鬲"的出现是在熊绎受封的一千多年以前。由于大量的"楚式鬲"是在两周时才出现的,现在的楚文化概念上的许多考古学特征尚未具备,楚文化的上限要定在"楚式鬲"出现的所谓"湖北龙山文化"时代亦嫌过早,不过"楚式鬲"的由来是探讨楚文化起源的重要线索。

除"楚式鬲"外,楚文化的其他考古学特征(如前面提及的墓葬特征,陶器、铜礼器、乐器、木漆器、兵器、货币等诸方面的特色)经大量的考古资料表明,只是到了春秋初叶,才开始具有较多的特色,当然上限时间应该定在其文化特色开始显露的时候或稍早。如是,楚文化的上限时间应该定在西周中晚期。为了使时间概念更加明确,可以定在周厉王时期,那时楚国自熊勇元年开始有明确的纪年。

当然,为了取得历史学上的楚文化和考古学上的楚文化在时间上的统一,把楚文化的上限定在熊绎受封于丹阳,即公元前11世纪,也无不可。问题是从熊绎受封于丹阳(前1024—前1005年)到熊勇元年这两百年内,楚文化的考古学空白怎么填补。或许将来的考古学发现能填补吧。

综上所述,四个有关楚文化起源的问题,限于目前的资料,谈不上说清楚,仅仅是谈了点粗浅的看法。这些看法归纳起来就是这样:楚文化是非常发达的

---

① 陈梦家:《殷虚卜辞综述》,中华书局1956年版。
② 苏秉琦:《从楚文化探索中提出的问题》,《中国考古学会通讯》第2期。

一种区域性的古代文化,是中华民族文化的一块瑰宝。它的发祥地在以荆山为中心的江汉流域。这种文化的创造者应是当地原始部族的一支,这个部族的名称应为"楚"。楚文化的下限是公元前223年楚国被秦国灭亡之时;而上限时间,作为历史学的楚文化概念应定在熊绎受封而居丹阳(即楚建国开始)的年代,而考古学上楚文化的上限考虑到物质文化特色的形成时间,应定在西周中晚期或熊勇元年(公元前847年)比较合理。如果强求历史学和考古学的楚文化上限的统一,那么定在熊绎受封居丹阳(公元前1024—前1005年)之年也无不可。

(原载《楚文化研究论文集》,中州书画社1983年版)

道教与中华古代文化

道教是源于中原的中国土著宗教,它与外来的佛教和特殊的中国宗教——儒教,号称儒、释、道三大宗教。自东汉开始至明清时期,近两千年来,三教相争、相容、并立和合流,它们分别得到历朝封建统治者的扶持,亦分别得到不同的社会各阶层人士的信仰,对中华古代文化有着广泛而深刻的影响。而道教文化因其土生土长,它的创立即融合了中原诸多文化因素,同中华古代文化关系密切,其对中华古代文化的影响,更值得我们去探讨。

一、道教植根中原,道术"杂而多端"

道教,实际上是以老子、庄子的道家思想为其基础理论的宗教派别。道教根据老子(李耳,楚国苦县即今河南鹿邑县人)的"道"学理论,即"道生一,一生二,二生三,三生万物"①,认为宇宙间的"道"是本源,天、地、人和万物均是由道派生出来的。同时,道教又将老子关于道的理论神学化,认为道是"虚无之亲,造化之根,神明之本,天地之元",并把宇宙生成分成"洪元""混元""太初"三个时期,又将三个时期变成人格化的神,便是"玉清元始天尊"(洪元)、"上清灵宝天尊"(混元)、"太清道德天尊"(太初),号曰"三清",是道教中天境最高的天神。其中,"太清道德天尊"号称"太上老君",实际上是老子的化身,是道教最早信仰的至尊之神。后来由于出现了"一气化三清"之说,才由一尊神化为三尊神。由于"三清"也代表最高的道德境界,即所谓"道之在我为德","道"与"德"相通,或"德"为"道"之本体,强调信仰者必须修道,修道必须积德,不积德,不

---

① 《道德经》第四十二章。

修行，无从修道。可见，道教的基本理论，实际上是老子《道德经》的变异和神化，无怪乎道教十分崇拜老子，将其变为神。

当然，道教信仰天地又十分广阔，境界玄妙，在"三清天"之上有"大罗天"；在"三清天"之下，还有"三十二天"，天境重重，均有神仙居住。道教还认为，不仅天上有神仙神境，地上也有神仙神境。地上神仙居住的地方有"三十六洞天""七十二福地"，合称"洞天福地"。民间传说的"八仙"，即地上神仙，他们居住在所谓"洞天福地"之中。

道教与其他宗教信仰最重要的区别，在于它不追求死后进入幸福快乐的理想生活境地（如佛教中的"西方极乐世界"和基督教中的"天堂"等），而是教人通过修道积德，以实现"长生久视"，得道成仙。当然，道教信仰除了其目的是得道成仙之外，还有更广的信仰，包罗天神、地祇、山川、百物、仙真和人鬼，也就是几乎继承了中原汉代以前中原居民的各种信仰。说得具体些，就是包括"万物有灵"和人死"灵魂不灭"的原始信仰，有夏、商、周的自然神，商人的"上帝"（天上百神之神），有西周的天神、地祇、人鬼，也有战国时期的神仙迷信，有西汉的阴阳、五行学说和巫术、谶纬，即糅合了诸学说和信仰的因素。正如马端临所言："道家之术，杂而多端。"①所以，道教具有强烈的土著性和民族性。

由于道教的理论和信仰根植中原，道教的初始信仰者基本上是农民。魏晋南北朝之后，经士大夫阶层知识分子的改革，道教渗入了儒家的封建伦理道德，既符合封建统治者的口味，又能吸纳农民、地主、商人、知识分子、官吏、王公、贵族、帝王等各阶层人士，可谓各阶层人士共同信仰的"民众宗教"。由此可见，道教对社会之影响广泛而深远。

二、由于统治者的扶持，道教文化成为封建国家文化的一部分

道教之所以有广泛的信仰者并不断发展，究其原因，除了前面谈及的理论和社会基础之外，最重要的原因，当是它几乎得到历代封建统治者的扶持或默许。

---

① 马端临：《文献通考》卷二二五。

道教是在"太平道"和"五斗米道"的基础上逐渐建立起来的。此二道曾为黄巾等农民起义活动提供掩护,但黄巾起义失败后,中岳嵩山道士寇谦之矫伪所谓太上老君之名,自称天师,并打出"清整道教,除三张(即张角、张道陵、张鲁)伪法"的旗号,改变了部分教义,加入了儒家忠孝仁义之类的封建伦理道德规范,改造道教的组织和宗教仪式,逐渐形成"北天师道"。几乎同时,南朝名门出身的陆静修在建康(今南京)北郊方山著述道经所载的斋戒仪范百余卷,作为改造道教的理论基础,在南方形成道教经箓派,又称"南天师道"。至此,道教便有南、北两个主要流派,使道教远远超出了中原范围,同时,又使道教适合社会各阶层人士的口味。

寇谦之改造道教,得到北魏太武帝和大臣崔浩的赏识和支持。北魏太武帝是正式支持和利用宗教为政治服务的第一个帝王。后周也是崇道灭佛的。隋代,隋炀帝弑兄篡位之后,惧怕因果报应,也不喜欢佛教而信奉道教。后来隋炀帝荒淫无耻,楼观道士歧辉又支持李渊反隋炀帝,"尽观中资粮给其军"①。李渊登基后,不仅亲临南山拜谒老子庙,更把老子当作李氏皇室祖先以礼祭祀。唐太宗承认老子为李氏族祖,还诏令把老子的《道德经》列为科举课目之一。唐玄宗更把《道德经》尊为《道德真经》,并亲自注释《道德经》颁行天下,命士庶均须家家藏有《道德经》,贡举须加老子策。这样,经过唐王朝的大力提倡,道教得到很大发展,成为唐王朝实际上的皇族宗教或"国教"。只有武则天掌权后,为削弱李氏王朝的权威,曾一度抑道扬佛。但是,中宗、玄宗、武宗又倍加扶道而排佛。

北宋秉承唐王朝崇道的传统,宋真宗还借助所谓"大中祥符"天书来统治②。宋徽宗自号"道君皇帝",并"置道官二十六等","道职八等"③,几乎可以另立一个"道教王朝"。而且经过太宗、真宗、徽宗诸帝的诏令天下,把散乱的道家经典著作,经编辑、整理、扩充成为《政和道藏》5481卷。受其影响,当时还涌现出一批道教理论家,其中以亳州真源(今河南鹿邑)的陈抟为代表,其著作有《指玄篇》《三峰寓言》《高阳集》等,憾已佚,只有《无极图》刻石华山,今人能得

---

① 《正统道藏·龙角山记》。
② 司马光:《资治通鉴》第二〇四卷。
③ 《宋史·徽宗本纪》。

见其真迹。明清两代,道教因统治者崇信佛教而失尊,不过,走下坡路的道教,仍未完全被打入冷宫。在顺治、乾隆年间,对登封中岳道观的殿宇亦曾拨款重修。后来乾隆皇帝还亲临中岳庙,还在"黄箓殿"看书批文,因此,该殿后来又更名"御书楼"。特别应提及的是隐居嵩山的王常月道士,北上京师,曾得到顺治帝的支持,在白云观公开设坛传道,有弟子1000余人。由此可见,道教在清朝也远不是被佛教所取代,它仍立足社会上。

统而言之,近两千年来,道教因统治者的扶持而得到发展,更因统治者的崇信而深入到国家政治生活中。魏太武帝亲至道坛受道教符箓,并以道场斋醮仪式为国家为帝王祈福之后,道教的醮仪成为封建帝王和国家祈福的一种风尚,每被利用,在唐宋两代尤盛。唐朝典章中规定的醮仪,除帝王外,各州官设置道观定期办醮为帝王和国家祈福。宋亦重视醮仪,宋徽宗曾举办盛大的祈天大醮仪。明代英宗多病,则举行祈福大醮。可见,道教对古代国家有深刻的影响,道场符箓和醮仪已成为封建国家的某项礼仪文化了。

三、道教对中华科学文化的影响

在中国向来就是政教分离的,而且允许多宗教多信仰同时存在。在中国古代封建社会里,儒教影响最大,而道与释(佛)两教对社会文化的影响就难分伯仲了。当然,对于无文化的人群,儒教的影响却又相对薄弱一些。但是,无论如何,儒、释、道对中华文化都有多方面的影响,尤其是在古代科学文化中找到其踪迹。

(一)道教对科学的影响

在人们的心目中,宗教理论都是唯心主义,宗教与科学似乎格格不入。然而,道教在某些方面却同科学有关,甚至有益。例如,道教徒认为宇宙是"道源",所以他们有观天象的习惯,有天文知识的积累,其中的佼佼者则是有成就的天文学家,或有著作问世,或参加当朝历法的修订。北魏太武帝博士殷绍(长乐人),曾于太安年间贡上《四序勘舆》天文著作。同时,崔浩(冀州人)则编《五寅元历》,成为北魏之历法。唐初,李播著有《天文大象赋》,其子李淳则参编《麟德历》,可见道人对天文有很高造诣,利于我国天文学的发展。

其次,道士追求"长生久视",为此他们修道和炼丹。某些帝王想长生不老,也喜食他们炼的"金丹"。在炼丹时,他们主要采用朱砂、雄黄、云母、硫黄、矾石、慈石、空青、硝石、金砂、胡粉等20余种矿物、药物。其中,部分丹丸是用多种矿物放在密封炉中用火炼制而成。炼丹过程也是某种化学反应过程。尽管其所炼的"金丹"或"仙丹"都含有汞等毒素,人食之有损健康,但其化学反应过程,利于人们对矿物的分解和化合过程的了解,无疑对早期化学有一定的意义。而且炼丹时对药物的配伍和炼制成丸药,对于后来中成药的制造,亦不无益处。特别是炼丹过程对硝、磺、木炭诸物的易燃易爆的特性,以及其控制技术"伏火法",对于伟大的"黑火药"的发明,有着重大的意义。

除炼丹外,道教为达到"长生久视",还独辟蹊径,创造了气功等养生之术。道教的气功养生说的创立并非偶然,这同道教的信仰有关。因为道教基本理论是"气"为天地万物之本源,认为"夫气者,所以通天地万物之命也","人有气即有神,气绝则亡","人欲长寿乃当爱气、养神、重精也"。所谓"气功",是人在摈弃一切杂念而"入静"之后,以调整呼吸的方法控制人体之气,借以达到强身健体延年益寿的一种方术。气功产生于东汉末,形成于魏晋南北朝时期,在隋唐五代十分盛行。气功之术,虽有传授的传统,却有门派之别。不过,万变不离其宗,以气功行气方法而言,却不外"吐纳""咽气""服气""食气""调气""胎息"诸法。在道教中,气功也只是养生的一种主要手段,并在实践中还往往讲究"内修外养"或"众术合修"。练气功为养生,虽为佛教徒所创,若抛开其信仰不言,却是在中国古代流传近两千年的传统文化。纵然未经科学方法验证,运用得当益于健康,乃是不争之事实。适当地对气功养生学加以研究,则应视为继承和发扬我国优秀文化遗产的工作之一。

(二)道教对中华文化艺术的影响

道教是中原的土著宗教,它包罗了东汉以前该地区"杂而多端"的信仰和宗教规仪,拥有丰富的文化内涵。仅道教经典和著作就有数百种近万卷。还有遍布全国各地的道教宫观庙宇建筑和石刻,有娓娓动听的道教音乐,以及与道教相关的绘画和雕塑。这些都是一种历史文化遗产。此外,历代社会各阶层众多信徒,在宗教活动和参与社会生活过程中潜移默化的影响也是很大的。在古代社会生活中,人们奢望长生不老,羡慕所谓神仙过的无忧无虑的快乐生活,都是道教不言而喻的影响。

当然,道教信仰对中华历史文化的影响是多方面的。其中,在文学方面表现最为突出。在诗歌、散文、小说、戏剧诸体裁中,最早受到道教影响的当数魏晋南北朝时期的志怪小说。在当时的70多种志怪小说中,部分有道教的思想色彩。具有代表性的是东晋干宝(今河南新蔡人)的《搜神记》,其次是陶潜的《搜神后记》。因为当时道教尚处形成期,影响有限,尚未有典型的仙真和道士形象出现。只有到了唐宋时期,仙真道人才有典型人物的艺术塑造,才有崇道主题思想反映在文学作品中。例如,唐初王度的《古镜记》,就有了持道教法器以驱邪的道士形象,比以前的著作略胜一筹。唐宋传奇中,已有专门描写道士作法除妖的故事情节。明人冯梦龙收集元、明话本编成的《喻世明言》(《古今小说》)、《警世通言》、《醒世恒言》的"三言"中,也有典型的篇章。其中《警世通言》的《旌阳宫铁树镇妖》《一窟鬼癞道人除怪》等就是道士作法除妖的小说,而且都是把道士当作镇邪的正义力量代表而褒扬的。上述两篇文章的结尾评语诗句各为:"试看真君功行满,三千弱水自通舟","一心办道绝凡尘,众魅如何敢触人?"①道士成为正义人物代表的化身,显然是同唐宋帝王崇道有关,亦同当时恶人横行,众人渴望除暴安良有关。不过,自唐宋以后,也有个别帝王抑制道教,道教在受到贬斥时,在文艺作品中也可能受到讥讽。北宋以后的文艺作品中,描写神仙生活的题材增多,在民间广为流传。

大凡宗教文化都因其有唯心主义的专一信仰所局限,而且任何一种宗教信仰都有其排他性,不可能正确对待其他信仰。尽管中国长期封建社会独尊儒术和政教分离的特殊社会环境,使得国内宗教不得不融入儒家思想和依附王权,从而导致儒释道三教合流,彼此相容并存而又有相对的独立性,所以三大宗教对中华文化都有着不同程度的影响,社会各阶层人士也各自接受一种信仰或同时容许不同信仰,也有不少人无任何宗教信仰。无任何宗教信仰的人,自然对不同宗教有各自不同的观点和态度,这是十分正常的。不过,就其历史而言,道教是源于中原的土著大宗教,又有老庄哲学理论基础,再有它包容了中原多端的信仰,历史上人们对道教比起对外来佛教有一定的亲切感。同时,由于道教吸收了巫术,平日又常见道士披法衣,使用宝镜、宝剑、符咒等物,在民间为人驱邪斩妖,禳灾祈福,对于饱受欺凌和渴望福寿的世人,自有相当大的吸引力。当

---

① 冯梦龙:《警世通言》第四十、十四卷。

然,深受儒家忠孝仁义和封建伦理道德影响的古代百姓,入宫观当道士或削发为僧者仍是少数。不过,即使不是信徒,一般平民百姓也可能将斩妖除魔的道士当作正义的力量,至少为了驱邪祛病,也可能请道士做法事。这就是道教影响力之所在。应该指出,道教追求现世的"长生久视",虽为人们所渴望,人却知其虚,而修道成仙,对于苦难的人们更有不现实之虚幻感而疏远。这些也是道教文化影响局限性的一方面。

(原载《根在河洛——第四届河洛文化国际研讨会论文集》,大象出版社2004年版)

中华文明起源与早期发展

中国文明起源的考古线索及其启示

中国和古巴比伦、古埃及、古印度并称为世界四大文明古国。但是,中国的文明史,有历史文献明确记载又被考古资料印证的是约始自公元前16世纪的商代,算起来距今仅有3600多年的历史。约在公元前22世纪至公元前16世纪的夏代,是我国早期的奴隶制国家,中国绝大多数历史学家向无异议。但因为没有真实可信的历史文献记载,而且考古学又没有发现夏代的历史文献和文字,所以夏代往往被看作传说时代。有鉴于此,中国文明起源问题更是历史学家和考古学家必须探讨的最重要课题之一。著名的考古学家夏鼐先生于1983年到日本讲学时,曾专题谈论这个问题,讲稿后来被日本整理成书①。他在书中指出:"我们根据考古学上的证据,中国虽然并不是完全同外世隔离,但是,中国文明还是在中国土地上土生土长的。"近年,著名的考古学家苏秉琦先生说:"历史文化传统给了我们启发,现实状况给了我们启发,半个多世纪的田野考古工作给了我们启发:中华文化,中华民族,中华国家,原有自己的特色,自成一系。"②大量的中国考古学资料证明,他们的话是完全正确的,笔者完全赞同。那些所谓中国文化"西来说""北来说"和"南来说"都是毫无根据的谬论。我们有充分的历史依据和大量考古资料证实中国文明是在中国土地上发生的,中华民族文化是在中国土地上发生、发展和一脉相传的。世人已经看到,经过考古工作者多年的努力,探索夏代的遗迹遗物即所谓夏文化,已经取得了显著的成绩。在河南偃师县二里头遗址发现的"二里头文化"(特别是它的一、二期)被认为是夏代的文化遗存,还有人认为河南龙山文化王湾类型和煤山类型属于夏

---

① 夏鼐:《中国文明的起源》,文物出版社1985年版,第10页。
② 苏秉琦:《辽西古文化古城古国——兼谈当前田野考古工作的重点或大课题》,《文物》1986年第8期。

文化范畴①。如是,夏王朝应是历史的实体。按夏始算,中国的文明史(距今)也只有4200多年。从二里头文化看,夏王朝属于奴隶制社会,不是中国文化的源头。中国文明发生的年代可能更早,它的起源当从比夏代更早的新石器时代末期或铜石并用时代中去寻找。

"文明"一词,有各种不同的涵义。不过,它的基本涵义应是与"野蛮"相对而言的。美国学者亨利·摩尔根和马克思、恩格斯曾把史前社会划分为蒙昧时代和野蛮时代,把国家建立后的阶级社会称为文明时代。因此,这里所用"中国文明"一词,则是指中国进入阶级社会并建立国家。而"中国文明的起源"所要探讨的就是中国原始社会末期氏族制度如何衰落并导致国家产生的情况。学术研究不是从定义出发,但是为了有效地进行研究,必须首先明确有关概念。我们如何寻找文明起源的线索呢?恩格斯在《家庭、私有制和国家的起源》一书中谈到了由野蛮高级阶段向文明过渡的几个社会动因和特征,我们将其归纳为以下四点:(1)社会生产经验的积累和工具的改进,特别是青铜工具和铁器的使用大大提高了原始社会的生产效能,使人的劳动力可以生产超过维持本人所必需的生产品,这是奴隶制赖以产生的经济基础,也就是文明产生的物质前提。(2)在野蛮的高级阶段,发生了农业和手工业之间的进一步的社会分工,促进劳动产品交换的迅速发展,并导致财产的私人占有,这就瓦解了氏族制度的共同劳动平均分配的基础,产生了私有制。(3)由于男子在社会生产和财产分配中占有优越地位,原始婚姻由对偶婚逐渐过渡到以一夫一妻制为基础的个体婚,并同时产生作为社会生产和生活最小单位的个体小家庭。从此,公社耕地分配给个体家庭使用,久而久之便为个体家庭占有。(4)邻人的财富刺激了野蛮人的贪欲,使部落战争频繁,以石墙、炮楼围绕的石造或砖造房屋的城市,已经成为部落或部落联盟的中心地。"新的稳固的城市周围都围以高峻的城墙:它们的广阔的壕沟成为氏族的坟墓,而它们的塔尖已经耸入文明了。"也就是说,由于生产效能的提高,社会分工的扩大,社会交换的发展,在原始社会末期产生了个体家庭、私有制,彻底破坏了氏族制度,使社会成员划分为贫富两个阶级,终于导致了以阶级剥削和阶级压迫为基础的国家的产生。当然,恩格斯在书中所

---

① 李绍连:《夏文化研究的轨迹——兼评〈夏文化论文选集〉》,《社会科学评论》1986年第4期。

谈,主要根据西半球或西方的民族学资料,对于东方社会有些特征不尽相符,如中国是在青铜时代而不是铁器时代进入文明社会的,迄今夏商两代仍没有发现冶铁的遗迹和铁器;耕地私有在中国也是很晚才出现,至少在商末周初耕地仍是"国有"。所以考察中国文明的起源时,这两点值得注意。但是,恩格斯有关从野蛮到文明的理论,仍然具有指导意义。下面,我们以这个理论为指南,从大量的考古资料中寻找中国文明起源的一些线索,并发表个人一些见解,不当之处,请专家学者教正。

一

中国早期的奴隶制国家——夏和商是在黄河中游地区建立的,所以黄河流域是中国文明最重要的发祥地之一。从考古资料看,黄河流域又可分为三个发达的原始文化区,同中国文明都有密切关系。

(一)黄河中游文化区

这一地区包括陕西、河南、山西和河北四省的部分区域。这里不仅有着距今几十万年以前的蓝田猿人、南召猿人文化,而且有着中国最早的发达的文化发展序列,即磁山·裴李岗文化—仰韶文化—河南龙山文化(或陕西龙山文化)—二里头文化(夏)—商文化。磁山·裴李岗文化,据碳14测定的年代,距今约8000年前,从那时候或更早的年代起,先民就发明了种植粟的农业,驯养猪、狗和羊等家畜,烧制陶器,处于母系氏族社会阶段。它的继承者仰韶文化又把社会继续推向前进。考古工作者在淅川下王岗遗址发现了多达29间的连间排房,在郑州大河村和青台等遗址也发现仰韶晚期的连间排房,这些带火塘的连间或套间排房,应是与个体家庭出现有关。郑州青台遗址还发现几座成年男女合葬墓,或称夫妻合葬墓,它的出现也就反映了父系氏族制度代替了母系氏族制度。这些考古资料以及其他考古证据表明仰韶文化的中晚期已经进入了父系社会阶段[1],其年代大抵距今6000至5000年前。仰韶文化发展到龙山文化阶段变为三支:河南龙山文化、陕西龙山文化和齐家文化,它们的文化特征有

---

[1] 李绍连:《"仰韶"社会进化论》,《史学月刊》1986年第3期。

明显差别,而所处的父系社会阶段及发展水平则大抵相同。此时期,我们除了在陕西华阴横阵村墓地发现龙山文化的夫妻合葬及在一些遗址发现象征男性祖先崇拜的陶祖表明龙山文化处于父系氏族社会阶段外,还发现了一些新的社会因素:1.在郑州董寨遗址、牛寨遗址、登封王城岗龙山文化灰坑,以及在洛阳王湾三期文化层和河北省大城山遗址中,发现了铜器或冶铜现象①,表明龙山文化已处于铜石并用或称青铜时代了。青铜工具的使用,大大提高了社会生产力水平,这是原始社会向文明社会迈进的物质基础。2.自仰韶文化中期出现的灰坑乱葬,到龙山文化时期已有更多的发现。显然,这些人都不是按氏族制度的正常埋葬,这些人既可能是战俘被当作牺牲祭祀祖先后抛弃掩埋的,也可能是触犯家规被处死的家庭奴隶,这是父系氏族社会阶段以前所未有出现的社会现象,它反映了社会成员之间关系的变化,也就是出现了人奴役人、人压迫人的社会倾向。3.龙山文化墓葬中出现了贫富不均的现象,一些墓葬的随葬多寡悬殊。这种现象反映了社会成员之间有贫富的差别,这是私有制出现后固有的社会现象。在山西省一个晚于龙山文化又早于郑州二里岗文化的夏县东下冯遗址,发现了一座男女即夫妻合葬墓,男为仰身直肢,女向着男子俯身直肢,男子有爵、盂、罐等陶器和松绿石装饰品随葬,而女子则无任何随葬品②。这个现象反映了在个体家庭里女子对男子的屈辱地位,也反映了阶级对立已经出现。正如恩格斯所说:"在历史上出现的最初的阶级对立,是同个体婚制下的夫妻间的对抗的发展同时发生的,而最初的阶级压迫是同男性对女性的奴役同时发生的。"③ 4.在河南安阳后冈、登封王城岗和淮阳平粮台发现的龙山文化时期的城址,其中淮阳平粮台龙山文化城址较大,保存亦好。这是迄今国内发现较早较成熟的史前城址,根据 H15 木炭的碳 14 测定的年代距今 4355±175 年,尽管笔者认为它以及前两座城址都是军事民主制晚期的部落联盟中心的防御性城堡④,但此类城堡的出现,昭示氏族社会已瓦解,文明的曙光已隐约可见了。河南龙山文化王湾类型和煤山类型又与年代较早的二里头文化有密切关系并可

---

① 严文明:《论中国的铜石并用时代》,《史前研究》1984 年第 1 期。
② 山西省文物工作委员会:《建国以来山西省考古和文物保护工作的成果》,《文物考古工作三十年(1949—1979)》,文物出版社 1979 年版。
③ 恩格斯:《家庭、私有制和国家的起源》,人民出版社 1972 年版,第 63 页。
④ 李绍连:《淮阳"龙山城"与登封"小城堡"》,《中州学刊》1984 年第 4 期。

能是它的前身。二里头文化发现不少青铜器,并发现一处面积近万平方米的宫殿基址,显示了国家早已出现的征兆。因为它所处的地域和年代与传说中的夏代吻合,应是夏文化。这样,黄河中游的磁山·裴李岗文化—仰韶文化—龙山文化序列,特别是河南龙山文化同中国早期文明有着密不可分的关系。

(二)黄河上游文化区

在黄河上游,中原的仰韶文化,通过临洮马家窑、天水罗家沟、永登蒋家坪和秦安大地湾等遗址的地层关系,证明它的庙底沟类型经过石岭下类型发展为甘肃马家窑类型和半山—马厂类型,而齐家文化又是从半山—马厂类型文化来的。可见,此地的原始文化同中原文化有千丝万缕的关系。不过,经过几个阶段的发展这里已形成有浓厚地方特色的原始文化发展序列,那就是马家窑文化、半山—马厂类型文化、齐家文化。再加上其他类型的文化,使这个地区形成比较发达的原始文化区。齐家文化是这个区域中年代较晚也较发达的原始文化。齐家文化主要分布在甘肃境内黄河沿岸和青海、宁夏等部分地区,它的年代据碳14测定约距今4130±105年至3645±95年,大抵相当于河南龙山文化或稍晚。迄今,已在皇娘娘台、大何庄、秦魏家、齐家坪和尕马台等遗址和墓地中发现了青铜器,说明齐家文化不仅已进入青铜时代,其青铜手工业也有了一定的水平[1]。社会生产力的发展,促进社会制度的变革,在氏族公社内部已产生了财产私人占有和贫富不均等社会现象。在皇娘娘台和秦魏家墓地的墓葬中,无论是墓的规模还是随葬品的数量已有明显的差别。猪等家畜是当时人们的主要财产,人们习惯用猪下颚骨作为财产的象征随葬墓中,其数量愈多愈富有。此外,在青海柳湾墓地的半山—马厂类型墓葬中,随葬品差别也很大。从考古资料可见,齐家文化的农业、家畜饲养和青铜手工业都比较发达,但是财产多为少数人所据有,贫富不均的现象已很明显,这是私有制出现,氏族遭到严重破坏的表征。同时,我们在齐家文化的墓葬中还发现了一些夫妻合葬墓,这些合葬墓都是男性为仰身直肢,女性侧身屈肢面向男子,这些现象说明男子居统治地位的个体小家庭早已经出现了。不仅如此,在齐家坪、皇娘娘台、秦魏家和柳湾等遗址墓地中,已经发现有殉人的现象,它是齐家文化社会出现私有制以后导

---

[1] 甘肃省博物馆:《甘肃省文物考古工作三十年》,《文物考古工作三十年(1949—1979)》,文物出版社1979年版。

致贫富阶级分化的恶果。还应提及的是,大致相当于齐家文化后期的火烧沟类型文化,它的玉门火烧沟遗址312座墓中,出土铜器者便有106座,占墓葬总数的三分之一强。尤其是这些铜器已采用模铸,可见青铜手工业已比较发达。墓葬随葬品亦多寡悬殊,反映贫富已有明显的差别。此外,发现有20座墓葬有殉人或用人祭等现象[①],又表明人压迫人、人奴役人的阶级社会所固有的社会现象已见萌芽。上述种种考古资料表明,齐家文化和包括火烧沟类型在内的其他原始社会末期文化,已经向文明的门槛迈步了。由此可见,广布于甘、青、宁一带的原始文化既渊源于中原,又有自己的发展序列,它们,特别是齐家文化,可能是我国西北地区稍晚于夏王朝进入文明的摇篮之一。

(三)黄河下游文化区

这个文化区也有一个重要的新石器时代文化系统,即北辛文化—大汶口文化—山东龙山文化(即所谓典型龙山文化),这是一个不同于中原的另一文化发展序列,它主要分布于山东省及其相邻的安徽、江苏和河北等部分地区。多年的考古成果表明,这个文化系统同样已向着文明方向发展。考古工作者在大汶口、刘林和王因等大汶口文化墓地中,已发现了少数男女合葬墓,而且从几座夫妻合葬墓看,作为社会生产和生活基本单位的以一夫一妻制为基础的个体小家庭已经出现。其次,据大汶口、野店等地墓葬统计,随葬猪骨的墓葬,约占三分之一,而且多见于大中型墓,小型墓随葬猪骨是个别现象。同时,大型墓普遍使用木椁,有多而精的随葬品;小墓没有木椁,随葬品很少或没有。墓与墓之间的差别已比较大。据说大汶口文化一个陶尊上发现了文字图像。凡此种种,说明大汶口文化(公元前4300—前2400年)比大抵同时存在的仰韶文化不仅不落后,反而在社会发展方面还先进一步。

从地层叠压和陶器的演化看,山东龙山文化是继承大汶口文化发展起来的。在山东龙山文化一些遗址,诸如胶县三里河、诸城呈子、栖霞杨家圈、北长山岛店子等处曾发现铜锥、铜片等铜器[②]。青铜工具的发现,反映龙山文化已进入青铜时代,比大汶口文化时期有更高的生产水平。山东龙山文化还发现卜

---

① 青海文物管理处考古队、中国社会科学院考古研究所:《青海柳湾》,文物出版社1984年版。

② 严文明:《论中国的铜石并用时代》,《史前研究》1984年第1期。

骨,说明原始宗教意识的出现。早年在城子崖遗址还发现了城墙残段。这些现象反映它和河南龙山文化处于同一社会阶段,大汶口文化时期出现的私有制和贫富阶级分化在山东龙山文化阶段得到巩固和发展,开始迈进文明的门槛。

二

除黄河流域外,长江流域也是中国文明的发祥地之一。根据目前的材料,文明起源的一些线索亦见于长江中游的江汉地区、下游的太湖流域和上游川江等原始文化区。

(一)江汉流域文化区

这个文化区虽然受到中原文化的某些影响,特别是仰韶文化的扩展,但从考古资料看,"江汉地区在郧县和郧西发现了年代相当蓝田猿人的牙齿化石;在大冶发现了一批远古人类的石器,在长阳县发现了属于古人阶段的长阳人化石;以及发现几百处在年代上相互衔接的大溪文化、屈家岭文化和湖北龙山文化遗址,可见这个地区的原始文化源流也是久远的,亦有自身的发展序列"[1]。这个文化序列在新石器时代就是大溪文化—屈家岭文化—"湖北龙山文化",其中大溪文化主要分布在四川巫山以东的长江沿岸,屈家岭文化主要分布在江汉地区并扩展到河南的西南和中部地区。

所谓"湖北龙山文化",是在屈家岭文化的基础上发展而来的。这类文化发掘资料尚少,但从这类文化已发现陶祖来看,它已进入父系氏族社会。同时从青龙泉24座成人墓中发现只有9座有随葬器物,其中4座墓随葬猪骨,多者一座墓随葬14副猪颚骨。乱石滩4座成人墓随葬器物也不等,其中2座除陶器外,还有三四件猪颚骨[2],由此可见,私有财产已经出现,社会成员已经开始贫富分化。

近年人们在探索楚文化的起源时十分注意屈家岭文化和"湖北龙山文化"。

---

[1] 李绍连:《试论中原和江汉两地区新石器时代文化的关系》,《考古学集刊》1984年第4期。
[2] 中国社会科学院考古研究所:《新中国的考古发现和研究》,文物出版社1984年,第136页。

有人认为,先楚文化的渊源是江汉地区的屈家岭文化①。笔者也曾认为楚文化虽然受到中原文化的影响,但它主要是在当地原始文化如"湖北龙山文化"的基础上发展起来的②。苏秉琦先生考察江汉楚墓中早于商代的"楚式鬲",其分布范围从不越出江汉平原,而且它的早期因素存在于"湖北龙山文化"中。也就是说,江汉地区的原始文化,可能是楚文化的前身。当然,江汉地区的文明,要比中原晚一些。

(二)长江上游川江文化区

自四川宜宾至湖北宜昌一段长江,习称为川江。川江流域哺育着古代巴、蜀文化。这个地区的原始文化也比较发达。往上可追溯到旧石器晚期的"资阳人"文化,往下比较发达的有大溪文化和其他类型的新石器时代文化。目前,虽然尚不知这些原始文化如何发展为东周时期的巴、蜀文化,考古工作者却在这个地区发现了相当于商末周初的青铜器。特别是1986年3月在广汉县三星堆古遗址发现了殷商时期的两个祭祀坑,出土400多件珍贵文物,包括金、银、铜、玉、石、骨等质料的器物,其中有一米多长的金杖、同人头大小相仿的金面罩、比人头还大的青铜俑头等③。这些青铜器的形制有某些中原文化因素,而像金杖、金面罩则有地方文化的特点,反映一种地方习俗。这里出土的金面罩,使我们想起大溪文化曾出土人面形玩具,两者之间似有某种联系,这种青铜时代的文化是否可以溯源于大溪文化?其次,东周时期的巴蜀铜器,尽管受到中原文化的强烈影响,仍有浓厚的自身特色,其中尤以柳叶状无首剑,以及独特的"船棺葬"为典型。此外,四川的考古工作者曾注意到巴蜀兵器或其他器物的花纹,似乎是某种意义的符号联缀而成,并称为"巴蜀图语"。1976年在出土的青铜戈上,有一种既不同于篆书,又不是隶书的文字④,可能是巴蜀流行的原始文字。这些零星资料表明,这个文化区的文化关系虽不甚明了,已可看到它有独自的文化发展序列,巴蜀文明当是这个序列发展的结果。而这个文化受中原文化的强烈影响,是中华各族文化融合的一种现象和过程,又为后来秦始皇的统一奠

---

① 王劲:《楚文化渊源初探》,《中国考古学会第二次年会论文集》,文物出版社1980年版。
② 李绍连:《楚文化起源的几个问题》,《楚文化研究论文集》,中州书画社1983年版。
③ 见《人民日报》1986年9月1日第3版。
④ 四川省博物馆:《四川文物考古工作三十年》,《文物考古工作三十年(1949—1979)》,文物出版社1979年版。

定了基础。

（三）长江下游以太湖流域为中心的文化区

长江下游，特别是太湖流域和杭州湾地区的原始文化也很发达，这里的新石器时代文化有许多类型，它们之间的关系尚未完全搞清。不过，根据余姚河姆渡和桐乡罗家角等遗址的地层叠压关系，我们可以认为河姆渡文化—马家浜文化（包括崧泽类型）—良渚文化这个约距今7000—4000多年前的新石器时代文化发展序列，是这个区一支自成系统的发达的原始文化。约距今7000多年前的河姆渡文化，使用带柄的石斧、石锛及木耜等生产工具，种植水稻，驯养猪、狗、羊和水牛等家畜，建筑了大片榫卯结构的木房屋，使用漆器，烧制釜、罐、盆、盘、钵等夹砂黑陶，使它成为有别于其他文化的较早新石器时代文化，河姆渡文化发展到马家浜文化阶段，氏族社会已发生了一些变化。

直接继承马家浜文化崧泽类型发展起来的良渚文化，使用着三角形犁状器和耘田器等新型工具。除种水稻和饲养家畜外，从钱山漾发现丝织物和吴江梅堰发现黑陶上刻有蚕纹图案看，它还养蚕织绢。陶器制作技术也有很大的进步，普遍使用轮制，某些图案还用漆彩绘图案。这些发现反映了良渚文化农业和手工业已有很大发展。同时，在江苏吴县草鞋山遗址发现一座典型的良渚文化墓葬(M198)。出土玉器的遗址较多，这里出土的璧、琮之类的制品是商、周奴隶主的礼器，而且商代流行的兽面纹也在这里发现。这种现象值得深思：中原的商文化是否汲取了比它早的良渚文化的某些因素呢？目前尚没有发现良渚文化有青铜器，但从玉器雕刻的花纹如此精美，没有青铜之类的金属工具是不可想象的。良渚文化的年代，据碳14测定约在公元前3310±135年（钱山漾）至公元前2378±145年（雀幕桥）之间，其上限比山东和河南龙山文化稍早。虽然良渚文化的继承者尚没有完全弄清，不过，很可能是钱山漾、马桥等遗址叠压在良渚文化遗存上面的文化遗存，即属于青铜时代早期印纹陶文化。这样一支有独立发展序列的发达原始文化，很可能和这一带地区内的所谓青莲岗文化、湖熟文化等融合在一起，发展成为后来的吴越文化。如是，这里亦当是一个区域文明的发祥地。

三

在珠江流域,亦发现不少旧石器时代和新石器时代文化遗址,特别是某些新石器时代文化,其发达程度比黄河和长江流域的新石器时代文化并不逊色。从考古文化看,也可分为上游、下游两个文化区。

(一)珠江下游文化区

这个区曾发现"马坝人"化石及一些旧石器文化,新石器时代文化遗址三四百处,并可分为早、中、晚三期。早期是洞穴遗址,可以英德青塘和海南西樵山遗址为代表;中期可以潮安陈桥村、增城金兰寺下层为代表;晚期则以曲江石峡下层、中层和金兰寺中层为代表。从金兰寺和石峡遗址的地层关系,至少可以看到此地新石器时代中晚期发展的脉络。金兰寺下层文化的年代距今约6000年,出土有肩石锛以及绳纹和篮纹陶器;而它的中层则出现了有段石锛,并产生了曲尺纹、云雷纹等印纹陶器,尤其是中层出现了作为男性崇拜物的陶祖,反映了氏族社会已发生了变化,父系可能已经确立。中层的年代经碳14测定和树轮校正为公元前2495±145年。

和金兰寺中层同时代的是曲江石峡下、中层文化,石峡遗址文化遗存比较丰富并具有代表性,故被称为石峡文化。关于它的发展水平和社会状况,可以从墓葬资料中窥见一斑。石峡文化遗址发现一次葬64座,二次葬4座,共108座。这批墓葬有大、中、小之分,随葬品多寡悬殊,大型墓随葬品相当丰富,苏秉琦先生曾将这类墓分为四类,并指出:"四类墓葬的明显差别在于前两类集中地随葬大量兵器与生产工具,以及象征主人具有特殊地位的钺与琮及其它贵重物品;后两类则只有少量生产工具和陶器而无任何兵器及贵重物品。生产手段与财富的集中于少数人之手,与暴力手段的垄断相结合,这是阶级社会的特征。社会分裂为剥削者与被剥削者、压迫者与被压迫者的条件已初步具备,原始社会的解体到了最后阶段。"[①]

石峡文化的年代,根据它的一期墓(M79)碳14测定为公元前2730±155年

[①] 苏秉琦:《石峡文化初论》,《文物》1978年第7期。

(BK76024)，根据苏秉琦先生的分析推定,它的下层距今 5000 至 4000 年,而它的早期还可上溯到距今 6000 至 5000 年期间①。远离中原的石峡文化,虽然它的玉器与良渚文化相类,但最富特色的陶器却明显不同,所以它当是此地独自发展起来的原始文化。它在约和河南龙山文化同时或稍早开始了氏族制度的解体过程。石峡遗址上层文化当是中、下层文化的继续,是石峡文化的组成部分。石峡上层文化出土夔纹、云雷纹和方格纹组合的印纹硬陶陶器,与少量的磨光石器、青铜器共存,它的年代稍晚,相当于西周晚期至春秋。不过,我们从佛山河岩遗址看到几何印纹陶很发达,在它的上层有向青铜时代过渡性质的以夔纹为代表的几何印纹陶。这样,我们可以说,这一区域的原始文化尽管受到长江乃至黄河流域原始文化的影响,但它毕竟有自己的发展过程,可以缓慢地发展到文明社会。

（二）珠江上游文化区

珠江上游流域,主要指广西壮族自治区境内,也是一个原始文化发达较早的区域。它最早有"柳江人"化石文化,新石器时代遗址发现很多,从早到晚皆有。在新石器遗址中有男性崇拜物陶祖的发现,应与此地原始文化进入父系阶段有关。此外,在贺县中华遗址发现了少量青铜器,平南县石脚山遗址还发现铸范,它反映已进入了青铜器阶段②。广西的原始文化既受中原和长江流域文化的影响,也有自己的特色。在中原进入商周时代时,这里属"百越"地区,出土了不少青铜器,特别有作为少数民族文化标志和统治权力象征的铜鼓,可以推断,在商周时代或更早的年代,这里的"百越"也进入了奴隶社会阶段。因此,这里也应作为中国文明的发祥地之一。

四

除了黄河、长江、珠江三大河流,在我国的东北和北方,也发现了一些比较

---

① 苏秉琦:《石峡文化初论》,《文物》1978 年第 7 期。
② 广西壮族自治区文物工作队:《三十年来广西文物考古工作的主要收获》,《文物考古工作三十年(1949—1979)》,文物出版社 1979 年版。

发达的原始文化，同我国文明的起源也有密切关系。北方和东北诸文化关系比较复杂，但经过当地考古工作者的努力，特别是辽宁敖汉旗小河沿遗址的发掘①，已摸索出一个重要的文化发展序列，即红山文化—敖汉旗小河沿类型文化—夏家店下层文化。这是一个从新石器时代到早期青铜文化的文化发展序列。红山文化，或者如苏秉琦先生所说的"红山诸文化"，约从距今七千年前至距今四五千年前。在这个跨度很大的历史阶段里，红山文化的氏族社会发生了某些重要变化。在辽宁牛河梁遗址所发现的积石冢群，是红山文化惊人的发现之一。目前已在近30个山巅或高坡上发现类似的石冢，冢内数十列"棺"而葬，但石"棺"大小差别很大，中心的大墓石棺长宽各3.5米，一般棺都很小，长仅1.5米，宽约0.5米，二者相差两倍，而且出土的随葬品数量也差别很大②。由此推知，当时氏族成员之间不再是平等的，已有了贫富和等级的差别。除了积石冢群，在牛河梁主梁北山丘上还发现一座由一个多室和一个单室组成的女神庙遗址。在遗址中，发现了一些建筑构件、泥塑造像和陶制祭器等遗物。尤其惊人的是一个和真人大小的头像，面涂红彩，浅眼窝内嵌入圆形玉片，显得炯炯有神。泥塑彩绘神像在我国是首次发现③。同时，我们在内蒙古大青山西段的莎木佳、黑麻板、西沙塔等三处遗址都发现有石圈砌的祭坛遗迹④。祭坛和女神庙的发现，表明红山文化时期原始宗教的萌芽和发展。苏秉琦先生仔细研究了东北的考古资料后指出："喀左东山嘴，相当红山文化后期的祭坛遗址、牛河梁的'女神庙'遗址以及附近多处积石冢等，说明了我国早在五千年前，已经产生了植基于公社、又凌驾于公社之上的高一级的社会组织形式。"⑤

红山文化，根据敖汉旗小河沿和翁牛特旗大南沟遗址的地层关系证明，它经过小河沿类型发展为夏家店下层文化。从翁牛特旗的石棚山墓地所发现的70多座墓中可以看到，随葬生产工具的绝大多数是男性，而且出现了男女合葬

---

① 辽宁博物馆等：《辽宁敖汉旗小河沿三种原始文化的发现》，《文物》1977年第12期。
② 见《光明日报》1986年9月1日头版。
③ 辽宁文物考古研究所：《辽宁牛河梁红山文化"女神庙"与石冢群发掘简报》，《文物》1986年第8期。
④ 包头市文物管理所：《内蒙古大青山西段新石器时代遗址》，《考古》1986年第6期。
⑤ 苏秉琦：《辽西古文化古城古国——兼谈当前田野考古工作的重点或大课题》，《文物》1986年第8期。

即夫妻合葬墓,反映了在小河沿类型文化阶段即出现了男子占统治地位的个体小家庭,而且从随葬品差别较大的情况看,贫富进一步分化了①。到了夏家店下层文化阶段(距今约 4000—3500 年间),已进入了早期青铜器时代。在Ⅲ地点第四层(层位号⑥)发现了四颗铜屑,最大者直径 0.5 厘米,似是铜器的碎屑②。在社会出现了个体家庭和私有制的基础上,青铜工具的使用,必然使氏族制度进一步崩溃并向更高一级社会即文明社会迈进。特别是近年发现沈阳新乐文化遗存后③,东北南部地区的新石器时代文化,已可追溯到距今 7000 多年以前,大抵与中原的早期仰韶文化同时。所以尽管红山文化受到中原仰韶文化的某些影响,这一带原始文化当有自己的发展序列④,更说明北方和东北地区的原始文化对中国文明的起源具有重要意义。

除上面谈到的四大区域内的九个原始文化区外,还有一些与中国文明起源有关的原始文化区,限于篇幅,不一一谈及了。综上所述,关于中国文明起源的问题已得到一些重要的启示,主要有以下几点:

(1)中国地域广袤,气候温和,物产丰富,哺育着人类的文明。中国早在 170 多万年前就有人类居住。先民们同自然作斗争的能力十分有限,他们被大河、高山分隔在不同的地域,凭着自己勤劳的双手和自然界作斗争,创造着社会物质财富和精神财富。打开中国历史文献和考古资料,可以看到在秦始皇统一中国以前,从地理概念上说,中国境内尚没有统一的国家。夏王朝和商王朝是当时世界上强大的奴隶制国家之一,但在中国广阔的版图内,其占据的地域尚小,还不能说是统一的大国。商王纵有王畿千里,也还同时存在众多的分封诸侯国和方国。早期国家的建立既然没有完全控制全土,那么就很难说中国文明是起源于一时一地。鉴于上述谈到的九个原始文化区都有自己的文化发展序列,因此,它们都可以通过各自的发展而步入阶级社会。也就是说,中国文明虽

---

① 内蒙古自治区昭乌达盟文物工作站:《内蒙古昭乌达盟石羊石虎山新石器时代墓葬》,《考古》1963 年第 10 期。

② 中国社会科学院内蒙古工作队:《赤峰药王庙、夏家店遗址试掘报告》,《考古学报》1974 年第 1 期。

③ 沈阳市文物管理办公室、沈阳故宫博物馆:《沈阳新乐遗址第二次发掘报告》,《考古学报》1985 年第 2 期。

④ 可参考郭大顺、马沙:《以辽河流域为中心的新石器文化》,《考古学报》1985 年第 4 期。

然是土生土长的，但说它起源于一时一地是不符合历史实际的，它应该是中国境内各地文化发展的结果，或者说上面提及的四大区域的原始文化区都是中国文明的发祥地。这种看法可称为"中国文明起源境内多元论"。

（2）中国文明虽然发祥于境内的不同地区，但还有个主次，黄河中游原始文化比较发达，而且最先建立奴隶制国家即夏和商，而且周围其他几个原始文化区都受到它的影响，所以这里是主要的也是最早的中心地区。也正是因为中原文化比较先进，给周围原始文化予强烈影响，而周围的原始文化也给中原文化予一定的影响，彼此影响的结果，促进了各地不同文化的融合，故有后来秦始皇的统一，有中华民族共同的文化和传统。只是强调中原文化区的重要性时，不要忽略其他文化区对中国文明起源的重要作用。

（3）中国文明起源，从上述材料看，可以追溯到5000多年前。当然各地原始文化发展不平衡，进入文明社会的时间也不是一刀切那么整齐划一。黄河中游、黄河下游和黄河上游三个文化区可能是距今约5000年前进入文明社会。而长江流域、珠江流域和北方（包括东北地区）三大区域进入文明的时间，可能比黄河流域稍晚，不过这三大区域的原始文化发展序列，也是从距今四五千年前便出现了个体家庭、私有制和贫富分化的社会现象，因此，氏族社会的灭亡和阶级社会的产生，亦当大抵在距今四五千年之间。尽管这些进入文明稍晚的文化区受到中原先进文化的影响，它们毕竟是通过自身的发展达到文明的。

（这篇论文曾于1986年9月17日在沈阳召开的中国考古学会第六届年会上宣讲。新华社于9月22日播发本文的论点，9月23日《人民日报》头版以《中华文明发祥地有四大区域》为题比较详细地报道了本文的观点，各报同时转载）

（原载《中州学刊》1987年第1期）

何谓"文明要素"？

在史学研究中，无论中外学者一般都把"文明"视为与"野蛮"相对的社会历史现象，同时又把"文明"看作继原始社会的"蒙昧""野蛮"两个社会发展阶段之后又一新的社会发展阶段。那么，如何识别或确定原始社会在何时何地进入文明社会了呢？换句话说，从原始社会进入文明社会阶段的标志是什么？学者把这些主要文明的标志或构成文明的重要因素称为"文明要素"。哪些东西是"文明要素"？无论中外学术界均无共识。从我国学术界近几年所发表的论著或学术会议上的发言来看，学者们对"文明要素"的理解是多种多样的，其中具有代表性的观点，主要有下列几种：

1. 有的把金属器的应用、文字的发明和城市的出现三者当作"文明三要素"[1]，认为只要三者具备便进入了文明社会。

2. 有的学者认为"旱地农业的复合体系"和文字、城市、国家等是文明的重要标志[2]。

3. 有的学者认为父系个体小家庭、私有制、阶级三者是构成文明的要素，而国家是文明确立的总标志[3]。

4. 有的学者认为工具、用火、艺术起源和埋葬习俗是文明的标志[4]。

5. 有的学者认为，诸如金属器、文字和城市等所谓文明要素都有种种局限性，唯有把"父权家族的出现"作为文明社会起源的标志才合乎历史的实际[5]。

6. 还有个别学者有其他观点，或把人工制火和图腾崇拜，或者玉制礼器如

---

[1] 夏鼐：《中国文明的起源》，文物出版社1985年版。
[2] 唐嘉弘：《论黄河文明》，《先秦史新探》，河南大学出版社1988年版。
[3] 李绍连：《"文明"源于"野蛮"——论中国文明的起源》，《中州学刊》1988年第2期。
[4] 陈淳：《从考古学谈人类的早期文明》，《上海大学学报（社会科学版）》1984年创刊号。
[5] 田昌五：《马克思主义与华夏文明的起源》，《华夏文明》，北京大学出版社1987年版。

玉璧、玉琮、玉钺等，或者玉石雕刻的"龙"的出现和"龙"相关的图腾崇拜都分别看作文明的标志。

学者们根据各自对文明涵义的理解以及自立的"文明要素"去研究和判断，在有关文明起源问题上，特别是在文明起源于何时何地这个重大问题上有巨大分歧。其中仅中国文明起源的时间，迄今就有"仰韶说"①、"龙山说"②、"龙山早期说"③、"夏文化说"④、"夏代说"⑤、"商代说"⑥等六种观点。说文明起源于仰韶文化中晚期其年约距今6000年，而主张文明起源于商代其年代距今3600—3100年，差距达两三千年。如何消除这一分歧和障碍并促进中国文明学术研究的深入呢？笔者认为，当务之急必须做到三点：第一，从理论上正确理解"文明"一词的涵义，以达成共识。第二，确定"文明"的标志（也称标帜）或称"文明"要素，以便研究者都持有公认为合乎科学的标尺。第三，学术研究的方式方法可以不同，但都应以历史唯物主义为指导原则。只要做到这三点，即使我们研究的方式方法和研究角度不同，也会有殊途同归或异曲同工之妙——其研究结果都接近于或完全符合社会的史实。这里仅对何谓"文明要素"问题作一具体分析。

现在有部分学者把金属器、文字和城市视为"文明三要素"，也就是前面提到的第一种观点。同时也有一些学者，其中包括笔者在内，不断指出这种观点有很大片面性，它们并不是文明产生的必备要素。著名史学家田昌五先生指出："把这三者作为文明社会产生和形成中的规律性的东西却并不确切。实则，世界上许多文明民族在开始时并没有文字，而我国最早的文字从萌芽到发展成熟经历了相当长的过程。所以有没有文字很难作为人类文明到来的共同标志；而文字发展到什么程度才算进入文明社会也很难定论。以城市的出现为标志，也有难以解决的问题。我国周原的考古文化可以说属于文明社会，然而在那里

---

① 陈昌远：《仰韶文化是中国文明的源头》，《先秦史论集》，中州古籍出版社1989年版。
② 姚政：《中国古代文明起源新探》，《南充师范学报（哲学社会科学版）》1984年第3期。
③ 李绍连：《华夏文明之源》，河南人民出版社1992年版。
④ 夏鼐：《中国文明的起源》，文物出版社1985年版。
⑤ 佟柱臣：《中国新石器时代文化的多中心发展论和发展不平衡论——论中国新石器时代文化发展的规律和中国文明的起源》，《史学月刊》1984年第1期。
⑥ 安志敏：《试论文明的起源》，《考古》1987年第5期。

并没有发现城市。商代前期经考古证明是有城市的,而殷墟作为商朝后期的王都却没有城市。欧洲古代历史是从城市发展起来的,可是它的中世纪反以乡村为出发点。"又说:"它(指铜器)和城市与文字一样,都属于物质文化。这种物质文化可以说明人类文明到来的某些社会现象,不足以揭示人类文明社会产生和形成的规律。"①笔者先后在一些论文和专著中多次指出这种所谓"文明三要素"的片面性②,不再赘复。在这里再谈几点。我认为把金属器、文字和城市作为文明要素至少有如下三个弊病:

(1)前面已指出,它们具有很大的片面性或局限性。这方面的事例是很多的,例如美洲秘鲁的印加古国没有文字,中国古代方国如夜郎等都没有自己的文字,古匈奴国既无文字也无城市。这些例子说明,进入文明社会不必一定要拥有文字和城市。这么说文字和城市作为"文明要素"就不是规律性的东西了,如果硬要坚持此三者必备才是文明否则不是的观点,显然违背历史事实,是不科学的。

(2)金属器、文字和城市作为"文明三要素"有一个致命弱点,那就是它们三者都是物质化的社会现象,没有一个能够反映文明的本质。直到社会主义社会产生以前的任何文明社会都是建立在私有制经济基础之上的人压迫人和人剥削人的阶级社会,其本质是人奴役人(或阶级压迫)和剥削,这是马克思和恩格斯早已阐明了的。无论是金属器和城市,还是文字本身并不能反映这个本质。

(3)金属器、文字和城市三者都是产生于原始社会末期的"野蛮人"之手,又可为今后人类社会任何阶段所应用,有着广泛的社会广延性。在这里问题又来了。金属器产生较早,约在仰韶文化的中晚期,距今6000年左右。文字起源虽可追溯到仰韶文化晚期,而成熟的文字则在夏、商两代。城市的出现在龙山文化时代,约相当于夏代。可见此三者的产生年代相差两千年。这种"文明三要素"何时成熟是以成为确认文明产生的标志呢?我们认为很难有一个贴切的标准。从上述三方面看,这种所谓文明要素实在缺乏科学性,不能主观地把它

---

① 田昌五:《马克思主义与华夏文明的起源》,《华夏文明》第一集,北京大学出版社1987年版。

② 李绍连:《"文明"源于"野蛮"——论中国文明的起源》,《中州学刊》1988年第2期。

们作为规律性的东西应用于学术研究。

至于前面第二种"文明要素"的观点,似乎是第一种观点的扩大。其中国家政权的建立是文明社会确立的最后标志,这是公认的,毋庸议论。其加上一个"旱地农业复合体系"无非增加一点物质基础和社会性。诚然,任何社会的发展都是以物质生产发展为前提的。在原始社会过渡到文明社会的过程中,农业的发展具有重要意义。由于"旱地农业复合体系"的措辞是极其复杂和抽象的,需要附加多少文字也很难说明进入文明的是什么样标准;同时农业仅是原始物质生产的一部分,还有另一个重要生产部门——原始手工业未包括在内,这类物质生产并不能反映文明的本质特征,一般不把它列为"文明要素"。

此外,个别学者的其他观点,如把工具、用火、艺术起源和埋葬习俗当作文明标志也是不妥当的。因为这些东西是一种文化现象,而且工具可以追溯到几十万年甚至百余万年前的旧石器时代,艺术起源和埋葬死者习俗也可追溯到距今几万年前的旧石器时代晚期和距今约一万年的新石器时代早期,与文明起源无必然关系。即使原始社会末期的文化艺术和埋葬习俗反映社会变革而与文明有某种联系,但这些东西却不能独立成为"文明要素"。再如所谓图腾崇拜或者对龙的崇拜等都是氏族社会里最时兴的文化现象,是一种原始宗教意识,在文明产生以后则逐渐衰落,不可当文明要素。还有个别学者把玉璧、玉钺、玉琮和玉龙等玉器的出现看作文明的标志或当作文明的"曙光"也不妥当。因为这些器物出现于新石器时代中晚期文化中,一般当作装饰品,尽管其中有些(诸如玉钺和玉琮)可作为部落联盟首领和军事首长的"礼器",作为地位和权力的象征,不过,在此类玉"礼器"最兴盛的良渚文化,也没有进入文明的门槛,所以亦不能把此类物品当作"文明"的标志。我们认为把一些具体物品即使它在某些地域可作为文明产生的伴生物,也不可将它作为"文明要素"。事情不难了解,玉礼器在古代文明中(尤其是其他国家)并不普遍,为一时一地所特有,不可能成为普遍的带有规律性的东西。即使像历法这样一些高级文化产品,也不可能独立成为文明要素。

那么,什么是真正的或科学的"文明要素"呢?笔者认为,顾名思义,所谓文明要素,就是文明产生所必备的社会因素或构成文明的主要因素。上面所分析的几种所谓文明要素大多都不符合这些要求。符合这些要求的文明要素就是前面提及的笔者所提倡的第三种观点,即父系个体小家庭、私有制、阶级和国家政权。此四者中,因国家政权的建立是文明确立的总标志已得到公认,不必再论,下面仅对前三个要素做简要的分析。

父系个体小家庭何以成为文明要素呢？因为它的出现引起原始氏族社会的一系列变革。首先它将属于氏族的土地长期占用并将劳动所得全部据为己有,这就破坏了氏族公社公有制的基础和集体劳动平均分配的经济制度。其次它是实行以一夫一妻为基础的个体婚制后产生的,子女不再是知母不知父,父亲能够确认自己的子女,并逐渐争得子女对父母财产的继承权,破坏了死者财产归氏族的氏族制度。仅此两个方面就可以看出,父系个体小家庭的出现便是氏族制度瓦解的首要因素,并使它成为文明社会私有制赖以发生、存在和发展的土壤。由此可见,父系个体小家庭的出现具有何等重要的社会意义,甚至可以说没有它就没有文明。有的学者把由若干同一血缘个体家庭构成的父权家族出现视为文明的起源是有一定道理的,其重要的学术价值在于抓住了文明同父权家族关系的实质。不过,父权家族虽然存在于原始社会末期至文明社会的早期或更晚,但其不是一个有机实体而是处在不断的变化和分裂的状态之中,它的影响力是有限的。况且在文明社会阶段父系个体小家庭正式成为社会生产生活的最小单元,是社会的细胞,因此,把父系个体小家庭这个实体作为文明要素远比父权家族这个概念更加符合历史的实际。

私有制的产生取决于社会发展的多种因素,其中同父系个体家庭的子女继承权有密切关系,前面已经谈及了。私有制同氏族公有制是根本对立的,而且它的出现,在当时特定的社会条件下很快取代了氏族公有制,并成为文明社会的经济基础。迄今,一切文明社会的基本经济制度都是私有制,甚至在公有制占主导地位的社会主义社会也不能排除财产的私人占有而存在某种程度的私有制,所以,私有制是文明社会无一例外的要素。

阶级是私有制发展的必然结果。人们占有财产有多寡不同,一群人可以利用对财产的控制权去压迫和剥削另一群人,导致贫者愈贫,富者愈富,阶级对立由此产生。氏族制度不允许人压迫人、人剥削人,阶级在父系个体家庭、私有制之后产生,最终导致氏族制度及氏族公社彻底瓦解。国家在氏族公社的废墟上建立起来便是文明社会的开端。迄今,阶级的存在是任何文明社会的特征之一。

恩格斯早已在《家庭、私有制和国家的起源》一书中对家庭、私有制、阶级在文明产生过程中的作用已有精辟的论述,只是人们未予足够的重视。现在笔者把父系个体家庭、私有制和阶级三者明确提倡为文明要素,一方面是强调它们的重要性,另一方面也是因为它们能反映出文明的本质特征是构成文明的因素。所有其他所谓文明要素都不能与之相媲美。

当然,在这里应该指出,文明起源可以追溯到父系个体家庭、私有制和阶级这些文明要素的产生,但这些文明要素也有一个萌芽、生长和成熟的过程,由此决定文明的产生也是一个历史过程而不是暂短的一瞬。同时,这些文明要素都有必然的内在联系,各有其社会影响力,必然要做综合的考察,切忌孤立地片面地抓住一个而冒失地下结论。此外,在考察文明起源时,还要注意社会生产发展的状况。

(原载《河南社科通讯》1992年第8期)

"文明"源于"野蛮"
——论中国文明的起源

一部人类社会发展史可划分为蒙昧、野蛮和文明三个发展阶段。所谓文明是指在原始公社废墟上建立国家政权而进入阶级社会的历史进程。研究文明的起源是历史学家和考古学家头等重要的课题。中国是世界四大文明古国之一,然而由于历史文献匮乏,商代以前的社会状貌尚蒙上一厚层神秘莫测的灰尘,中国文明之源更深藏于历史迷宫之中。近几十年来,由于田野考古大规模开展,发现大量的历史遗迹遗物,获得丰富的考古资料,不仅使夏文化研究有重大进展,还获得中国文明起源的一些重要线索。在这种情况下,一些历史学家和考古学家对中国文明起源重新进行探讨并提出一些新的观点,这是可喜的现象。这些新的学术观点,可能还不够完善,论据还不那么充足,但决非荒谬。令人遗憾的是,正当对中国文明起源的学术讨论方兴未艾之际,某些人竟以"权威"自居,要求别人对所谓"历史规律和约定俗成的基本概念,必须予以充分的理解和尊重",甚至认为别人的一些新观点是"别出心裁的轻率推论,只会增加理论上的混乱"。① 我党对学术界一向提倡"百家争鸣,百花齐放",某些人只准自己维护陈腐的学术观点,而不准别人有异己的新观点,这种行为是违背政策的。尤其是使用"别出心裁""轻率推论"这样训斥性的贬词,即使对青年学者已是不妥,对德高望重的著名考古学家使用,更是缺乏起码的礼貌,是不文明的。笔者认为,关于中国文明始于商代的观点是错误的,黄河流域是中国文明唯一发祥地的观点也是不符合历史事实的。对中国文明起源的问题不应囿于成说,亟须进行新的探讨。笔者曾于1987年元月在《中州学刊》上发表《中国文

---

① 安志敏:《试论文明的起源》,《考古》1987年第5期。

明起源的考古线索及其启示》一文,提出了"中国文明起源境内多元论"①,也即是"中华文明发祥地有四大区域"说②,意犹未尽,故写此文,谈谈以下几个问题,以畅所欲,并就教于高明。

一、"文明"孕育于"野蛮"

提起"文明"一词,人们往往述及《易经》中的"见龙在田,天下文明"和"文明以健,中正而应,君子正也"。其实这里的"文明"一词,前者即谓"天下有文章而光明也",后者则是指"不以武而以文明""不以邪而以中正",总而言之,这是指"文彩""文德"而言,同史家所用"文明"一词大相径庭,根本不是一码事。当今世界对"文明"一词也没有统一的涵义,用法甚多:它或指开化社会,从反面意味着有不文明的民族或野蛮民族存在;或指人类在扑朔迷离的发展过程中所取得的成就;或泛指人类社会继原始社会最简陋生活方式之后的发展阶段;或指一个社会或国家的精神的(艺术、宗教、道德、科学、法律等)和物质的(产业、技术、经济等)、生活的总体而言;等等③。可见,"文明"一词没有公认的确切涵义,所以有人形容它是件"百衲衣"。不过,现在我国史学界和考古学界所用"文明"一词是外来的,它的涵义比较明确,那是和"野蛮"相对而言。美国学者路易斯·亨利·摩尔根和恩格斯、马克思把史前社会划分为蒙昧时代和野蛮时代,把国家建立后的阶级社会阶段称为文明时代。在这个时代的区分中,可以清楚地看出,先有"野蛮"后有"文明",没有"野蛮"就没有"文明"。也就是说,"文明"不是上帝创造,也不是任何人主观想象的,而是经过"野蛮"人双手创造的社会存在。对于人类从蒙昧—野蛮—文明的发展规律,摩尔根在《古代社会》和恩格斯在《家庭、私有制和国家的起源》书中阐述得很清楚。也就是说,"文明"孕育于"野蛮"之中,从"野蛮"发展到"文明"。那么,探索文明的起源实质上就是

---

① 李绍连:《中国文明起源的考古线索及其启示》,《中州学刊》1987年第1期;《新华文摘》1987年第4期。
② 李绍连:《中华文明发祥地有"四大区域"》,《人民日报》1986年9月23日头版。
③ 分别见于法国、英国、民主德国、日本等国百科全书或辞典的"文明"条目。

探索文明诸因素孕育于野蛮时代的状况及其分娩时机。

人类的早期文明产生于几千年前,现在要回过头去研究那遥远年代发生的事的确困难重重。因为文明产生过程缺乏必要的文字记载,欲进行研究,必须确定什么是文明的标志,或者叫做文明要素。对此,中外学者有多种不同的观点,但其中具有代表性的是"三要素"和"四要素"。夏鼐先生生前曾主张把都市、文字和青铜器作为文明的"三要素"①。美国学者克拉克洪提出的"三要素"却是5000人以上的城市、文字和复杂的礼仪中心。这样两者相加,文明就有"四要素"了。然而,连这些观点的拥戴者也认为这些所谓要素并不那么可靠,因为有的早期国家或无城市,或无文字,或无庙宇②。

我们认为,尽管文明社会一般都有城市、文字、金属器和礼仪性的宗教建筑,但要以此作为文明的标志进行学术研究是片面的,特别是用于探讨文明起源更加欠妥。一则因文明本身和文明起源是两个问题,成熟了的文明和文明要素更不可同日而语;再则,这些文明要素也存在于野蛮时代的末期。人们知道,所谓城市,是由野蛮人的部落联盟聚居中心修建有围墙和壕沟等防御设施变成城堡进而发展而来的,由小而大。而文字则是由野蛮人为适应社会生产和生活需要从结绳记事和刻画符号发展而来的。金属器发明于野蛮时代的末期并首先为野蛮人所使用。至于礼仪中心或称宗教性建筑,则是具有万物有灵意识的野蛮人对神灵膜拜的产物,文明社会的宗教和对祖先的祭祀无非是原始宗教的发展和变异。也就是说,所谓文明"四要素",既源于野蛮社会又存在于它的晚期。因此,如果认为"四要素"是文明的标志或唯一标准的话,必然会使人产生错误的判断,引起理论上的混乱。所谓文明,在史学领域内实质是指在原始公社的废墟上建立有国家政权的阶级社会的历史进程。私有制和阶级与原始公社的性质是不相容的,它们的产生和存在意味着原始公社的瓦解,而国家政权的建立则是进入文明社会的标志。也就是说,私有制、阶级和国家政权才是野蛮与文明的分野的标志,是具有本质意义的特征。私有制、阶级和国家政权似乎是抽象的东西,看不见摸不着,其实在墓葬和城址等项考古资料中也有它们

---

① 夏鼐:《中国文明的起源》,文物出版社1985年版。
② 陈星灿:《文明诸因素的起源与文明时代——兼论红山文化还没有进入文明时代》,《考古》1987年第5期。

的物质化的表征,如不同的葬制、随葬品多寡悬殊、用人殉葬或祭奠的情况都可反映私有制和阶级状况,而城址内的宫殿以及宗庙、陵墓等遗迹则可反映国家政权的存在。因此不能借口它们抽象而将它们打入冷宫。总之,把城市、文字和金属器作为文明"三要素"或加上礼仪性建筑作为文明"四要素"是欠妥的,至少也是片面的,必须把私有制、阶级和国家政权作为文明的本质特征,也作为文明的标志。

二、中国文明不是自商代始

今天,有人仍然认为"从历史研究的传统观点着眼,一般把夏、商、周的所谓'三代'作为中国文明的具体代表。不过从考古学发现的实证来看,中国文明至迟开始于商代"①。这种观点是值得商榷的。众所周知,商代是我国古代灿烂的文明,尤其是安阳小屯殷墟文化已是高度发达的文明了。正如夏鼐所说:"如果这是中国文明的诞生,这未免有点像传说中老子,生下来便有了白胡子。"②不过,他也只把中国文明上溯到二里头文化晚期。

我们认为,中国文明的起源应更早。诚然,如果把文字作为文明的唯一要素的话,因商代以前迄今尚未发现公认的文字,似乎可以说商是中国文明的开始。但是,人们已经看到,商代甲骨文拥有 5000 个以上单字,可识者已达 2000 左右,显然是比较成熟的文字,而不是原始的文字,任何事物都有一个由低级到高级、由小到大的发展过程。文字也应有一个发展过程,谁会相信文字一经创造出来就达到如此成熟阶段了呢?事实上,早在距今七八千年的磁山·裴李岗文化时期在陶器、骨器等器物上便有了刻画符号,距今 7000 至 5000 年前的仰韶文化,各种刻画符号已超过百数。在西安半坡遗址的器物上有 22 种由横、竖、斜、叉、钩笔画构成的符号,而且各种符号几乎都重复出现,多者百余次,少者二三次。值得注意的是,不仅不同的仰韶遗址出现相同的符号,甚至继承仰韶文化的龙山文化仍有前者使用过的各种符号。这种现象说明,这些刻画符号

---

① 安志敏:《试论文明的起源》,《考古》1987 年第 5 期。
② 夏鼐:《中国文明的起源》,文物出版社 1985 年版。

不是个人或少数人偶然所为，而是具有社会性并流传后代。所谓文字，也无非是具有特定涵义的符号，拼音字是由若干字母构成，汉字则按六书原则构成，汉唐以后的汉字字形由点、横、竖、撇、叉、钩等笔画构成。原始人的刻画符号与汉字这些笔画有某些相似之处，如果说这些符号不是文字，也是原始文字的雏形。更有可能的是早于商代甲骨文的原始文字尚没有发现，所以，断定商以前没有文字为时过早。退一步说，即使夏以前没有文字也不一定没有国家政权出现。正如秘鲁印加文化时期已出现国家却没有文字一样是不足为怪的。我国相当于商周时期的巴、蜀两国不也未发现文字吗？难道因为没有发现文字就否认它们是国家并否认它们已进入文明社会了吗？尽管文字对于文明是十分重要的，却不能把它作为文明的前提条件。

至于商代以前的城市也有多处发现，其中比较完好的有登封王城岗和淮阳平粮台等城址。这些龙山文化晚期的城墙不是顺山势用石头垒砌的，而是在平原地挖沟用土夯筑起来的高大坚固的土城墙。特别是淮阳平粮台龙山文化城址，不仅城门设有门卫房，城内有土坯高台建筑，而且还设有下水道，说明城市建筑技术已趋成熟，由此证明城市早已出现。

金属器也早在商代以前发明和使用了。早在仰韶文化中期到龙山文化这个时期，就多处发现冶铜遗迹和青铜片[①]，特别是齐家文化，不仅有刀、斧、凿、锥、钻头等铜制生产工具，还有铜指环、铜饰和铜镜等生活装饰品，证明金属器的应用已比较普遍，冶铜手工业技术有较高的水平。

所谓宗教性的礼仪建筑，其出现的年代也很早。辽宁牛河梁女神庙是一处拥有几间殿堂和大群泥塑女神像的礼仪性建筑，它的年代约距今5000多年前。有人说它属于原始社会，不能与文明社会的礼仪建筑混为一谈。但谁也不能不承认它的性质是一样的，而且后者是由前者发展而来。还要指出的是，这种遗迹远远不止此一处，如在内蒙古的莎木佳、黑麻板、西沙塔等便发现几处祭坛建筑遗迹[②]。可见，宗教性仪礼建筑在商代以前2000年左右便存在了。

上面谈到的四个方面即某些人所谓文明四要素，除文字尚处于萌芽阶段外，其余早在商代以前即距今约5000年前便产生了。也就是说，按照某些人的

[①] 严文明：《论中国的铜石并用时代》，《史前研究》1984年第1期。
[②] 包头市文物管理所：《内蒙古大青山西段新石器时代遗址》，《考古》1986年第6期。

四要素标准衡量,中国文明不是自商代始,甚至不是自夏代始,而应上溯到仰韶文化晚期或河南龙山文化早期。如果谈及文明的本质特征,也是早已具备了的。从仰韶文化中期开始到龙山文化时期,有众多的迹象表明,原始氏族制度已逐渐瓦解,并出现了以一夫一妻制为基础的个体家庭、私有制和阶级。例如,与龙山文化年代相当的齐家文化,在玉门火烧沟遗址312座墓中,随葬品多寡悬殊,反映了社会成员出现了贫富阶级分化,特别是其中20座墓葬有殉人和用人牲祭祀的现象,说明人压迫人、人奴役人现象的存在①。这种现象不正是文明社会固有的吗?有关这方面的情况,笔者在《中国文明起源的考古线索及其启示》一文中已作详细的阐述。有鉴于此,中国文明的起源过程必须到原始社会后期去探索,而不应该在商的文明体中打转转。如果在文明体中谈所谓文明起源,正像从人体结构去谈人的由来一样可笑。

三、关于文明起源的一元论和多元论

关于中国文明起源的问题,由于历史文献匮乏,从来没有也不可能进行全面的和深入的探讨,只是有些学者根据零星的文献资料或神话传说认为黄河流域是中华文明的发祥地和文化摇篮。这种带有倾向性的观点之形成主要是由于中国早期奴隶制国家夏、商、周在黄河流域先后立国的缘故,中国领域的其他广阔地区被忽视了。现在有大量的考古资料证明,这种观点是不符合历史事实的。无论是中国或是世界上其他文明古国的历史都证明,文明起源是多元论而不是一元论。

什么是文明的发祥地呢?我们认为,凡是有众多的原始公社成员长期在那里劳动生息,后来又在公社的废墟上建立起国家的地域都可称为文明的发祥地。人类最初建立的国家都很小,可能只有一个发祥地,但是历史上持久存在并获得发展的较大的古国,如古埃及、古巴比伦、古印度和中国等都无一例外地是由若干小国经过战争而统一起来的,较晚的欧洲古国希腊、罗马、奥地利、俄罗斯也是这样,所以大国的文明发祥地往往有多个是不足为怪的。也就是说,

---

① 青海文物管理处考古队等:《青海柳湾》,文物出版社1984年版。

这些古国的文明亦非起源于一时一地,在这个意义上说,所谓文明起源一元论是站不住脚的。

中国是个统一的多民族国家,版图辽阔,民族众多,文明的起源更不限于一时一地。熟悉中国古代史的人都知道,约在公元前2000多年前黄河中游建立号称夏的奴隶制王朝,商、周继续。而这些王朝仅占据现在的中国版图内很小的一部分,甚至在这一部分地域内及其周围尚存在若干小的方国。而在中国的北方、长江流域、珠江流域等广大地域当时尚不在这些王朝统治之下。历史告诉人们,这个广阔的地域并不是无人居住的荒原,而是存在着强大的部落联盟或方国。在秦始皇统一中国以前,除中原诸国外,北方已有东胡、匈奴等奴隶主政权;西部有巴、蜀两国及羌等其他少数民族政权;长江流域中游有楚国;东南部有吴、越;西南部有百色和夜郎等国。况且它们既不是由某王分封而设,也不是由统一国家分裂出来,而是由各地原始部落经过长期的发展独立产生的。因此,它们决不是中原文明的"扩展"。谁能无视这些方国的存在?谁能否认这些方国初地是文明发祥地?无情的历史事实说明,文明起源是"多元"论而不是"一元"论。

有人说:关于中国文明起源的"满天星斗"说①或"四大区域"说②的实质,是"否认中国文明起源于黄河流域,并忽视商周国家的作用"③。这种说法是强加于人的。无论是主张"满天星斗"说还是主张"四大区域"说,实质上都是主张中国文明起源多元论,都是把黄河流域看作中国文明起源的重要发祥地之一,他们不过是同时强调中国其他地方也是中国文明的发祥地之一而已。迄今,尚无人否认黄河流域在中国文明起源过程中的核心作用。同时,这两说的倡导者即我的老师苏秉琦先生和我自己,都强调黄河流域古文化的先进性,它给周围地区予强烈的影响,但也强调周围地区对黄河流域文化的反作用或反影响,当然同时也强调在原始社会阶段各地文化各有发展序列即独立发展,年代越早的原始文化彼此影响越小,几乎是平行发展。笔者曾在《中国文明起源的

---

① 魏亚南:《中华文明史的新曙光——就辽西考古新发现访考古学家苏秉琦》,《人民日报》(海外版)1986年8月4日。

② 李绍连:《中国文明起源的考古线索及其启示》,《中州学刊》1987年第1期;《新华文摘》1987年第4期。《中华文明发祥地有"四大区域"》,《人民日报》1986年9月23日头版。

③ 安志敏:《试论文明的起源》,《考古》1987年第5期。

考古线索及其启示》一文中指出:"中国文明虽然发祥于境内的不同地区,但还有个主次,黄河中游原始文化比较发达,而且最先建立奴隶制国家即夏和商,而且周围其他几个原始文化区都受到它的影响,所以这里是主要的也是最早的中心地区。也正是因为中原文化比较先进,给周围原始文化予强烈影响,而周围的原始文化也给中原文化予一定的影响,彼此影响的结果,促进了各地不同文化的融合,故有后来秦始皇的统一,有中华民族共同的文化和传统。只是强调中原文化区的重要性时,不要忽略其他文化区对中国文明起源的重要作用。"历史唯物主义者从来都不孤立地看问题,任何事物都是相互联系彼此影响的,说中国文明起源于黄河流域并"扩展到长江中下游以及更广阔的地带"的观点,是不符合历史事实的。作为一个考古学家和历史学家,首先要尊重事实,揭示历史的真面目和客观发展规律。一些同志既"不排除中国文明的起源可能更早,或许有着不同的来源"[①],却又反对别人进行新的探索,这种行为是令人费解的。

况且我们主张中国文明起源境内多元论,并不是毫无根据的"轻率"结论,而是根据文献资料和大量考古资料经过仔细研究之后形成的学术观点。笔者提出中国文明发祥地有四大区域同时又细分为九个原始文化区,都是有大量的考古资料为依据的。在这个文化区里都有从旧石器时代到新石器时代文化遗存,有着百几十万年漫长的发展历程,特别是新石器时代的文化,其独立发展的脉络很清楚,可言新石器时代文化各有发展序列并平行发展。

(1)黄河中游文化区的新石器时代文化发展序列主要有:磁山·裴李岗文化—仰韶文化—河南龙山文化,其年代距今约8000年至4000年前;

(2)黄河下游文化区的新石器时代文化发展序列主要有:北辛文化—大汶口文化—山东龙山文化,其年代约和中游序列相当;

(3)黄河上游文化区的新石器时代文化发展序列主要有:马家窑类型文化—半山、马厂类型文化—齐家文化,其年代约距今6000年至4000年左右;

(4)长江中游江汉文化区新石器时代文化发展序列主要有:大溪文化—屈家岭文化—"湖北龙山文化",其年代约距今7000年至4000年前;

(5)长江上游川江文化区,亦有旧石器时代文化至新石器文化丰富的遗存,

---

① 安志敏:《试论文明的起源》,《考古》1987年第5期。

只是限于资料其发展序列尚不十分清楚;

(6)长江下游以太湖为中心的文化区新石器时代文化发展序列主要有:河姆渡文化—马家浜文化(包括崧泽类型)—良渚文化,其年代约距今7000年至4000年前;

(7)珠江上游文化区发现许多旧石器时代和新石器时代文化遗存,限于资料暂时未能确定其文化发展序列;

(8)珠江下游文化区新石器时代文化发展序列主要有:西樵山文化—增城金兰寺下层文化—金兰寺中层和石峡下层文化,其年代约距今6000年至4000年前;

(9)北方地区尤其以东北部原始文化比较发达,其新石器时代文化发展序列主要有:红山文化—敖汉旗小河沿类型文化—夏家店下层文化,其年代约距今6000年至4000年前。

上述九个原始文化区处于不同地域,不过其文化的年代以及所处的社会阶段却大体相同,可以说是平行发展。特别是这九个文化区中,差不多都是距今五六千年前发生父系氏族代替母系氏族的变革,同时产生了一夫一妻制为基础的个体家庭和私有制,还在距今5000年前出现贫富阶级分化和人奴役人的现象,也就是出现了由野蛮向文明过渡的种种迹象①。所以说,这九个文化区同中国文明都有着密切关系,都是中国文明的发祥地之一。从这九个文化区的文化发展序列看,没有任何理由说其他文化区是黄河流域文化(它本身也分为三个区)的扩展,无视这些被考古资料证明了的历史事实,硬说只有黄河流域才是中国文明发祥地是错误的。

四、对中国文明起源的探索方兴未艾

近几年来,随着考古资料日益增多,无论在史学界或考古学界,有志于重新探索中国文明起源的学者越来越多。在这些学者中间,主张或赞同中国文明起

---

① 李绍连:《中国文明起源的考古线索及其启示》,《中州学刊》1987年第1期;《新华文摘》1987年第4期。

源多元论者众,而维护黄河流域是中国文明唯一发祥地或摇篮者寡,这是一种新的趋势,它反映出这股学术热潮正在高涨,方兴未艾。

诚然,中国文明起源的问题,是一个很复杂的重大学术课题。目前虽然有了可供研究的新资料新线索,但有关资料仍然有限,不可能立即解决这个问题。在这种情况下,研究者必须增强信心,锲而不舍,深入研究。作为一个严肃的学者,我们认为学术观点是否正确的唯一尺度,就是看它是否符合历史实际,符合历史实际的就是正确的,不符合历史实际就是错误的。有关中国文明起源多元论等学术观点,即使论据暂时不那么充分,暂时未获得公认,也不能斥之为"轻率"或"别出心裁"。任何学术研究都有一个过程,不是一蹴而就的。我们深信,随着考古资料日益增多,经过广大史学家和考古学者的共同努力,中国文明起源这个重大学术课题定会迎刃而解。

(原载《中州学刊》1988年第2期)

中岳嵩山与中国文明核心发祥地

中岳嵩山是一座大山，更是中国版图内一个著名的国中地理标志。嵩山是一个地点，又是代表一块大的地域。嵩山位于五岳之中，或称居"天下之中"，又居黄河流域中原地区的核心地带。它既具有猿人生存需要的自然山林环境，故它周围有"许昌人"为代表的旧石器时代文化遗存，又具有人类最初氏族社会发展所需的温暖湿润气候和广阔的可耕土地，故其周围有丰富的裴李岗文化、仰韶文化和河南龙山文化等农业部落遗存。环境给人类提供了优越的生存和发展的客观条件，而人类则利用自身的聪明才智创造了物质文明和精神文明。这就是嵩山地区必定要成为中国文明核心发祥地的前提条件。

当然，嵩山居"天地之中"不仅是地理概念，其中还有深刻的政治和文化含义。熟悉中国古代史的人都知道，"天地之中"几乎是中国早期文明的同义词，因为它们有非常密切的关系。刚才王文超先生已经提到夏、商、周三代兴起于此，都城也在此。所谓中国早期文明，就是指原始社会过渡到文明社会的第一阶段文明，主要标志是夏、商、周三代。中国社会科学院历史研究所出了一本书，就是《中国古代文明与国家形成研究》[1]，它阐明夏、商、周三代文明就代表了中国早期文明。夏、商、周三代所代表的中国早期文明同嵩山具有非常密切的关系。

嵩山是著名的宗教文化名山。登封又是佛、道两教的名山，现今少林寺周围还有与佛教有关的建筑，其中有唐、宋、元、明、清各代塔林，为全国之最。少林寺与中国第一古刹洛阳白马寺（创建于东汉永平十一年，即公元68年）都是中国佛教文化的圣地。嵩山上及附近还有法王寺（创建于东汉永平十四年，即公元71年）、会善寺（创建时间不明，寺内存有北齐武平七年即公元576年的会

---

[1] 李学勤：《中国古代文明与国家形成研究》，云南人民出版社1997年版。

善寺碑)等较早寺院。与此相应的是中国土著宗教——道教,在嵩山上出现亦很早,中岳庙在太室山万寿峰上,后迁今址。中岳庙虽是清代建筑,却是自唐、宋、金、明以来逐渐形成的,此庙建筑规模宏大,很有特色,加上东汉石翁仲、宋代铁人和众多历代碑阙,古文化氛围很浓。不愧为中国文化名山之一,完全有资格成为世界文化遗产。在中国版图之内宗教名山有很多个,但是嵩山有其特殊的地位,可以和"天地之中"联系起来。为什么呢？佛教从西汉传入中原,而少林寺则是中国佛教禅宗祖庭和少林拳法的发祥地。北魏太和二十年(496年)西域沙门跋陀首创少林寺。其后古印度僧人菩提达摩曾住持少林寺讲传大乘佛教,后人称他为"禅宗初祖"。内地佛教的传播,主要以大乘教派为主。外来佛教向内地传播时,与本土宗教道教发生了矛盾冲突,其突出表现是北魏时期的佛道教义的辩论,其中比较重要的环节就是在嵩山的辩论。在佛道辩论中,佛与道在教义和传教方式上各有优劣,均不能战胜或取代对方。自东汉以后深受儒家思想影响的民众,认为佛教中"沙门不拜皇帝"与"出家"当和尚不在家养育后代之举,显然有悖儒家的"忠""孝"思想,这样佛教很难传播。于是佛教传入中原以后被迫改造了,其中起主要作用的就是儒家思想。在儒家思想的指导之下,他们是拜皇帝的,和政权联系起来;同时信佛也可不出家等。所以佛道辩论对佛教汉化同嵩山有密切的关系。

为什么说这个地方比别的地方的宗教名山重要呢？一是嵩山的佛道辩论最早也比较有名,同时嵩山一向是儒、释、道三教合流的一个代表性的名山,自北魏至清代一直是佛寺道庙并存之所,并兼设传播儒学的书院。别的地方要么是晚起,要么是没有佛道从冲突到共处合流的一段历史。

另外,社会上一提起佛教就是外来文化,但是通过河南嵩山这个地方汉化以后,就逐渐变成了有较多中国元素的宗教文化,所以不能再把它一直看作外来文化。因为它的源头虽在域外,但是被儒家思想渗透以后,或者说儒释道合流以后,中国境内的佛教已经完全变成了中国文化。从这个角度看,嵩山的佛教、道教建筑不仅规模大,很宏伟,同时应该看到它在中国宗教文化当中所起的关键作用。因为佛教和道教信仰,在中国古代长期影响着百姓的社会精神生活。

关于嵩山文明,可能一些外地的朋友不太理解,实际上嵩山不仅是一个地理标志,还是以嵩山为中心的一个地域概念,包括周围的一些地方,例如郑州、洛阳、许昌、平顶山等,都在嵩山的文化圈范围之内。从这个角度看,嵩山文明就是中原文明的核心,中原文明也是中国古代文明的核心。就此推论,嵩山文明就是中国早期文明的核心发祥地,这有古代文献和现代考古资料作为根据。

我认为嵩山文明是中国文明的核心发祥地,为什么是核心呢?核心有几个含义,我们知道中国文明的起源地点很多,我在《华夏文明之源》一书①中倡导的文明起源多元论,既包括"多源"的地方内涵,又包括不同民族的"多元文化"的内涵。各地考古的同志和其他地方的同志已经接受了"多源"论,不仅是黄河、长江这一两个点,考古资料表明,在原始社会期间,黄河、长江、珠江、北方草原等很多原始文化几乎都是平行发展几个阶段的,都差不多走到了文明的门槛之前,但是唯有嵩山地区迈进门槛率先进入文明社会,其他地方至少大约在商周时期或更晚才参差不齐地出现方国政权(即地方文明)。

另外,在现在中国这么多文明发祥地当中,嵩山是核心发祥地,为什么叫核心呢?因为这个发祥地导致了中国早期国家的建立。我们考古的人都很熟悉临汝煤山遗址和洛阳矬李遗址,它们都有仰韶文化、河南龙山文化、二里头文化的三层叠压关系。这两个遗址表明,二里头一期文化叠压在河南龙山晚期文化之上,从考古学来讲,这个层次非常清楚,仰韶文化发展为河南龙山文化又发展为二里头文化。二里头文化就是夏文化,因此可以用一句话来说,嵩山地区原始文化的发展直接导致夏代国家的建立。

我在《河洛文明探源》②一书中专门提到夏、商、周三代文化的发源,因为无论是长江、北方草原还是其他地方,尽管较晚有方国政权的建立,但是它都不可能是中国早期国家的发祥地,所以这就决定了嵩山地区的原始文化就是中国早期国家文化的发祥地。第一,因为它率先进入文明时期;第二,因为它直接导致早期国家的建立。如果和中国早期国家文明没有直接关系,那么就是地方文明,它同中央文明、中国国家文明不一样。同中国国家文明有直接关系的,应该就是核心,所以核心发祥地应该从这里来判断。

刚才王文超先生说,夏、商、周早期都城都在嵩山周围地区,考古资料证明确是这样。史籍表明夏禹征服、吞并中原小国,所建立的夏后王朝,是中国第一

---

① 李绍连:《华夏文明之源》,河南人民出版社 1992 年版。
② 李绍连:《河洛文明探源》,河南人民出版社 2007 年版。

个王朝。而在洛阳偃师二里头遗址发现的"二里头文化"是夏文化。同时在临汝煤山和洛阳矬李遗址发现自下而上的仰韶文化、河南龙山文化晚期、二里头文化一期文化的地层关系,而其他地区是没有这种文化传承关系的。况且禹都阳城很可能就是登封王城岗城址所在。它要比山西平阳更可信,从王城岗迁都阳翟(今河南禹州市)更合理。有学者认为二里头就是夏都斟鄩。很多人不理解,周代和中原嵩山有什么关系呢？但是大家不要忘记,周代是商代一个非常小的诸侯国,它取代商廷以后所继承的是商代文明,虽然建都在今陕西西安那一带的镐京,但是它在洛阳地区建了东都。东都就是周公平叛以后把商遗民迁徙到了洛阳,然后把政治中心转移到东都,一方面是有很多皇室贵族迁到这里,另一方面是这里有很多军队。这就确定了,即使在周代,它的政治中心大部分时间也是这里。夏、商、周的政治中心在这里,这里当然就是中国早期国家文明的中心。

另外,嵩山是中国文明的核心发祥地,除率先进入文明,是夏、商、周早期国家的政治中心以外,还应该看到几点:第一,中国早期国家为中国古代国家架构了国家官僚机构和典章制度的基础,不管后面王朝怎么更替,政权模式和典章制度的样本都是来源于三代。第二,中国早期国家官方用的文字就是源于中原的原始文字,如甲骨文,后来形成的汉字,亦称"中文"。这决定中国文化最重要的汉字是以后历代使用的文字。第三,本来夏、商、周是三个民族,但是商代灭了夏代,把夏族与商族融合在一起,周代替商代以后,集成了商代与夏代的文化,不是消灭它、排挤它,而是融合在一起,经过夏、商、周三代三族的融合发展形成国家主体居民。他们有了共同地域、共同经济、共同语言和共同文化心理,就为后来汉族的形成打下了基础。在西汉时期,"汉"是汉代、汉国家,外国人称汉朝国家公民为"汉人"。约在西汉宣帝时出现了"汉族"称谓。西汉后有了国家主体民族——汉族,汉武帝以后又独尊儒术,历朝历代尊崇儒学,历史已证明有这两个东西,就有了国家典章制度和文化思想的传统,这对后来古代国家的统一、稳定和发展具有极其重要的意义。而这同我们嵩山地区的早期文明又有密切的关系。

另外,夏、商、周三代时期的嵩山文化(河洛文化)沾了国家文化的光,国家政权对文化的驾驭起主导作用,国家文化规范着社会文化,社会文化就是人民群众追求的文化。社会上百姓代代相传的农历二十四节气、岁时节日、中医、雕塑、绘画、书法、音乐、舞蹈、百戏、杂技等传统文化,亦皆源于三代时期。所以,在嵩山地区中国早期国家范围之内流行的一些文化都是那个时期流传下来的,要研究中华传统文化的话,肯定会追溯到河洛地区、嵩山地区。因此,我们嵩山文化在这方方面面都起着核心作用,尤其是在中国古代文明一系列的发展过程中,它都是起主流作用的。

(原载《中华之源与嵩山文明研究》第一辑,科学出版社2013年版)

伊洛系文化是中国早期文明的主源

在中国广袤的土地上,考古学家在各地都发现了发展程度不一的原始文化。各地的原始文化,尽管有某种程度的交流,甚至有某些文化因素的融合,但是若干区系文化,其中包括黄河、长江、珠江和北方四大区域里的几支发达的区系文化,在进入文明社会之前几乎是平行发展的[1]。当然,这些平行发展的原始文化,其历史进程是不平衡的,或快或慢,有的迅速地迈进文明社会,有的则在文明门槛前停滞不前。根据考古发现并参照古籍,发展速度最快、最早进入文明社会阶段的区系文化,则属于黄河流域中原文化区伊洛系文化。

何谓伊洛系文化? 顾名思义,就是指黄河中游的伊河、洛河两支流流域地区的系统文化。当然一种原始文化不像一块豆腐一刀切那么整齐,与周边地区总有犬牙交错的分布现象,实际分布要比地理上的伊洛两河流域要广些,即为豫西的广大地区。在黄河流域的中原地区,有着发达的原始文化。区内有一个发达的原始文化系统,即磁山·裴李岗文化(或老官台文化)—仰韶文化—河南龙山文化(或陕西龙山文化)。这个文化系统,在其所包含的几支原始文化中,不仅有着明显的时代早晚关系,而且文化内涵有着清楚的传承关系,构成一个文化系统的不同的发展阶段。即是说,磁山·裴李岗文化、仰韶文化、龙山文化实质上是同一系统不同社会发展阶段的文化。人们早已注意到在中原文化区的原始文化系统中,无论是早期的磁山·裴李岗文化,中期的仰韶文化,还是晚期的河南龙山文化,各个不同时期的原始文化,还存在着小的地区性或时间性的差异,这种差异在考古学上即同一文化的不同文化类型。根据每一种原始文化的不同类型,我们还可将黄河中游中原文化区的原始文化,区分为小块地区

---

[1] 李绍连:《华夏文明之源》第五章《中原与我国其它地区文明的关系》,河南人民出版社1992年版。

的发展系统即大文化区的支系文化。限于篇幅，我们在此不能一一加以论述，仅就中原文化区的伊洛支系谈一些粗浅见解。

伊洛系文化，从目前的考古资料看，其发展脉络是清楚的。伊洛地区不仅有着多处距今60万—50万年前的旧石器文化遗存，而且这些文化遗存同南召猿人文化（即小空山旧石器早期文化遗存）有密切关系。这些年代久远的原始文化与目前在伊洛地区发现的新石器时代前期文化即磁山·裴李岗文化的豫西类型，尚没有明确资料表明有传承关系，这是因为中间尚有很大的缺环，不过从它们有相同的文化区域及其石器的质料和制法来看，它们之间存在合乎逻辑的传承关系。

所谓磁山·裴李岗文化豫西类型，是指洛阳地区的洛阳、临汝、三门峡、渑池、灵宝、卢氏等地所发现的该文化遗存。这一带发现的文化遗存，从石器到陶器都与豫中地区以新郑裴李岗遗址为代表的裴李岗类型有一些明显的差别。例如富有特色的石器中，临汝中山寨遗址①出土的石铲基本形体虽同裴李岗类型一样是长条形薄体弧刃，然其磨制粗糙，形制不规，几乎每件形体各异。石镰也是拱背锯齿状刃，但其短粗的形体与裴李岗类型的细长体相比有明显的差别。尤其是石磨盘，裴李岗类型绝大部分是长体圆头四足石磨盘，只有长短大小之分，还有一型尖首无足石磨盘。而豫西类型石磨盘数量较少，琢制粗糙，临汝槐树阴遗址出土的一件虽作长体圆头却无足。这一带出土的石磨棒大多作不规则的椭圆形，尺寸短小，与裴李岗类型那种均作圆柱形两头小中间粗的形制有差别。至于陶器也是有地方性差异的。以中山寨遗址的陶器而言，这里的陶器皆为手制，胎质较薄，火候低。它与裴李岗类型或贾湖类型陶器相比，明显的差别是，这里的陶器即使是夹砂陶，器表纹饰也很少，没有典型的篦纹和绳纹等纹饰。陶器器型较少，一些器型同裴李岗类型相比也有差异。如裴李岗的陶罐均是筒形深腹罐或大口深腹罐，而中山寨遗址出土的一种深腹罐，小平口外撇，胖腹微鼓，小平底，腹上部有6个横向扁錾手，这种型式是前所未见的。由于豫西地区的裴李岗遗址未进行大规模的发掘，发现的遗迹遗物较少，在这种情况下，要进行全面的对比分析是不可能的。但从有限的资料中，已经可以看到它与裴李岗类型和贾湖类型的差别是明显的。因此笔者大胆推断豫西地区

---

① 临汝县汝瓷博物馆：《临汝县裴李岗文化遗址调查简报》，《中原文物》1985年第4期。

的磁山·裴李岗文化遗存有着较浓的地方特色,可以构成一个地区性类型。

磁山·裴李岗文化的豫西类型,与仰韶文化的关系,目前已有明显的地层证据。如临汝中山寨遗址和安沟遗址等已发现仰韶文化庙底沟类型叠压着磁山·裴李岗文化豫西类型①。这个证据表明它们之间的早晚发展顺序。磁山·裴李岗文化与仰韶文化之间的传承关系已为众多学者所论证,为考古学界所公认。现在虽未对仰韶文化某种类型由磁山·裴李岗文化某种类型发展进行研究,但由于在伊洛地区尚未发现除仰韶文化庙底沟类型之外有其他类型叠压在磁山·裴李岗文化之上,因此,合乎逻辑的推断是磁山·裴李岗文化豫西类型与庙底沟类型有渊源关系。当然在此也应指出,它们之间可能尚有一些缺环,需要田野考古工作者做更多的探查工作。

关于仰韶文化与龙山文化之间的传承关系,考古学界也是早已公认了的。人们不应忘记,这种渊源关系最早是通过陕县庙底沟和洛阳王湾遗址发现的。在庙底沟遗址中,晚于仰韶文化的"第二期文化"不同于习见的龙山文化。它的陶器不仅全部手制,没有典型黑陶,纹饰也以篮纹为主,方格纹极少见,并有少量彩陶共存,器形有斝无鬲,盆、罐、尖底瓶等器形承袭仰韶文化形制,而斝、鼎、罐、豆等器形则是河南龙山文化最早出现的。因此它带有从仰韶文化到河南龙山文化的过渡性质,可划归龙山文化早期②。当然,仰韶文化与河南龙山文化的渊源关系最为典型的地层关系,应推洛阳王湾遗址③。这个遗址从文化堆积的地层关系以及出土的大量遗物,都可清楚地表明第一期为仰韶文化,第二期为介于仰韶文化与河南龙山文化典型遗存间的中间遗存,具有过渡性质,第三期为(河南)龙山文化。这个考古发现清楚地表明河南龙山文化是由仰韶文化直接发展而来的,河南龙山文化的前身是仰韶文化。不久,在偃师的伊河南岸高崖村东台地又发现同样的仰韶、仰韶向龙山过渡、龙山三层文化的地层叠压关系④。再次证明这种论断的可靠性。这种类似的三叠层关系虽然不是王湾所独有,但此地发现的最为典型,也就是说,若论仰韶文化发展为河南龙山文化,以伊洛两河为中心的豫西地区是最清楚不过的。要说明的是,这里的仰韶文化主

---

① 临汝县汝瓷博物馆:《临汝县裴李岗文化遗址调查简报》,《中原文物》1985年第4期。
② 中国社会科学院考古研究所:《庙底沟与三里桥》,科学出版社1959年版。
③ 北京大学考古实习队:《洛阳王湾遗址发掘简报》,《考古》1961年第4期。
④ 北京大学考古实习队:《河南偃师伊河南岸考古调查试掘报告》,《考古》1964年第11期。

要是指庙底沟类型而不是半坡或别的类型。所以说,河南龙山文化王湾类型主要是由仰韶文化庙底沟类型发展而来的。

当然,继承仰韶文化的河南龙山文化,却不止王湾类型,还有其他类型。不过,这些类型的划分,在学术界尚有不同意见。后来发现的河南龙山文化一个晚期典型——煤山类型,与王湾类型有着密切关系。王湾和煤山两遗址的龙山文化,其陶器都是以泥质和夹砂灰陶为主,制法均有轮制和手制,纹饰均多见方格纹和篮纹,其次是绳纹,器形均以罐、鼎、高领瓮、双腹盆、甗、斜壁碗、研磨器等为主,而且这些主要器物的形制也十分相似①。因此,从整体看,应是一个文化类型。当然它们之间也有一些小的差异,例如王湾不见红陶,煤山则有少量红陶,在器形形制方面,袋足斝、圈足盘和研磨器等一些次要器形形制小有差异。一个类型的不同遗址间器物形制有一些差异是正常现象。因为陶器都是各地烧制的,自然不会有同一模制那么整齐划一。这种小的差异可能由于地理和时间的两种因素造成的,并不能妨碍它成为一个文化类型。为正确表达其文化内涵,将其称为王湾—煤山类型为宜②。

王湾—煤山类型的发展又向何处去呢?在本世纪 70 年代,河南临汝煤山和洛阳矬李两遗址的发掘结果解决了这个问题。在煤山遗址,发现了清楚的地层关系:下层为煤山一期文化,相当于河南龙山文化晚期;中层为煤山二期文化,相当于二里头文化一期;上层为煤山三期文化,相当于二里头二期③。正如发掘者所认为的那样,这个考古发现证实了二里头文化是由河南龙山文化直接发展而来。当然这个结论不仅是地层关系,更重要的是从陶器群的特征做对比分析得出的结论。无独有偶,在洛阳南郊的矬李遗址,亦发现河南龙山文化与二里头文化的地层叠压关系。具体的地层关系是:矬李一期文化为王湾一期仰韶文化遗存;矬李二期为河南龙山文化遗存;矬李三期相当于煤山一期,属于王

---

① 北京大学考古实习队:《洛阳王湾遗址发掘简报》,《考古》1961 年第 4 期;洛阳博物馆:《河南临汝煤山遗址调查与试掘》,《考古》1975 年第 5 期。

② 李仰松《从"河南龙山文化"的几个类型谈夏文化的若干问题》一文中,把三里桥、煤山两个类型统归王湾类型。由于三里桥龙山文化成分较为复杂,有某些陕西龙山文化因素,故笔者不能赞许将其归入王湾类型中。

③ 洛阳博物馆:《河南临汝煤山遗址调查与发掘》,《考古》1975 年第 5 期;中国社会科学院考古研究所河南二队:《河南临汝煤山遗址发掘报告》,《考古学报》1982 年第 4 期。

湾三期;矬李四期相当于煤山二期即二里头一期;矬李五期相当于二里头二期①。矬李遗址的考古发现,再次以确凿的证据表明了从仰韶文化—河南龙山文化—二里头文化的传承关系,证实它们是一个文化系统的不同历史发展阶段的文化。应该指出,煤山、矬李两个遗址的地层关系并不是唯一的证据。发现有仰韶文化与河南龙山文化的叠压关系、河南龙山文化与二里头文化的叠压关系的遗址还很多,只不过没有这两个遗址的叠压关系那么典型罢了。如二里头文化叠压在河南龙山文化晚期遗存之上,在洛阳地区就有洛阳东干沟、偃师灰咀和孟津东杨村等遗址。在80年代,二里头遗址也曾发现过仰韶文化遗存②和河南龙山文化早期遗存③。而且这里的仰韶文化与洛阳王湾仰韶文化遗存有许多共同因素,而河南龙山文化早期遗存又与庙底沟二期相似,某些盆、罐、鼎的形制显示出较晚的特征。这清楚地表明二里头文化是由河南龙山文化直接发展而来的。

二里头文化与河南龙山文化晚期的亲密关系,以及从夏文化积年来看,王湾—煤山类型的河南龙山文化遗存应当属于夏文化范畴。乍一看来,河南龙山文化前期属于原始向文明过渡阶段,河南龙山文化后期属于文明社会阶段似乎不好理解。其实同一文化系统的不同发展阶段具有不同的社会性质是正常的现象,正如仰韶文化早期是母系氏族社会,而它的中晚期已是父系氏族社会一样,河南龙山文化早期已出现早期小国,而到它的晚期则由禹统一若干小国而成为中国第一个统一的奴隶制大国夏④。在笔者的观点看来,河南龙山文化实际上整个都是文明社会的文化,只不过它的前期是萌芽期,处于雏形状态。即使像大多学者认为的那样——夏是中国文明之始,河南龙山文化前期还是原始社会,一个文化前后期具有完全不同的社会性质也是可以理解的。夏王朝的建立是历史的一大变革,可是在陶器群方面就不一定能反映出来。考古文化主要

---

① 洛阳博物馆:《洛阳矬李遗址试掘简报》,《考古》1978年第1期。
② 中国社会科学院考古研究所二里头工作队:《偃师二里头遗址发现仰韶文化遗存》,《考古》1985年第3期。
③ 中国社会科学院考古研究所二里头工作队:《河南偃师二里头遗址发现龙山文化早期遗存》,《考古》1982年第5期。
④ 李绍连:《华夏文明之源》附录《夏是中国历史上第一个统一的奴隶制大国》,河南人民出版社1992年版。

根据陶器群的特征来区分,在原始社会尤其如此,这不能不说有着很大的局限性。一些学者是从夏积年范畴的角度上把河南龙山文化晚期划归夏文化范畴的,但更有力的分析应该是多方面的,重要的是在社会经济发展方面进行分析。经济发展是一切社会发展变革的基础。在这方面叶万松、余扶危的《河南龙山文化的社会经济基础》一文是很好的例证。此文指出,河南龙山文化是一个经济比较发达、科学技术大发展的时期,同时也是一个生产关系、社会制度发生深刻变化的历史时期,这时阶级已经出现,社会已跨入文明的门槛,并明确指出:"河南龙山文化晚期即王湾三期文化和煤山一期文化时期,则已跨入了文明时代。这时的河南龙山文化很可能就是我们探索中的夏文化。"[1]笔者赞同这一观点,河南龙山文化晚期的王湾—煤山类型和二里头文化都是夏文化。

至此,我们便可清楚地看到中原文化区伊洛系文化的发展序列,那就是:磁山·裴李岗文化豫西类型→仰韶文化庙底沟类型→河南龙山文化王湾—煤山类型→二里头文化。这个文化支系无论从地层还是从文化内涵的发展变化规律都很清楚地反映了早晚文化之间的内在传承关系,这个文化系统自早期的氏族社会一直发展到阶级社会,导致中国早期文明的诞生。黄河流域,甚至它的中原文化区中,尚有许多旁支系文化。例如磁山·裴李岗文化除豫西类型外,还有裴李岗类型、贾湖类型和磁山类型。在陕西地区有老官台文化、李家村文化。仰韶文化除庙底沟类型外,还有半坡类型、秦王寨类型(又称大河村类型)、后冈类型和大司空类型;在陕西地区仰韶文化除半坡类型外,还有史家类型、西王村类型等;在河北地区仰韶文化还有下潘汪类型;等等。河南龙山文化除王湾—煤山类型外,还有后冈二期类型、三里桥类型、大寒类型、造律台类型(又称王油坊类型)等。陕西地区有以客省庄二期文化为代表的陕西龙山文化,在山西地区有陶寺类型等。中原地区的几支原始文化又划分为如此之多的地方类型,这些类型既有地区性的差异又有时间性的差异。划分考古学文化类型对于学术研究是必要的,但太多了也不好,不能见差异就分。特别是早期类型和晚期类型如是一支文化的两个发展阶段就不必细分。例如,仰韶文化中的半坡类型和西王村类型本是一个类型文化,只是时间早晚有差别,宜取名为半坡—西王村类型。当然这种现象(指类型多)说明中原地区几支原始文化分布地区

---

[1] 叶万松、余扶危:《河南龙山文化的社会经济基础》,《中原文物》1984年第3期。

很广,发达程度较之其他地区是略高一筹的。不过以上几支文化的不同类型文化,除了根据地层和陶器形制的递变情况可以大致判别早晚关系外,尚不能同伊洛系文化那样清楚证明具有传承关系而自成一文化系统(个别类型间也许可以证明具有渊源关系),更不能证明这些旁支系文化与中国早期文明即夏、商文明有直接关系。从前笼统地把仰韶文化、龙山文化、夏文化联系在一起证明中原地区是中国文明的发祥地是不够科学的,实际上只有前面提到的伊洛系文化才同中国最早文明直接相关。尽管中原地区的所有原始文化对黄河文明,同时也是中国文明有着重要的影响,这种影响绝不能忽视,然而主次应该分明,这种重要的影响也不能掩盖伊洛文化直接发展为中国最早文明的光辉史实。

我是中国文化和中国文明起源多元论者,并不认为中原地区是中国文化和中国文明的唯一发祥地,也不赞成黄河是中国文化摇篮的说法。笔者在已发表的许多论著中早已阐明了这一点。因为它不符合中国的历史事实。事实是中国具有许多原始文化区,或称多中心。例如黄河下游也自成一个原始文化区,有北辛文化→大汶口文化→山东龙山文化构成的独立发展序列;长江流域江汉地区原始文化区,有大溪文化→屈家岭文化→"湖北龙山文化"(又称"青龙泉三期文化");长江下游太湖原始文化区,有着河姆渡文化→马家浜文化(包括崧泽文化)→良渚文化;内蒙古和东北地区也有一个发达的原始文化区,有红山文化→敖汉旗小河沿类型文化→夏家店文化;等等①。这几个原始文化区的原始文化都很发达,具有鲜明的地方特色,而且它们与中原地区的原始文化几乎是平行发展的。根据考古资料,这些原始文化都由母系氏族社会发展到父系氏族社会阶段,出现私有制和阶级分化,也就是说,这些文化区的社会历史发展都到了文明门槛前的阶段。所不同的是,中原原始文化区伊洛系文化率先跨进文明的门槛。其他原始文化发展不平衡,但这些原始文化的发展都导致各地方国政权的产生。这些方国大都相当于中原的商周时期,虽然较晚,但仍不失为一方文明,是构成中国文明的一部分。由于篇幅所限,也由于笔者在《华夏文明之源》一书中已做了较为详细的论述,这里就不再赘叙了。总之,在中国境内,存在着若干发达的原始文化区,特别是笔者在《中国文明起源的考古线索及其启

---

① 李绍连:《华夏文明之源》第五章《中原与我国其它地区文明的关系》,河南人民出版社1992年版。

示》一文中所提及的黄河上游、中游、下游,长江上游的川江地区、中游的江汉地区、下游的太湖地区,珠江上游,珠江下游三角洲以及北方等九个原始文化区,都应是中国文明的发祥地之一①。当然,这些原始文化区发展不平衡,跨进文明阶段又参差不齐,它们对中国文明的影响程度不一,所以又不能等量齐观,应有个主次。由于中原文化区率先跨入文明社会,在中国历史上最先建立起夏、商、周三代文明,而且又在中国的核心地区,中国统一的秦王朝也建立于此,尔后在两千年的历史长河中此地又是中国政治、经济、文化的核心地带,因此,无论从何种角度而言,中原地区都是中国文化和中国文明最早和最重要的发祥地。伊洛系文化又是中原地区的重要原始文化支系并且直接导致中国早期文明——夏文明的产生。伊洛同夏文明的密切关系,在古籍中早有记载。《逸周书·变邑篇》曰:"自洛汭延于伊汭,居易无固,其有夏之居。"《国语·周语上》曰:"昔伊、洛竭而夏亡。"又《国语·周语上》曰:"昔夏之兴也,融降于崇山。"韦昭注:"崇,嵩字古通用,夏都阳城,嵩山在焉。"(《太平御览》卷三九引)嵩山在伊洛之东,离它不远。此外还有许多有关夏在豫西活动的记述。以古籍与考古资料对照,无疑证明伊洛地区是夏族的活动中心,伊洛系文化是夏文化的渊源。伊洛系文化也就是中国早期文明的主源,以河洛地区为核心的中原是中国文明的主要发祥地。

伊洛系文化在中国原始文化中占有极为重要的地位,目前我们尚缺乏深入研究。此文仅作一个研究提纲,以抛砖引玉,希望听到更多的高见。

(原载《洛阳考古四十年——一九九二年洛阳考古学术研讨会论文集》,科学出版社 1996 年版)

---

① 李绍连:《中国文明起源的考古线索及其启示》,《中州学刊》1987 年第 1 期。

炎黄文化与炎黄子孙

中国是举世瞩目的世界文明古国之一,有着光辉灿烂的文化。毫无疑问,中华民族文化是国内所有五十六个民族共同创造的。每个民族不管其人数多少,在历史上都曾做出过贡献,有其不可磨灭的功绩。中国独特的地理和历史环境,又造成中国文化既是多元的,又是统一的,构成中华民族文化传统。说它是多元的,是因为中华文化的起源是由各地原始部族的文化融合而成的,而且在其发展过程中仍有不同民族文化存在,彼此相互影响;说它是统一的,是因为中国有着一个主体文化——炎黄文化,这个主体文化数千年来一直是中华各民族凝聚、进步的共同基础,是维系国家统一的纽带,在中华文明史上起着主导的作用。炎黄文化是炎黄二部族在原始社会末期创造的,是当时(在中国境内)最发达的原始文化,具有代表性;同时中国早期国家夏、商、周三代都是在炎黄文化的基础上并由黄帝的后裔建立起来的,这样炎黄文化就成为中华民族文化的根源。炎黄子孙继承和发展炎黄文化的传统,既对其他部族和民族文化有强烈影响,同时吸收其他部族和民族文化的先进因素加以融合又以更高水平向前发展,形成中华统一的文化传统,成为中华民族文化的象征。这本是数千年中国社会发展所形成的历史事实,可是近年来学术界对炎黄文化和炎黄子孙诸问题出现歧见,我们认为应该加以澄清以利于改革开放。笔者在此对有关炎黄文化和炎黄子孙问题发表一些浅陋的见解,以就教于大家。

一、炎黄文化是中华民族文化的象征

炎黄文化是炎帝和黄帝两支原始部族最先创造的。炎帝神农氏和黄帝轩辕氏都是中国古代传说的英雄人物。但是,他们又不是纯粹的神话人物。笔者曾在《炎帝与黄帝探论》一文中，根据古籍记载、民族学资料和考古发现的综合研究，认为炎帝和黄帝是后人分别加冠于活动在中原广大地区的姜姓和姬姓两大部族首领的沿袭性称号，虽不是指某个具体历史人物，而是这两部族历代首领的代称，具有真实历史创造者的品格，而不应把他们当作纯粹的神话人物而降低其历史地位，抹煞他们的历史功绩。①

现在从传说的炎黄二帝的活动地域及其种种业绩，与现在的考古发现相对照，可以说中原地区的磁山·裴李岗文化和老官台文化是由以炎帝神农氏为首领的部族所创造，仰韶文化为黄帝的姬姓部族所创造。② 现在已有越来越多的考古学家和历史学家持同样的观点。

炎帝所创造的磁山·裴李岗文化和老官台文化，是我国迄今所发现的年代最早的新石器时代的文化之一。炎帝"制耒耜，教民农作"，"神农耕而作陶"，"神农之世，男耕而食，女织而衣"等历史功绩都能在这些文化中得到证实。磁山·裴李岗文化发现大量的铲、斧、镰等农业生产工具，在磁山遗址发现尚残余不少粟(炭化)的储粮窖穴，此外还发现住房、烧陶窑和氏族墓地等丰富的遗迹，证明炎帝部落开创了中国的农业文化，奠定了中华农业立国的根基，他被称为"神农"和"农皇"是当之无愧的。炎帝神农氏种谷、制陶、纺织制衣，从而解决了原始中国人的衣、食、住等人类生活大事。黄帝在炎帝之后，并同炎帝的部族联盟共同创造中国原始社会最灿烂的文化——仰韶文化，它在全世界范围内也堪称最发达的原始文化之一。黄帝"艺五种"种五谷，"作宫室，以避寒暑"，"采首山铜，铸鼎于荆山下"发明冶金术，其史官"仓颉初作书"发明文字。由于仰韶文化大量资料证明当时已种植粟、稻、高粱和蔬菜等农作物，有建筑得很好的房屋，使用了铜器，发现了许多刻画符号，证明黄帝的传说业绩不少是史实的反映，是可信的。总而言之，磁山·裴李岗文化和仰韶文化是炎帝和黄帝创造的，是炎黄文化的根源，它们比同期的或稍晚的其他文化显然居于领先地位。考古学家都很清楚，其他地域的原始文化，如长江中游的大溪文化、东北地区的红山文化、长江下游的河姆渡文化都是与仰韶文化大抵同期的比较发达的区域性原始文化，无论在分布地区广度、延续时间、发展水平诸方面都远不及仰韶文化。

---

① 李绍连：《炎帝和黄帝探论》，《中州学刊》1989年第5期。
② 李绍连：《炎帝和黄帝探论》，《中州学刊》1989年第5期。

况且这些文化缺乏传说和古籍的依据,不知是何部族创造。即使被认为是东夷族创造的大汶口文化,在总体上亦远不及仰韶文化。

尤其是上述原始文化的来龙去脉远不如磁山·裴李岗文化和仰韶文化及其后继文化发展的序列清楚。目前考古学有足够的证据证明仰韶文化是由磁山·裴李岗文化发展而来,仰韶文化的一支又发展为河南龙山文化,河南龙山文化又发展成二里头文化(夏文化),其后夏、商、周相继。三代,特别是秦始皇统一中国以后,炎黄文化又给周围地区其他文化予强烈的影响,同时它又在发展的历史长河中不断汲取其他文化因素,融合和发展成为中华民族主体文化。在这个意义上说,炎黄文化是中华民族文化之根源,又是中华民族文化的象征。现在所讲的炎黄文化已不是指炎黄二帝所创造的文化,而是在炎黄文化基础上发展起来的中国一脉相传的中华民族文化。

二、炎黄二帝在中国文明史上的作用

欲了解炎黄文化,尚须了解它的创造者炎帝和黄帝在中国文明史中的历史作用。前面已谈到他们发明了粮食作物种植业和烧陶、纺织等手工业,是中国农业文化的开拓者和奠基人,为中国进入文明社会创造了物质前提。

在炎帝与黄帝阪泉之战后,中原诸部落纷纷投靠黄帝,拥戴黄帝为首领,从而形成以黄帝为首的原始部落集团——所谓"华夏部族",简称"华夏族"。这个华夏族在中国文明中曾经发挥过重大的历史作用。对此笔者曾有专文论述①,在此不再作详细论证。这里只指出三点:第一,以黄帝为首的华夏族成了中原各原始部落的领导核心,促进了各个不同发展水平的原始部落的交流和融合,从而形成一个有统一文化的广大地域。例如属于华夏族的仰韶文化及其后继的河南龙山文化分布于豫、冀、晋、陕诸省的广大地区,这两种文化尽管还存在一些地区特点,可分不同类型,但共同性是主流。这种形成统一文化的广大地域,正是中国早期国家在此建立的前提条件之一。第二,在华夏、东夷、苗蛮这三个中国最大部族的战争中,黄帝作为胜利者掌握着超越部落集团诸首领之

---

① 李绍连:《试论华夏三部族在中国文明史中的作用》,《中州学刊》1990年第3期。

上的个人权力,以致"天下有不顺者,黄帝从而征之",黄帝"置左右大监,监于万国",并"举风后、力牧、常先、大鸿以治民"①。这里,黄帝已经不像一个部族的首领,俨然是一个君主了。黄帝这种权力是后代君主权力的雏形。第三,黄帝的华夏族与东夷、苗蛮等部族,在战争中兼并,在和平共处中彼此交流,通过各种因素的作用在华夏族基础上形成一个有共同文化的融合体。随着历史的发展,这个融合体不断扩大,使原来属于蛮、夷、戎、狄等中原之外的四方部族成员,尤其是原南蛮和吴越诸部族的成员,大多被逐渐融合在先前的文化融合体之中。这个融合体到了西汉时期正式称汉族。这个历史事实说明,人口众多的汉族先是由若干原始部族而后由若干少数民族成员融合而成的融合体,绝不是单纯的华夏族发展而来的。因此它具有很强的凝聚力而很少排他性,这对于统一的多民族国家有着深远的影响。

正是炎黄二帝及其华夏族对中国历史的巨大的作用,任何其他原始部族及其首领均不能与之媲美。中国人世代尊重炎黄,并把他们的种种业绩口耳相传。

三、炎黄后裔在中国历史上的作用

凡人类都有子孙后代。炎黄二帝作为姜、姬两姓部族的首领,当然也有后裔。距今几千年了,他们子孙繁盛,后裔甚多,谁也无法一一识别。从《世本》《帝王世纪》《大戴礼记》等古籍的记载看,不少杰出的传说人物都是炎黄之后。考虑到古籍中有一些不同的记载,限于本文的篇幅难于一一考证,姑且以《史记》为据。在《史记》中把黄帝视为五帝之首,其余帝颛顼、帝喾、唐尧、虞舜皆为黄帝之后。被称为中国历史开篇的夏、商、周三代的国君亦为黄帝后裔:夏禹为"黄帝之玄孙而帝颛顼之孙也";殷商始祖契为帝喾次妃简狄所生,而帝喾则是黄帝曾孙;周始祖后稷名弃,其母姜原为帝喾元妃。② 人们知道,中国历史首推三代,而三代所创造的文化为后世所继承,特别是《周礼》成为中国封建王朝效

---

① 见《史记·五帝本纪》。
② 分别见于《史记·夏本纪》《史记·殷本纪》《史记·周本纪》。

法的经典。中国文化就这样一脉相承,代代相因,甚至少数民族主政期间亦不能将其废止。所以掀开中国历史首先可以看到黄帝与中华民族文化和文明有着极其密切的关系,黄帝被誉为"人文始祖"决不为过。《庄子·盗跖》篇云:"世之所高,莫若黄帝。"在中国历史上,自三代始,历经秦、汉、隋、唐、宋、明诸王朝皇族莫不以黄帝子孙自居,甚至一些少数民族主权的王朝如魏、辽、金、元、清等或自称黄帝苗裔,或尊黄祀黄如祖。总之,中国历代统治者几乎无一不尊重黄帝,把炎黄视为祖先,都不反对炎黄文化传统。

上述三个方面说明这样一个历史事实:炎帝、黄帝作为中国人祖先的象征,炎黄文化(广义的)是中华民族的传统文化,决不是人为的而是历史铸造的。

四、关于"炎黄子孙"称谓的内蕴

炎黄二帝是我们中华民族祖先的象征。无论是历史上的还是今天的人自称炎黄子孙是自然的事。近几年在学术界有个别人对"炎黄子孙"的称谓提出异议,认为"炎黄子孙不是中华民族、中国人民的同义词","滥用炎黄子孙的提法更会造成不良后果,恰恰不利于国家的统一和民族团结"。[①] 这种观点是不正确的,其影响是恶劣的。对这种观点,已有不少学者进行批驳[②]。尔后,1991年5月10日在中华炎黄文化研究会成立大会的学术座谈会上,来自全国各地的专家学者,其中有北京大学哲学系教授张岱年、中国人民大学哲学系教授石峻、中国社科院历史所研究员李学勤、湖北大学中文系教授张国光、天津师范大学历史系教授庞卓恒和中国社科院近代史所研究员丁守和等,一致认为炎黄是中华民族的祖先,炎黄子孙应弘扬中华民族优秀文化以振兴中华。笔者也曾在《光明日报》上发表文章指出,"从中华民族文化和历史来看,炎黄二帝作为中华民族共同的祖先是无可非议的"[③]。作为中国人或华裔自称为"炎黄子孙",亦

---

① 葛剑雄:《炎黄子孙不是中华民族、中国人民的同义词》,载于《光明日报》1989年7月5日。
② 邓乐群:《"炎黄子孙"称谓的文化意蕴——评〈炎黄子孙不是中华民族中国人民的同义词〉》,《湖南师范大学社会科学学报》1991年第5期;员力:《也谈"炎黄子孙"》,载于《光明日报》1989年9月6日;等等。
③ 李绍连:《炎黄二帝与中华民族文化》,载于《光明日报》1989年10月25日。

无可非议。

现在有的人似乎有意把炎黄子孙与中华民族、中国人民混同起来以造成逻辑上的混乱,导致人们的误解。所以首先要说明,"中华民族"是中国国内所有民族的总称,"中国人民"是中国各族人民的总称,而"炎黄子孙"则是中华儿女自己的称谓,既可个人自称,又可作中华儿女的代称,可见此三者是不同的名词,稍有历史知识的人都是清楚的,没有人把它们当作同义词而混用。但亦要了解此三者又有密切的联系,中国人民隶属于中华民族,他们任何人都可以自称为炎黄子孙。至于外籍华裔,他们自诩炎黄子孙"纯属发自心灵需要的寻根之音,并不带有任何外部强加因素"①。在这里,笔者认为还要澄清以下一些问题。

其一,炎黄二帝是汉族的始祖,还是中华民族认同的始祖?

了解中国民族历史的人都知道,在炎黄时代只有若干原始部落集团(又称为部族)而没有所谓民族存在,包括汉族在内的现今国内五十六个民族都是西汉以后逐渐形成的。从炎黄时代到西汉,相隔四五千年之遥,怎能把炎黄二帝仅仅看作汉族的祖先?诚然,汉族是在中原地区华夏族基础上形成的,但形成汉族的华夏族如前面所述已是一个由若干原始部族融合而成的有着多种血脉的融合体了。特别是今天的汉族在其形成的过程中,由于种种的社会历史因素,不断地和各少数民族部分成员融合而成。这一点连反对把炎黄视为中华民族祖先的葛剑雄先生自己也承认:"从秦汉以来,从北方进入黄河流域的非汉族至少有匈奴、乌桓、鲜卑、羌、氐、羯、丁零、突厥、高丽、回纥、契丹、党项、女真、蒙古、维吾尔、回、满等等……其中相当大一部分人陆续加入汉族,有的整个民族都已融合在汉族之中了。"②这就是说,汉族不仅是炎黄的华夏族,而是包括东西南北的夷蛮戎狄诸原始部族以及国内众多民族融合而成的。在这个意义上说,汉族本身就是国内若干民族的融合体,包含着若干民族的血统。如果说炎黄是汉族的祖先,也等于是中华民族认同的祖先象征。前面已经提及,不少少数民族在历史上已把炎黄视为祖先,把本族视为炎黄苗裔。总之,炎黄二帝本

---

① 邓乐群:《"炎黄子孙"称谓的文化意蕴——评〈炎黄子孙不是中华民族中国人民的同义词〉》,《湖南师范大学社会科学学报》1991年第5期。

② 葛剑雄:《炎黄子孙不是中华民族、中国人民的同义词》,载于《光明日报》1989年7月5日。

无族属,不属于任何民族,而是属于中华民族总体。

其二,"炎黄子孙"并非血统上的称谓。

在日常生活中,称某某子孙是就血统而论的。但是"炎黄子孙"称谓则并非血统上的称谓。一则因为炎黄二帝正如前面所指出的那样不是某个人而是两个原始部族首领的称号,其本身只具有象征性意义。要论血统只能是这两个部族的血统。再则,从若干原始部族融合成华夏族,又经过几千年的发展壮大再形成一个成分更复杂的融合体——汉族,谁能把其成员的血统像近现代的宗族谱牒那样记载得一清二楚呢?有的学者已经指出,血统不能作为民族的唯一依据,葛剑雄先生借口一些兄弟民族不是炎黄血统而反对把炎黄作为中华民族祖先的象征是不符合中国历史实际的①。笔者认为炎黄祖先和炎黄子孙之间既有又无血统,但无必要也不可能查清。

其三,"炎黄子孙"称谓只有象征性。

上面谈到不能从族属血统来理解炎黄子孙的称谓,那么炎黄子孙的称谓只有象征性的意义。中国古代除炎黄二帝之外,还有许多传说的英雄人物,如盘古氏、有巢氏、燧人氏、伏羲、女娲、少昊、共工、蚩尤、祝融等等,为何人们不自称是这些英雄人物的子孙,或者即使有也远没有称炎黄子孙普遍呢?理由很简单,就是这些英雄人物远没有炎黄那样在中国历史上的巨大影响力,所以在众多的英雄人物中只有炎黄取得中华民族祖先的象征地位。"炎黄子孙"的称谓也只具有象征性。依笔者的个人理解,炎黄子孙的称谓其意蕴有三:一是意味着数典不忘祖,炎黄是自己的祖先,血管里流着中国人的血。二是因为中国是世界文明古国,有着举世瞩目的光辉灿烂的文化,为自己是中国人而自豪。三是不管他是何国籍,只要是华裔,自诩炎黄子孙就意味着不忘祖根。总而言之,炎黄子孙这个称谓有着久远的历史渊源,为祖国充满自豪感。今天,我们作为炎黄子孙,不分彼此族属,都应自尊、自信、自强,团结合作,为振兴中华而奋斗。

(原载《中州学刊》1992年第5期)

---

① 葛剑雄:《炎黄子孙不是中华民族、中国人民的同义词》,载于《光明日报》1989年7月5日。

颛顼的宗教改革与中原文明

颛顼是黄帝后裔。《史记·五帝本纪》曰："黄帝崩，葬桥山。其孙昌意之子高阳立，是为帝颛顼也。"同时，还有《山海经·海内经》《华阳国志》等古籍有相似的记载。尽管古籍记载有所不同，但是，帝颛顼是黄帝之孙是相同的。

"帝颛顼"与"黄帝"一样，不仅是一个中原部落首领的世袭称号，也是该部族一个活生生首领的称号，因而当不是传说人物，而是真实可信的历史人物。这个部落(族)也同样为生计或受到外界侵扰而不断地迁徙。帝颛顼在不同历史时期，处于不同地域活动是正常的。为此，我们不必拘泥于不同活动地域的异议。重要的是帝颛顼的活动基地或称帝都在何处。考证帝颛顼之都不是本文的主题，故在此我只根据文献记载说话。《竹书纪年》曰："颛顼高阳氏……生十年而佐少昊氏，二十而登帝位，元年帝即位居濮。"《左传·昭公十七年》曰："卫，颛顼之墟也，故为帝丘。"此"帝丘"今在濮阳境内，故《史记·五帝本纪》集解引皇甫谧曰："颛顼都帝丘，今东郡濮是也。"《路史·后纪八·疏仡纪》记载，颛顼佐少昊时封于高阳，"二十爰立，乃徙商丘"。此"商丘"乃帝丘。这几种古籍记载基本一致。这种观点，当可认同。同时，《史记·五帝本纪》中关于颛顼崩后的葬地，其集解引《皇览》曰："颛顼冢在东郡濮阳顿丘城门外广阳里中。"首都和葬地在同一地域，应该可信。这个方面古籍的记载，说明至少今豫北濮阳一带是帝颛顼的中心活动地域。帝颛顼的后继者为其族子或称黄帝之曾孙帝喾高辛氏，亦基本上以此地域为历史舞台，为中原文明做出了贡献。

据古籍记载，帝颛顼的历史功绩，司马迁的《史记·五帝本纪》概括为：(1)养材以任地；(2)载时以象天；(3)依鬼神以制义；(4)治气以教化；(5)絜诚以祭祀。这些记载简略，难以洞悉其确切的贡献尺度大小。不过，从字面来看，大略就是：其(1)是颛顼"任地"以"养材"，此"材"字据《大戴礼》作"财"，意略是说因地制宜地指导农业生产，提高产量，以增加社会财富。其(2)是"载时以象天"即"履时以象天",即观测四时天象,并根据天象的变化规律制定"历法",传说其时有《颛顼历》,指导农业生产,不误农时。此举亦利于农业生产。其(3)是所谓依鬼神以制义,鉴于时人迷信鬼神,为规范人们的祭祀规则,制定有关礼仪,以别上下尊卑。其(4)是治气以教化,即观察四时五行之气,"阴阳五行"理论在春秋战国时期盛行,而"五行"之说,颛顼时是否存在或成熟,则不好说。不过,此"气"亦可指阴阳时序规律或社会风尚,以此训导万民言行。其(5)是絜诚以祭祀,正是颛顼所大力推行的宗教改革(容后详解)。从这几项来说,帝颛顼在黄帝推进中原文明进程的基础上,继续在物质准备和精神准备两个方面促进社会文明。对于古代部落(族)首领而言,促生产和对民教化都是常用的统治手段。颛顼的五项功绩,前两项与农业生产有关,后三项与教化有关。而颛顼的政绩中,对社会影响巨大而对文明进程有关者首推宗教改革。

帝颛顼为什么要进行宗教改革?改革的内容是什么?我们掀开《国语》便有答案。同后世道教、佛教、伊斯兰教、基督教、天主教等宗教不同,在原始社会或上古社会,只有对鬼神迷信式信仰。这种信仰,同后世宗教信仰本质上有类似之处,故又可曰原始宗教。所以颛顼的宗教改革,即是对原始宗教的改革。

《竹书纪年》和《路史》等均云颛顼曾辅佐少昊。颛顼即帝位后,"及少昊之衰也,九黎乱德。民神杂糅,不可方物。夫人作享,家为巫史。无有要质,民匮于祀,而不知其福"。就是说,九黎作乱后,人人都可祭祀神鬼,家家都可有人行巫法,这样做使民滥于祭祀,却得不到福佑。这样下去,"蒸享无度,民神同位。民渎齐盟,无有严威",必然导致严重的后果:"神狎民则,不蠲其为。嘉生不降,无物以享。祸灾荐臻,莫尽其气。"①也就是说,民间这样无规则没完没了的祭祀,触犯了神的威严,它们也就不领情了,不再给予保佑。庄稼长不好,无长物可供祭祀,天怒人怨的结果,灾祸频至,社会也无法安定,民也不能尽享天年了。在这种社会背景下,国家已无法治理,政权也无法巩固。古人迷信,祭祀鬼神是黎民和国家的一件大事。这件事弄不好,其他事也就不好办了。这就是颛顼宗教改革的社会原因。

颛顼很敏锐地抓住了要害,并以大魄力采取了果断措施。《国语·楚语下》曰:"乃命南正重司天以属神,命火正黎司地以属民,使复旧常,无相侵渎,是谓

---

① 见《国语·楚语下》。

绝地天通。"在这里他采取了两项措施。其一是任命巫师重为专门敬天事神的官,称为"南正"。这个官的职权是主管全国祭天敬神的一切巫事活动,不仅黎民百姓再不能参与巫事活动,就是各地大小巫师的活动亦受"南正"的制约。这样,南正就成了官方的大巫师,是通天知神的特权人物。其二是设置官职,专管"民事"。颛顼任命黎为"火正",其职权是"司地以属民",也就是"为民师而命民事"。所谓"司地",就是监督黎民百姓耕种好田地,以种出更多的粮食。所谓管民事,一则可以赈灾济民,再则可监视黎民,使之不滋生是非,危害其统治。

颛顼所进行的此项改革,当是可信的。我们知道,以古籍对照颛顼活动的历史背景,大约相当于河南龙山文化的前期。在河南龙山文化遗址中,常有一些卜骨出土,如淅川下王岗遗址龙山文化层中便出土3片卜骨,其中2片羊肩胛骨,1片猪肩胛骨,上面均有许多火灼痕迹。卜骨是占卜用的,但此时的卜骨不是散乱得到处都有,而是少而精,表明占卜在当时可能由专门巫师进行,百姓不能侵权。这种现象,或许可以认为同此事有异曲同工之妙。

那么,颛顼的宗教改革在中原文明进程中有何意义呢?我认为此事有三个方面的意义:

1. 命重为南正,专管敬天事神,改正"民神杂糅"的局面。"绝地天通",就是剥夺黎民百姓自行祀神的权利。清代学者龚自珍曾这样描述绝地天通的情景:"人之初,天下通,人上通;旦上天,夕上天。天与人,旦有语,夕有语。"[①]原始社会人群普遍信仰人的灵魂不死和万物有灵,对一切鬼神笃信膜拜。在黄帝建立国家政权雏形之后,到颛顼帝喾时代,社会向文明方向发展。颛顼命南正重司天属神之后,剥夺了黎民传统的敬神权利,正是国家权力扩大的表现。神权受国家的控制,以便中国古代国家政权免受神权所左右,亦避免今后不同宗教派别之间的战争。仅仅是控制而非让帝王亲执神权,不走政教合一之路,这是东方文化的特色,同西方文化有本质的不同。"绝地天通"是中国最初政权控制黎民百姓最强有力的一种措施。

2. 颛顼设官"南正",利用重通晓天地神灵的特殊地位,以官方敬天事神的途径开始用神助政,特别是逐渐将国家统治者即帝王意志披上天命神意的外衣,以实行愚民统治。此乃后世(汉代以后)"天人合一,君权神授"思想的渊

---

① 龚自珍:《定庵续集》卷二《壬癸之际胎观第一》。

源。所以，颛顼此举对中国古代国家的统治者借神行政具有深远的意义。

3. 颛顼一手管神，另一手管民，即命黎为火正，专管民事。黄帝时只设左右大监，"监于国"，即对敌对部落和臣服方国的监控。而颛顼已在国内设官管民，这不仅是新的机构和官职，更重要的是国家职能的扩大和完善。这也是颛顼吸取"九黎乱德"造成社会动乱的教训所采取的强有力的统治措施。历史证明这是可行而有效的。管神和管民都是颛顼对国内黎民百姓加强控制的措施，密不可分，相辅相成。

这些措施的实行所造成的社会效果是社会文明进程的加快，促使早期国家的发育成熟。在上古早期国家里，父权的建立以及伴之而来的重男轻女之风，也是国家文明的特征之一。依现代人的眼光看来，重男轻女是不合理的，应讲究男女平等，人权待遇公平。而在那时却是一种正常的现象，甚至可以说是古代文明的一种特征。父权在仰韶文化晚期已建立，到颛顼所在的龙山文化时期父权更加巩固。在河南龙山文化遗址中，常可见到一种男性生殖器的陶器出土，其物被称为"陶祖"，这是当时人们对男性祖先崇拜的遗物。这种遗物的发现亦可印证重男轻女之传说。

颛顼时期，甚至制定了重男轻女的法律。"帝颛顼之法，妇人不辟男子于路者，拂之于四达之衢。"[1]妇女仅仅因为走路时遇见男人不逃避，就要将她置于闹市或十字路口人流汇聚的地方示众以示惩罚。这是不公平的，但又是古代社会的正常现象，也是一种"文明"现象。由此看来，颛顼时期社会文明已有相当的进步。

颛顼继黄帝之后，以自己的聪明才智，采取种种措施治理国家，成效显著，为推进中原文明进程做出了贡献。

(原载张新斌、张顺朝主编《颛顼帝喾与华夏文明》，
河南人民出版社 2009 年版)

---

[1] 《淮南子集释》卷十一《齐俗训》，中华书局 1998 年版。

甲骨文与中华文明史
——为纪念甲骨文发现100周年而作

1899年,我国学者王懿荣先生发现了商代甲骨文字。"所谓甲骨文,乃商朝后半期殷代帝王利用龟甲兽骨进行占卦时刻写的卜辞和少量的记事文字。"①甲骨文字与古埃及的象形文字和古巴比伦的楔形文字一样,同是世界最早的文字。文字,是人类社会文明的重要特征之一。我国号称世界四大文明古国之一,以前却没有发现3000年以上的古文字。所以,甲骨文的发现,不仅进一步确立我国的世界文明古国的地位,同时,又确证我国商代国家的历史存在,将我国有文字可考的信史从西周上推到商代。当然,甲骨文发现的重要意义远不止于此,它对中华文明史的研究,有着多方面的科学价值。笔者在此试就这个问题略谈一二。

一、由于王氏的新发现,导致中国一种新学科——"甲骨学"的出现;同时,以甲骨文为依据,找到了汉字的源头

"甲骨学是以古遗址出土供占卜用的有字龟甲和兽骨为研究对象的一门学问。"②依笔者的理解,甲骨学不是一般古文字学,它既要研究甲骨文这种古文字音义和结构,也要研究甲骨文的文法;为了读懂甲骨卜辞和记事的涵义,还必须研究相关的政治、经济、文化、科学、思想意识、宗教信仰等方面的问题。所以,甲骨学实际上是以甲骨文字总体为对象的临界新学科。这个新学科的建

---

① 胡厚宣《序》,见吴浩坤、潘悠:《中国甲骨学史》,上海人民出版社1986年版。
② 王宇信:《甲骨学通论》,中国社会科学出版社1989年版,第1页。

立,对中华文明史的研究有重要意义。

100年来,已累计有15万片以上甲骨和相关的著录。甲骨文的时限也扩大了,在河南郑州二里岗和商城已发现了商代前期甲骨文4片,在陕西、山西、河北、北京等地已发现了西周时期的甲骨文①。历代所出的商代甲骨著录很多,现已基本上汇集于《甲骨文合集》之中,以及《小屯南地甲骨》等。通过众多学者艰苦的创造性的努力,甲骨学已取得了显著成就。据一些学者不完全的统计,甲骨文字中已有五六千个不同的单字(不包括一字异体者),已被隶定(公认)的字约2000个。同时,利用甲骨文字资料来研究商史及其他相关问题,已取得了显著成就。著名的古文字学家唐兰曾说:"卜辞研究,自雪堂(罗振玉)导夫先路,观堂(王国维)继以考史,彦堂(董作宾)区其时代,鼎堂(郭沫若)发其辞例,固已极一时之盛。"②在早期甲骨学上,"四堂一宣",胡厚宣先生也做出了重大贡献,这已是众所周知的事了。还有陈梦家、唐兰、于省吾、李学勤、裘锡圭等学者在甲骨文研究中也有重要贡献。现今新一代的甲骨学者较多,难以一一列举,亦已取得了很大的成绩。以王宇信的《甲骨学通论》为标志,它所反映出来的甲骨学成就,表明甲骨学已进入新的发展阶段。

由于甲骨文是中国一种很古老的成熟的文字,所以第一个重要价值就是以它为新的起点,再往前探索中国文字的起源。近年来,从山东大汶口文化、龙山文化和中原广大地区仰韶文化陶器(片)上刻画的符号(陶文)中找到了原始的文字。郭沫若认为,仰韶文化"彩陶上的那些刻划记号,可以肯定地说就是中国文字的起源,或者中国原始文字的孑遗"③。尔后,于省吾认为仰韶文化陶器上刻画的是"简单文字"。他说:"考古工作者以为是符号,我认为这是文字起源阶段所产生的一些简单文字。仰韶文化距今约有六千多年之久,那么,我国开始有文字的时期也就有了六千多年之久,这是可以推断的。"④唐兰则认为山东大汶口文化陶器上的图形是一种象形文字⑤。对于时代更早的裴李岗文化,河南

---

① 参见王宇信:《西周甲骨探论》,中国社会科学出版社1984年版。
② 唐兰:《天壤阁甲骨文存并考释》自序。
③ 郭沫若:《古代文字之辩证的发展》,《考古学报》1972年第1期。
④ 于省吾:《关于古文字研究的若干问题》,《文物》1973年第2期。
⑤ 唐兰:《从大汶口文化的陶器文字看我国最早文化的年代》,《光明日报》1977年7月14日。

舞阳县贾湖遗址出土的龟腹甲和石饰上的几个符号，李学勤先生则认为这些"新发现的龟甲符号，可能同后来商代的甲骨文有着某种联系"①。显然，这些古文字学家都是站在甲骨文的基础上探索中国文字起源的。中华文明孕育于新石器时代，古文字的源头，当然也在这个时代的文化之中。但是，如果没有甲骨文这个中国古文字发展链条上的极重要环节，光靠许慎在《说文解字》中所创立的"六书"理论，很难找到文字的源头。正因为新石器时代的陶器、骨器上的刻画符号中不少与甲骨文的字形结构有某些相似之处，古文字学家才敢断言它们是原始的文字。由此可见，甲骨文对于探索古文字的起源具有关键作用。

二、殷商甲骨文具有可靠的商代史料价值，使传说的商代变为信史

胡厚宣先生曾说，甲骨文"这种卜辞和记事文字，虽然严格的说起来并不是正式的历史记载，但是因为它的众多，内容丰富，又因为时代较早，所以一直是研究我国古文字和古代史，特别是研究商代历史的最重要的直接史料"。经过长期的整理和释读，殷墟书契大部分已成为可供研究的资料。自王懿荣首先认定甲骨文是商代古文，罗振玉首先考定小屯为殷墟和审释帝王名号②，把甲骨文定位于商代，为利用甲骨文研究商史奠定基础。较早利用甲骨卜辞研究商史者是著名学者王国维，他写了《殷卜辞中所见先公先王考》和《殷周制度论》③等著名论文。郭沫若对王氏的《殷卜辞中所见先公先王考》等文章十分欣赏。他说："卜辞研究要感谢王国维，是他首先由卜辞中把殷代的先公先王剔发了出来，使《史记·殷本纪》和《帝王世纪》等书所传的殷王统得到了物证，并且改正了他们的讹传。"④还说"殷墟的发现是新史学的开端，王国维的业绩是新史学的开山，那是丝毫不过分的"⑤。不过，在今人看来，运用历史唯物主义的立场、观

---

① 李学勤：《文物研究与历史研究》，《中国文物报》1988年3月11日。
② 王国维：《最近二三十年中中国新发见之学问》，《学衡》第45期（1925年）。
③ 分别见于王国维：《观堂集林》第九、十卷，中华书局1959年版。
④ 郭沫若：《古代研究的自我批判》，《十批判书》，科学出版社1960年版。
⑤ 郭沫若：《古代研究的自我批判》，《十批判书》，科学出版社1960年版。

点、方法研究古史,在史学领域开创新局面的却应是郭沫若自己。他运用甲骨卜辞、金文和古文献相结合研究殷周历史,其主要著作有《中国古代社会研究》(1929年)、《青铜时代》和《十批判书》(1945年)等。其中,《中国古代社会研究》中的《卜辞中的古代社会》就是利用甲骨卜辞对殷商社会的政治、经济、文化诸方面进行研究。尤其在后两部书中都肯定了殷商是奴隶制社会。同时,胡厚宣先生在1944年至1945年由齐鲁大学编辑出版了《甲骨学商史论丛》三集七册,对殷代制度、婚姻家族、农业、天文历法、天神崇拜等问题进行探讨,为商史研究做出重要贡献。

20世纪中叶以后,甲骨学者、历史学者、考古学者都纷纷利用卜辞对商史相关问题进行研究。其中,中国社会科学院历史研究所先秦史研究室在编辑了《甲骨文合集》之后,又利用全面了解和掌握甲骨文资料的优势,大力开展对商史相关问题的研究,创办了《甲骨文与殷商史》专刊,自1983年起,已出版了三辑,对商史研究起着主力军的作用。近20余年来,有关商史研究的论文连篇累牍,对商代的商王世系、国家机构、职官制度、军队、监狱、农业、畜牧业、手工业、商业、方国、疆域、原始宗教信仰等问题的研究,已取得了显著成绩。较早的商史专著有李亚农的《殷代社会生活》(1955年)、丁山的《甲骨文所见的氏族及其制度》(1956年)、周鸿翔的《殷商帝王世纪》(1958年)等。近年又有有关商代的专著出版,如杨升南的《商代经济史》(1992年),郑杰祥在李学勤先生的《殷代地理简论》等有关著作的基础上新著《商代地理概论》(1994年)。总之,利用卜辞研究商史的成就较大,难以一一罗列,若用一句话概括,就是对商代社会状况及主要历史问题已有基本的认识。

三、"殷因于夏礼",甲骨文的发现和商史研究成果,对于寻找夏文化和夏史研究有重要启迪和佐证

《尚书·周书·召诰》曰:"我不可不监于有夏,亦不可不监于有殷。"《论语·为政》曰:"殷因于夏礼,所损益可知也;周因于殷礼,所损益可知也。"两句相连接,表明三代制度相因袭,历史关系十分密切。从前夏商二代只有传说并没有信史。由于甲骨文的史料确认商朝的存在,再由殷墟的发掘,对殷商考古

文化中最富特征的陶器、青铜器的认识,辅之以古籍中所记载的关于夏族夏王朝的传说,在徐旭生先生考古调查找到线索之后,先后在河南偃师二里头和山西夏县东下冯两个遗址进行发掘所发现的文化遗存,被认为是夏文化,迄今在考古学界基本上被认同。人们能够相信夏代的历史存在和考古学家找到夏文化遗存,这个功劳首先应归功于商代甲骨文发现后商代历史与考古所取得的成果。

四、甲骨文与自然科学史

中国是世界文明古国,不仅有发达的人文科学,也有曾经领先于世界的自然科学。但是,像天文学、数学、物理、化学、医学、农学、地理学等,古籍中很少或没有涉及先秦时代的可信史料者,对于自然科学史的研究有很大的局限性,早期的自然科学史陷入"巧妇难为无米之炊"的尴尬境地。殷墟甲骨文发现以后,在甲骨文资料中,有部分涉及自然科学,是研究自然科学史的有价值的资料。限于篇幅,在此,我们试以天文历法、数学、医学三科为例。

在中国古代自然科学中,发达较早、水平较高的是天文学。可是,在甲骨文以前,我们对周以前的天文学和历法并不了解。从甲骨卜辞中,我们可以看到商人记录了很多天文现象,特别是记录了几次日蚀、月蚀的现象。如:

辛巳贞:日截(蚀)其告于父丁?(《甲骨文合集》33710)

争贞:翌甲申易日?之夕有食(蚀)(《甲骨文合集》11483)

明白地记录了日蚀、月蚀的现象。令人惊奇的是殷人可以预测日蚀的发生。如:

壬子贞:日截(蚀)于甲寅?(《殷契佚存》384)

殷人以干支纪日,壬子至甲寅,中隔癸丑,可见是预测后天有日蚀。要预测日蚀或月蚀都必须精确掌握日、月、地球三者运行轨道的各行星的运行速度,并通过精确计算得知三者何时在一条轴线上。在没有精密的天文观测仪器的殷代,可知其天文学、数学知识水平之高。甲骨卜辞中的日蚀、月蚀记录,是世界最早的,"这比埃及、巴比伦的发现要早四五世纪",或者比埃及的最早月蚀记录要早七个世纪①。

由于殷人有丰富的天文学知识,所以制定了当时适用的历法。在甲骨文发现之前,我们知道汉以前有所谓"黄帝、颛顼、夏、殷、周及鲁历"等六历②,而在古籍中除《大戴礼记》中的《夏小正》和《礼记·月令》分别反映夏、周的历法内容外,先秦以前的历法莫得其详。而在甲骨文中则保留了较多的历法资料,从中可知殷商历法是阴阳合历:平年十二个月,大月三十日,小月二十九日,为弥补阴历与阳历的差距,设置闰月,所以闰年有十三个月,甚至重闰有十四个月。闰年可置年中或岁终。殷人重视旬,每十日为一旬,以天干甲日始,癸日终。殷人还把一日分为旦、明、大采、大食、中日、小采、小食、小夕、暮、昏等时段。人们不仅纪年、月、日,而且把一日又分为10个左右的时段,可见殷人对时间已比较重视了,有很多事需要有细致的时间记录。这是古代比较先进的历法。

殷历是因袭夏历,周历又继承殷历,同时又有某些改进。汉初所采用的所谓《颛顼历》,很可能就是《殷历》。因为《颛顼历》之名只是传说而已,在颛顼时代不可能像《殷历》那么细致和完备。无论如何,甲骨文中保存的天文学和历法史料,时代早,可信可靠,有很高的科学史价值。

中华古代数学现存最早的著作是西汉的《周髀算经》和张苍、耿寿昌等人整理增删的《九章算术》。其中《九章算术》所提出的正负数概念和正负数的加减运算法则、分数四则和比例算法等,在当时世界上处于先进地位。这些数学成就是众多数学家的心血积累所得。不过,先秦以前的数学成就就不甚了了。甲骨文中的数学资料弥补了一些空白。卜辞中,人们可以看到一至十、百、千、万的单位数字和十进位的计算方法。但从当时天文学的观测,特别是能预测日蚀现象来看,其数学水平远比现有卜辞资料所反映的更高,至少拥有有关古籍所记载的"亿""兆"等数字概念,以及相应的运算方法。

中医学在古代世界上独树一帜,中医中药学发达也比较早。然而,先秦以前的中医学史料罕少。所谓《黄帝内经》是晚出的中医理论著作。春秋时期赵国有扁鹊,秦国有缓与和等名医。汉代医学如此发达,当是长期医学实践发展的结果。甲骨文的发现,为中医中药发展提供了比较早而可靠的资料。甲骨学

---

① 分别见于董作宾的《殷历谱》下编卷一、陈遵妫的《中国天文学史》第1006页。
② 见《汉书·律历志》。

家早就注意到了这个方面的优越性,很早就发表了有关殷人治疗疾病的文章。从甲骨卜辞看,商代的医生已能诊断和治疗多种疾病。卜辞中有"疾首""疾目""疾耳""疾自(鼻)""疾口""疾舌""疾齿""疾身""疾趾"①,还有"疾心""疾骨"等 34 种②。很显然,殷已能治疗内科、五官科、外科、骨科、妇科等疾病。殷人甚至对一些传染病也有一定的认识,见卜辞:

   甲戌卜,㱿贞:王不疫?在……(《殷墟书契后编》7.26.18)

   甲子卜,㱿贞:疾疫,不延?(《殷墟文字乙编》7310)

   贞:有疾年其死。(《甲骨文合集》526)

上面的"疾年",就是流行某种传染病之年。从这三条卜辞中,可以看到殷人已注意到传染病的危害性,担心疫病蔓延和害死人。传染病是最难诊治的疾病之一,当时已能判定为"疫"病,而非神鬼作祟,对于神鬼迷信的殷人来说,必定有相当的医学知识。当然,其时不一定能制止疫病传染并治好疫病患者。

  商代的医疗病患,已有多种方式:巫医、药疗、针灸和外科手术等。巫医作法治病是一种心理治疗,但是其有迷信性质,不足法。不过巫医有时也用药。如:

   ……卜,宾贞;……疾,王秉枣?(《殷墟书契续编》6.23.10)

贞人宾,即巫医,卜问王的疾病是否要用"枣"做药。枣,当然是一种药,"秉枣"就是以枣入药的药疗。《逸周书·大聚解》谈及武王灭商后"立巫医,具百药,以备疾灾,畜五味,以备百草"。周原是商的蕞尔小国,依靠八百诸侯的力量取殷而立,开国伊始,何能有如此之高的医学,当然是"周承殷制"继承商的医学成就。由此可知,殷商时期的医药种类很多,药疗普遍。商王武丁曾体验过药力对治病的作用,其曰:"若药弗瞑眩,厥疾弗瘳。"③就是说,服药以后若不感到晕眩麻木,其药力就不足以治愈疾病。

  当然,药疗也不是万能的,有些疾病还需要进行外科手术,而有些疾病采用针灸更有效。在商文化遗址中,已发现了一些砭石和无孔长针(包括骨针和铜针)等医疗工具。卜辞中有一些文字㾣、㾖、㾗,前者像手持针刺向一个人腹部,

---

① 胡厚宣考证"疾趾"当指脚气病。见《论殷人治疗疾病之方法》,《中原文物》1984 年第 4 期。

② 温少峰、袁庭栋:《殷墟卜辞研究——科学技术篇》,四川省社会科学院出版社 1983 年版。

③ 见《尚书·商书·说命上》。

中者像卧在病榻上的患者被人用艾木点燃灸疗的情形,后者像一只手按摩卧在床上的患者的腹部,反映了商代已有针刺、灸疗和按摩等外科疗法。药疗、针灸、按摩是我国中医基本的有效的治疗方法。显然,在商代已奠定了基础。有学者认为,殷人对疾病的认识和治疗,几乎已"具备今日之内、外、脑、眼、耳鼻喉、牙、泌尿、产妇、小儿、传染诸科"①。卜辞中有些疾病的记录,如鼻疾、骨疾、心病和传染病等,要比医学文献原先记录早一千或几百年,尤其对龋齿的认识,要比埃及、印度和希腊诸文明古国早七百至一千年。②

总而言之,甲骨文的发现,具有划时代的伟大意义,尤其是对中华文明史的研究,具有多方面的科学价值。可以设想,随着甲骨学的发展,甲骨文中的丰富内涵,会有更多开发和利用的价值。

(原载《纪念王懿荣发现甲骨文一百周年论文集》,齐鲁书社 2000 年版)

---

① 胡厚宣:《殷人疾病考》,见《论殷人治疗疾病之方法》,《中原文物》1984 年第 4 期。
② 周宗岐:《殷墟甲骨文中所见口腔疾病考》,《中华口腔科杂志》1956 年第 3 号。

"龙"是中华民族的一种传统文化

在现代中国民间，凡是过年过节，或者平时遇着喜庆大事，除习惯放鞭炮和饮酒外，往往聚众舞狮舞龙，赛龙舟，以示庆祝。自古以来，不仅帝王自称"真龙天子"，独享龙权龙威，而且广大农民建龙王庙祭拜龙王以求风调雨顺。老百姓每人都有一个生肖属相，其中一个是"龙"。而平日里百姓将望子读书成才和有出息说成是"望子成龙"，这是由来已久的成语，妇孺皆知。这些都是"龙文化"作为传统文化深入人心的一种经常性的体现。

自从河南濮阳西水坡仰韶文化遗址 M45 发现距今 6000 多年的"中华第一龙"（河蚌壳堆塑）以来，掀起了一波波的"龙"研究热潮，并已取得了可观的成果，但仍有一些问题和歧见，需要进一步深入研究。在此笔者愿意就龙文化的几个重要问题略表浅陋见解。

一、"龙"最初是一种中华原始部族图腾文化

所谓"图腾(Totem)"，是北美洲古印第安人语的译音。其意是指一群原始民族因迷信而崇拜的物体，他们相信自己与它们之中的任何一个均维持有极亲密且特殊的关系。而且"图腾和偶像之间的最主要区别是：图腾从不会是孤立的个体，它常是一整群的物体，通常是指某一种类的动物或植物……"。有学者认为，北美印第安人的祖先是在最后冰河期从亚洲北上经白令海峡迁徙到北美大陆定居。所以原始人生活习俗和文化方面有较多共性。当然，几乎所有原始部族，由于生活地理环境和社会背景相近，特别是智力水平相同，故而各地原始部落的信仰和原始文化有较多的共性。图腾崇拜就是主要共性之一。

图腾是原始氏族和部落所崇拜的对象，它一般是自然界的动物或植物等。

如北美易洛魁人塞内卡部八个氏族图腾分别是狼、熊、龟、海狸、鹿、鹬、苍鹭、鹰，都是动物形象。但进入部落或部族发展阶段，其图腾则是不同于氏族者或另立新图腾——更多是取材于各氏族图腾的某些特征聚合而成。图腾徽则是图画或雕刻成具体物象。图腾雕像，如图腾柱往往是固定在氏族部落住地。而图腾画像，如旗帜是可移动的。两者都已不是（动物或植物）实物，已是人有意制作的东西——是一种文化了。应该强调指出，这种图腾文化同其他有本质区别，那就是它是氏族部落的象征，如同现代国家的国徽和国旗一样，神圣不可侵犯。

中原黄帝部落（族）的"龙"图腾正是这种聚合类。因为地球上自有动物以来，虽古有恐龙、翼龙、鱼龙、乌龙之类的大型动物，却没有一种类似中华"龙"的神奇动物。因为从历史文献和历代的"龙"图像中，我们看到它头似马牛，角似鹿，身长似蛇而有鱼鳞，脚似熊，掌似虎，爪似鹰。它神通广大，既可腾云驾雾，又可深潜江湖；既可游戏人间，又可入列神灵……这种动物在自然界肯定是不存在的。早在东汉，王充在《论衡·龙虚篇》中就指出，世俗龙画中所谓的龙不过是"马蛇之类也"（"马蛇"是蜥蜴别称）。到近代闻一多在《伏羲考》一文中则明确指出"龙"，"它是一种图腾（Totem）"。许多学者有同样的见解。虽然个别学者认为自然界有"龙"存在，但笔者认为他所说的"龙"为本文前面所说的"X龙"动物，而不是中华"龙"，彼"龙"非此"龙"，就不必相提并论了。为与自然界的"X龙"区别开来，中华"龙"文化应专称为"中华龙"，特别简称为"龙"；而提及自然界的"X龙"，必须实称"X龙"。

当然，中华"龙"的概念名称，也不是无中生有，它应该是自然界"X龙"的抽象衍生，又赋予其多种动物特征和神奇能力而已。这正是世界原始民族部落图腾文化的特征。原始氏族的图腾，一般都是具体的自然物，而原始部落的图腾，则有可能是以一个主体氏族的图腾为部落图腾，也可能是各组成氏族图腾特征的聚合体。中华"龙"正是中原黄帝部落的部落图腾。

二、"龙"在文明社会发展为民族传统文化

中华"龙"源于距今6000多年前的中原部落图腾文化。从历史文献中可

知，最早同龙有密切关系的传说历史人物是黄帝。例如《竹书纪年》曰："黄帝轩辕氏……龙颜，有圣德。"《山海经·大荒北经》曰："蚩尤作兵伐黄帝，黄帝乃令应龙攻之冀州之野。"《韩非子·十过》曰："昔者，黄帝合鬼神于西泰山之上，驾象车而六蛟龙。"《绎史》引《易林》曰："黄帝出游，驾龙乘凤，东上泰山，南游齐鲁，邦国咸喜。"《史记》之《五帝本纪》《天官书》《封禅书》中分别提及"生日角龙颜"，"轩辕，黄龙体"，"（黄）帝骑龙升天"等，都是说黄帝同龙密不可分。这里不是把黄帝本人说成是龙体龙颜，而是把原始部落的图腾作为部落的形象，或者把部落图腾作为部落首领的形象的缘故。当然，最初黄帝氏族的图腾，《左传·昭公十九年》曰"昔者，黄帝氏以云纪，故为云师而云名"，应以"云"为图腾。次因黄帝号称"有熊氏"，其氏族图腾也可能为"熊"。而最初图腾中的"云"的特性和"熊"的特性与后来的"龙"又有密切关系，但黄帝氏族逐渐发展为中原强大的部落，打败炎帝等部落，形成一个无可匹敌的部落集团——华夏部落联盟（又称"华夏族"）。在这个过程中其强大部落的图腾可能就是"龙"。这不仅与古籍记载黄帝的"龙颜""龙体"相吻合，也同考古发现黄帝时期的仰韶文化濮阳西水坡遗址 M45 的蚌塑龙兆示一致。

当然，图腾作为一种先民的信仰性质的文化，仅存在于原始社会阶段，进入文明阶段以后就不存在了——没有人把它作为祖先神或偶像神灵去崇拜了。但是，由于黄帝后的中原部族首领即颛顼、帝喾、尧、舜和（夏祖）禹和（商祖）契、（周祖）后稷都是黄帝后裔，他们都非常重视"龙"文化，故龙文化得以传承到文明社会阶段，同时又增添了不少文化内涵。秦汉以降，封建帝王逐渐以"真龙天子"自居，垄断"龙"的独尊权，只有他享有"龙颜""龙体""龙袍""龙座""龙杖"等称颂权威。于是龙文化打上了帝王的神圣神秘色彩，将龙文化推到至高无上的层位。不过，龙文化同时还在民间广泛传播，例如百姓个人生肖属相中就有"龙"，信仰中有"龙王"，到处有"龙王庙"，百姓拜龙王，以求年年风调雨顺。所以，几千年以来，从帝王到黎民百姓，龙文化代代相传，只有文化层次不同，却从未间断，是中华民族特有的传统文化。

三、"龙"文化是中华传统文化中的一种优秀的根文化

"龙"文化是中华民族优秀的传统文化。在传统文化中,它有几个突出的特点:

(1)"龙"文化来源于距今六七千年前的中原新石器时代的原始部落图腾文化,所以它是传统文化中最悠久者。同时也不排除全国东南西北各地也有一些类似的图腾文化,这些在现代考古发现的蚌塑龙、玉龙、石龙、土龙、彩画龙等文物遗迹形象中有所反映。但唯有河南濮阳西水坡45号墓的蚌塑龙形象与后代流传的龙的形象基本特征一致,且其年代较早,故被专家们称为"中华第一龙",这是十分恰当的。这与历史文献中记载的黄帝部族的图腾特征也是一致的。黄帝是人文始祖,是中华民族祖先的代表,可见其图腾文化之悠久和具有代表性。从这个角度来讲,这是世界上历史最悠久的延绵不断的一种民族传统文化了。

(2)"龙"文化是聚合体,象征团结一致。黄帝部落集团(又称华夏集团或华夏族)是中原最大的原始部落联盟,由许多部落组成,有许多不同图腾。例如《史记·五帝本纪》中提及黄帝与炎帝阪泉大战时,就调集了熊、罴、貔、貅、虎等六个不同图腾的部落与之作战。当然,黄帝部落集团包括有许多不同图腾。"龙"图腾具有蛇、牛、马、鹿、熊、虎、鱼、鸟、鹰等动物图腾特征元素,则是黄帝部落集团抽取集团内部主要大部落的图腾特征聚合一体而成。正像其集团本身就是各氏族部落的融合体一样,是团结的象征。所以,龙文化的第一个积极的功能就是具有内向包容性和团结性。这是中华民族数千年来能够战胜入侵的强敌,使国家长盛不衰的重要因素之一。

(3)"龙"代表着奋勇向前和积极向上的精神。中国人民不仅有吃苦耐劳的品质,还有奋勇争先的精神。自古形成"生龙活虎""龙腾虎跃"和"龙马精神"等成语,都与"龙"有关,反映着中华民族具有龙虎般雄健的体魄和充沛的热情,有着激情洋溢、一往无前的奋斗精神。

(4)"龙"又是神圣和尊贵的象征。秦汉以降的历代封建帝王,往往自称或被尊称为"真龙天子",并垄断了与龙有关的种种称谓。由于这种历史背景,使

"龙"具有高贵、高尚或主导地位等涵义,例如"龙子龙孙""龙头""龙王"和"龙种"等。现代所谓"龙头企业",就是在行业中起牵头作用的高科技大企业。如果说封建帝王自称"真龙天子",并企图垄断龙权龙威是龙文化中愚民的消极的糟粕部分,那么,老百姓"望子成龙",希望把儿子培养成为对国家和社会有贡献的人才,则是龙文化中十分积极的有益的成分。

图腾最初被先民看作同祖先有密切关系的本氏族或部落的保护神,受到本族的悉心保护和崇拜。那么,祖先曾经以"龙"为图腾,后来炎黄子孙又把"龙"发展为内涵丰富的民族传统文化,自然会对龙文化充满爱和自豪感。炎黄子孙,包括侨居异国他乡的华人华侨,甚至自诩为"龙的传人"。这说明"龙文化"不仅是中华民族传统文化的一个组成部分,更可视为整个民族传统文化的代表。所以,我们要世世代代继承和发扬龙文化精神,以振兴中华。

(原载《濮阳职业技术学院学报》2013年第3期)

附录

作者论著目录

一、发表论文

1.《宋苏适墓志及其他》,《文物》1973 年第 7 期。

2.《渑池仰韶村新石器时代遗址》,《河南文博通讯》1978 年第 4 期。

3.《阶级是社会发展到一定阶段上的产物——从淅川下王岗遗址谈起》,《淅川下王岗》,文物出版社 1979 年。

4.《关于磁山·裴李岗文化的几个问题——从莪沟北岗遗址谈起》,《文物》1980 年第 5 期。

5.《苏轼、苏辙乐葬河南小峨眉》,《今古谈》1981 年第 1 期。

6.《试论中原和江汉地区新石器时代文化的关系》,《中原文物》1981 年特刊。

7.《〈尚书与古史研究〉评介》,《历史教学》1982 年第 3 期。

8.《楚文化起源的几个问题》,《楚文化研究论文集》,中州书画社 1983 年 9 月。

9.《河南考古小史》,《中原文物》1984 年第 1 期。

10.《史前考古综合研究的硕果——评许顺湛同志的"中原远古文化"》,《河南社联》1984 年第 3 期。

11.《淮阳"龙山城"与登封"小城堡"》,《中州学刊》1984 年第 4 期。

12.《试论中原和江汉两地区新石器时代文化的关系》,《考古学集刊》1984 年第 4 期。

13.《人殉人祭与商周奴隶制》,《全国商史学术讨论会论文集》,《殷都学刊》增刊,1985 年 2 月。

14.《登龙门谈佛学》,《郑州晚报》1985 年 5 月 12 日第 4 版。

15.《魏晋南北朝佛教史及佛教艺术讨论会》,《中州学刊》1985 年第 4 期。

16.《"仰韶"社会进化论》,《史学月刊》1986 年第 3 期。

17.《夏文化研究的轨迹——兼评〈夏文化论文选集〉》,《社会科学评论》1986 年第 4 期。《新华文摘》1986 年第 9 期全文转载。

18.《建国以来商史研究述论》,《中州学刊》1986 年第 4 期。

19.《仰韶文化社会形态初探》,《论仰韶文化》,《中原文物》1986 年特刊。

20.《河南境内楚文化的特点和分期》,《楚文化觅踪》,中州古籍出版社 1986 年。

21.《中国文明起源的考古线索及其启示》,《中州学刊》1987 年第 1 期。《新华文摘》1987 年第 4 期转发。

22.《让更多的人了解和喜欢甲骨文——评刘兴隆的〈甲骨文集句简释〉》,《光明日报》1987 年 5 月 14 日第 3 版。

23.《试论魏晋南北朝佛教的兴盛及其社会原因》,《殷都学刊》1987 年第 3 期。

24.《"文明"源于"野蛮"——论中国文明的起源》,《中州学刊》1988 年第 2 期。

25.《商代农业生产者的身份初辨》,《农业考古》1988 年第 2 期。

26.《概述中国文明起源问题的讨论》,《中国文物报》1988 年 12 月 2 日。

27.《考古学研究综述》,《河南社会科学手册》(第 137—144、148—149、158—160 页),河南人民出版社 1989 年 1 月。

28.《河南新石器时代考古概述》,《中原文物》1989 年第 3 期。

29.《试论中国古代都城性质的演变》,《史学月刊》1989 年第 3 期。

30.《炎黄二帝与中华民族文化》,《光明日报》1989 年 10 月 25 日第 3 版。

31.《炎帝和黄帝探论》,《中州学刊》1989 年第 5 期。

32.《试论华夏三部族在中国文明史中的作用》,《中州学刊》1990 年第 3 期。

33.《殷的"上帝"与周的"天"》,《史学月刊》1990 年第 4 期。

34.《评〈甲骨学通论〉》,《中国史研究动态》1990 年第 7 期。

35.《从反山墓地和瑶山祭坛论良渚文化的社会性质》,《中原文物》1992 年第 3 期。

36.《炎黄文化与炎黄子孙》,《中州学刊》1992 年第 5 期。《新华文摘》1992 年第 12 期转载。

37.《何谓"文明要素"?》,《河南社科通讯》1992 年第 8 期。

38.《伊洛系文化是中国早期文明的主源》,《洛阳考古四十年——一九九二年洛阳考古学术研讨会论文集》,科学出版社 1996 年版。

39.《评〈商代经济史〉》,《中国文物报》1993 年 12 月 26 日。

40.《楚国的北疆及其对中原文化的影响》,《楚文化研究论集》第四集,河南人民出版社 1994 年 6 月。

41.《夏是中国历史上第一个统一的奴隶制大国》,《夏商文明研究》,中州古籍出版社 1995 年。

42.《郑州商城与偃师商城双为"亳"》,《中州学刊》1994 年第 2 期。

43.《试从淅川下王岗文化遗存考察文明起源的历史过程》,《中原文物》1995 年第 2 期。

44.《略论炎黄二帝及其历史业绩》,《炎黄春秋研究》1995 年 6 月。

45.《涿鹿之战与华夏集团》,《中州学刊》1996 年第 1 期。

46.《伊洛系文化与中国早期文明》,《洛汭与河图洛书》,河南科学技术出版社 1996 年 3 月。

47.《关于中华民族起源、发展和演变的几个问题》,《炎黄文化与中华民族》,中国人民大学出版社 1996 年 5 月。

48.《新石器考古与文明起源研究——论文明产生的社会历史条件》,《河南文物考古论集》,河南人民出版社 1996 年 8 月。

49.《试论西周实行分封制的前因后果》,《中州学刊》1998 年第 5 期。

50.《喜读〈中国古代文明与国家形成研究〉》,《中原文物》1998 年第 4 期。

51.《甲骨文与中华文明史》,《黄河文化》1999 年第 2 期。

52.《关于商王国的政体问题——王国疆域的考古佐证》,《中原文物》1999 年第 2 期。

53.《三星堆——中华文明多元论又一佐证》,《殷商文明暨纪念三星堆遗址发现七十周年国际学术研讨会论文集》,社会科学文献出版社 2000 年 7 月。

54.《中原上古玉器及其文明内蕴》,《海峡两岸古玉学会议论文集》,台湾大学出版社 2001 年。

55.《试论中原古代文化的特性》,《中原文化与现代化研讨会论文集》,大象出版社 2002 年 3 月。

56.《传说时代黄河流域的远古先民》,《黄河文化史》,江西教育出版社 2003 年 5 月。

57.《追寻中华民族的祖先》,《寻根》2003 年第 6 期。

58.《中华 56 个民族的形成和发展》,《炎黄颂》,中国经济大文化出版社 2003 年 11 月。

59.《周初实行分封制度因果论》,《第三届西周文明国际学术研讨会论文集》,朝华出版社 2004 年 1 月。

60.《中原诸侯国与商廷的关系》,《2004 安阳殷墟商文明国际学术研讨会论文集》,社会科学文献出版社 2004 年 9 月。

61.《中原诸侯国方国与商廷的关系》,《2004 年安阳殷商文明国际学术研讨会论文集》,社会科学文献出版社 2004 年 9 月。

62.《试从前后二都剖析商代社会》,《郑州商都 3600 年学术论文集》,中州古籍出版社 2004 年 10 月。

63.《道教与中华古代文化》,《根在河洛——第四届河洛文化国际研讨会论文集》,大象出版社 2004 年 10 月。

64.《伏羲与太昊陵》,《周口论坛》2004 年第 3 期。

65.《黄帝部族活动的北线地域》,《中原文物》2006 年第 1 期。

66.《嫘祖人神论》,《嫘祖文化研究》,文物出版社 2007 年 9 月。

67.《中原上古玉器及其文明内蕴》,《河南博物院建院 80 周年论文集》,大象出版社 2007 年 11 月。

68.《郑韩故都与溱洧之利》,《郑韩故城与溱洧水研讨会论文汇编》,2008 年 9 月。

69.《河洛文化与中华传统文明》,《河洛文化与闽台文化》,河南人民出版社 2008 年 10 月。

70.《颛顼的宗教改革与中原文明》,《颛顼帝喾与华夏文明》,河南人民出版社 2009 年 5 月。

71.《炎黄文化拓展研究之我见》,《中华文化的传承与创新论坛论文汇编》,2010 年 4 月。

72.《走入炎帝文库——读〈陕西省志·炎帝志〉》,《厥功甚伟 其德至大——〈陕西省志·炎帝志〉汇评》,西安出版社 2011 年 6 月。

73.《嫘祖与中华蚕文化》,《首届郑州嫘祖文化国际学术研讨会论文集》2011 年 11 月。

74.《炎黄早期文化:中原古代文化之本原》,《郑州师范教育》2012 年第 2 期。

75.《中岳嵩山与中国文明核心发祥地》,《中华之源与嵩山文明研究》,科学出版社 2013 年 10 月。

76.《黄帝与中原早期姓氏文化》,《黄帝与中华姓氏》,河南人民出版社 2013 年 9 月。

77.《"龙"是中华民族的一种传统文化》,《濮阳职业技术学院学报》2013 年第 3 期。

78.《具茨山岩画的中华文明早期信息》,《具茨山与中华文明》,光明日报出版社 2014 年 3 月。

79.《拓展研究弘扬炎黄文化》,《弘扬炎黄文化 促进中部崛起——首届中部六省炎黄文化论坛论文集》,武汉出版社 2014 年 8 月。

二、出版著作

1.《司马光的故事》,河南人民出版社 1980 年版。
2.《古今中外婚姻漫活》,河南人民出版社 1985 年版。
3.《淅川下王岗》(合著),文物出版社 1989 年版。
4.《华夏文明之源》,河南人民出版社 1992 年版。
5.《永不失落的文明——中原古代文化研究》,学林出版社 1999 年版。
6.《黄河文化史》(合著,撰写黄河古代部落),江西教育出版社 2003 年版。
7.《河南通史》(合著,第一卷主编),河南人民出版社 2005 年版。
8.《河洛文明探源》,河南人民出版社 2007 年版。
9.《中州文化》(合编),河北教育出版社 2010 年版。
10.《中原文化通史》(合著,第一卷主编),河南人民出版社 2019 年版。

后　记

此论文集由我在2014年5月前整理，后因身体健康原因一直放置至2019年春，由夫人李玉凤继续整理下去。很遗憾我所发表的论文没有全部收集到。由于本人学识水平和能力有限，不当或错讹之处在所难免，诚望广大学者、专家批评指正。

在整理过程中，得到河南省社会科学院领导和院科研处的同志们以及程有为先生、郑杰祥先生的帮助，特别是历史与考古研究所张新斌所长、陈建魁副所长及李龙等同志的大力帮助，大象出版社的领导和责任编辑也为此付出了大量心血，使其出版成册，在此向他们致以诚挚的谢意。

李绍连

2021年1月19日